MyLab Langu

MyLab Languages is the teaching and learning platform that empowers you to reach every student. When combined with educational content written by respected scholars across the curriculum, MyLab Languages helps deliver the learning outcomes that students and instructors aspire to.

Part of the world's leading collection of online learning, homework, and assessment products, MyLab Languages is designed with a single purpose in mind: to improve the results for all higher education students, one student at a time.

Revolutionary and evolutionary. Created by and for language instructors and learners, and based on years of research and data collection from over one million users, MyLab brings together a wide array of language-learning tools and resources in one convenient, easily navigable site.

Enhanced course organization and delivery of materials. MyLab has been thoroughly reorganized to offer a more streamlined and intuitive learning experience. Students and instructors will now find instructional, practice, and tutorial content all in one place.

Here's what students have to say about MyLab:

"**When** I got something **wrong, it** not only told me it was wrong, but it also **taught me** how to fix it."

"I love that MyLab gives you **tips** to figure out the answer if you don't understand."

"**The best thing was being able to continue practicing on the homework until you understood it.**"

"MyLab Languages helped me **increase** my test score at least 4-5 points on each test."

"I like MyLab because you get your **grades** back right away so you know which sections you need to study more and which you **don't**"

"MyLab made learning **easier.**"

Language Testing International

"The tests created by LTI are not only aligned with the textbook goals, but are also tied to the ACTFL expectations and standards."

—Michael Harrison, San Diego Mesa College

As outcomes and measuring outcomes become increasingly more important, Pearson has partnered with Language Testing International to create the chapter, midterm, and final tests associated with our leading introductory and intermediate programs. These new assessments reflect the high-quality expectations of current assessment standards and approaches to assessing student achievement based on second language acquisition (SLA) theories on the acquisition of lexical, grammatical, and pragmatic competences in all four language modalities.

Language program assessments are carefully constructed language attainment measurements based on the goals of the chapter or language program and what may be expected from students progressing through that level of instruction. For these assessments, we utilize a model that is based on proficiency frameworks, and their underlying assumptions about developing lexical and grammatical knowledge and competence, the content and goals of the textbooks, and current expectations regarding the reliability and validity of assessments.

Día a día

DE LO PERSONAL A LO PROFESIONAL

Curso intermedio

SECOND EDITION

Holly J. Nibert
The Ohio State University, Columbus

Annie R. Abbott
University of Illinois, Urbana–Champaign

Executive Editor of Courseware Portfolio Management: Amber Chow
Editor in Chief: Carolyn Merrill
Managing Editor: Harold Swearingen
Senior Content Producer: Cecilia Turner
Senior Program Manager: Jennifer Feltri-George
Content Developer: Ana Piquinela
Portfolio Manager Assistant: Christa Cottone
Executive Product Marketing Manager: Christopher Brown
Portfolio Management Assistant: Kaylee Navarra
Director of Market Development: Helen Alejandra Richardson
Director of Strategies: Jorge Arbujas, PhD
Lead Digital Media Manager: Christopher Fegan
Senior Field Marketing Manager: Mellissa Yokell
Content Producer Manager: Amber Mackey
Product Development Manager: Bridget Funiciello
Senior Digital Media Manager: Julie Allen
Senior Art Director: Cate Rickard Barr
Art/Designer: Kathryn Foot
Digital Studio Course Producer: Charlene Smith
Full-Service Project Manager: Lumina Datamatics, Inc.
Compositor: Lumina Datamatics, Inc.
Printer/Binder: LSC Communications
Cover Printer: LSC Communications
Cover Designer: Piko Design
Cover Illustration/Photo: Getty Images/Artur Debat

Library of Congress Cataloging-in-Publication Data
Names: Nibert, Holly J., author. | Abbott, Annie R., author.
Title: Día a día: de lo personal a lo profesional: curso intermedio / Holly J. Nibert, Annie R. Abbott.
Description: Second edition. | Columbus: Pearson, 2019. | Includes bibliographical references and index.
Identifiers: LCCN 2018048181 | ISBN 9780134999197 (alk. paper) | ISBN 0134999193 (alk. paper)
Subjects: LCSH: Spanish language—Grammar. | Spanish language—Textbooks for foreign speakers—English.
Classification: LCC PC4112 .N523 2019 | DDC 468.2/421—dc23 LC record available at https://lccn.loc.gov/2018048181

Student Edition:
ISBN-10 0-13-499919-3
ISBN-13: 978-0-13-499919-7
Annotated Instructor Edition:
ISBN-10: 0-13-522388-1
ISBN-13: 978-0-13-522388-8
Loose Leaf Edition:
ISBN-10: 0-13-522404-7
ISBN-13: 978-0-13-522404-5

Brief Contents

Scope and Sequence

Preface

> *"I really enjoy the variety and creativity of the exercises in this textbook. It was one of the fortes of the course. There were opportunities for students to work alone, in pairs, and in groups. By the end of the semester, we did so many of the exercises that students were very comfortable and uninhibited working together and sharing their answers. (....)* ***There is something in each chapter for everyone."***
>
> —Mirna Trauger, Muhlenberg College

Why *Día a día*?

Día a día offers a fresh approach to intermediate Spanish by engaging learners in purpose-driven, contextualized activities related to both their **personal lives and professional ambitions**. This dual-focus approach—as well as compelling chapter themes—develops students' confidence and competence in the language, and motivates them to envision how Spanish can become part of their own *día a día* at home and at work, now and into the future. A culminating service-learning project at the end of each chapter further motivates students to see language as a meaningful tool to better the world, in addition to their own college readiness and career. The rich cultural diversity of the Spanish-speaking world is infused throughout each chapter and highlighted in video, podcast, and reading materials that are authentic, socially relevant, and thought-provoking.

Based on extensive market research, we know that ***Día a día*** needs to address the most common challenges in language teaching and learning, including diverse proficiency levels, student interest and engagement, and time and technology constraints. ***Día a día***'s creative and varied content meets learners at their current level of second language proficiency in both face-to-face and digital settings; prepares them for the next level of specialized courses; and motivates them to continue their language studies, including enrollment in a Spanish major/minor and possibly pursuing a language-centric career domestically or abroad. Due to the abundant content and resources ***Día a día*** offers, our program can be flexibly adapted to practical demands and constraints such as time and resources.

What's new in the second edition?

Ahead of developing the second edition of ***Día a día***, we conducted extensive market research to gather feedback from a **user's perspective** on the key improvements that would strengthen the program. Every one of the new or revised features below is the direct result of this research.

- **Improved cohesiveness of chapter content throughout its three parts (*El ámbito personal, El ámbito professional, Actividades culminantes*) through:**
    - Addition of clear learning objectives in chapter openers (in "Can-do" fashion).

      Benefit: *Objectives serve as a checklist for student progress; end goals are kept in focus and are thus more easily reached.*
    - Strengthened thematic threads that maintain chapter focus throughout all three parts.

      Benefit: *Connections facilitate retention and deepen learning.*
    - Increased use of target vocabulary and grammar throughout chapter.

      Benefit: *Increased frequency and modeling enhance language acquisition.*
    - Flipped order of chapter readings to better fit each *ámbito*: *Lectura literaria* was moved to *Parte 1* and *Lectura de género variado* to *Parte 2*.

      Benefit: *Application to personal life and professional ambitions increases attention and motivation.*

Capítulo 1
Espacios dinámicos

La Plaza de España en Barcelona, con Monjuic al fondo, es una intersección animada donde hay mucho tráfico y la gente frecuenta eventos comerciales, culturales y atléticos.

Meta comunicativa

Informativa: Ampliar y compartir tu conocimiento del mundo

- Informar a los demás
- Dar y pedir información
- Comparar y contrastar

Objetivos de aprendizaje

El ámbito personal: Analizar espacios en la vida universitaria

1.1 Describir cualidades y estados de lugares y de personas

1.2 Considerar un cambio de espacio para estudiar en el extranjero

1.3 Explorar la carrera universitaria de Turismo en España

1.4 Entender estrategias para quedar bien durante una visita a casa en el extranjero

El ámbito profesional: Analizar espacios variados en el mundo laboral

1.5 Hablar de algunas profesiones que se relacionan directamente con los viajes y el turismo

1.6 Comparar lugares donde visitar o trabajar en el mundo hispanohablante

1.7 Evaluar la importancia de aprender el español para ampliar las oportunidades laborales

1.8 Entender estrategias para comunicarte con hablantes no nativos

Actividades culminantes: Reflexionar, compartir y presentar

1.9 Hacer conexiones entre el ámbito personal y el ámbito profesional

1.10 Ver y analizar espacios dinámicos en un cortometraje auténtico del mundo hispanohablante

1.11 Hacer conexiones entre el campus universitario y la comunidad

Clear learning objectives keep students' focus on goals, making them more easily achievable, while also emphasizing the strong thematic threads throughout the chapter.

- **Increased ease and flexibility of use in online instruction through:**
  - Incorporation of more than 75 new eText activities for assignment and completion online.

    Benefit: *Abundant options and flexibility for digital users and instructors of hybrid and fully online courses.*
  - Development of these new eText activities so that the majority are machine-scored.

    Benefit: *No additional grading time for instructors.*
  - Development of selected instructor-graded activities using LiveChat.

    Benefit: *Opportunities for student interaction and collaboration are increased, resulting in more language use and thus enhanced language acquisition.*

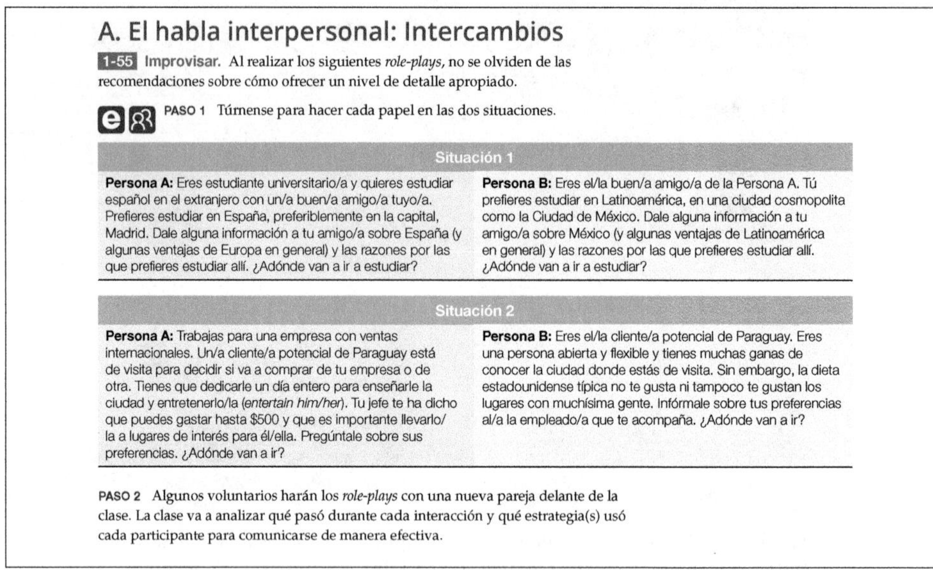

A. El habla interpersonal: Intercambios

1-55 Improvisar. Al realizar los siguientes *role-plays*, no se olviden de las recomendaciones sobre cómo ofrecer un nivel de detalle apropiado.

PASO 1 Túrnense para hacer cada papel en las dos situaciones.

Situación 1	
Persona A: Eres estudiante universitario/a y quieres estudiar español en el extranjero con un/a buen/a amigo/a tuyo/a. Prefieres estudiar en España, preferiblemente en la capital, Madrid. Dale alguna información a tu amigo/a sobre España (y algunas ventajas de Europa en general) y las razones por las que prefieres estudiar allí. ¿Adónde van a ir a estudiar?	**Persona B:** Eres el/la buen/a amigo/a de la Persona A. Tú prefieres estudiar en Latinoamérica, en una ciudad cosmopolita como la Ciudad de México. Dale alguna información a tu amigo/a sobre México (y algunas ventajas de Latinoamérica en general) y las razones por las que prefieres estudiar allí. ¿Adónde van a ir a estudiar?

Situación 2	
Persona A: Trabajas para una empresa con ventas internacionales. Un/a cliente/a potencial de Paraguay está de visita para decidir si va a comprar de tu empresa o de otra. Tienes que dedicarle un día entero para enseñarle la ciudad y entretenerlo/la (*entertain him/her*). Tu jefe te ha dicho que puedes gastar hasta $500 y que es importante llevarlo/la a lugares de interés para él/ella. Pregúntale sobre sus preferencias. ¿Adónde van a ir?	**Persona B:** Eres el/la cliente/a potencial de Paraguay. Eres una persona abierta y flexible y tienes muchas ganas de conocer la ciudad donde estás de visita. Sin embargo, la dieta estadounidense típica no te gusta ni tampoco te gustan los lugares con muchísima gente. Infórmale sobre tus preferencias al/a la empleado/a que te acompaña. ¿Adónde van a ir?

PASO 2 Algunos voluntarios harán los *role-plays* con una nueva pareja delante de la clase. La clase va a analizar qué pasó durante cada interacción y qué estrategia(s) usó cada participante para comunicarse de manera efectiva.

LiveChat is a synchronous audio and video recording tool that provides students with the opportunity to speak with their classmates online in pairs or in groups.

- **Addition of selected shorts from Pearson's *Cortos en curso* collection. Reviewers are enthusiastic about the addition of short films to the program. Six new films, one per chapter, have been added to *Parte 3 Actividades culminantes.***

  Benefit: *These high-quality, authentic films elevate class discourse and analysis and provide an engaging cultural and artistic culmination to each chapter.*
  - Capítulo 1: *De la noche a la mañana* (Argentina): Espacios familiares
  - Capítulo 2: *Pelucas* (España): La salud desvelada
  - Capítulo 3: *Recursos humanos* (España): Conexiones complejas
  - Capítulo 4: *La boda* (España y Cuba): Apoyo sin fronteras
  - Capítulo 5: *Cuesta abajo* (Colombia): Imaginación sin límites
  - Capítulo 6: *Vida nueva* (Argentina): Lecciones perpetuas

PARTE 3 ACTIVIDADES CULMINANTES

La interpretación cinematográfica

Pelucas: La salud desvelada

Seleccionar

2-55 Sinópsis. Lee la sinópsis de estas dos obras cinematográficas. ¿Cuál te gustaría ver más y por qué? ¿Cuál de las descripciones te parece más lógica para un cortometraje que se llama *Pelucas*?

a. Esta historia examina un momento difícil de transición para María, una actriz con cáncer. Los trucos que usa (el maquillaje, el vestuario, etc.) y su maquilladora, Silvia, son partes esenciales de su vida como actriz. También son parte del teatro de la vida cuando uno quiere esconder una enfermedad. Al final, se ve que las amistades, el amor, el arte y el aplauso pueden vencer los miedos, al menos por momentos.

b. Esta historia se centra en las vidas de cuatro muchachas que trabajan en Madrid como operadoras en una compañía de teléfono en la década de 1920. Es un momento de muchos cambios sociales. En sus interacciones con las personas a las que llegan a conocer en la capital, experimentan la libertad y sus límites. Se divierten, se maravillan y se espantan ante todo lo que les ofrecen las relaciones, la ciudad y esa época.

Poner *play*

2-56 Comprensión. Mira el cortometraje *Pelucas* y selecciona todas las opciones apropiadas para el/los momento(s) indicado(s) del cortometraje.

1. [1:25] ________	**a.** Se miran.
2. [1:48] ________	**b.** Se mira.
3. [2:26] ________	**c.** Están contentas con la actuación de María.
4. [3:25] ________	**d.** Quiere ayudarla a prepararse.
5. [5:15–5:53] ________	**e.** Está preocupada por su apariencia física.
6. [8:29] ________	**f.** Reflexiona y piensa.
7. [9:40–9:46] ________	**g.** María no quiere esconder que está enferma.

Compartir

2-57 Reacciones. Hablen sobre el cortometraje que han visto y compartan sus ideas.

Interpersonal. ¿Qué les gustó del corto? ¿Hay algo que no entendieron? ¿Qué profesionales y tratamientos pueden ayudar a María a curarla? ¿Cómo reaccionan Uds. frente a las etapas y transiciones difíciles de la vida? El teatro es "medicina" para María; ¿qué sería "una medicina" para Uds. durante una etapa difícil?

Presentacional. En los segundos [0:59–1:02] se ve el cartel para la obra teatral en la que sale María. Piensen en qué imagen(es) y qué palabras representan mejor este cortometraje y preparen un cartel para *Pelucas*. Comparen su cartel con el de los otros grupos.

Recomendado para ti…

La segunda sinópsis de la actividad **2-55** es de la serie española *Las Chicas del Cable*. Si te interesa, búscala y pon *play* de nuevo.

The short films incorporated into ***Día a día*** were selected for their thematic and cultural relevance, high production quality, rich language diversity, and thought-provoking storylines.

- **Set of three comprehensive Integrated Performance Assessments (IPAs) using authentic sources and focusing on real-life contexts that learners will find both engaging and meaningful. Activities target each of the three modes of communication: Interpretive, Interpersonal, and Presentational. *Día a día* also incorporates comprehension and production activities modeled after ACTFL's IPAs within the student edition. These interrelated, sequenced tasks are explicitly included in reading and video-viewing sections.**

  Benefit: *Learners engage in the three modes of communication naturally in sequence and gain experience for subsequent higher-stakes contexts, including other IPAs and contact with Spanish speakers outside of the academic setting.*

> *"The use of authentic materials from a variety of sources is a teaching tool I would employ to highlight growth in the language acquisition process. Focus on a central theme through scaffolding of levels of communication such as Interpretive, Interpersonal and Presentation allows students to drill down on the material and deepen their ability to communicate at higher levels within a topic and in the target language."*
>
> —Maria Redmon, University of Central Florida

- **All time-sensitive content has been updated, especially cultural information—such as data and statistics, music and movie references, and readings—including:**
  - Addition of a new cultural feature titled ***¿Lo sabías?*** within the *Competencia cultural* spreads (two per chapter). Activities showcase the vast diversity of Hispanic cultures and require students to recognize their own cultural filter, acknowledge alternative perspectives, and apply their new understanding to realistic situations in personal and professional contexts.

    Benefit: *In keeping with the 2007 MLA report, learners augment their translingual and transcultural competence and their ability to "operate between languages."*
  - Replacement of more than 25 percent of images to highlight cultural diversity and freshen content.

    Benefit: *Content and images remain current and relatable to students, which in turn maintains their interest.*
  - Replacement of some readings and podcasts in response to reviewer feedback.

    Benefit: *New selections maximize student engagement and thus interaction with the texts.*
    - Capítulo 1: Short story by Natalia Crespo (Argentina)
    - Capítulo 2: Podcast about *quinceañeras* by Ana Piquinela (Uruguay)
    - Capítulo 3: Podcast from the Centers for Disease Control and Prevention (USA)
    - Capítulo 4: Poem by Alain Law-Sukam (Cameroon)
    - Capítulo 5: Podcast about gaming by Nivel Escondido (Puerto Rico)
    - Capítulo 6: Poem by Santiago García-Castañón (Spain)

> **¿Lo sabías?**
>
> En algunos mercados de artesanías, es común regatear para llegar a un precio aceptable para el vendedor y el comprador. Pero no se regatea en todos los lugares, así que es necesario observar cómo se comporta la gente y hacer preguntas. De todas maneras, no se trata de "ganar" y hacer perder al vendedor; pueden ganar los dos.

Te quiero, pueblo africano, por Alain Lawo-Sukam (Camerún)

Te quiero, pueblo africano
eres el poema de mi corazón
el canto de mi alma.
Mi voz se fue a detener el tiempo
y estoy en la gloria
en tus aguas encantadoras.

La dulzura del Zambeze
la caricia del Nilo
el beso de la Sanaga
las cataratas de Victoria
son bendiciones sagradas
que inundan tu ser
de solemne resplandor.

La más refinada joya del mundo
no vale tu lindo rostro de sueño
y basta tu sonrisa de ébano
para cambiar de color mi mundo
secando el océano de mis lágrimas
floreciendo el jardín de mis penas.

Mi vida sin ti no tiene sustancia
mi música sin tu estribillo
es una conga sin ritmo
mi baile sin tu balafón°
es un paso sin sentido.

°instrumento musical africano

Después de leer

4-16 ¿Cierto o falso? Indica si estas frases sobre el poema son ciertas o falsas.

1. El poema ofrece un retrato detallado de la gente africana. Cierto / Falso
2. El poema ofrece un retrato de la gente afrolatina. Cierto / Falso
3. El poema se enfoca en la naturaleza y en el arte de África. Cierto / Falso
4. El poema profundiza en los problemas de África. Cierto / Falso
5. El poema explica las conexiones entre África y las Américas. Cierto / Falso
6. En la última estrofa, África se presenta como parte de la identidad del poeta. Cierto / Falso

4-17 Pueblo africano.

Interpersonal. La gran mayoría de los esclavos africanos que fueron forzados a cruzar el Atlántico llegaron a Latinoamérica. Ellos y sus descendientes afrolatinos son una parte importantísima de las culturas de Latinoamérica y de los latinos en EE. UU. En grupos pequeños, investiguen y hablen sobre afrolatinos famosos, incluyendo, pero no limitándose, a estas personas: Christina Milian, Soledad O'Brien, Lázaro Alonso, Roberto Clemente, Zoe Saldaña, Junot Díaz, Celia Cruz, Félix "Tito" Trinidad, Alex Rodríguez.

Presentacional. Investiguen un elemento específico del poema o de los afrolatinos que más les interesen. Preséntenle la información a la clase. Al final, cambien el título del poema para reflejar lo que han aprendido Uds. en las presentaciones: "Te ______, pueblo africano".

Acknowledgments

As co-authors, we planned carefully and worked very hard on this second edition of ***Día a día***. We could not have done it without the collaboration of the Pearson and Ohlinger teams and the helpful input of various reviewers along the way. We gratefully acknowledge and thank the following reviewers:

Reviewers

Angela Bailey, *Illinois State University*
Joan P. Barrett, *Baylor University*
Dinora Cardoso, *Westmont College*
Krista Chambless, *University of Alabama at Birmingham*
Maria Clark, *Carson-Newman University*
Magdalena Coll, *Edgewood College*
Samuel Cruz, *Marietta College*
Susann Davis, *Western Kentucky University*
Barbara Domcekova, *Birmingham-Southern College*
Conxita Domenech, *University of Colorado at Denver*
Carolyn Dunlap, *University of Texas at Austin*
José Luis Escorcia, *Baylor University*
Florencia G. Henshaw, *University of Illinois at Urbana-Champaign*
Casilde A. Isabelli, *University of Nevada, Reno*
Manel Lacorte, *University of Maryland*
Christopher A. LaFond, *Boston College*
Kathleen Leonard, *University of Nevada, Reno*
Frederic Leveziel, *Augusta State University*
Elisa Lucchi-Riester, *Butler University*
Laura Marqués-Pascual, *University of California, Santa Barbara*
Karen Martin, *Union University*
Iván D. Martínez, *Ball State University*
Mbare Ngom, *Morgan State University*
Nancy Noguera, *Drew University*
Marilyn Palatinos, *Pellissippi State University*
Miguel A. Perez, *Bellarmine University*
Nicole D. Price, *Northern Arizona University*
Renée M. Silverman, *Florida International University*
Francisco Solares-Larrave, *Northern Illinois University*
Mary Claire Storey, *Loyola College in Maryland*
Mirna Trauger, *Muhlenberg College*
Hilde M. Votaw, *University of Oklahoma*
Catherine Wood Lange, *Boston College*

Integrated Performance Assessments Research

Elizabeth Aguilar, *University of Illinois at Chicago*
Barbara Avila-Shah, *University at Buffalo, State University of New York*
Byron Barahona, *University of California*
Adoración Berry, *University of Memphis*
Marisol Castro-Calzada, *College of Charleston*
Maribel Campoy, *University of Indianapolis*
Marco Tulio Cedillo, *Lynchburg College*
Kellye Church, *University of North Texas*
Mary Ann Dellinger, *Virginia Military Institute*
Stewart Goodman, *Georgia State University Perimeter College*
Kristi Hislope, *University of North Georgia*
Alex Idavoy, *Brookdale Community College*
Stephanie Lain, *University of California*
Stephanie Langston, *Georgia State University Perimeter College*
Emma Marquina Castillo, *College of Charleston*
Karen Martin, *Texas Christian University*
Concepcion Martinez, *University of North Texas*
Ryan Minier, *Danville Area Community College*
Monica Montalvo, *University of Central Florida*
Maria Muñiz, *University of North Texas*
Alejandro Muñoz Garcés, *Coastal Carolina University*
Joshua Nave, *University of Memphis*
Danae Orlins, *University of Cincinnati*
Marilyn Palatinus, *Pellissippi State Community College*
Carlos Pedroza, *Palomar College*
Dolores Rangel, *Georgia Southern University*
Maria Redmond, *University of Central Florida*
Patricio Rizzo, *Northeastern Illinois University*
Silvia Rodríguez Sabater, *College of Charleston*
Rosalina Tellez-Beard, *Harrisburg Area Community College*
Lucero Tenorio, *Oklahoma State University*
Linda Tracy, *Santa Rosa Junior College*
Helga Winkler, *Moorpark College*
Maureen Zamora, *Clemson University*

We would like to thank all of the team members who made this book possible. We worked side by side with Ana Piquinela and were delighted by her intelligence, creativity, precision, and warmth. We are indebted to our colleagues at Pearson Education, Ohlinger, and Lumina Datamatics, especially Amber Chow, Carolyn Merrill, Harold Swearingen, Cecilia Turner, and Jennifer Feltri-George, for their dedication, insight, and thoughtful advice throughout the editorial process. Helen Richardson and Jorge Arbujas bring together creativity and deep knowledge of our field, and we appreciate their talents and experience. We thank Mellissa Yokell for her hard work and support throughout the years. MySpanishLab for ***Día a día*** broadens the impact of this book, and for that we thank Julie Allen and Charlene Smith. Finally, we feel very fortunate to have Robert Cameron as the author of the Student Activities Manual and Testing Program for this project.

Finally, we want to express our love and deep appreciation to our families and friends for their support and patience: Pete, Valayda and Jesse (1945–2008), Roger and Britt, Dave, Nancy, Wesley and Megan, Leisa and David, and Tammy and Megan L.; and Beniamino, Giulia, Marco, Francesco, Ruth, Tifani, Patrick, and Tasha.

Holly J. Nibert
Annie R. Abbott

Capítulo 1

Espacios dinámicos

La Plaza de España en Barcelona, con Monjuic al fondo, es una intersección animada donde hay mucho tráfico y la gente frecuenta eventos comerciales, culturales y atléticos.

IMPLEMENTATION OF *OBJETIVOS DE APRENDIZAJE.*
For each of the three main chapter sections, three to four learning objectives (LOs) have been provided to guide students and instructors. These LOs tie the main communicative goal and functions of the chapter to its thematic and cultural content. Review these with students upon starting and finishing each chapter. Ask students whether they have met each one and elicit examples.

Meta comunicativa

Informativa: Ampliar y compartir tu conocimiento del mundo

- Informar a los demás
- Dar y pedir información
- Comparar y contrastar

Objetivos de aprendizaje

El ámbito personal: Analizar espacios en la vida universitaria

1.1 Describir cualidades y estados de lugares y de personas

1.2 Considerar un cambio de espacio para estudiar en el extranjero

1.3 Explorar la carrera universitaria de Turismo en España

1.4 Entender estrategias para quedar bien durante una visita a casa en el extranjero

El ámbito profesional: Analizar espacios variados en el mundo laboral

1.5 Hablar de algunas profesiones que se relacionan directamente con los viajes y el turismo

1.6 Comparar lugares donde visitar o trabajar en el mundo hispanohablante

1.7 Evaluar la importancia de aprender el español para ampliar las oportunidades laborales

1.8 Entender estrategias para comunicarte con hablantes no nativos

Actividades culminantes: Reflexionar, compartir y presentar

1.9 Hacer conexiones entre el ámbito personal y el ámbito profesional

1.10 Ver y analizar espacios dinámicos en un cortometraje auténtico del mundo hispanohablante

1.11 Hacer conexiones entre el campus universitario y la comunidad

Explorando el tema

www.LaVidaUniversitaria.com

Pregunta: ¿Es mejor vivir en una residencia estudiantil o alojarse en una propiedad independiente de la universidad? Completa la siguiente encuesta y calcula tu puntuación.

	Encuesta	Sí	No
1.	¿Eres **novato/a**?	☐	☐
2.	¿Tienes restricciones dietéticas?	☐	☐
3.	¿Te gusta cocinar?	☐	☐
4.	¿Te da energía el campus universitario?	☐	☐
5.	¿Prefieres pasar un mínimo de tiempo llegando a tus clases?	☐	☐
6.	¿Fumas regularmente?	☐	☐

Puntos para cada respuesta: 1. sí = 1, no = 0; **2.** sí = 0, no = 1; **3.** sí = 0, no = 1; **4.** sí = 1, no = 0; **5.** sí = 1, no = 0; **6.** sí = 0, no = 1.

Puntuación de la encuesta: ¿Qué es lo mejor para ti?

0–2: *Es mejor que vivas en una propiedad independiente de la universidad.*

- Con experiencia, la vida universitaria se vuelve más **manejable**. Puede que la flexibilidad tenga más importancia que la estructura.
- Si tienes restricciones dietéticas, la habilidad de escoger ingredientes y de controlar los platos que consumes es **imprescindible**. Además, si te gusta cocinar, necesitas acceso abierto a una cocina y a un supermercado para comprar alimentos.
- Algunas personas necesitan tranquilidad y silencio donde viven. Puede ser **terapéutico** desconectar regularmente del lugar donde estudias o trabajas.
- Si fumas y no tienes planes de dejar de fumar, necesitas vivir fuera del campus universitario donde normalmente existen leyes contra este hábito.

3: *Cualquiera de las dos opciones funciona bien para ti.*

4–6: *Es mejor que vivas en una residencia estudiantil.*

- La transición a la vida universitaria puede ser **desafiante**. Muchos estudiantes jóvenes echan de menos a su familia, y los estudios académicos pueden ser exigentes y rigurosos. La estructura y el apoyo resultan beneficiosos.
- Puede ser más conveniente y fácil tener acceso a platos ya preparados y listos para comer en la cafetería de una residencia.
- La vida estudiantil en un campus universitario es única. Representa una época especial de la vida que se enfoca en el **desarrollo** intelectual, social y personal dentro de una comunidad de personas con intereses similares.
- Vivir muy cerca de donde estudias te puede ahorrar tiempo y dinero. Caminar es conveniente y bueno para la salud y no hay que gastar dinero ni en un carro, ni en el estacionamiento ni en medios de transporte público.

Internet 100%

Estrategia al leer

Usar el contexto para aclarar el significado. Cuando no conoces alguna palabra, el contexto te puede ayudar a comprenderla. El contexto incluye el tema general y las otras palabras en la oración y/o en el párrafo. Pregúntate: Según la posición de la palabra en la oración, ¿parece un nombre (*noun*), un verbo o un adjetivo?

e **1-1 Práctica con el contexto.** Estas palabras están en negrita (*in boldface*) en la lectura. Empareja las palabras con las descripciones.

1. __e__ novato/a	**a.** posible de hacer
2. __b__ desafiante	**b.** difícil de hacer
3. __f__ desarrollo	**c.** beneficioso/a para la salud
4. __a__ manejable	**d.** necesario/a, obligatorio/a
5. __d__ imprescindible	**e.** principiante o nuevo/a en una materia
6. __c__ terapéutico/a	**f.** evolución o crecimiento progresivo

1-2 El mejor espacio para ti. Sentirte cómodo/a donde vives como estudiante es muy importante.

PASO 1 Contesta las siguientes preguntas.

1. ¿Cuál fue el resultado de tus respuestas a la encuesta?
   [Es mejor que vivas en una propiedad independiente de la universidad. /
   Es mejor que vivas en una residencia estudiantil. /
   Cualquiera de las dos opciones funciona bien para ti.]
2. ¿Estás de acuerdo con esa conclusión? Explica tu respuesta.

PASO 2 Haz una lista de los aspectos positivos y otra de los aspectos negativos del lugar donde vives ahora. Incluye por lo menos dos aspectos en cada lista.

- Lo positivo: ______________________ ______________________
- Lo negativo: ______________________ ______________________

PASO 3 Comparen sus respuestas de los **Pasos 1** y **2**. ¿Qué semejanzas y/o diferencias encuentran? ¿Hay más aspectos positivos o negativos? ¿Es posible cambiar los aspectos negativos? Si no, ¿están dispuestos a mudarse a un espacio más apto para sus necesidades? Compartan sus ideas.

PARTE 1 EL ÁMBITO PERSONAL

Vocabulario

Sobre los espacios	*About spaces*
el alojamiento	*lodging, accommodations*
el cerro	*hill*
el (des)orden	*(dis)order*
el paisaje	*landscape*
el Patrimonio de la Humanidad	*World Heritage Site*[1]
Otros sustantivos	***Other nouns***
la calidad	*quality, grade*
el choque cultural	*culture shock*
Verbos	***Verbs***
alojar(se)	*to lodge, house, stay*
atraer / distraer[2]	*to attract / distract*
convalidar	*to validate*
destacarse	*to stand out*
durar	*to last, go on for*
echar de menos, extrañar	*to miss*
mudarse	*to move, change residences*
quedarse	*to stay*
relajarse	*to relax*
Adjetivos	***Adjectives***
acogedor/a	*cozy, welcoming*
amplio/a	*spacious, roomy*
apto/a	*suitable*
cosmopolita	*cosmopolitan*
(des)ordenado/a	*(dis)orderly, (un)tidy, messy*
indígena	*indigenous*
tranquilo/a	*tranquil, calm, quiet*
ubicado/a	*located*

Para refrescar la memoria

aprovechar	*to take advantage of*
ayudar	*to help*
cómodo/a	*comfortable*
extranjero/a	*foreign*
el/la extranjero/a	*foreigner*
en el extranjero	*abroad*
la naturaleza	*nature*
el turismo	*tourism*
el/la turista	*tourist*
viajar	*to travel*
el viaje	*trip*

NOTE ON *PARA REFRESCAR LA MEMORIA*. In each chapter, these expressions help students review beginner-level vocabulary used in the chapter. As the instructor, you can decide whether to test these expressions as active vocabulary.

[1] A World Heritage Site is a place (such as a forest, mountain, monument, building, or city) identified by UNESCO (the United Nations Educational, Scientific and Cultural Organization) as having special cultural or physical significance.

[2] In all vocabulary lists in this textbook, a slash between two expressions is used to present antonyms, while a comma is used to present synonyms.

En contexto

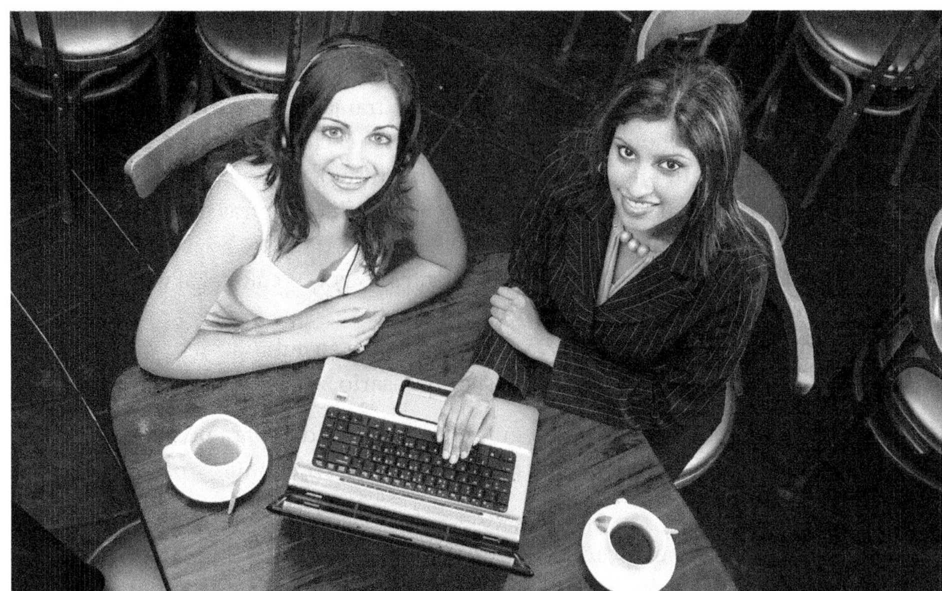

¿Estudiar en un café te ayuda o te distrae?

 **1-3 En la universidad.** Indica si las frases expresan los aspectos positivos o negativos de estos espacios universitarios.

1.	Mi cuarto es amplio…	(**a.**) positivo	**b.** negativo
2.	pero el desorden me distrae.	**a.** positivo	(**b.**) negativo
3.	Mis clases duran una eternidad…	**a.** positivo	(**b.**) negativo
4.	pero mis profesores son expertos destacados.	(**a.**) positivo	**b.** negativo
5.	Mi alojamiento incluye comida gratis…	(**a.**) positivo	**b.** negativo
6.	pero la comida no es de alta calidad.	**a.** positivo	(**b.**) negativo

 **1-4 ¿Dónde se estudia mejor?** Los espacios influyen (*influence*) mucho en nuestra concentración y productividad.

PASO 1 Preparen una guía de los mejores sitios donde estudiar en su universidad. Incluyan dos sitios para cada categoría. Al final, comparen las listas de todos los grupos para ver si están de acuerdo.

Los dos sitios…

1. más cómodos: ______________ y ______________.
2. más tranquilos: ______________ y ______________.
3. más aptos para estudiar en grupo: ______________ y ______________.
4. más en contacto con la naturaleza: ______________ y ______________.
5. abiertos toda la noche: ______________ y ______________.

PASO 2 ¿Cuáles son los mejores espacios en su universidad para las siguientes actividades? ¿Qué elementos de estos espacios se destacan? ¿Están de acuerdo todos los miembros del grupo?

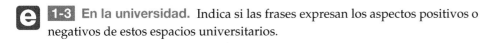

bailar	escuchar música en vivo	relajarse	tomar una cerveza
comer una pizza	hacer ejercicio	tomar un café	(…)

ANSWERS TO 1-5, *PASO 1.*
More than one sequence is possible.

1-5 ¿En qué orden? Estudiar en el extranjero es parte de un proceso que empieza mucho antes de llegar al país y que termina mucho después de volver a casa.

PASO 1 Pon estos eventos en orden cronológico, desde el primer paso (1) hasta el último (6).

1. __2__ Tomar la decisión de estudiar en el extranjero por un período de tiempo.
2. __4, 5__ Pasar por momentos en los que sientes el choque cultural y echas de menos a tu familia, tus amigos y tu cultura.
3. __1__ Consultar con amigos, profesores y familia mientras consideras la idea de estudiar en el extranjero.
4. __6__ Pasar por momentos en los que sientes el choque cultural al volver a tu país de origen.
5. __5, 4__ Adaptarte al nuevo país, a su idioma y a su cultura.
6. __3__ Conseguir un pasaporte y, si es necesario, una visa.

PASO 2 ¿Qué proceso hay que seguir en su universidad para poder estudiar en el extranjero? Trabajen en parejas para contestar las preguntas y presentar los resultados.

1. ¿Hay un centro dedicado a los estudios en el extranjero? ¿Sí o no? Si existe, cuál es la dirección de su página web y cómo se pone uno en contacto con un consejero (*advisor*)?
2. ¿Qué recursos (*resources*) les ofrece el programa de español a los estudiantes que quieren estudiar en un país hispanohablante? ¿Hay programas específicos?
3. ¿Hay un centro para estudiantes internacionales en su universidad? ¿Tienen programas para conocer a estudiantes de otros países que estudian en su universidad? ¿Cuáles son algunas de las ventajas (*advantages*) de conocer a estudiantes internacionales en su universidad?

WARM-UP FOR 1-6.
Point out the location of the three cities on a map. Show additional photos and/or cultural information about each one (e.g., historic sites, famous people from the city, etc.).

1-6 Ponerse de acuerdo.

PASO 1 Lee sobre los programas de estudio en el extranjero. ¿Cuál te atrae más y por qué?

Barcelona, España

El programa dura un año académico en una ciudad mediterránea y cosmopolita con más de un millón y medio de habitantes, ubicada a unos 130 kilómetros al sur de Francia. Se hablan dos idiomas: el castellano y el catalán. Este programa es de tu universidad, así que recibirás los créditos automáticamente. El director del programa estará presente durante todo el año, pero tendrás que buscar tu propio alojamiento. Se puede hacer algún servicio práctico para recibir crédito académico, pero tendrás que buscar tú la oportunidad.

Valparaíso, Chile

El programa dura un semestre en una ciudad con más de 260.000 habitantes, ubicada en la costa pacífica de Chile. La ciudad fue declarada Patrimonio de la Humanidad por la UNESCO en el 2003 por su arquitectura urbana y sus antiguos funiculares (o "ascensores", como los llaman en Valparaíso), algunos de los cuales todavía transportan a los residentes por los 42 cerros que componen la ciudad. El programa lo ofrece otra universidad, pero no es difícil convalidar los créditos si presentas todos los materiales de estudios al regresar a tu universidad. Los estudiantes se alojan de dos en dos con familias locales.

Querétaro, México

Este programa de verano dura cuatro semanas en una ciudad colonial con más de un millón de habitantes, ubicada en el centro de México, a unos 221 kilómetros al noroeste de la Ciudad de México. Su centro histórico fue declarado Patrimonio de la Humanidad por la UNESCO en 1996. El programa es de tu universidad, pero te matricularás en las clases de la Universidad Autónoma de Querétaro (UAQ) que luego podrás convalidar en la tuya. El director del programa permanece presente por una semana al principio. Los estudiantes se alojan de uno en uno con familias locales.

PASO 2 Primero, pónganse de acuerdo sobre cuál de los tres programas es el que más les atrae. Después indiquen las características que prefieren y compartan sus conclusiones con el resto de la clase.

Preferimos los programas...

- ☐ en Europa.
- ☐ en Latinoamérica.
- ☐ en la costa.
- ☐ que duran mucho tiempo.
- ☐ que les ofrecen mucho apoyo a los estudiantes.
- ☐ que ofrecen oportunidades para participar en la comunidad.
- ☐ ¿otra característica?

1-7 Hablemos claro.

PASO 1 Entrevístense y apunten las respuestas de su compañero/a.

1. ¿Qué adjetivos describen el lugar donde vives? Descríbelo, usando cuatro de los cinco sentidos: el tacto, el oído, el olfato y la vista. ¿Cómo se destaca entre los lugares a su alrededor? ¿Cómo refleja tu personalidad? ¿Hay un rincón u otro espacio en el lugar donde vives con un significado especial para ti?
2. En tu universidad, ¿qué espacios o edificios son simbólicos y por qué? Si hay monumentos en el campus, ¿qué significado tienen? ¿Dónde están ubicados? ¿Qué ejemplos de arte público hay? ¿Qué efecto tienen en el ambiente o en el paisaje? ¿Qué aportan a la universidad los elementos de la naturaleza: las plantas, las flores, el agua, etc.?
3. En tu aula de la clase de español, ¿qué objetos te ayudan a aprender? ¿Qué objetos lo hacen más difícil? ¿Qué otros objetos —muebles, cuadros, aparatos electrónicos, etc.— se deben añadir o quitar? Si usas un espacio virtual para la clase, ¿qué elementos contribuyen a tu aprendizaje?

PASO 2 Escribe algunas oraciones, comparando tus respuestas sobre los espacios con las respuestas de tu compañero/a. Después, comparte tus ideas con él/ella. ¿Está de acuerdo contigo tu pareja? Prepárate para compartir los resultados con la clase.

Gramática

I. La concordancia: el género y el número

In Spanish, words that accompany or modify a noun (such as articles and adjectives) reflect the same gender (masculine or feminine) and number (singular or plural) of that noun. This concept is referred to as *agreement* (**la concordancia**). Knowing the gender and number of a noun is an important part of learning Spanish grammar.

Est**e** **campus** (*m. sing.*) universitari**o** es precios**o**. — This university *campus* is lovely.

Utiliza vari**as** **plantas** (*f. pl.*) indígen**as**. — It utilizes various indigenous *plants*.

¡Ahora tú!

Complete 1-1 online to practice these concepts.

IMPLEMENTATION OF *¡AHORA TÚ!*
Various *¡Ahora tú!* eText activities are provided for students within each grammar presentation. These are mini self-assessments that allow students to immediately practice the concept(s) presented in the bullet(s) and receive automatic feedback. Have students read the grammar presentations and complete the *¡Ahora tú!* activities online as homework, before doing the *En contexto* activities in class. The *¡Ahora tú!* activities thus serve to both break down content into manageable pieces and hold students accountable for reading and reviewing before class.

A. Formación y uso: nombres

Gender. When a noun refers to a living entity, its gender typically coincides with *biological sex*. In Spanish, a feminine form either is the same as its masculine counterpart (clarified through modifiers like **la**), or it ends in **-a**. In some cases, however, completely different words mark the feminine sex.

Masculine		Feminine	
el hermano	*brother*	**la** hermana	*sister*
el gato	*cat*	**la** gata	*cat*
el jefe	*boss*	**la** jefa	*boss*
el profesor	*professor*	**la** profesora	*professor*
el piloto	*pilot*	**la** piloto	*pilot*
el estudiante	*student*	**la** estudiante	*student*
el turista	*tourist*	**la** turista	*tourist*
el hombre	*man*	**la** mujer	*woman*
el toro	*bull*	**la** vaca	*cow*

- Some nouns naming animals or human beings can be either masculine or feminine.

Masculine noun for masc. or fem. sex		Feminine noun for masc. or fem. sex	
el pez	*fish*	**la** rana	*frog*
el individuo	*individual*	**la** persona	*person*
el ángel	*angel*	**la** víctima	*victim*

- The gender of nouns referring to non-living entities is purely *grammatical*. Particular word endings tend to pattern with one gender or the other: nouns ending in **-o** tend to be masculine, while nouns ending in **-a** tend to be feminine.

Masculine		Feminine	
el edificio	*building*	**la** biblioteca	*library*
el cerro	*hill*	**la** naturaleza	*nature*
el diseño	*design*	**la** forma	*form*

- However, words of Greek origin ending in **-ma** are masculine. Words resulting from abbreviations and other isolated cases may be either masculine or feminine.

Masculine		Feminine	
el drama	*drama*	**la** foto(grafía)	*photo(graph)*
el dilema	*dilemma*	**la** moto(cicleta)	*motorcycle*
el día	*day*	**la** mano	*hand*

- Most nouns ending in **-e** or a *consonant* may be masculine or feminine, so their gender must be memorized or determined from context. Words with the suffixes **-(s/c)ión**, **-(t/d)ad**, **-tud**, **-ez(a)** are feminine.

Masculine		Feminine	
el coche	*car*	**la** noche	*night*
el sol	*sun*	**la** sal	*salt*
el análisis	*analysis*	**la** crisis	*crisis*
el rincón	*corner*	**la** habitación	*(bed)room*
el césped	*lawn*	**la** calidad	*quality*

- Feminine nouns that begin with a *stressed* [a] sound take the masculine articles **el** and **un** in the singular, for reasons of pronunciation. Exceptions include the names for letters: **la a, la hache**.

Feminine nouns that begin with a *stressed* [a] sound	
el agua cristalina (*versus* **las** aguas cristalinas)	*crystalline water(s)*
un águila calva (*versus* **unas** águilas calvas)	*a/some bald eagle(s)*
versus **la** ardilla roja (**las** ardillas rojas)	*red squirrel(s)*

Number. Singular nouns ending in a *vowel* add **-s** to form the plural, while those ending in a *consonant* add **-es**. Note that in plural forms, the final consonant **-z** becomes **-c**, and written accent marks may or may not be affected.

Singular	Plural	Meaning
el edificio	**los** edificios	*building(s)*
el paisaje	**los** paisajes	*landscape(s)*
el lápiz	**los** lápices	*pencil(s)*
el rincón	**los** rincones	*corner(s)*

- Singular nouns already ending in **-s** that are stressed on the second- or third-to-last syllable do not add **-es**. Such nouns have identical singular and plural forms; the meaning is clarified through modifiers like a definite article.

Singular	Plural	Meaning
el lunes	**los** lunes	*Monday(s)*
la crisis	**las** crisis	*crisis/crises*
el miércoles	**los** miércoles	*Wednesday(s)*
versus **el** mes	**los** meses	*month(s)*
versus **el** entremés	**los** entremeses	*appetizer(s)*

¡Ahora tú!

Complete 1-2 online to practice these concepts.

¡Ahora tú!

Complete 1-3 online to practice these concepts.

¡Ahora tú!

Complete 1-4 online to practice these concepts.

NOTE ON *NUMBER*. Singular nouns and adjectives that end in a non-high stressed vowel (*á, é, ó*) add **-s** to form the plural: *el sofá / los sofás, el café / los cafés, el dominó / los dominós*. Singular nouns and adjectives that end in a high stressed vowel (*í, ú*) add either **-s** or **-es** to form the plural: *el rubí / los rubís / los rubíes, el menú / los menús / los menúes*. The use of one plural ending over the other varies by geographical region and/or by individual speaker. The *Real Academia Española* recommends the use of **-es** as the more educated plural ending.

¡Ahora tú!

Complete 1-5 online to practice these concepts.

B. Formación y uso: adjetivos

Adjectives in Spanish vary in gender and number according to the nouns they modify. Their forms follow patterns similar to those of nouns. Typically for gender, masculine adjective forms end in **-o,** while their feminine counterparts end in **-a.** Some feminine forms add **-a** to a masculine counterpart ending in a consonant.

Singular	Plural	Meaning
el chic**o** alt**o**	**los** chic**os** alt**os**	*tall boy(s)*
la chica alta	las chicas altas	*tall girl(s)*
el jefe trabajador	**los** jefes trabajador**es**	*hardworking boss(es)*
la jefa trabajadora	las jefas trabajadoras	*hardworking boss(es)*

¡Ahora tú!

Complete 1-6 online to practice these concepts.

- Most adjectives ending in **-e** or a *consonant* do not vary for gender, but they do for number. Some adjectives ending in **-a** or **-í** likewise do not vary for gender.

Singular	Plural	Meaning
el jefe impacient**e**	**los** jef**es** impacient**es**	*impatient boss(es)*
la jefa impaciente	las jefas impacientes	*impatient boss(es)*
el chico difícil	**los** chic**os** difícil**es**	*difficult boy(s)*
la chica difícil	las chicas difíciles	*difficult girl(s)*
el señor realista	**los** señor**es** realista**s**	*realistic gentleman/men*
la señora realista	las señoras realistas	*realistic lady/ladies*
el profesor israelí	**los** profesor**es** israelí**es**	*Israeli professor(s)*
la profesora israelí	las profesoras israelíes	*Israeli professor(s)*

¡Ahora tú!

Complete 1-7 online to practice these concepts.

NOTE ON *NUMBER*.
Recall that the plural form of *israelí* may vary: *los profesores israelís / israelíes, las profesoras israelís / israelíes*. The *Real Academia Española* recommends the use of *israelíes* as the more educated plural form of *israelí*.

- Descriptive adjectives generally *follow* the nouns they modify. However, a few may *precede* them, with or without a meaning change, and a few of these have shortened forms. The adjective **bueno** shortens to **buen** before a masculine singular noun, whereas **grande** shortens to **gran** before a masculine or feminine singular noun.

After noun	Before noun	Meaning
un amigo **viejo**	un **viejo** amigo	*an elderly friend/an old friend*
una amiga vieja	una vieja amiga	*an elderly friend/an old friend*
un chico **bueno**	un **buen** chico	*a good boy*
una chica buena	una buena chica	*a good girl*
un hombre **grande**	un **gran** hombre	*a big man/a great man*
una mujer grande	una gran mujer	*a big woman/a great woman*

En contexto

1-8 Los espacios que nos atraen. ¿Qué tipos de espacios te atraen más para vivir?

PASO 1 Completa cada oración de la forma más lógica.

A. Quiero...

1. vivir en una ciudad _c_	**a.** culturales locales.
2. comprar un condominio _b_	**b.** ubicado en el centro.
3. caminar a eventos _a_	**c.** mediana y segura.

B. Prefiero...

4. vivir en un pueblo _e_	**d.** montañosa.
5. estar en una región _d_	**e.** pequeño y tranquilo.
6. ver paisajes _f_	**f.** verdes y naturales.

C. Voy a...

7. vivir en una ciudad _g_	**g.** grande y cosmopolita.
8. aprovechar el transporte _i_	**h.** étnicos interesantes.
9. frecuentar restaurantes _h_	**i.** público barato.

PASO 2 En parejas, entrevístense acerca de las ideas expresadas en el **Paso 1.**

1. ¿Te identificas con alguna de las afirmaciones? ¿Con cuál(es)? ¿Por qué?
2. ¿Cómo puedes cambiar los adjetivos o las oraciones para expresar tus gustos?

PASO 3 ¿Qué tienen en común ustedes? ¿En qué se diferencian? Preparen un breve resumen para la clase.

1-9 Nos mudamos. La familia Núñez se acaba de mudar a otro estado.

PASO 1 Escucha las siguientes descripciones de la madre sobre varios aspectos de su nueva casa e indica el sustantivo al que se refiere cada descripción.

1.	**a.** unos cuadros nuevos	(**b.**) unos sillones nuevos	**c.** unas camas nuevas
2.	**a.** su apartamento	**b.** el edificio de su apartamento	(**c.**) su casa
3.	(**a.**) un parque cercano (*nearby*)	**b.** un restaurante cercano	**c.** la biblioteca local
4.	(**a.**) el pueblo	**b.** la ciudad	**c.** una playa cercana
5.	**a.** unos lagos cercanos	**b.** los cerros cercanos	(**c.**) las montañas cercanas

CONCLUSIÓN: ¿Tiene la madre una actitud positiva o negativa sobre la nueva vida de su familia? ¿Cómo lo sabes?

AUDIO SCRIPT FOR 1-9, *PASO 1.*

1. Son cómodos y perfectos para leer o echar una siesta.
2. Es amplia y apta para nuestra familia de seis personas. Está ubicada en un barrio tranquilo.
3. Es grande, muy verde y seguro para nuestros hijos.
4. Es tranquilo e histórico, con cinco mil habitantes.
5. Son altas, bellas y majestuosas. Pueden ser peligrosas cuando hace mal tiempo.

IMPLEMENTATION OF 1-9, *PASO 1.*
Before students listen, have them read over all of the items and the conclusion in *Paso 1.* Clarify any unknown vocabulary items.

PASO 2 En parejas, conversen sobre la experiencia de una mudanza. ¿Cómo se sienten al experimentar las siguientes situaciones? Pueden usar las siguientes palabras o dar otras respuestas: contento/a, emocionado/a, enojado/a, nervioso/a.

1. mudarse a una nueva casa
2. mudarse a un nuevo pueblo o nueva ciudad
3. mudarse a otro estado
4. mudarse a otro país

1-10 ¿Es verdad o mentira? ¿Quién es más capaz de averiguar (*find out*) la verdad: tus compañeros o tú?

PASO 1 Primero completa cada oración, según la pista (*clue*) dada entre paréntesis y los adjetivos de la lista. Presta atención a la concordancia de los adjetivos. Cada oración puede ser una situación verdadera o falsa.

acogedor/a	difícil	histórico/a	pequeño/a	tranquilo/a
amplio/a	emocionante	interesante	rápido/a	tropical
cómodo/a	exótico/a	lento/a	romántico/a	viejo/a
cosmopolita	frío/a	peligroso/a	seguro/a	¿...?

1. Mi habitación es ______________ (color) y ______________.
2. Mi coche es ______________ (color) y ______________.
3. Prefiero viajar a lugares ______________, ______________ y ______________.
4. Crecí en ______________ (un lugar), un lugar ______________ y ______________.
5. Cuando era pequeño/a, visité ______________ (un lugar), un lugar ______________ y ______________.

PASO 2 En grupos túrnense para leer sus oraciones en voz alta. Después de cada oración, hagan dos o tres preguntas para pedir más información. Apunten si creen que lo que dice la oración es verdad o mentira. ¡La persona que adivine (*guesses*) más oraciones de acuerdo con la realidad, gana!

MODELO: E1: *Mi habitación es rosada y muy amplia.*
E2: *¿Vives en un apartamento o una casa?*

Gramática

II. *Ser* versus *estar*

Spanish has two different verbs that express the meaning *to be*: **ser** and **estar.** Context defines which verb to use. In general, **ser** is used to express traits, and **estar** is used to express states.

Santiago **es** la capital de Chile. **Es** un centro urbano moderno y seguro.	*Santiago **is** the capital of Chile. It **is** a modern and safe urban center.*
Santiago **está** en el valle central de Chile.	*Santiago **is** in the central valley of Chile.*

Formación y uso

- Both **ser** and **estar** have irregular conjugations in the present tense. Note that neither **yo** form ends in **-o,** and that the second- and third-person forms of **estar** carry a written accent mark.

  ser: soy, eres, es, somos, sois[1], son

  estar: estoy, estás, está, estamos, estáis, están

[1] The subject pronoun **vosotros** (second-person plural) and its related verb forms (e.g., **sois** and **estáis**) are used only in Spain.

- **Ser** is for traits, such as inherent qualities, identity, nationality, and professions. An additional nuance is its use to express dates and time, even when these are traits of an event (such as its date, time, or location).

Hoy **es** viernes. **Son** las dos de la tarde. Mañana **es** 14 de febrero.	*Today **is** Friday. It **is** 2 o'clock in the afternoon. Tomorrow **is** February 14th.*
El concierto **es** esta noche. **Es** a las ocho. **Es** en el Auditorio López.	*The concert **is** tonight. It **is** at 8 o'clock. It **is** (takes place) in the López Auditorium.*

- **Estar** is for states, whether related to health, mind, mood, or other conditions. **Estar** is also used to express the location of a place, object, or person. When used with a gerund, **estar** expresses an action in progress (i.e., in a particular state of development).

Santiago **está rodeado** por los Andes. En invierno, **está cubierto** de esmog a menudo debido a la inversión térmica.	*Santiago **is surrounded** by the Andes. In winter, it often **is covered** by smog due to thermal inversion.*
Un amigo mío **está viajando** por Chile este mes. **Está** en Santiago ahora mismo.	*A friend of mine **is traveling** through Chile this month. He **is** in Santiago right now.*

- In some cases, a speaker may use either **ser** or **estar,** depending on the intended meaning of either trait or state.

Santiago **es** precioso.	Santiago **está** precioso esta noche.
*Santiago **is** lovely (always; as a trait).*	*Santiago **is** (looks) lovely tonight (especially; as a state).*

Esta rosa **es** roja.	La luz del semáfaro **está** roja.
*This rose **is** red (as a trait).*	*The traffic signal light **is** (shows) red (as a state).*

¡Ahora tú!

Complete 1-8 online to practice these concepts.

En contexto

1-11 Tu restaurante preferido. ¿Tienes un restaurante favorito? ¿Qué aspectos lo hacen destacarse?

PASO 1 Lee las siguientes oraciones sobre el restaurante preferido de una profesora de español.

Mi restaurante preferido…

1. [es / está] en el centro de la pequeña ciudad donde vivo.
2. [es / está] de una pareja local muy simpática.
3. [es / está] muy popular en la comunidad porque sirve platos frescos, con ingredientes locales.
4. [es / está] decorado con colores vivos e imágenes enormes de maíz, verduras y frutas.
5. [es / está] abierto todos los días.
6. [es / está] un poco caro, pero para mí, ¡vale la pena!

CONCLUSIÓN: ¿Qué afirmación(es) a continuación es/son cierta(s) sobre esta profesora?

☑ Le importa apoyar la economía de su comunidad local.

☐ No gasta mucho dinero en restaurantes.

☑ Presta atención al ambiente (*atmosphere*) de un restaurante.

PASO 2 Ahora describe tu restaurante local preferido, sin mencionar su nombre. Escribe por lo menos tres oraciones con **ser** y tres con **estar.**

PASO 3 Ahora en grupos léanse sus descripciones. ¿Pueden adivinar qué restaurantes son?

MODELO: *Mi restaurante preferido* ***es…***
Mi restaurante preferido ***está…***

1-12 *¿Ser o estar?* El uso de **ser** versus **estar** con algunos adjetivos cambia su significado.

PASO 1 Empareja cada expresión con la imagen que mejor capte su significado.

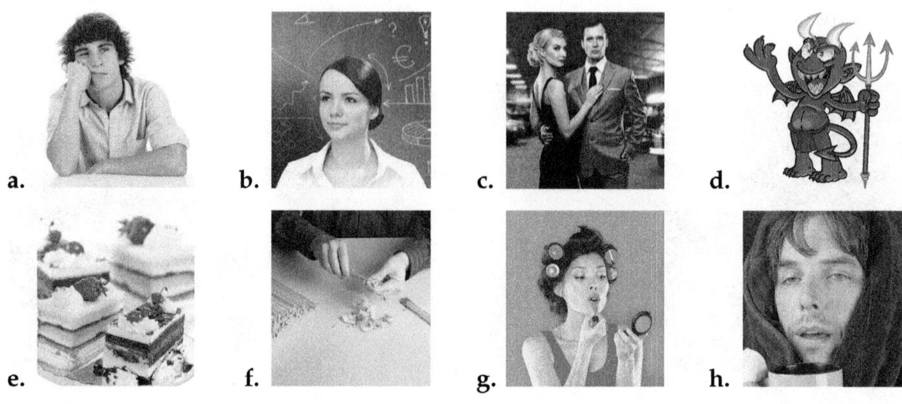

a. b. c. d. e. f. g. h.

1. Son ricos. _c_
2. Están ricos. _e_
3. Es malo. _d_
4. Está malo. _h_
5. Es aburrido. _f_
6. Está aburrido. _a_
7. Es lista. _b_
8. No está lista. _g_

PASO 2 En parejas, completen las siguientes oraciones de una manera lógica.

1. Es malo cuando alguien…
2. Estamos malos/as frecuentemente en/durante…
3. En nuestra opinión, es aburrido/a… (*una tarea o actividad*)
4. Estamos aburridos/as cuando…
5. Está(n) rico/a/s… (*una comida o bebida*)

CONCLUSIÓN: ¿Es fácil encontrar puntos en común entre ustedes?

1-13 La calidad de vida. ¿Afectan los espacios la calidad de vida?

PASO 1 Escucha una serie de descripciones que hace Carlos, un hombre de negocios. Decide si cada conclusión requiere **ser** o **estar.**

1. (a.) No es guapo. **b.** No está guapo.
2. **a.** Es guapo. (b.) Está guapo.
3. (a.) Es rico. **b.** Está rico.
4. **a.** Es malo. (b.) Está malo.
5. (a.) No es malo. **b.** No está malo.

PASO 2 ¿Creen Uds. que los espacios afectan la calidad de vida de Carlos? ¿De qué manera(s)?

AUDIO SCRIPT FOR 1-13.

1. Carlos es un hombre bajo, flaco y bastante feo.
2. Carlos trabaja para una empresa importante. Cuando va al trabajo, se viste formal y va más atractivo de lo normal.
3. Carlos gana mucho dinero, lo cual le permite vivir en un condominio lujoso en un edificio alto en el centro de la ciudad.
4. Carlos se enferma con frecuencia, porque trabaja demasiado. También hay mucha contaminación atmosférica en la ciudad donde vive.
5. Carlos quiere mucho a su esposa y a sus dos hijos. Trata a las personas con respeto y es una buena persona.

1-14 Tu calidad de vida. ¿Cómo afectan los espacios tu calidad de vida?

PASO 1 En cada oración, elige el verbo correcto, según el contexto. Después indica todas las expresiones que, en tu caso, terminen la oración de manera apropiada, o agrega (*add*) una nueva expresión.

1. Frecuentemente mi habitación [es / está] ________.
   a. limpia **b.** sucia **c.** ordenada **d.** desordenada **e.** (…)
2. La zona donde vivo [es / está] ________.
   a. segura **b.** peligrosa **c.** tranquila **d.** caótica **e.** bella **f.** fea **g.** (…)
3. El lugar donde vivo [es / está] relativamente ________.
   a. cerca de nuestro campus universitario
   b. lejos de nuestro campus universitario
4. Para llegar al campus, el medio de transporte que normalmente uso [es / está] ________.
   a. caminar **b.** mi bicicleta **c.** mi coche **d.** el autobús **e.** (…)
5. Nuestro campus universitario [es / está] ________.
   a. relativamente seguro **b.** (un poco) peligroso **c.** acogedor **d.** feo **e.** (…)

PASO 2 En grupos conversen sobre los siguientes temas.

1. Compartan sus respuestas del **Paso 1.** ¿Son semejantes o diferentes? ¿En qué se parecen o se diferencian?
2. ¿Afecta su calidad de vida el estado o la decoración de su habitación? ¿Cómo afecta su salud mental? ¿Su salud física o su estado de ánimo?
3. Piensen ahora en la seguridad, tanto de la zona donde viven como de su campus universitario. ¿Cómo afecta su calidad de vida? Piensen también en la apariencia (*appearance*) de los dos: la zona donde viven y el campus. ¿La apariencia afecta de igual manera su calidad de vida?
4. En su opinión, ¿afecta su calidad de vida la distancia que hay entre donde viven y el campus? Por ejemplo, ¿afecta su salud física? ¿La cantidad de ejercicio que hacen? ¿Otros aspectos de su vida diaria?

CONCLUSIÓN: Por lo general, ¿qué aspecto(s) de los espacios afectan más su calidad de vida? Prepárense para compartir las conclusiones con el resto de la clase.

NOTE ON *"EL TRUEQUE".*
El trueque has several meanings in English: switch, barter, and exchange. The story's author, Natalia Crespo, suggested "The exchange" as the most appropriate translation of the title, explaining that, "When we use **trueque** in Argentina, we usually think of **economía de trueque** (*as in pre-money economies*) or **trueque de libros** (*book exchange*)".

Lectura literaria

Sobre la autora

Natalia Crespo nació en Buenos Aires, Argentina, en 1976, estudió y trabajó en los EE. UU., y actualmente vive en Argentina de nuevo. Es novelista, cuentista y poeta. Su obra más reciente trata del exilio de la protagonista y los problemas socioeconómicos de Argentina. Ha recibido numerosos premios literarios y participa en la vida cultural e intelectual de Buenos Aires. El cuento "El trueque" ("*The exchange*") fue publicado en el 2011 en una revista literaria estadounidense. Un fragmento del cuento se incluye a continuación.

Antes de leer

1-15 En Argentina. Vas a leer un fragmento de un cuento escrito por una autora de Argentina. ¿Cuánto sabes ya de este país?

PASO 1 Empareja las descripciones con los lugares, los personajes y las actividades de Buenos Aires.

1. __c__ Buenos Aires
2. __b__ Villa Lugano
3. __d__ la Plaza de Mayo
4. __a__ el río de la Plata
5. __e__ Carlos Menem
6. __f__ cacerolear

a. el más ancho del mundo
b. un barrio muy pobre de Buenos Aires
c. la ciudad capital de Argentina
d. un espacio público en Buenos Aires
e. el presidente del país de 1989 a 1999
f. protestar en la calle haciendo ruido (*noise*) con cacerolas (*pots and pans*)

PASO 2 Indica tu nivel de conocimiento sobre Argentina. Después comparte tu respuesta con la clase. ¿Cuál es la respuesta de la mayoría de tus compañeros?

☐ La conozco muy bien. He estado allá.
☐ Sé algo sobre Argentina: su historia, su gente y su geografía.
☐ Lo único que sé de Argentina es lo que aprendí en el **Paso 1.**

1-16 La secundaria. En el cuento que vas a leer, dos compañeras de la escuela secundaria se reencuentran después de varios años y empiezan a conversar por Skype.

PASO 1 ¿Qué experiencias recuerdas de la escuela secundaria? ¿Y tus compañeros? Camina por la clase y anota quién recuerda qué. Encuentra por lo menos una persona que recuerda cada experiencia.

MODELO: **E1:** *¿Recuerdas ir a bailes?*
E2: *No.*
E3: *Sí, yo lo recuerdo.*

¿Quién recuerda estas experiencias?	Nombres
1. Ir a bailes.	*Paul (E3), ...*
2. Faltar a clase. / Ratearse de clase.	
3. Participar en manifestaciones u otras actividades políticas.	
4. Fumar.	
5. Participar en algún club o deporte.	
6. Soñar con mudarse a otro lugar.	

PASO 2 Los adolescentes pasan gran parte de sus días dentro de la escuela secundaria. ¿Cuál era tu ambiente escolar preferido? Escribe dos oraciones para describirlo, prestando atención a la concordancia.

MODELO: *Mi ambiente preferido era la biblioteca porque era acogedora y silenciosa. También tenía sofás muy cómodos.*

Al leer

Estrategia al leer

Reconocer el papel del ambiente. El ambiente en un texto literario consiste en dos cosas: el lugar y el tiempo. A veces tenemos una idea vaga de estos elementos. Por ejemplo, un cuento puede tener lugar en el presente, en una casa, durante una noche, etc. En otros casos los detalles del ambiente son más exactos: una noche durante el siglo XVI sobre el balcón de una casa elegante. Muchas veces el ambiente contribuye al tono de un texto o es, incluso, parte de la acción. Si un cuento tiene lugar en un castillo decaído, de noche durante una tempestad con muchos truenos y relámpagos, la ambientación crea un tono de misterio. Imaginémonos una novela que trate de alguien en un barco, perdido en el océano. El ambiente, entonces, puede llegar a ser casi un personaje —quizá el antagonista— de la historia.

1-17 ¿Quién lo hace y dónde ocurre?

e **PASO 1** Mientras vas leyendo, empareja cada actividad con el/los personaje(s) y el/los lugar(es) donde ocurre(n).

1. asistir a la escuela secundaria __b__
2. participar en sesiones de Skype __c__
3. trabajar de socióloga __a__
4. dar clases de lengua __e__
5. cacerolear __d__

a. Luisa en Buenos Aires
b. Luisa y Marisa en Buenos Aires
c. Luisa en Buenos Aires y Marisa en EE. UU.
d. Marisa en Buenos Aires
e. Marisa en Buenos Aires y en EE. UU.

PASO 2 En tu opinión, ¿cuál es el efecto de la ambientación en este fragmento de cuento? ¿Cómo afecta el espacio virtual de Skype a la conexión entre las mujeres?

Los personajes del cuento eran compañeras de banco en la escuela secundaria.

El trueque (fragmento), por Natalia Crespo (Argentina)

Desde hace dos meses, Luisa y Marisa hablan una vez por semana por el Skype, el teléfono de la computadora. Ésta debe ser la séptima o la octava comunicación que tienen. Las primeras fueron intensas y cargadas de noticias. Las amigas se reían, gritaban de alegría o de incredulidad al enterarse de chismes de compañeros del secundario, se decían varias veces que se querían mucho, que se extrañaban. Marisa y Luisa habían sido compañeras de banco° durante toda la secundaria en el colegio Buenos Aires. Así que, además de ponerse al día con sus vidas—hacía cinco años que no hablaban—juntas empezaron a recordar anécdotas de la adolescencia: los bailes en el salón de la confitería "El Molino", los primeros besos, las instrucciones que se daban mutuamente con los novios, las rateadas° de la clase de química, las manifestaciones en Plaza de mayo contra las privatizaciones de la presidencia de Menem, las borracheras que terminaban a las siete de la mañana en las hamacas de la placita Güemes. A Marisa estas sesiones de recuerdos le hacían muy bien, entre otras cosas—se explicaba a sí misma, ella tan psicoanalizada y pensante—porque al recordar la adolescencia las dos juntas, ella que había emigrado hacía seis años a Estados Unidos y Luisa, que nunca se había movido de su departamento en Caballito, estaban igual de lejos. ...

A la cuarta o quinta conversación del Skype ya habían repasado todos los momentos cómicos, épicos y/o líricos de la adolescencia unas cuantas veces. Los habían distorsionado°, agrandado, hecho más epifánicos y memorables. No había mucho más para sacar de allí sin que se sintieran mentirosas o simplemente aburridas. Habían llegado a un terreno baldío°, a un cul de sac de la charla. De sus situaciones actuales ya se habían contado todo y ninguna quería tampoco ahondar demasiado° en la incomodidad. Luisa acababa de divorciarse, llegaba a los treinta y tres años sin pareja y con un título de socióloga que apenas le permitía trabajar en una beca del Conisud, en un proyecto de investigación sobre la sexualidad de los jóvenes de las villas miserias de Villa Lugano. Para ganarse el pan, como quien dice, tenía además que trabajar diez horas por día en una agencia de marketing pasando en limpio encuestas tendientes a dilucidar° con qué frecuencia los consumidores de mediana edad usaban polvo de lavar "Afa" y con qué frecuencia preferían el jabón líquido para lavarropas marca "Suavísimo". Luisa siempre andaba con el mango justo° y lo poco que le sobraba del alquiler se lo gastaba en puchos°, porque fumar era para ella una de las actividades más placenteras en ese momento de su vida. Marisa, a diferencia de Luisa, vivía en un pueblo remoto cercano al polo norte que, según aseveraban° mapas y señalizaciones, estaba dentro del territorio estadounidense. Se había casado cinco años atrás con un ingeniero mecánico que medía la vida y la vivía de acuerdo a estadísticas y porcentajes. Hacía tres años que no veía a su familia... Trabajaba dando clases de español en una pequeña universidad: es decir que, luego de seis años de estudios de posgrado en el país al que había emigrado sin temor y por amor, partiendo de su patria para seguir al mecánico, había finalmente vuelto a hacer lo que hacía en su país antes de emigrar: dar clases de lengua, enseñar los verbos modelo de las tres conjugaciones, "amar, temer, partir", a los cuales, por razones obvias de psicología pedestre°, había empezado a tomarles inquina°.

classmates who share desks
ditching
distorted
vacant lot
go too deep
aimed at explaining
tight budget / cigarettes
affirmed
pedestrian / dislike

Por momentos, Luisa y Marisa se tenían piedad la una a la otra, se auscultaban° mutuamente a través del prisma de la compasión y de la sensación de pérdida. Por momentos, la piedad rotaba y se convertía en la certeza de la auto-misericordia y la envidia a lo ajeno°. Pero últimamente lo que sentían se parecía más a la apatía, estaba a tono con el ruido de fritura y con los problemas técnicos que empezaban a tener con el Skype. El cúmulo de lo compartible, al parecer, estaba llegando a su fin. Los silencios eran ahora más largos, los monosílabos más frecuentes, y cada conversación las separaba más todavía, les agrandaba el océano, las dejaba con la sensación de estar refugiadas de todo lo ajeno o exterior.

Fue entonces cuando Luisa abrió la pregunta:

—¿Te diste cuenta de la cantidad de verbos que empiezan con "ca" y terminan con "ear" y que representan plenamente a la Argentina actual?—. Y ante el silencio desconcertado de Marisa, la amiga explicó:

—"Cacerolear"°: lo que viniste a hacer vos en diciembre del 2001—.

Hay bronca en la frase, Marisa lo sabe, aunque a través del Skype no logra discernir si el reproche es por haber ido de visita a Argentina, por haber caceroleado o por haber dejado de cacerolear para retornar a Estados Unidos.

—Sí—responde expectante.

...

listened to one another

that which belongs to another

banging on pots and pans in protest

NOTE ON *CACEROLEAR*.
In Argentina, this verb means to protest (against government economic policy) by banging on pots and pans. In the context of this story, these protests were connected to the severe economic crisis that Argentina suffered beginning in 2001. The economic effects were devastating and led to the harsh suffering of many people. Some became *cartoneros*: they looked for cardboard to recycle in order to make a little money.

Después de leer

1-18 **¿Luisa o Marisa?** Indica si las siguientes oraciones describen a Luisa o a Marisa.

	LUISA	MARISA
1. Emigró.	☐	☑
2. Tiene poco dinero.	☑	☐
3. Está casada.	☐	☑
4. Fuma.	☑	☐
5. Se siente criticada.	☐	☑

1-19 **Analizar los elementos literarios.** Contesten las siguientes preguntas y discutan las respuestas en grupos pequeños.

Interpersonal. El cuento tiene lugar en dos lugares y en dos tiempos (el pasado y el presente). ¿Cuáles son los aspectos positivos y negativos de la vida de Luisa en Buenos Aires? ¿Y de la vida de Marisa en EE. UU.? ¿Y de la adolescencia y la adultez? ¿Son felices las dos? ¿Por qué se siente criticada Marisa cuando Luisa menciona su actividad pasada de cacerolear?
Presentacional. Dibujen a uno de los personajes durante su adolescencia y durante su adultez. Preséntenle los dos dibujos a otro grupo y explíquenle cómo son diferentes y/o iguales.

NOTE ON 1-19.
This activity mirrors the sequenced tasks of an Integrated Performance Assessment (IPA) and thus provides students with additional, low-stakes practice with spoken communication skills. After doing the reading and completing interpretative tasks about the text, students engage in interpersonal speaking to deepen their understanding. Finally, they create a visual to represent this understanding and share it with others through a presentational speaking task.

Competencia cultural

Quedar bien durante una visita

1-20 Entender tu propia cultura.

PASO 1 Usando una de las siguientes frases adverbiales, indica con qué frecuencia haces cada acción cuando vas de visita a la casa de otra persona.

siempre / a veces / nunca

MODELO: *Siempre aviso antes de ir.*

1. Aviso antes de ir.
2. Toco el timbre hasta que veo aparecer a alguien.
3. Me quito los zapatos al entrar.
4. Saludo a todos en la casa al entrar y me despido de todos también.
5. Les llevo un obsequio (*gift*) a los dueños (*owners*) de la casa.

PASO 2 Compartan sus respuestas del **Paso 1** con la clase. ¿Cuáles son las costumbres de la mayoría?

Estrategia cultural

Las costumbres relacionadas con las visitas en los países hispanohablantes tienden a ser más formales que en Estados Unidos. Al abrir la puerta es común saludarse y darse uno o dos besos en la mejilla. Es común llevar un pequeño regalo para los de la casa. Es importante saludar a todos individualmente y llamarlos por su nombre. Los de la casa normalmente ofrecen algo de beber o comer durante la visita. Al salir es importante despedirse de todos de la misma manera.

Es importante observar e imitar las costumbres locales y hacer preguntas de antemano. Una buena estrategia es describir lo que haces en tu cultura y preguntar si es igual o diferente en la otra cultura. Por ejemplo, podrías decir: "Cuando voy a la casa de un amigo para estudiar, tomamos comida de la cocina, la llevamos a su cuarto, cerramos la puerta, ponemos música y trabajamos juntos. ¿Es igual o diferente aquí?" Con esa información la otra persona puede ofrecer una explicación de las diferencias o semejanzas culturales, lo cual puede ayudar a reducir el choque cultural.

¿Lo sabías?

Al saludarse y despedirse en España, se dan besos en las dos mejillas. En Argentina y en Uruguay, se da un solo beso en una mejilla. Considerando la estrategia cultural, ¿cómo puedes saber si en otros países se dan besos o no y, si es el caso, cuántos y a quiénes?

Al abrir la puerta es común saludarse y darse un abrazo y/o un beso en una mejilla o en las dos mejillas.

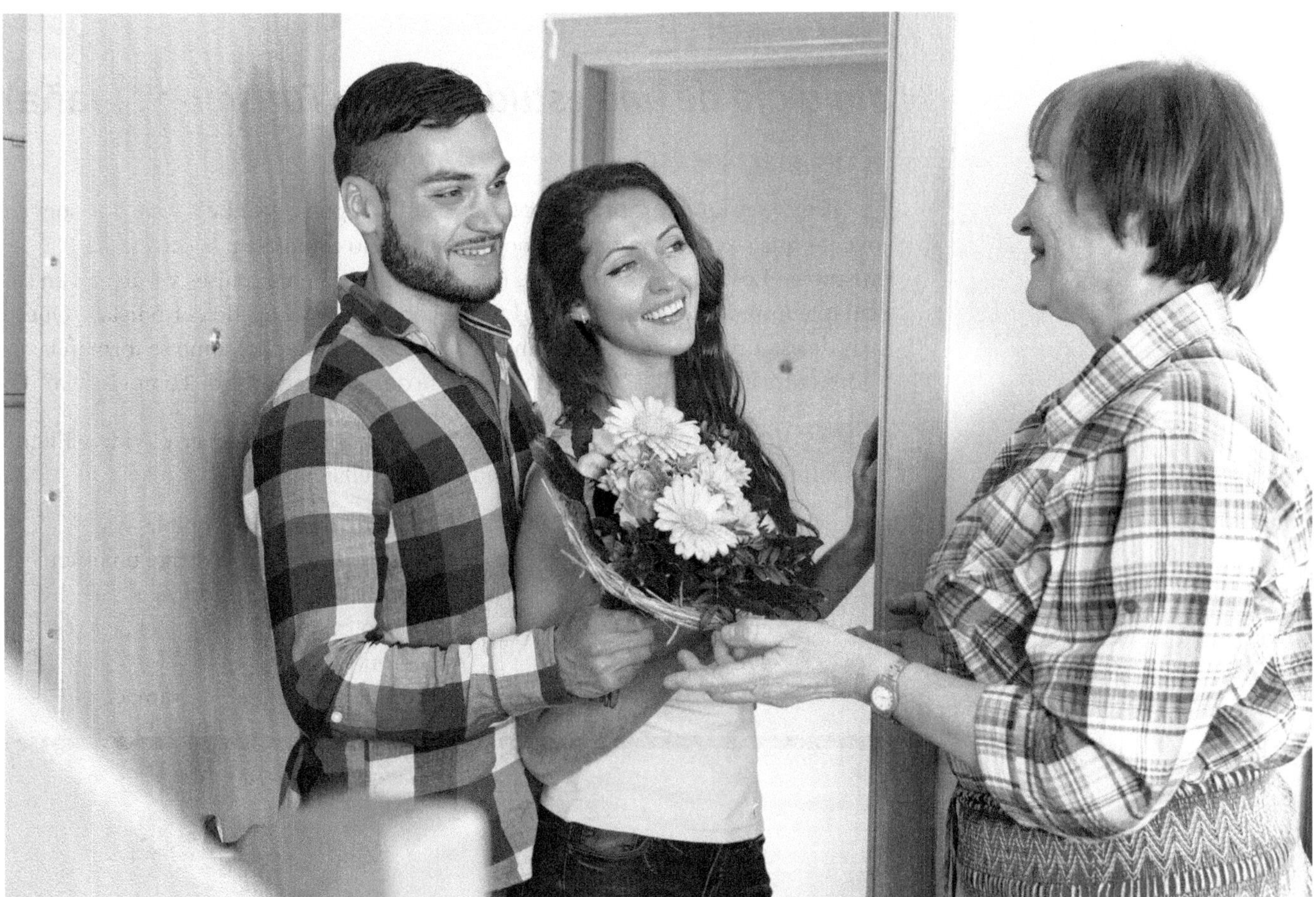

Es común llevar un pequeño regalo para los de la casa.

1-21 La competencia cultural en acción. Para cada situación a continuación, preparen un diálogo en el que una persona describa las costumbres de su cultura (por ejemplo, la de Estados Unidos) y la otra persona explique lo que hay que hacer para quedar bien en otra cultura (por ejemplo, la de México). Preséntenle sus diálogos a la clase.

1. Un amigo te invita a su casa a estudiar.
2. Una amiga te invita a su casa para su fiesta de cumpleaños.
3. Un colega les invita a ti, a la jefa y a su esposo a cenar en su casa.
4. Vas al parque a jugar fútbol con un grupo de amigos y pasas por la casa de otro/a amigo/a para ver si quiere jugar también.

Video cultural

El día a día de una estudiante de Turismo (España)

Antes de verlo

1-22 "¡Estábamos siempre juntos los tres!" Begoña, Manuela y Adrián son tres jóvenes que se conocieron hace unos años cuando estudiaban la carrera de Periodismo en Los Ángeles. Ahora, los tres viven en diferentes países y trabajan en el fascinante mundo del periodismo. ¿En qué consiste el trabajo de periodista? ¿Qué aspectos de esa profesión te atraen? En tu carrera universitaria, ¿cómo se forman las amistades entre estudiantes? ¿Hay un ambiente de cooperación o de competencia?

 **1-23 Vocabulario útil.** Las siguientes expresiones se usan en el video. Elige la definición más apropiada para cada una de ellas.

1. __e__ la cadena de televisión
2. __c__ el/la gestor/a
3. __b__ el/la hotelero/a
4. __a__ el puesto vacante
5. __d__ el reportaje de actualidad

a. plaza de trabajo disponible
b. persona que posee o dirige un hotel
c. gerente o administrador/a
d. trabajo periodístico sobre el tiempo presente
e. red que distribuye programación

Al verlo

 **1-24 ¿Comprendes?** Indica a quién o a quiénes se refieren las siguientes frases: Manuela, Begoña, Adrián y/o Alba.

1. Es estudiante de Turismo. Alba
2. Es reportero/a y periodista. Manuela, Begoña, Adrián
3. Vive en España. Begoña, Alba
4. Estudia Inglés y otra lengua. Alba
5. Visitó Madrid como turista. Adrián
6. Hizo este reportaje para conseguir un trabajo. Begoña

POSSIBLE ANSWERS TO 1-25.
1. Tiene que preparar un documental original para una entrevista de trabajo. Necesita ideas sobre cómo acabar el video. 2. Es estudiante de turismo en Madrid. Es rubia, delgada, inteligente, etc. 3. Le gusta estudiar idiomas, conocer otras culturas, conocer a otras personas, ver cómo se vive en otros sitios, etc.

1-25 Reflexionar. Contesta las siguientes preguntas y prepárate para compartir tus ideas con la clase.

1. ¿Por qué está preparando este reportaje Begoña? ¿Qué ayuda necesita de sus amigos?
2. ¿Quién es Alba? Descríbela. ¿Qué hace durante un día normal?
3. ¿Qué aspectos de la carrera de Turismo le atraen a Alba? ¿Qué aspectos (no) te atraen a ti?

Después de verlo

IMPLEMENTATION OF 1-26.
Consider asking students to complete this activity in class or online using LiveChat.

 **1-26 ¡Luces, cámara, acción!** En parejas o grupos, hablen de alguien o de algún tema importante que les gustaría documentar. ¿Qué tema, lugar e ideas piensan aportar? Para poder hacer un reportaje como el de Begoña, ¿qué habilidades poseen ya entre ustedes? ¿Qué habilidades necesitan desarrollar?

Vocabulario

Sobre los espacios	*About spaces*
el diseño	*design*
la excursión	*hike, excursion, brief trip*
la gira	*tour, outing*
el itinerario	*itinerary*
los medios de transporte	*means of transport(ation)*
el mostrador	*counter*
la mudanza	*moving (from one place / house to another)*
el recorrido	*journey, route*
Otros sustantivos	***Other nouns***
el/la colega	*colleague*
el/la conserje	*concierge*
el/la mochilero/a	*backpacker*
el puesto (vacante)	*job (opening)*
Verbos	***Verbs***
mochilear	*to backpack*

Para refrescar la memoria

el aeropuerto	*airport*
el billete (*España*), el boleto (de avión, de tren)	*(plane, train) ticket*
el/la gerente	*manager*
la mochila	*backpack*
la reunión	*meeting*
satisfacer	*to satisfy*
volar (ue)	*to fly*
el vuelo	*flight*

NOTE ON *PARA REFRESCAR LA MEMORIA.* In each chapter, these expressions help students review beginner-level vocabulary used in the chapter. As the instructor, you can decide whether to test these expressions as active vocabulary.

En contexto

1-27 El sector turístico. Indica si cada cualidad es "imprescindible" (necesaria) o "prescindible" (no necesaria) para trabajar como conserje en la recepción de un hotel de lujo *(luxury hotel).*

1. Saber hablar varias lenguas.	(imprescindible)	prescindible
2. Saber cocinar.	imprescindible	(prescindible)
3. Tener estudios en ciencias.	imprescindible	(prescindible)
4. Mantenerse tranquilo/a bajo estrés.	(imprescindible)	prescindible
5. Ser cortés.	(imprescindible)	prescindible
6. Saber todos los detalles sobre el alojamiento.	(imprescindible)	prescindible

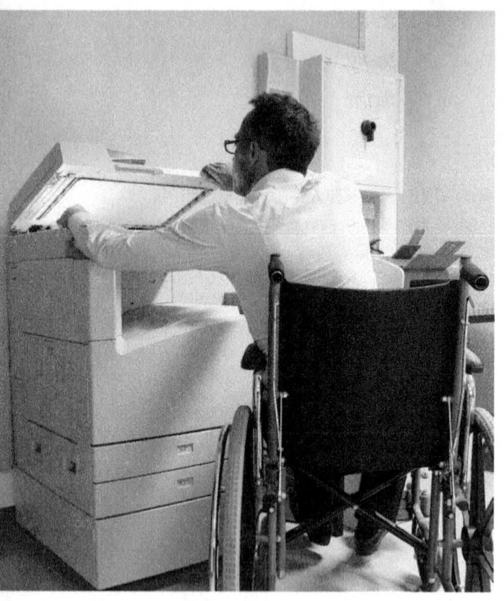

1-28 Capacidades diferentes. Los espacios profesionales, por ejemplo, las oficinas, deben ser accesibles a las personas con capacidades diferentes.

PASO 1 Empareja el elemento de diseño accesible con la persona a quien ayuda.

1. Las puertas son más anchas de lo normal, los mostradores son más bajos y los baños públicos están equipados con barras de agarre (*grab bars*). __d__
2. Hay señales auditivas, en altorrelieve (*high relief*) y en braille. __c__
3. Hay teléfonos con amplificador. __a__
4. Las computadoras tienen micrófonos y programas que convierten el habla del empleado en escritura. __e__
5. Hay dispositivos (*devices*) (por ejemplo, teléfonos y máquinas de fax) que integran una alarma óptica. __b__

a. una persona con dificultades auditivas
b. una persona sorda (*deaf*)
c. una persona ciega (*blind*)
d. una persona en silla de ruedas
e. una persona con parálisis

PASO 2 En un mundo ideal, todos los espacios serían accesibles a todas las personas. En parejas, seleccionen un espacio en su universidad y apunten algo que se puede hacer para mejorar su accesibilidad. (OJO: El espacio puede ser virtual.) Preséntenle su idea a la clase.

1-29 Ponerse de acuerdo.

PASO 1 Lee sobre tres empresas que usan el espacio para satisfacer las necesidades y deseos de sus empleados. ¿En qué lugar te gustaría más trabajar?

1. *Ciudad Grupo Santander* (*España*). Grupo Santander es uno de los bancos más grandes del mundo. Su sede —Ciudad Grupo Santander— ocupa 250 hectáreas donde trabajan más de 6.000 personas. Los empleados tienen acceso a múltiples restaurantes, un centro deportivo, tiendas, una sala de arte (*art gallery*), una sastrería (*tailor*), un centro médico, una guardería (*daycare facility*), una peluquería, un campo de golf y mucho espacio verde. La Ciudad Grupo Santander está inspirada en la sede de Microsoft en Redmond, Washington. Para los empleados que viven en Madrid, se creó un sistema de transporte con 26 puntos de recogida. Es un espacio en el que no solamente se trabaja sino en el que también se vive.
2. *Industrias lácteas Toni S.A.* (*Ecuador*). Toni S.A., parte de Tonicorp, es una empresa de productos lácteos que pone énfasis en la nutrición y la salud, tanto de sus clientes como de sus empleados. La empresa tiene un departamento de asesoría médica nutricional que da charlas al consumidor y ofrece visitas médicas. Como

parte del programa "Vive saludable" los empleados pueden hacer ejercicio en un gimnasio dentro de la empresa y usar un servicio de comida que calcula el valor nutricional para cada persona. Con buena salud se trabaja mejor.

3. *Centro para refugiados* (refugees) (*Estados Unidos*). A veces el uso creativo del espacio del trabajo es una necesidad. El *East Central Illinois Refugee Mutual Assistance Center*, una organización sin fines de lucro (*nonprofit*), carece de espacio pero no de ideas ni de energía. Su oficina es de pocos pies cuadrados, pero para trabajar de manera eficiente los empleados utilizan otros espacios. Por ejemplo, atienden a los clientes dentro de la oficina, pero usan un café cercano para otras citas. Para las reuniones de la junta ejecutiva usan un salón en el sótano del edificio. Y cuando los empleados viajan juntos en coche, aprovechan el tiempo para hablar sobre un caso particularmente difícil, para evaluar sus programas, para planear un evento o para una simple lluvia de ideas (*brainstorming*).

PASO 2 Pónganse de acuerdo sobre la empresa donde más les gustaría trabajar. Después indiquen las características de su grupo y compartan el resultado con el resto de la clase.

Queremos trabajar en una empresa…

- ☐ grande.
- ☐ en Estados Unidos.
- ☐ con espacios dedicados a la actividad física.
- ☐ con espacios bellos y modernos.
- ☐ con una misión importante.
- ☐ ¿otra característica?

1-30 Hablemos claro.

PASO 1 Entrevístense y apunten las respuestas de su compañero/a.

1. Pensando en tus viajes, cuenta algunas experiencias positivas. Después cuenta algunas negativas. ¿Cómo contribuyeron los profesionales relacionados con el turismo a tus experiencias? ¿Ayudaron a crear las experiencias positivas? ¿Resolvieron algunos de tus problemas? ¿Cuáles y cómo?
2. Imagínate que eres un guía turístico. Idealmente, ¿en qué tipo de turismo trabajas y por qué? ¿Quieres hacer excursiones largas en bicicleta, visitas a museos, recorridos por muchos países en pocos días, giras gastronómicas, etc.? Describe un itinerario ideal.
3. Hay diferentes tipos de turistas. ¿Qué desafíos (*challenges*) particulares crean los grupos a continuación? ¿Qué oportunidades especiales presentan? ¿Con qué grupo trabajarías mejor y por qué?
    - estudiantes universitarios
    - gente rica
    - personas mayores
    - familias con niños
    - matrimonios en su luna de miel
    - solteros

PASO 2 Escribe algunas oraciones para describir el trabajo ideal para tu compañero/a en el sector turístico. Después, comparte tus ideas con él/ella. ¿Está de acuerdo contigo tu pareja? Prepárate para compartir los resultados con la clase.

Gramática

III. *Por* versus *para*

Two different Spanish prepositions express the general meaning of the word *for*: **por** and **para**. They are not interchangeable since they express different nuances. In general, **por** is used to express *motive* and *movement through* (space or time), and **para** is used to express *objective* and *movement toward* (space or time).

A veces viajo **por** mi trabajo, a veces **por** placer, pero en cualquier caso prefiero no estar lejos de casa **por** más de una semana.	*At times I travel **for** (motivated by) work, at times **for** pleasure, but in either case I prefer not to be far from home **for** (during) more than a week.*
Estudio español **para** poder viajar más fácilmente. Salgo pronto **para** la Ciudad de México. Necesito estar listo **para** el próximo viernes.	I study Spanish ***in order to*** (objective) be able to travel more easily. I am leaving soon ***for*** (destination, space goal) Mexico City. I need to be ready ***by*** (time goal) next Friday.

A. *Por*

Por "points backward" and expresses the following:

- the *motive behind* an action
  - Lo hago **por** mi jefe. Lo hago **por** obligación.
  - *I do it **for** (on behalf of) my boss. I do it **out of** obligation.*
- the *agent behind* an action
  - El viaje fue organizado **por** mi jefe.
  - *The trip was organized **by** my boss.*
- the *means behind* or *by which* an action is performed
  - Prefiero viajar **por** mar. Prefiero organizar mis viajes **por** Internet.
  - *I prefer to travel **by** sea. I prefer to organize my trips **through** the Internet.*
- movement *through* (space or time, *after* it has been entered or begun)
  - Normalmente corro **por** el parque **por** la mañana **por** una hora.
  - *Usually I run **through** the park **in** the morning **for** an hour.*
- *in exchange for*
  - No pago más de $500 **por** un billete de avión.
  - *I don't pay more than $500 **for** a plane ticket.*
- various meanings in *idiomatic* phrases
  - **por** ahora *for now*
  - **por** primera / última vez *for the first / last time*
  - **por** fin *finally, at last*
  - **por** supuesto *of course*
  - **por** ejemplo *for example*
  - **por** lo general *in general*
  - **por** lo menos *at least*
  - **por** lo tanto *therefore*
  - **por** eso *for that reason*

B. *Para*

Para "points forward" and expresses the following:

- the *objective* or *goal* of an action — Estudio **para** (ser) piloto. Leo mucho **para** entender más.
  *I'm studying **to become** (goal) a pilot. I read a lot **(in order) to** understand more.*
- the *recipient* of an action — Compro muchos regalos **para** mi familia cuando viajo.
  *I buy a lot of gifts **for** my family when I travel.*
- movement *toward* (space or time, *before* it has been entered or begun) — Salgo **para** España en un mes. **Para** gastar menos dinero, debo comprar mi billete **para** el 20 de febrero.
  *I leave **for** Spain in a month. **(In order) To** spend less money, I should buy my ticket **by** February 20th.*
- *in comparison with* — **Para** alguien con poca experiencia en el extranjero, hablas muy bien el español.
  ***For** someone will little experience abroad, you speak Spanish very well.*
- *in the opinion of* — **Para** ti, viajar es difícil. **Para** mí, es un placer. **Para** él, es una necesidad.
  ***For** you, traveling is difficult. **For** me, it's a pleasure. **For** him, it's a necessity.*

¡Ahora tú!

Complete 1-9 online to practice these concepts.

IMPLEMENTATION OF *¡AHORA TÚ!*
Various *¡Ahora tú!* eText activities are provided for students within each grammar presentation. These are mini self-assessments that allow students to immediately practice the concept(s) presented in the bullet(s) and receive automatic feedback. Have students read the grammar presentations and complete the *¡Ahora tú!* activities online as homework before doing the *En contexto* activities in class. The *¡Ahora tú!* activities thus serve to both break down content into manageable pieces and hold students accountable for reading and reviewing before class.

En contexto

1-31 Preguntas sobre un viaje venidero (*upcoming*). Un jefe le hace preguntas a su asistente sobre un viaje venidero. Empareja cada pregunta con la mejor respuesta.

1. _c_ ¿Cómo conseguiste los billetes de avión?
2. _b_ ¿Cuándo sale el vuelo?
3. _e_ ¿Cuándo tenemos que estar en el aeropuerto?
4. _a_ ¿Para quién es el asiento de ventanilla?
5. _f_ ¿Por dónde pasamos?
6. _d_ ¿Cómo vamos a viajar desde Madrid hasta el pueblo donde está la empresa?

a. Para usted, por supuesto.
b. Por la mañana.
c. Por Internet.
d. Por tierra.
e. Para las ocho.
f. Por Chicago y luego por París.

CONCLUSIÓN: ¿Qué afirmación(es) a continuación es/son cierta(s) sobre este viaje venidero?

- ☐ El jefe y sus colegas van a hacer un viaje nacional.
- ☑ El jefe y sus colegas van a hacer un viaje internacional.
- ☑ El viaje involucra (*involves*) varios medios de transporte.
- ☑ Van a tener una reunión en España.

1-32 El español en tu vida. ¿Cuál es el papel del español en tu vida ahora y en el futuro?

PASO 1 En cada oración indica todas las expresiones que, en tu caso, terminen la oración de manera apropiada, o agrega (*add*) una nueva expresión.

1. Estudio español **por** ________.
   a. placer **b.** necesidad **c.** obligación **d.** razones personales **e.** (...)
2. Voy a continuar con el español **por** ________.
   a. el resto de este semestre/trimestre
   b. uno o dos años más
   c. toda mi carrera universitaria
   d. muchos años más
   e. el resto de mi vida
   f. (...)
3. Estudio **para** ________.
   a. maestro/a
   b. profesor/a universitario/a
   c. hombre/mujer de negocios
   d. abogado/a
   e. agente de la ley
   f. periodista
   g. ingeniero/a
   h. arquitecto/a
   i. profesional médico
   j. profesional de turismo
   k. (...)
4. Pienso usar el español **para** ________.
   a. conseguir un puesto de trabajo con un componente internacional
   b. viajar al extranjero
   c. poder trabajar más efectivamente con poblaciones hispanohablantes
   d. conocer a nuevas personas
   e. comunicarme mejor con miembros de mi familia
   f. (...)

Una mochilera contenta durante una excursión al Parque Nacional del Teide en Tenerife, una de las Islas Canarias, en España

PASO 2 Conversen sobre los siguientes temas.

1. Compartan sus respuestas del **Paso 1.** ¿Qué respuestas tienen en común?
2. ¿Cuál es el papel del español en su vida ahora? ¿Usan el español mucho o poco? ¿Por qué? ¿Piensan que el español va a tener un papel menor o mayor en su vida en el futuro? ¿Por qué?
3. Explíquense con más detalles sus futuros planes profesionales. ¿Creen que van a usar el español mucho o poco? ¿Por qué?

CONCLUSIÓN: Por lo general, ¿cuál es el papel del español en su vida ahora y en el futuro? Prepárense para compartir sus ideas y conclusiones con el resto de la clase.

1-33 Entrevista sobre el futuro próximo. ¿Qué planes tienes para el futuro?

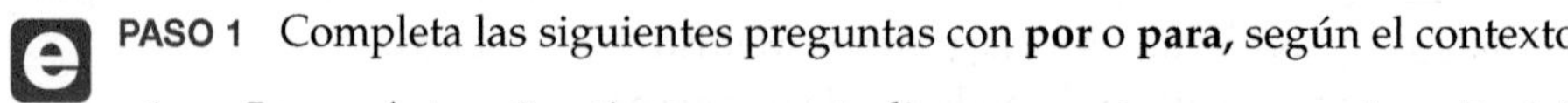

PASO 1 Completa las siguientes preguntas con **por** o **para,** según el contexto.

1. ¿_Por_ cuántos años tienes que estudiar _para_ tu carrera universitaria?
2. ¿_Para_ cuándo quieres graduarte?
3. ¿_Para_ qué organizaciones te interesa trabajar en el futuro?
4. ¿_Por_ qué te interesan esas organizaciones en particular?
5. ¿Son importantes _para_ ti los espacios en tu lugar de trabajo? Por ejemplo, su tamaño (*size*), su limpieza (*cleanliness*) y/o su orden.
6. _Por_ lo general, ¿_por_ cuánto tiempo crees que vas a quedarte en un mismo puesto de trabajo?

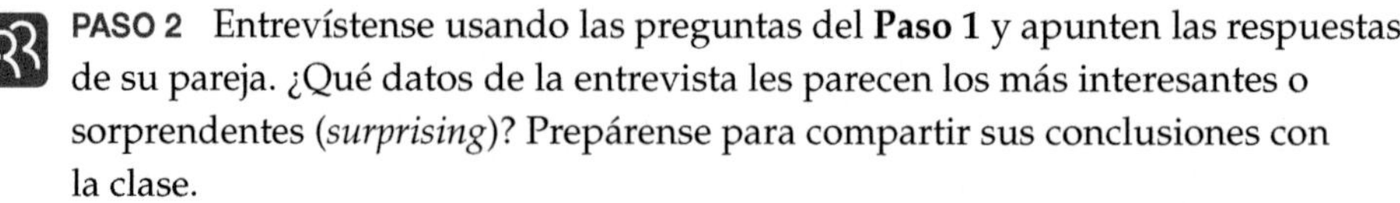

PASO 2 Entrevístense usando las preguntas del **Paso 1** y apunten las respuestas de su pareja. ¿Qué datos de la entrevista les parecen los más interesantes o sorprendentes (*surprising*)? Prepárense para compartir sus conclusiones con la clase.

1-34 **Espacios fuera de lo común.**

PASO 1 Completa las oraciones del siguiente párrafo con **por** o **para**, según el contexto.

Hans Stein y su esposa Anja, un matrimonio joven de Alemania, trabajan en un espacio poco común: bajo las aguas del Mar Caribe. Hace tres años, en un pequeño yate (*yacht*) viejo legado (*left*) (**1**) ___por___ su tío difunto (*deceased*), salieron (**2**) ___para___ el Caribe. Después de navegar (**3**) ___por___ un mes, llegaron a Roatán, una de las Islas de la Bahía (*Bay Islands*) de Honduras. Ahora viven en su yate anclado (*anchored*) y trabajan (**4**) ___para___ una tienda de buceo (*dive shop*) en Roatán. Con el Arrecife Mesoamericano (*Mesoamerican Barrier Reef*) cerca, la isla representa un destino ideal (**5**) ___para___ bucear (*scuba dive*). Hans y Anja dan clases de buceo y organizan excursiones en aguas profundas (*deep water*) (**6**) ___para___ turistas. Normalmente hacen una excursión (**7**) ___por___ la mañana y otra (**8**) ___por___ la tarde, cada una (**9**) ___por___ dos horas. A Hans y a Anja les encanta el mar, el clima tropical y la actividad física de su trabajo. (**10**) ___Para___ ellos, su tiempo en Roatán representa una etapa bella y única de su vida.

Dos buceadores pasan por una masa de piedra y coral en la que vive una anémona de mar (*sea anemone*), la cual tiene una relación simbiótica con el pez payaso (*clown fish*).

PASO 2 Conversen sobre los siguientes temas.

1. Para ustedes, ¿cuáles son las ventajas y las desventajas de vivir en un yate? ¿Y de trabajar como instructor/a de buceo? Pueden considerar factores como: la diversión, la libertad, el tiempo, las temporadas (*seasons*) de turismo, la seguridad (*safety*) y la sostenibilidad (*sustainability*).
2. ¿Tienen interés en navegar en yate? ¿En vivir en un yate? ¿En trabajar para una tienda de buceo? ¿En trabajar en el turismo en general? ¿Por qué? Expliquen sus respuestas.
3. ¿Quieren trabajar en un espacio tradicional o en uno no tradicional? ¿Por qué? Describan el espacio ideal para trabajar.

Gramática

IV. Los comparativos y los superlativos

Comparatives involve *two* entities that can be compared (as the same or equal) or contrasted (as different or unequal). Superlatives involve *three or more* entities, one of which is set apart in contrast to all other entities in the group.

El Arrecife Mesoamericano es **extenso.**	*The Mesoamerican Barrier Reef is **extensive.***
Sin embargo, **es menos extenso que** el Gran Arrecife Coralino de Australia.	*However, it is **less extensive than** the Great Barrier Reef of Australia.*
El Gran Arrecife Coralino de Australia **es el más extenso del** mundo.	*The Great Barrier Reef of Australia is **the most extensive (one) in** the world.*
El Arrecife Mesoamericano es **el segundo más extenso del** mundo.	*The Mesoamerican Barrier Reef is **the second most extensive (one) in** the world.*

A. Formación y uso: los comparativos

- When two entities are compared as *the same or equal*, Spanish uses the words **tan** or **tanto/a/s** and **como.** The use of **tan** or **tanto/a/s** varies, depending on whether the comparison involves an adjective, adverb, noun, or verb. Adjectives always agree with the nouns they modify.

- **tan** + *adjective* + **como** — La isla de Roatán es **tan bella como** la isla de Cozumel. *The island of Roatan is as lovely as the island of Cozumel.*
- **tan** + *adverb* + **como** — La gente de Roatán camina **tan lentamente como** la gente de Cozumel. *The people of Roatan walk as slowly as the people of Cozumel.*
- **tanto/a/s** + *noun* + **como** — Roatán tiene **tantos peces tropicales como** Cozumel. *Roatan has as many tropical fish as Cozumel.*
- *verb* + **tanto como** — La gente de Roatán **bucea tanto como** la gente de Cozumel. *The people of Roatan scuba dive as much as the people of Cozumel.*

- When two entities are contrasted as *different or unequal*, Spanish uses the words **más** or **menos** and **que / de** with an adjective, adverb, noun, or verb.
  - **más/menos** + *adjective* + **que** — Un avión es **más caro que** un yate. *A plane is more expensive than a yacht.*
  - **más/menos** + *adverb* + **que** — Un avión viaja **más rápidamente que** un yate. *A plane travels more rapidly than a yacht.*
  - **más/menos** + *noun* + **que** — Un avión tiene **más poder que** un yate. *A plane has more power than a yacht.*
  - *verb* + **más/menos que** — Un yate **cuesta menos que** un avión. *A yacht costs less than a plane.*
  - **más/menos de** (used when a number follows) — Un yate bien equipado puede costar **más de** $30.000 dólares. *A well-equipped yacht can cost more than $30,000 dollars.*
- Some adjectives in Spanish have irregular comparative forms.
  - **mejor** (*better*) — Para mí, un viaje en avión es **mejor que** un viaje en carro. *For me, a plane trip is better than a car trip.*
  - **peor** (*worse*) — Para ti, un viaje en avión es **peor que** un viaje en carro. *For you, a plane trip is worse than a car trip.*
  - **menor** (*younger, smaller*) — Soy **menor que** tú. *I am younger than you.*
  - **mayor** (*older, larger/greater*) — Eres **mayor que** yo. *You are older than I.*

B. Formación y uso: los superlativos

- When *three or more* entities are considered, and one is set apart from the others in the group as having the most or least of some quality, Spanish uses the structure below.

definite article + (*noun* +) **más/menos** + *adjective* + **de**

El Mar Caribe es **el (mar) más bonito de** todos. — *The Caribbean Sea is the loveliest (sea) of all.*

- Adjectives with irregular comparative forms precede the noun they modify.

definite article + *adjective* + (*noun* +) **de**

Mi ciudad es **la mejor (ciudad) de** todas. — *My city is the best (city) of all.*

En contexto

1-35 ¿Cuánto sabes de cataratas? Las cataratas están entre los lugares más bellos y misteriosos del mundo.

IMPLEMENTATION OF 1-35, *PASO 1*. Have students correct the false statements. Also, consider asking them to write two to four more "true / false" statements to read and test with the rest of the class.

PASO 1 Basándote en los datos a continuación sobre algunas de las cataratas más famosas del mundo, indica si las siguientes afirmaciones son ciertas o falsas.

Las Cataratas del Niágara

Países: Estados Unidos y Canadá

Altura (*height*): 51 metros (167')

Anchura (*width*): 1.204 metros (3.950')

Caudal (*flow rate*): 2.407 m^3/segundo (85.000 pies^3/segundo); ránking: 1

Acceso: Fácil desde ambos países; de 14 a 20 millones de turistas al año

Escenario de películas famosas: *Niagara* (1953), *Superman II* (1980), *Piratas del Caribe: en el fin del mundo* (2007), entre otras

Las Cataratas del Iguazú

Países: Argentina y Brasil

Altura: 82 metros (269')

Anchura: 2.682 metros (8.800')

Caudal: 1.746 m^3/segundo (61.660 pies^3/segundo); ránking: 2

Acceso: Fácil desde ambos países; 1,2 millón de turistas en el 2010

Escenario de películas famosas: *Moonraker* (1979), *La misión* (1986), *Indiana Jones y el reino de la calavera de cristal* (2008), entre otras

El Salto Ángel (o *Kerepakupai Merú* en el idioma indígena pemón)

País: Venezuela

Altura: 979 metros (3.212'); ránking: 1

Anchura: 107 metros (350')

Caudal: 14 m^3/segundo (500 pies^3/segundo)

Acceso: Difícil, en avión y después en barco pequeño; ubicado en una jungla aislada

Escenario de películas famosas: *Más allá de los sueños* (What Dreams May Come) (1998), inspiró *Avatar* (2009) y *Up: una aventura de altura* (Up) (2009)

	CIERTO	FALSO
1. Las Cataratas del Niágara son **más *altas* que** las Cataratas del Iguazú.	☐	☑
2. Las Cataratas del Niágara son **menos *anchas* que** las Cataratas del Iguazú.	☑	☐
3. Las Cataratas del Iguazú están situadas entre **más *países* que** el Salto Ángel.	☑	☐
4. Las Cataratas del Iguazú reciben **tantos *turistas* al año como** las Cataratas del Niágara.	☐	☑
5. El Salto Ángel sale en **tantas *películas* como** las Cataratas del Niágara.	☐	☑
6. El Salto Ángel es **tan *accesible* como** las Cataratas del Niágara.	☐	☑
7. Las Cataratas del Niágara tienen **el mayor *caudal* de** todas las cataratas del mundo.	☑	☐
8. El Salto Ángel es **la *catarata* más *alta* del** mundo.	☑	☐

PASO 2 Entrevístense usando las siguientes preguntas. Prepárense para compartir sus ideas con la clase.

1. ¿Conoces las películas en las que han salido estas cataratas? ¿Recuerdas algunas escenas en las que salen las cataratas? ¿Te gustan estas películas?
2. ¿Has visitado algunas de estas cataratas? ¿Cuál(es) y cuándo? ¿Cuál fue tu impresión?
3. ¿Tienes interés en visitar las tres cataratas? ¿Por qué?

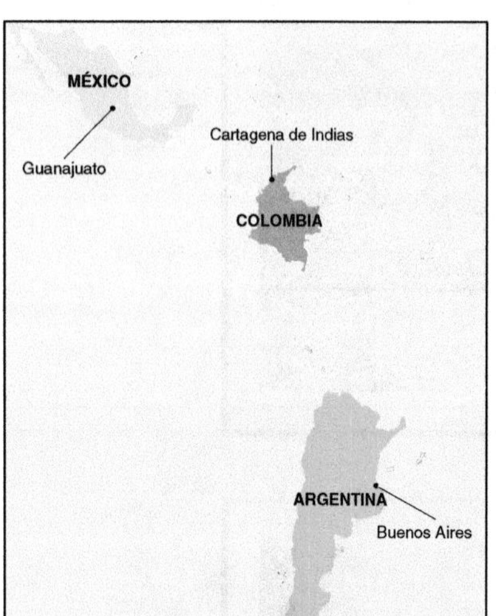

1-36 ¿A qué ciudad ir? Tienes planes de vivir y trabajar durante un año en algún país hispanohablante. Estás considerando estos tres lugares donde ya tienes conexiones: Guanajuato, México; Cartagena de Indias, Colombia; y Buenos Aires, Argentina.

PASO 1 Basándote en los datos a continuación, indica todas las ciudades a las que se aplican las siguientes afirmaciones.

1. Está en la costa.
   a. Guanajuato **b.** Cartagena de Indias **c.** Buenos Aires
2. Tiene más de un millón de habitantes.
   a. Guanajuato **b.** Cartagena de Indias **c.** Buenos Aires
3. El transporte público local incluye autobuses y taxis.
   a. Guanajuato **b.** Cartagena de Indias **c.** Buenos Aires
4. Los gastos mensuales típicos suman menos de mil dólares.
   a. Guanajuato **b.** Cartagena de Indias **c.** Buenos Aires
5. Su arquitectura colonial es de alto interés turístico.
   a. Guanajuato **b.** Cartagena de Indias **c.** Buenos Aires

Guanajuato, México

Ubicación: centro de México
Clima: templado (*mild*) todo el año
Población: 80.000
Transporte público local: autobuses, taxis
Gastos mensuales típicos (en dólares de Estados Unidos): $185 apartamento de una habitación en el centro; $250 servicios públicos (*utilities*); $100 comida; $20 transporte público; $100 entretenimiento
De interés turístico: el Museo de las Momias, arquitectura colonial, conciertos, danza, festivales de cine y de comida; varios eventos gratis por la universidad local
Adjetivos descriptivos: colonial, romántica, segura, asequible (*affordable*)

Cartagena, Colombia

Ubicación: costa norteña de Colombia, en el Mar Caribe
Clima: cálido (*warm*) todo el año
Población: 1.240.000 (en el área metropolitana)
Transporte público local: autobuses, taxis, caballos y carretas (*carts*) en el centro histórico
Gastos mensuales típicos (en dólares de Estados Unidos): $700 apartamento de una habitación en el centro; $200 servicios públicos; $100 comida; $40 transporte público; $150 entretenimiento
De interés turístico: museos, monumentos, arquitectura colonial, playas, deportes acuáticos
Adjetivos descriptivos: colonial, histórica, encantadora, animada (*lively*)

Buenos Aires, Argentina

Ubicación: costa noreste de Argentina, en la desembocadura (*mouth*) del Río de la Plata
Clima: templado todo el año, con veranos húmedos
Población: 13 millones (en el área metropolitana)
Transporte público local: metro, trenes de cercanías (*commuter trains*), autobuses, taxis
Gastos mensuales típicos (en dólares de Estados Unidos): $500 apartamento de una habitación en el centro; $100 servicios públicos; $160 comida; $20 transporte público; $280 entretenimiento
De interés turístico: museos, salas de arte, ópera, teatro, cine, restaurantes internacionales, fútbol y otros espectáculos deportivos; de primera categoría a nivel mundial
Adjetivos descriptivos: ciudad capital, sofisticada, cosmopolita, despierta 24 horas al día

PASO 2 Basándote en todos los datos sobre las tres ciudades, escribe por lo menos tres oraciones comparativas de igualdad, tres oraciones comparativas de desigualdad y dos oraciones superlativas.

PASO 3 Léanse sus oraciones. ¿A cuál de las ciudades piensa ir a vivir cada uno de ustedes? ¿Por qué? Prepárense para compartir sus ideas y decisiones con el resto de la clase.

1-37 ¿Qué le vas a decir? La organización donde trabajas acaba de emplear a una persona nueva de otra ciudad para un puesto vacante que tú querías. Tu nuevo compañero te pide información acerca de los mejores y los peores lugares de su nueva comunidad. ¿Qué le vas a decir? ¿Vas a compartir todo lo que sabes, algo de lo que sabes o vas a darle información falsa?

PASO 1 Completa las siguientes oraciones.

1. El restaurante con el mejor café del pueblo/de la ciudad es…
2. El supermercado con los mejores precios del pueblo/de la ciudad es…
3. La mejor vecindad (*neighborhood*) donde vivir es…
4. La zona más peligrosa es…
5. (…)

PASO 2 En grupos compartan sus oraciones. ¿Expresan ideas semejantes o diferentes? ¿Ciertas o falsas? Prepárense para compartir sus conclusiones con el resto de la clase.

Lectura: Entrevista de revista

Antes de leer

1-38 Las verduras: una encuesta. No es necesario vivir en el campo y ser granjero/a (*farmer*) para sembrar verduras (*to plant vegetables*).

e **PASO 1** Empareja cada pregunta con la respuesta más lógica.

1. ¿Cuál es el porcentaje de estadounidenses que siembran verduras? _c_
2. ¿Cuál es la verdura que más se siembra en Estados Unidos? _a_
3. Para los que siembran verduras, ¿cuántas horas a la semana le dedican a esta actividad? _d_
4. ¿Cuál es el perfil (*profile*) del estadounidense típico que siembra verduras? _b_

a. los tomates
b. una mujer con 45 años o más que ha asistido a la universidad
c. 37%
d. cinco

PASO 2 Contesta las siguientes preguntas.

1. ¿Cuántos en la clase siembran verduras? ¿Es semejante el perfil de la clase al presentado en la encuesta nacional del **Paso 1**?
2. ¿Conocen a otras personas que siembran verduras? ¿Es semejante su perfil al nacional?
3. ¿Qué grupos de estudiantes en tu universidad están dedicados a la agricultura, a la agricultura sostenible o a otras actividades relacionadas con alimentos?

Al leer

Estrategia al leer

Anticipar la información que se incluye en los perfiles y en las entrevistas. En las revistas se leen comúnmente los perfiles de individuos destacados. Antes de entrar en detalles, normalmente presentan la edad del individuo, dónde vive, su profesión, su formación, etc.

e **1-39 Práctica con los elementos de un perfil.** A continuación se presenta un perfil y una entrevista con Sarah Leone sobre sus actividades relacionadas con la agricultura urbana y la nutrición. Lee el artículo y selecciona el/los detalle(s) correcto(s) para completar las siguientes preguntas.

1. ¿Dónde ha trabajado Sarah Leone?
   _✓_ LA Sprouts   _✓_ Homegirl Café   _✓_ ACCIÓN Chicago
2. ¿Dónde asistió a la universidad?
   ____ California   _✓_ Illinois   ____ Ecuador
3. ¿Dónde vive ahora?
   _✓_ Pasadena, CA   ____ Chicago, Illinois   ____ Quito, Ecuador
4. ¿Cuántos años tiene?
   ____ 22   _✓_ 28   ____ 35
5. ¿Qué idiomas habla?
   _✓_ inglés   _✓_ español   ____ francés
6. ¿Cuáles son sus pasatiempos?
   ____ dibujar   _✓_ cocinar   _✓_ bloguear

Sembrando cambios en la comunidad: Sarah Leone (Estados Unidos)

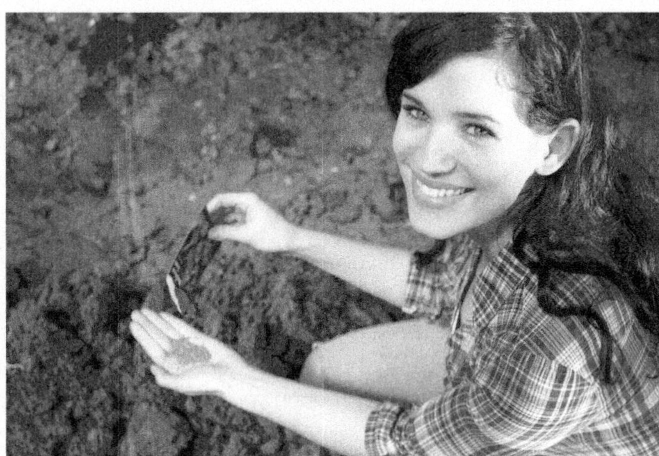

En Los Ángeles, esta agente del cambio no teme ensuciarse las manos para mejorar la comunidad, su acceso a la verdura fresca y su salud a través de la agricultura urbana.

Sarah Leone creció cerca de Chicago, en una familia ecuatoriana. Fue estudiante de español en la Universidad de Illinois y después de graduarse hizo varios trabajos, vivió un tiempo en Ecuador y finalmente se mudó a Los Ángeles. A pesar de haber vivido una vida muy "global", siempre ha echado "raíces locales", es decir, le encanta la jardinería°, los métodos de cultivo naturales y la cocina sana° y sabrosa°. En esta entrevista Sarah nos habla sobre su conexión con la agricultura urbana en Los Ángeles.

gardening
healthy; tasty

Primero, Sarah trabajó en las huertas de Homegirl Café (parte de una organización sin fines de lucro que se llama Homeboy Industries). Hicieron una de sus huertas donde antes había un estacionamiento° y crearon otra huerta en una escuela.

parking lot

Ahora Sarah trabaja en un proyecto de investigación°. El trabajo de Sarah se centra en enseñar jardinería y nutrición en dos escuelas primarias con una población mayoritaria° de estudiantes latinos. Una de las profesoras del proyecto transformó un espacio abandonado en la huerta comunitaria Milagro Allegro.

research
majority

Sarah Marie Leone
Edad: 28
Lugar de residencia: Pasadena, CA
Profesión: Educadora de jardinería, LA Sprouts

Tres datos interesantes sobre Sarah Leone:

1. Durante la universidad, estudió en el extranjero. Vivió un año en Barcelona.
2. Cuando fue estudiante, hizo una práctica° en ACCIÓN Chicago. Los ayudó con sus programas de microcrédito.
3. Es bloguera°. Sus entradas contienen recetas para platos sin gluten.

internship
blogger

- *Descríbenos el huerto de Homegirl Café, la comunidad que hay allí y las actividades específicas que hacías tú.*

  Trabajamos en cinco lugares diferentes alrededor del café. También tuvimos un huerto detrás del café. Produjimos del 15% al 30% de las verduras y frutas necesarias para nuestras comidas. Los viernes venden tacos y tortas en el jardín detrás del café. En el mismo espacio dimos clases de jardinería para adultos y familias.

- *Descríbenos el huerto de Milagro Allegro y las actividades específicas que haces tú en el proyecto de investigación.*

  Voy a estar trabajando en dos escuelas. Las dos tienen un alto porcentaje de familias hispanohablantes. Hay una alta tasa° de obesidad en los niños (según las investigaciones) pero después de un año estudiando jardinería y nutrición, el peso de los niños baja y mejoran de salud en general. También, después de la experiencia, es más probable que prueben verduras y frutas que desconocen°.

  rate

  with which they aren't familiar

- *¿Cuál es la importancia de ser latina y poder hablar español en tu trabajo?*

  Ya de por sí es MUY difícil hablarle a una familia sobre su dieta y cómo tiene que cambiar para mejorar la salud. Si además de eso hay una barrera° por el idioma y la cultura, ¡olvídalo! La comida es un producto de la cultura y es muy importante tener un conocimiento de la cultura y la comida popular para saber qué verduras y frutas serán populares o no.

  barrier

- *¿Por qué te gusta trabajar en este campo, es decir, en la jardinería urbana?*

  A mí me gusta por varias razones. Una, me hace sentir como una rebelde°. Ser capaz de producir las verduras y frutas que tu familia o pueblo necesita es increíble y casi ilegal en muchos lugares urbanos. También siento que estoy luchando contra las multinacionales que controlan la mayoría de lo que comemos. Otra razón es que me encanta la comida y utilizar la comida como una excusa para crear comunidad y conexiones entre las personas.

  rebel

- *¿Hay algo más que quieras añadir?*

  Si haces lo que te encanta y no tienes miedo de expresarte libremente, ¡la felicidad te encontrará y tendrás suficiente para compartir!

Después de leer

e **1-40 Entender las actividades de Sarah.** Indica qué actividades se mencionan en la entrevista con Sarah.

	SÍ	NO
1. Practicar agricultura urbana con verduras.	☑	☐
2. Practicar agricultura urbana con cría de animales.	☐	☑
3. Educar a niños en la agricultura urbana.	☑	☐
4. Educar a adultos en la agricultura urbana.	☑	☐
5. Usar el español en su trabajo.	☑	☐

 **1-41 La calidad de nuestros alimentos.** En parejas, decidan si las siguientes acciones son parte de las experiencias de ustedes con los alimentos.

Interpersonal. ¿Siembran y cuidan Uds. verduras y frutas? ¿Pagan más en el supermercado por alimentos orgánicos? ¿Compran productos artesanales en vez de alimentos de una empresa multinacional? ¿Preparan la comida en casa en vez de comprar comida rápida? ¿Miran la lista de ingredientes antes de comprar los alimentos?
Presentacional. Considerando sus respuestas a las preguntas anteriores, preparen un recibo (*receipt*) que representa las costumbres alimenticias de uno de Uds. Incluyan el nombre de la tienda o el restaurante, una lista de los artículos comprados, la cantidad y precio de cada artículo y el precio total. Prepárense para compartir el recibo con la clase. Sus compañeros van a adivinar (*guess*) a cuál de Uds. corresponde completando la siguiente frase: "___ (nombre) compró estos artículos de comida por el precio total de $___".

NOTE ON 1-41.
This activity mirrors the sequenced tasks of an Integrated Performance Assessment (IPA) and thus provides students with additional, low-stakes practice with spoken communication skills. After doing the reading and completing interpretative tasks about the text, students engage in interpersonal speaking to deepen their understanding. Finally, they present and explain a typical grocery store or restaurant receipt using *por* or *para*, which were explained and practiced earlier in the chapter.

WARM-UP FOR 1-41.
Look up the current exchange rate for the euro to the U.S. dollar, or ask (or teach) students to do so. Ask them what the current U.S. dollar equivalent is for 44,68 euros and where the euro is used. Invite them to create their receipts in euros, U.S. dollars, or some other currency relevant to the Spanish-speaking world whose current exchange rate they have looked up, such as the Mexican peso.

SUPERMERCADO COMPRABIEN

31/01/2019

Unidades/Artículo	**Precio**	**(Euros)**
1 kg tomates, orgánicos	(€1,70)	€1,70
2 pan francés, integral	(€2,50)	€5,00
6 agua, botella	(€1,23)	€7,38
1 vino tinto, botella	(€19,94)	€19,94
2 chocolate, libre comercio	(€5,33)	€10,66
Total		**€44,68**

Este recibo es de alguien que valora la comida sana, una dieta tradicional y la ética.

Competencia cultural

Comunicarte con hablantes no nativos

1-42 Entender tu propia cultura.

PASO 1 Indica tu respuesta a las siguientes preguntas usando una de estas frases: "me molesta(n)", "me da(n) igual" o "me gusta(n)".

¿Cuál es tu reacción cuando...

1. un/a extranjero/a habla bien el inglés pero con un acento diferente del tuyo?
2. un/a extranjero/a habla inglés con un acento fuerte y comete muchos errores gramaticales?
3. los actores en una película tienen acentos ingleses, australianos, etc.?
4. los actores usan el inglés de épocas pasadas en las películas históricas?
5. tu profesor/a no es hablante nativo/a de inglés?
6. tus profesores de español tienen acentos de diferentes países de habla hispana?
7. alguien de tu país habla inglés con un acento y/o dialecto diferente del tuyo?

PASO 2 Ahora entrevista a un/a compañero/a para que te explique sus reacciones.

¿Lo sabías?

Los gestos nos ayudan a comunicarnos sin palabras, pero comúnmente no tienen el mismo significado en diferentes culturas. Por ejemplo, en muchas partes del mundo hispanohablante el gesto con la mano que significa "ven aquí" se parece mucho al gesto que se usa en EE. UU. para decir "adiós".

Estrategia cultural

Los profesionales en el sector turístico tienen que hablar con personas de todas partes del mundo, ¡y a veces en un idioma que no es el idioma materno de ninguno! Con paciencia, creatividad y claridad se puede tener una buena comunicación con alguien que no hable con fluidez tu idioma. Por ejemplo, usa algunas de las herramientas que usan tus profesores de español. Simplifica tus oraciones y pronuncia clara pero naturalmente tus palabras. También, emplea elementos visuales, como palabras escritas, gestos, dibujos o mapas. Haz preguntas para saber si has entendido bien. Sobre todo, usa el contexto, la lógica y el sentido común.

Para ser conserje de hotel en España es útil hablar tanto el castellano como una de las otras tres lenguas oficiales del país (el catalán, el gallego, el vasco), así como también otras lenguas de países vecinos, como el portugués o el francés.

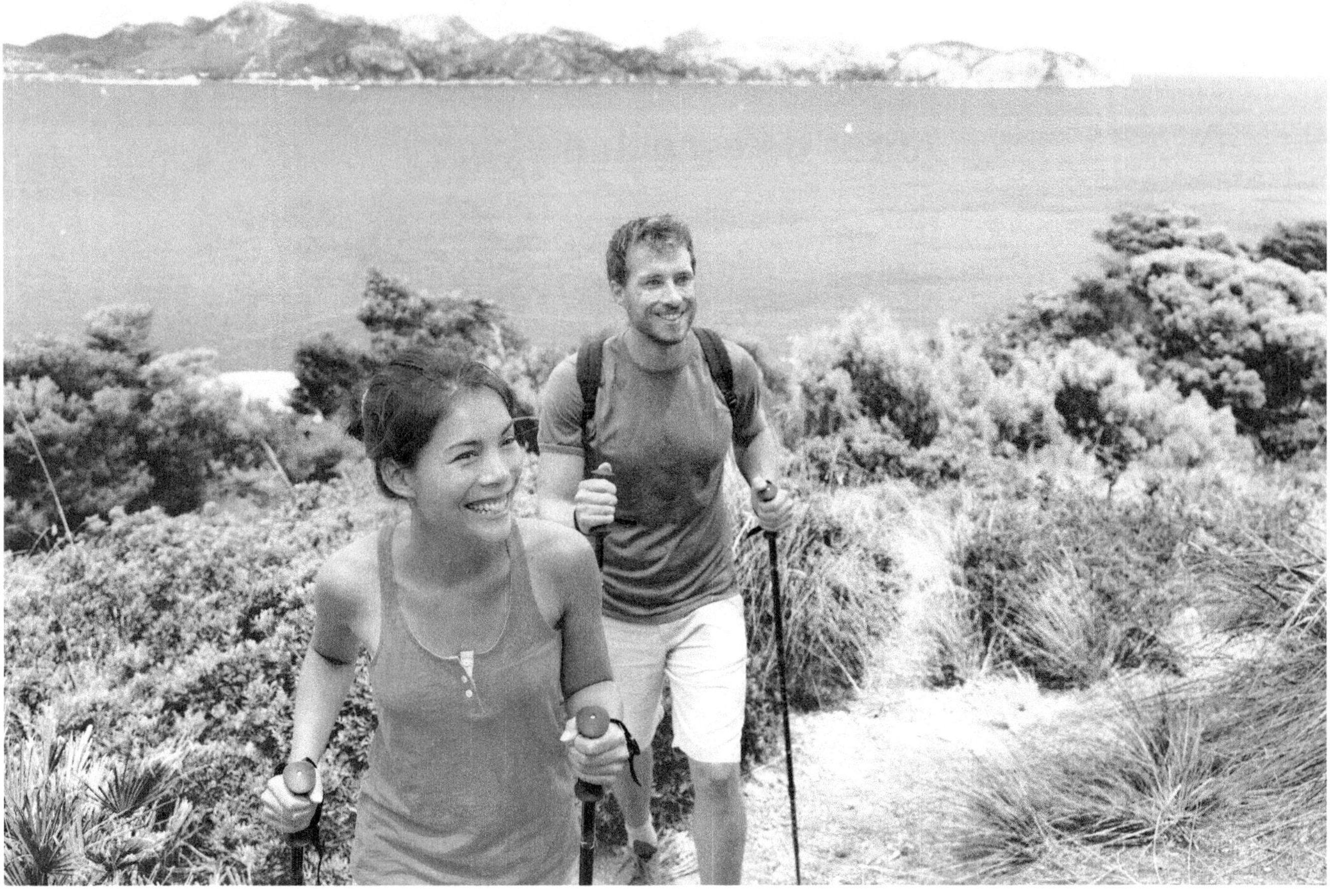

¿Te gustaría ser guía de una excursión de mochileros por la bella Isla de Mallorca? Está ubicada al este de España continental, a tan solo un corto vuelo del aeropuerto de Barcelona.

 **1-43 La competencia cultural en acción.** Para cada situación, describan algunas estrategias específicas para comunicarse con los turistas en español y preséntenselas a la clase.

1. Trabajas en un hotel y uno de los clientes no habla ni una palabra de español. Con la mano, él se toca la barriga (*belly*) y luego mueve la mano hacia la boca. Dice una palabra que no entiendes. ¿Cómo respondes?
2. Trabajas en un museo y un grupo de muchachas te pide indicaciones para llegar a su hotel. Les explicas que la ruta pasa por una zona no muy segura y sugieres que vayan en taxi. Al salir del museo las ves caminar en vez de tomar un taxi. ¿Qué haces?
3. Trabajas en un restaurante y crees que un cliente quiere decirte que tiene alergias, pero no estás seguro/a y no sabes a qué. ¿Qué haces?

Podcast

Desafiando el espacio sobre ruedas (Estados Unidos)

Antes de escuchar

Una *rider* disfruta realizando un truco.

Box
Rieles (*rails*)
Ideales para los trucos tipo *grind* en los que se desliza la patineta de diferentes maneras.
Hand-rail con gradas (*stairs*)
Ideal para el *boardslide*, un tipo de *grind*.
Quarter
Ideal para los *grabs*, como por ejemplo el *ollie*, y combinaciones aéreas.

1-44 ¿Cuánto sabes del patinaje?

PASO 1 Vas a escuchar los siguientes términos, pero primero consulta las imágenes e indica si son obstáculos en un *skatepark* o si son trucos (mañas, maniobras) que se realizan con la patineta (la tabla).

	OBSTÁCULO	TRUCO		OBSTÁCULO	TRUCO
1. el *box*	☑	☐	**5.** las gradas	☑	☐
2. los rieles	☑	☐	**6.** el *kick flip*	☐	☑
3. deslizarse	☐	☑	**7.** el *ollie*	☐	☑
4. la rampa *quarter*	☑	☐	**8.** combinación aérea	☐	☑

PASO 2 Completa las oraciones con tus ideas sobre el *skateboarding*.

1. [Me gusta / No me gusta] el *skateboarding* porque ________.
2. El *skateboarding* es un deporte porque ________.
3. El *skateboarding* es un arte porque ________.
4. Cuando pienso en los *riders* pienso en ________.
5. Cuando pienso en las *riders* mujeres específicamente pienso en ________.

IMPLEMENTATION OF 1-44, *PASO 2.* After students complete this *paso*, consider showing them video footage of both men and women skateboarders and then ask if any of their responses have changed.

PASO 3 En grupos compartan sus ideas del **Paso 2**.

Al escuchar

Estrategia al escuchar

Entender la jerga (*slang*). Un experto suele usar mucha jerga técnica cuando habla del asunto que conoce detalladamente. En vez de perderte en los términos específicos que no sabes, intenta entender la lógica de las oraciones o los párrafos. Por ejemplo, si describe los materiales necesarios para hacer una actividad, probablemente los términos específicos sean nombres de herramientas. Por otro lado, si explica cómo se hace algo es posible que los términos específicos sean verbos. Recuerda que un podcast se puede escuchar las veces que sean necesarias para entender la jerga.

1-45 Práctica con la jerga.

PASO 1 Lee la siguiente cita del podcast y, después, selecciona todas las respuestas adecuadas. "En un *ollie*, te deslizas por la rampa *quarter*, llegas al borde, sales por arriba de la rampa y entonces agarras la tabla con las manos".

1. ¿Qué tipo de información contiene esta cita?
   a. Qué materiales hay que usar. **b.** Cómo hacer algo.
2. ¿Qué palabras de la cita son de la jerga del *skateboarding*?
   a. un *ollie* **b.** te deslizas **c.** llegas **d.** sales **e.** la tabla **f.** las manos
3. ¿En qué consiste el truco descrito?
   a. Un movimiento simple. **b.** Una combinación de movimientos.
4. ¿Cuál es tu reacción a los términos en inglés?
   a. Los conozco. **c.** Me facilitan la comprensión.
   b. No los conozco. **d.** No me facilitan la comprensión. Answers will vary.

PASO 2 En grupos, compartan jerga en inglés asociada con actividades que saben hacer muy bien y averigüen (*find out*) si sus compañeros saben esas palabras. ¡Verán que a veces no sabemos la jerga de nuestra lengua nativa!

1-46 Escuchar a una *rider*.

Mientras vas escuchando el podcast indica si las siguientes oraciones son ciertas o falsas. Después, corrige las falsas.

	CIERTA	FALSA
1. La patineta rueda mejor sobre el asfalto.	☐	☑
2. Con el *box* se puede aprender a hacer maniobras básicas.	☑	☐
3. Los trucos de *grind* son más difíciles en los rieles que en un *hand-rail* con gradas.	☐	☑
4. Los rieles le dan mucho impulso a un/a *rider*.	☐	☑
5. El *kick flip* consiste en un giro completo de la tabla debajo de los pies.	☑	☐
6. Los trucos se pueden combinar para hacer maniobras cada vez más complicadas.	☑	☐

AUDIO SCRIPT FOR 1-46.
[Rider]: A mis amigos y a mí nos encanta salir a patinar temprano los sábados por la mañana, antes de que salga a pasear la gente. Vamos a varios de los *skateparks* de nuestra ciudad, no solo a uno o a dos. Cada parque es un espacio, y un desafío, diferente. Cada uno tiene su encanto. Nuestros *skateparks* preferidos son los que están hechos de concreto en vez de asfalto, porque la patineta rueda muchísimo mejor en una superficie fina y el concreto es así.
A diferencia de la calle, en un *skatepark* podemos encontrar obstáculos como el *box* que nos ayudan a aprender las maniobras más básicas del patinaje. Están también los rieles, en los que se puede deslizar bastante bien. Como son de metal, son ideales para los trucos de *grind*, o sea, cuando se desliza la patineta de diferentes maneras. Cuando un *rider* tiene buen control de los trucos de *grind*, entonces está listo para pasar a un *hand-rail* con gradas, que es más difícil. En un *skatepark* se puede encontrar además la rampa tipo *quarter*, que es una rampa que da bastante impulso. Me encanta hacer *grabs* y varias combinaciones aéreas en las rampas. ¡Quizás algún día sea tan buena como Nora Vasconcellos!
¿Qué otros trucos me gustan? Pues, uno de los trucos básicos a la hora de patinar es el *kick flip* en el cual la tabla gira por completo debajo de los pies. Es un truco básico que me sigue gustando mucho. El *grab* que más me gusta hacer en la rampa *quarter* es el *ollie*. En un *ollie*, te deslizas por la rampa *quarter*, llegas al borde, sales por arriba de la rampa y entonces agarras la tabla con las manos. ¡Me fascina!

NOTE ON 1-46.
Nora Vasconcellos (1992–) is a U.S. professional skateboarder from Massachusetts who started skateboarding in 2006 (at age 14). She competed in her first ESPN X-Games in the summer of 2010, placing 6th and proving that she is among the best women skateboarders in the world. In the 2018 "Boardr Global Ranks" grouping men and women together, she was 11th in the world (and 3rd among women) in the Park Terrain category and 46th overall (a ranking that includes all four skateboarding disciplines: Street, Park Terrain, Vert/Bowl, and Big Air).

Después de escuchar

1-47 Las instalaciones deportivas en tu universidad.

PASO 1 Un grupo de estudiantes quiere construir un *skatepark* en tu universidad. Indica si estas afirmaciones están a favor o en contra de la idea.

	A FAVOR	EN CONTRA
1. Un *skatepark* beneficia tanto a las mujeres como a los hombres.	☑	☐
2. No se necesita más concreto en el campus sino más espacio verde.	☐	☑
3. Un *skatepark* no es ni tranquilo ni seguro. Crea ruido y riesgos (*risks*) tanto físicos como legales.	☐	☑
4. Los estudiantes necesitan formas alternativas de hacer ejercicio y de relacionarse.	☑	☐
5. Es mejor invertir (*invest*) el dinero en programas académicos que en instalaciones deportivas.	☐	☑

PASO 2 En grupos, compartan sus opiniones. ¿Están a favor o en contra de construir un *skatepark* en su universidad? ¿Por qué? Preséntenle sus ideas a la clase. ¿Cuál es la opinión de la mayoría?

PARTE 3 ACTIVIDADES CULMINANTES

La interpretación cinematográfica

De la noche a la mañana: Espacios familiares

Seleccionar

1-48 Sinópsis. Lee la sinópsis de estas dos obras cinematográficas. ¿Cuál te gustaría ver más y por qué? ¿Cuál de las descripciones te parece más lógica para un cortometraje relacionado con la distancia emocional?

a. Intrigas. Manipulaciones. Dinero. Amor. Un heredero de una famosa casa de moda, Velvet, está enamorado de una mujer que trabaja en la compañía. Su corazón está con ella pero el éxito comercial está con otra. Finalmente tiene que decidir qué hacer.

b. Mercedes se entera minutos antes de la muerte de su padre que tiene una media hermana (*half-sister*), Pilar, a quien no conoce. Mercedes decide buscar a Pilar antes del entierro (*burial*), pero el encuentro es difícil.

Poner *play*

e **1-49 Comprensión.** Mira el cortometraje *De la noche a la mañana* y selecciona todas las opciones apropiadas para el/los momento(s) indicado(s).

1. [00:44–00:51] Pilar pasea por __e__.
2. [02:33–03:09] Mercedes busca a Pilar para __c__.
3. [03:00–03:20] Mercedes está __d__.
4. [09:08–09:25] Pilar sale mañana para __f__.
5. [10:08–10:32] Pilar está __a__.
6. [11:46–12:08] Mercedes está __b__.

a. enojada y resentida (*resentful*)
b. deseosa de (*eager to*) hacer las cosas mejor que su papá
c. darle una noticia
d. nerviosa y triste
e. la calle de su barrio
f. Madrid

Compartir

NOTE ON 1-50.
This activity mirrors the sequenced tasks of an Integrated Performance Assessment (IPA) and thus provides students with additional, low-stakes practice with spoken communication skills. After viewing the short film and completing an interpretative task about it, students engage in interpersonal speaking to deepen their understanding. Finally, they complete a brief project to represent this understanding and share it with others through a presentational speaking task.

1-50 Reacciones. Hablen sobre el cortometraje que han visto y compartan sus ideas.

Interpersonal. ¿Qué espacios se ven en este cortometraje? ¿Cómo son? ¿Les gustaría vivir en un apartamento como el de Mercedes o el de Pilar? ¿Por qué? ¿Cómo es el espacio emocional entre Mercedes y Pilar? ¿Cómo están las dos? Usando la estrategia de la primera competencia cultural de este capítulo, analicen la visita de Mercedes a casa de Pilar. ¿Hay algo más que quieren decir Uds. sobre este cortometraje?

Presentacional. Este cortometraje trata de la complejidad de las relaciones familiares. ¿Qué piensan que ocurre cuando Pilar vuelva de Madrid? ¿Forman Mercedes y Pilar una relación más cercana? Escriban el final de su historia. Preséntenlo y compárenlo con los de los demás grupos. ¿Cuántos finales son felices? Si no son felices, ¿cómo son?

Recomendado para ti...

La primera sinópsis de la actividad **1-48** es de la serie española *Velvet*. Si te interesa, búscala y pon *play* de nuevo.

La expresión escrita

Escribir para informar

Cuando escribimos para informar al lector, queremos darle información precisa, clara y útil sobre algún tema de interés mutuo. Para presentar esta información usamos hechos, descripciones, ejemplos y/o referencias a otras fuentes de información. Escribimos para informar cuando…

- escribimos un ensayo (*essay*) académico.
- le entregamos a nuestro/a jefe/a un informe (*report*).
- dejamos un recado (*message*) escrito detallado para un/a compañero/a de casa.
- ofrecemos nuestra opinión o reseña (*review*) sobre algún local, producto o servicio en un foro público.

Antes de escribir

1-51 **Escribir una reseña negativa.**

PASO 1 Lean la reseña que escribió alguien en Internet sobre un bar en Madrid y entrevístense usando las preguntas indicadas.

Enrique V. ha comentado sobre Bar Mentiras hace dos meses ★☆☆☆☆

Dicen que es un clásico, pero… Total dejadez (*negligence*) por parte del camarero (había que levantarse a buscarlo para pedirle cualquier cosa). La tortilla quemada (*burnt*). No les costaría nada poner cubiertos (*utensils*) y platos individuales. Te dan dos tenedores metidos en la ensalada y un cuchillo con la tortilla. El pan de antes de ayer. Pienso volver… ¡mentira!

1. En términos generales, ¿cuál es el mensaje informativo del autor, Enrique V.? Si fueras (*If you were*) lector/a en Madrid, ¿cómo usarías la información?
2. De las cosas que comentó el autor, ¿cuál te parece la peor? ¿Qué aspectos sobre un local no comentó el autor pero te importan a ti (por ejemplo, la limpieza, los decorados, etc.)?
3. ¿Cuál es tu reacción cuando lees comentarios negativos en Internet? ¿Y si el local criticado te gusta? ¿Escribes comentarios negativos sobre locales, productos o servicios en Internet?

PASO 2 Siguiendo el modelo del **Paso 1,** escribe una reseña breve sobre una experiencia negativa que hayas tenido en algún restaurante, bar, discoteca, hotel, tienda o cualquier otro tipo de negocio relacionado con el turismo.

IMPLEMENTATION OF 1-51, *PASO 2.* These negative reviews will serve as the basis for the next writing activity in **1-52**. Consider having students post them online in a class forum to facilitate the sharing process.

Al escribir

Estrategia al escribir

Responder de manera profesional a las críticas. Con frecuencia las organizaciones y sus empleados tienen que responder a las críticas de sus clientes y/o usuarios (*users*). Ponerse a la defensiva como empleado/a no es ni productivo ni aceptable. Hay que reconocer el punto de vista del cliente, respetando su interpretación de los acontecimientos (*events*). Así, puedes representar el punto de vista de la organización —de manera positiva— y buscar una solución satisfactoria.

1-52 Una respuesta profesional. Vas a escribir una respuesta profesional a una reseña negativa sobre algún negocio.

IMPLEMENTATION OF 1-52, *PASO 1.* Have students pass their review to the person on the right, for example, until they have read at least three to five from which to choose. Alternatively, have students simply switch reviews with a random peer in the class.

PASO 1 Lee las reseñas escritas por tus compañeros de clase para la actividad anterior. Selecciona una a la que vas a responder como propietario/a, gerente o representante del negocio.

PASO 2 Redacta primero un esquema (*outline*). Usa la siguiente estructura para organizar tus ideas.

- Reconoce (*Acknowledge*) los comentarios negativos.
- Ofrece la perspectiva de la empresa (para darle un contexto mayor o explicar la situación).
- Propón alguna solución.
- Invita al cliente a volver a usar el local, los productos y/o los servicios, quizás dándole algún incentivo para hacerlo (un descuento, un cupón, algo gratis, etc.).

1-53 Tu respuesta profesional.

PASO 1 Escribe el primer borrador (*draft*) de tu respuesta profesional. Sigue tu esquema de la actividad previa punto por punto, pero redacta los puntos en el orden que te parezca más natural. Mantén la perspectiva de un/a profesional que le demuestre respeto a su cliente y que represente de manera positiva la empresa. El tono debe ser positivo y nunca defensivo. Usa descripciones precisas para representar el local, los productos y/o los servicios.

PASO 2 Intercambien sus esquemas. Léanlos con atención y escriban comentarios y/o preguntas para mejorarlos. Después, tomen en cuenta los comentarios y/o preguntas de su pareja y hagan las revisiones.

PASO 3 Escribe la versión final de tu respuesta profesional a la reseña negativa.

Después de escribir

1-54 A compartir. Después de recibir las últimas correcciones y comentarios de tu profesor/a, comparte la versión final de tu respuesta profesional con el/la estudiante que originalmente escribió la reseña negativa. Dale al cliente la última palabra: invítalo/la a decirte o a escribirte su reacción.

La expresión oral

Hablar para informar

Tanto el discurso (*speech*) informativo como la escritura informativa tienen como propósito informar al oyente sobre algún tema de interés mutuo. La diferencia está en la transmisión. Al dar un discurso informativo, hay que tomar en cuenta las siguientes características de un discurso de este tipo.

- **La organización:** incluir una introducción, una parte central con tres puntos, una conclusión.
- En **la introducción:** decir el tema, atraer la atención sobre la importancia del tema, declarar brevemente los tres puntos centrales.
- En **la parte central:** presentar los tres puntos centrales en más detalle, seguir un orden lógico para los tres puntos, desarrollar cada punto con descripciones, ejemplos, comparaciones, etc.
- En **la conclusión:** señalar que vas a terminar, repetir brevemente los tres puntos centrales, terminar con alguna oración que conecte todo y que enfatice la idea principal.

Estrategia al hablar

Hablar con un nivel de detalle apropiado. Al informar a alguien, ¿qué nivel de detalle es apropiado? Una buena pauta (*guideline*) a seguir es ofrecer dos o tres detalles por idea central. ¿Parece tu oyente interesado, aburrido, impaciente o confundido? Intenta adaptar tu nivel de detalle a la reacción que recibas del oyente.

IMPLEMENTATION OF 1-55. Have students switch pairs after each role-play, so that each student works with four different classmates over the course of the activity (i.e., a student plays *Persona A* in *Situación 1* with one partner, and then plays *Persona B* in *Situación 1* with a new partner). During *Paso 2*, choose volunteers who have not yet worked together during the activity, so that their role-play is spontaneous or unrehearsed. If assigning the activity for completion online using LiveChat, encourage students to play both roles in each situation with one classmate.

A. El habla interpersonal: Intercambios

1-55 Improvisar. Al realizar los siguientes *role-plays*, no se olviden de las recomendaciones sobre cómo ofrecer un nivel de detalle apropiado.

PASO 1 Túrnense para hacer cada papel en las dos situaciones.

Situación 1	
Persona A: Eres estudiante universitario/a y quieres estudiar español en el extranjero con un/a buen/a amigo/a tuyo/a. Prefieres estudiar en España, preferiblemente en la capital, Madrid. Dale alguna información a tu amigo/a sobre España (y algunas ventajas de Europa en general) y las razones por las que prefieres estudiar allí. ¿Adónde van a ir a estudiar?	**Persona B:** Eres el/la buen/a amigo/a de la Persona A. Tú prefieres estudiar en Latinoamérica, en una ciudad cosmopolita como la Ciudad de México. Dale alguna información a tu amigo/a sobre México (y algunas ventajas de Latinoamérica en general) y las razones por las que prefieres estudiar allí. ¿Adónde van a ir a estudiar?

Situación 2	
Persona A: Trabajas para una empresa con ventas internacionales. Un/a cliente/a potencial de Paraguay está de visita para decidir si va a comprar de tu empresa o de otra. Tienes que dedicarle un día entero para enseñarle la ciudad y entretenerlo/la (*entertain him/her*). Tu jefe te ha dicho que puedes gastar hasta $500 y que es importante llevarlo/la a lugares de interés para él/ella. Pregúntale sobre sus preferencias. ¿Adónde van a ir?	**Persona B:** Eres el/la cliente/a potencial de Paraguay. Eres una persona abierta y flexible y tienes muchas ganas de conocer la ciudad donde estás de visita. Sin embargo, la dieta estadounidense típica no te gusta ni tampoco te gustan los lugares con muchísima gente. Infórmale sobre tus preferencias al/a la empleado/a que te acompaña. ¿Adónde van a ir?

PASO 2 Algunos voluntarios harán los *role-plays* con una nueva pareja delante de la clase. La clase va a analizar qué pasó durante cada interacción y qué estrategia(s) usó cada participante para comunicarse de manera efectiva.

B. El habla de presentación: Un discurso informativo

Antes de presentar

1-56 Hablar para informar. Prepara un discurso informativo para informarle a tu público sobre un tipo específico de turismo. Al final, vas a dar tu discurso informativo.

PASO 1 Hay muchos tipos de turismo, algo para todos los gustos y todos los presupuestos (*budgets*). Busca en Internet información básica sobre los diferentes tipos de turismo que aparecen en la lista a continuación. Luego escoge el tipo que más te interese para tu presentación e investígalo más a fondo.

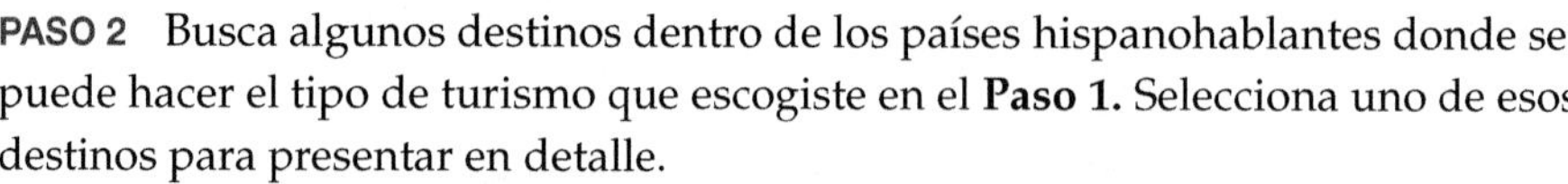

un crucero (*cruise*)	el turismo de aventura	las vacaciones de pesca (*fishing*)
el ecoturismo	el turismo del bienestar y de la salud	las excursiones en velero (*sailboat*)
mochilear	el turismo de sol y playa	los recorridos en bicicleta
el parador de turismo	la gira gastronómica	el volunturismo (*voluntourism*)
el turismo cultural	el turismo rural	¿otro tipo de turismo?

Este turista saca fotos de Trinidad, Cuba.

PASO 2 Busca algunos destinos dentro de los países hispanohablantes donde se puede hacer el tipo de turismo que escogiste en el **Paso 1.** Selecciona uno de esos destinos para presentar en detalle.

PASO 3 Planea tu propio viaje y haz un discurso informativo sobre él de unos cinco minutos. Toma en cuenta las siguientes sugerencias, practica tu discurso y luego preséntaselo a tu público.

- Explica exactamente qué clase de turismo escogiste.
- Describe un lugar, una agencia o una ruta específica donde se puede hacer ese tipo de turismo.
- Describe el destino o itinerario ideal para ese tipo de turismo y los medios de transporte necesarios.
- Atrae la atención a través de detalles específicos e imágenes relacionadas. Por ejemplo, ¿dónde piensas alojarte? ¿Qué paisajes típicos verás?

Al presentar

IMPLEMENTATION OF 1-57.
You may ask students to use LiveChat to record their presentation. To enable them to record themselves as a single participant, edit the activity preferences to allow for one minimum number of participants (the default is two).

e **1-57 Presenta tu discurso.** Practica tu discurso antes de darlo en clase o grabarlo. Si tu instructor/a prefiere que lo grabes, hazlo después de practicar.

Después de presentar

1-58 ¡A votar! Después de escuchar todos los discursos, la clase va a votar por el que: 1) le haya parecido más informativo y 2) haya presentado el viaje más atractivo. ¿Qué discurso tiene el mayor número de votos en cada categoría?

IMPLEMENTATION OF 1-58.
To facilitate voting, create a list of student names along with their presentation topics. Ask students to nominate three to four presentations that were the most informative and three to four that presented the most attractive trip. Then create small groups to discuss the virtues of each one. Ask each group to summarize their arguments, and then call for the vote by asking for a show of hands for each nomination. Alternatively, to save time and perhaps discomfort among students, call for a secret ballot, where each student jots down the name of one student / presentation per category. Collect the ballots and tally them on the board to reveal the two winners!

El servicio comunitario

Las conexiones entre el campus universitario y la comunidad

En muchísimas partes de Estados Unidos hay una comunidad importante de hispanohablantes. Esto no solamente contribuye a la riqueza lingüística y cultural del lugar, sino que es una gran oportunidad para los estudiantes de español. A continuación presentamos el proceso de integrar el voluntariado en el aprendizaje del español.

1-59 Las bases del aprendizaje en la comunidad.

PASO 1 Con el aprendizaje en la comunidad, los estudiantes tienen que hacer un trabajo voluntario que responda a las necesidades de la comunidad. Preparen una lista de los trabajos voluntarios posibles en su comunidad. Busquen en Internet y llamen por teléfono. Por ejemplo, muchas escuelas y agencias de servicios sociales necesitan voluntarios que hablen español. El *United Way* trabaja con muchas agencias sociales y puede guiarlos en cuanto a las necesidades de otras agencias.

PASO 2 De la lista del **Paso 1,** ¿qué oportunidades les permiten escuchar el español? ¿Hablar en español? ¿Conocer mejor algunos aspectos de las culturas hispanas? Al final, con la ayuda de su profesor/a, hablen con esas organizaciones para saber si quieren recibir a voluntarios nuevos.

1-60 Reflexionar. Responde a las siguientes preguntas.

1. **¿Qué?** Describe la oportunidad de trabajo voluntario que más te interesa. ¿Por qué te interesa?
2. **¿Y qué?** Considera esa oportunidad desde dos perspectivas: ¿qué puedes hacer para esa organización con tu trabajo, y qué pueden enseñarte a ti los empleados y/o los clientes de esa organización?
3. **¿Ahora qué?** Prepara una lista de cosas concretas que debes hacer para prepararte bien para ser útil (*useful*) en ese trabajo voluntario. ¿Qué vocabulario en español debes repasar o aprender? ¿Qué información necesitas tener acerca de las organizaciones y cómo puedes adquirirla (*get it*) antes de empezar a trabajar?

IMPLEMENTATION OF 1-60.
One of the pillars of service learning is to follow up service projects with structured reflection activities. The questions/prompts provided in this activity are structured to cycle students through various stages of critical thinking—from a simple reporting back of the facts, to analysis, and finally, to a stage where they use information to create or do something or draw conclusions. These reflection prompts can be assigned as written homework, or alternatively, students can reflect on them orally in small groups in class.

Resumen de vocabulario

Parte 1: El ámbito personal

Sobre los espacios	*About spaces*
el alojamiento	*lodging, accommodations*
el cerro	*hill*
el (des)orden	*(dis)order*
el paisaje	*landscape*
el Patrimonio de la Humanidad	*World Heritage Site*
Otros sustantivos	***Other nouns***
la calidad	*quality, grade*
el choque cultural	*culture shock*
Verbos	***Verbs***
alojar(se)	*to lodge, house, stay*
atraer / distraer	*to attract / distract*
convalidar	*to validate*
destacarse	*to stand out*
durar	*to last, go on for*
echar de menos, extrañar	*to miss*
mudarse	*to move, change residences*
quedarse	*to stay*
relajarse	*to relax*
Adjetivos	***Adjectives***
acogedor/a	*cozy, welcoming*
amplio/a	*spacious, roomy*
apto/a	*suitable*
cosmopolita	*cosmopolitan*
(des)ordenado/a	*(dis)orderly, (un)tidy, messy*
indígena	*indigenous*
tranquilo/a	*tranquil, calm, quiet*
ubicado/a	*located*

Parte 2: El ámbito profesional

Sobre los espacios	*About spaces*
el diseño	*design*
la excursión	*hike, excursion, brief trip*
la gira	*tour, outing*
el itinerario	*itinerary*
los medios de transporte	*means of transport(ation)*
el mostrador	*counter*
la mudanza	*moving (from one place / house to another)*
el recorrido	*journey, route*
Otros sustantivos	***Other nouns***
el/la colega	*colleague*
el/la conserje	*concierge*
el/la mochilero/a	*backpacker*
el puesto (vacante)	*job (opening)*
Verbos	***Verbs***
mochilear	*to backpack*

Capítulo 2
Etapas y ritos de transición

La graduación marca una transición importante en la vida personal y profesional.

IMPLEMENTATION OF *OBJETIVOS DE APRENDIZAJE.*
For each of the three main chapter sections, three to four learning objectives (LOs) have been provided to guide students and instructors. These LOs tie the main communicative goal and functions of the chapter to its thematic and cultural content. Review these with students upon starting and finishing each chapter. Ask students whether they have met each one and elicit examples.

Meta comunicativa

Expresiva: Compartir tus experiencias

- Comunicarse para compartir experiencias, ideas y sentimientos
- Expresar preocupaciones por problemas físicos, emocionales o éticos
- Relatar acontecimientos en el pasado

Objetivos de aprendizaje

El ámbito personal: Analizar etapas de la vida y los ritos de transición

2.1 Compartir experiencias sobre algunos ritos de transición en la vida universitaria y en general

2.2 Expresar ideas sobre las etapas de la vida y algunas diferencias generacionales

2.3 Comparar los ritos de transición en Estados Unidos con los de algunos países hispanos

2.4 Explorar la *green card* como rito de transición en Estados Unidos

El ámbito profesional: Analizar el mundo laboral relacionado con la salud física y mental

2.5 Relatar experiencias del pasado relacionadas con nuestra salud y la salud pública

2.6 Hablar de algunas profesiones que se relacionan directamente con la salud física y mental

2.7 Considerar cómo ayudar a los demás a superar situaciones y transiciones difíciles

2.8 Entender estrategias para usar y traducir bien el español en contextos médicos profesionales

Actividades culminantes: Reflexionar, compartir y presentar

2.9 Hacer conexiones entre el ámbito personal y el ámbito profesional

2.10 Ver y analizar etapas y ritos de transición en un cortometraje auténtico del mundo hispanohablante

2.11 Contribuir a la salud pública local y mundial

Explorando el tema

Pregunta: ¿Te consideras integrado/a en la vida universitaria?

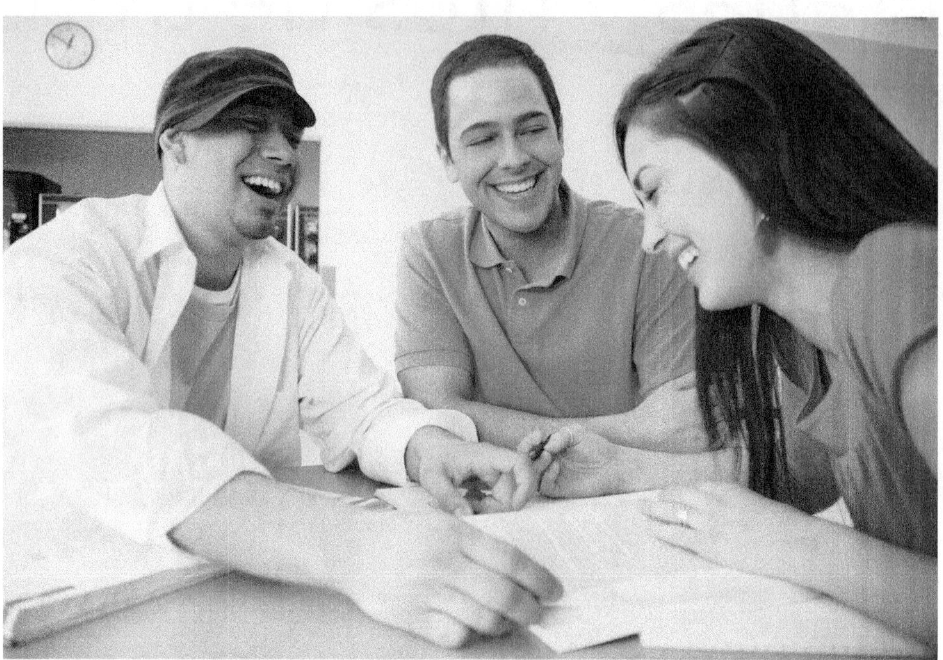

Diez **señales** de que ya te has **integrado** en la universidad.

1. Tienes una **camiseta** con los colores de tu universidad.
2. Has ido a un partido de baloncesto (u otro deporte) de tu universidad.
3. Has ido a la oficina de uno de tus profesores.
4. Has **trasnochado** para escribir un **trabajo.**
5. Lees el periódico y escuchas la radio de la universidad.
6. Has trabajado en equipo para alguna clase.
7. Has levantado la mano para participar en debates o conversaciones durante tus clases.
8. Tienes amigos que son de lugares muy diferentes del lugar donde **te criaste.**
9. Vas a la biblioteca a menudo.
10. Eres miembro de algún grupo estudiantil.

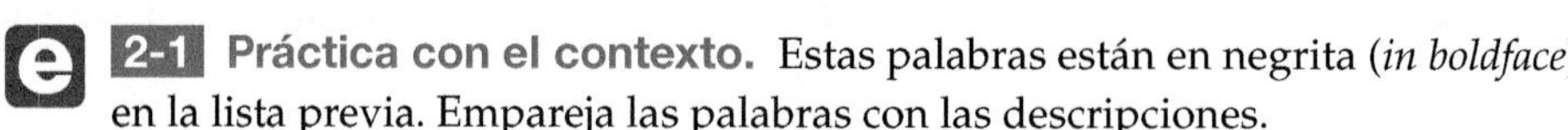

2-1 Práctica con el contexto. Estas palabras están en negrita (*in boldface*) en la lista previa. Empareja las palabras con las descripciones.

1. _d_ las señales	**a.** pasar la noche sin dormir
2. _f_ integrarse	**b.** prenda de ropa casual que cubre el tronco del cuerpo
3. _b_ la camiseta	**c.** crecer
4. _a_ trasnochar	**d.** indicaciones
5. _e_ el trabajo	**e.** ensayo académico sobre algún tema
6. _c_ criarse	**f.** formar parte de

2-2 Crear su propia lista.

PASO 1 Contesten las siguientes preguntas. Expliquen sus respuestas, usando ejemplos específicos. Luego, comparen sus respuestas con las de la clase.

1. Para ustedes, ¿cuáles de las diez señales tienen sentido?
2. ¿Cuáles no tienen sentido en su universidad en particular?

PASO 2 Escojan cinco señales del **Paso 1** y modifíquenlas para que tengan más sentido en su universidad en particular. Luego, escriban otra señal que tenga sentido solamente en su universidad.

MODELO: *Tienes una camiseta blanca y azul con nuestra mascota: un lobo.*

PARTE 1 EL ÁMBITO PERSONAL

Vocabulario

Sustantivos	***Nouns***
la adolescencia	*adolescence*
la adultez, la edad adulta	*adulthood*
la brecha / la laguna generacional	*generation gap*
el cumplido, el elogio, el halago	*compliment, praise*
el hito	*milestone*
la niñez	*childhood*
la perforación corporal / en el cuerpo, el piercing	*body piercing*
la primera infancia	*infancy*
el tatuaje	*tattoo*
la vejez	*old age*
Verbos	***Verbs***
brindar por	*to toast*
criarse, crecer	*to grow up*
elogiar, halagar	*to praise, compliment, flatter*
enviar, mandar (un mensaje de texto)	*to send (a text message)*
nacer	*to be born*
perforar(se) el cuerpo / las orejas	*to pierce one's body / ears*
tatuar(se)	*to (get a) tattoo*
Adjetivos	***Adjectives***
herido/a	*hurt, wounded*
(in)esperado/a	*(un)expected*
significativo/a	*meaningful, significant*

Para refrescar la memoria

acostarse (ue)	*to go to bed*
afeitarse	*to shave*
arreglarse	*to fix oneself up, get ready*
depilarse	*to remove one's body hair, wax*
maquillarse	*to put on makeup*
morir (ue, u)	*to die, pass away*
ponerse (contento/a, furioso/a, triste)	*to become (content, angry, sad)*
sentirse (ie, i) (estresado/a, feliz, molesto/a)	*to feel (stressed, happy, annoyed)*
vestirse (i, i)	*to get dressed*

NOTE ON *PARA REFRESCAR LA MEMORIA.* In each chapter, these expressions help students review beginner-level vocabulary used in the chapter. As the instructor, you can decide whether to test these expressions as active vocabulary.

En contexto

El casarse marca una transición significativa en la vida.

IMPLEMENTATION OF 2-3.
According to the Holmes and Rahe Stress Scale, the happier moment in each of these pairs is actually the more stressful one. You may ask your students to search for the complete list on the Internet at "*La escala de estrés de Holmes y Rahe*". Then ask students to mark the events that have occurred in their own lives in the past 12 months and add up their points. Tell them: *"Si la suma es menos de 150, el riesgo de enfermarse a causa del estrés es bajo. Si la suma es 300 o más, el riesgo de enfermarse es alto. ¿Cuál es tu riesgo?"*

2-3 Las transiciones en la vida y el estrés.

PASO 1 ¿Cuál de los acontecimientos en cada par se considera un momento feliz?

1. **(a.)** la Navidad — **b.** cometer un delito menor
2. **(a.)** jubilarse — **b.** tener problemas con el/la jefe/a
3. **a.** pedirle un préstamo al banco — **(b.)** casarse
4. **(a.)** graduarse — **b.** el insomnio

PASO 2 Los grandes cambios, aunque sean felices, pueden causar estrés. Hablen sobre un cambio en su vida y expliquen cómo lograron superar ese cambio. ¿Qué estrategias utilizan ustedes durante las transiciones de la vida?

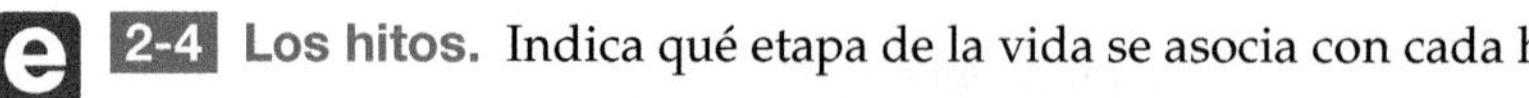

2-4 Los hitos. Indica qué etapa de la vida se asocia con cada hito.

1. Jubilarse es un hito de _e_.
2. Poder sentarse, gatear y caminar son hitos de _a_.
3. Casarse y/o empezar la carrera es un hito de _d_.
4. Rebelarse contra los padres es un hito de _c_.
5. Aprender a leer, a escribir y a andar en bicicleta son hitos de _b_.

a. la primera infancia
b. la niñez
c. la adolescencia
d. la adultez
e. la vejez

2-5 Los ritos de iniciación. Existen ritos para entrar en algunos grupos, y no todos son placenteros.

PASO 1 Asocia cada grupo con uno o más de los siguientes ritos de iniciación.

1. _a, b, f_ un cuerpo de servicio militar
2. _b, c, e_ una hermandad
3. _a, b, f_ una pandilla o mara
4. _c, d_ una sociedad académica honorífica
5. _e_ un club de campo Answers may vary.

a. tatuarse
b. emborracharse
c. recitar algunas frases en griego o en latín
d. encender una vela
e. pagar una cantidad de dinero
f. dejarse golpear
g. ¿otro rito?

PASO 2 Algunos ritos son parte de una ceremonia formal, pero otros son más informales y menos obvios. Con un/a compañero/a, hablen de las organizaciones y clubes de los que son miembros y los ritos asociados con cada uno.

2-6 Ponerse de acuerdo.

PASO 1 Un rito significativo para muchos estudiantes universitarios es hacer un viaje durante las vacaciones de primavera. Lee sobre tres viajes posibles. ¿Cuál te interesa más y por qué? Luego, comparte tu decisión con el resto de la clase.

1. *Viaje en auto con tus amigos hasta Miami, Florida.* Por un lado tienes la playa y toda la vida nocturna a su alrededor. Por otro lado, puedes llegar a conocer esta ciudad pluricultural a través de sus museos, su arquitectura y sus vecindarios con caracteres únicos. Además, hay muchas oportunidades para practicar español.
2. *Vuelo chárter a Cancún, México.* Puedes disfrutar de la playa, las aguas cristalinas y la vida nocturna. Puedes practicar español y también conocer la cultura maya antigua (en el sitio arqueológico de Chichén Itzá) y la actual (en la zona maya de Tulum, un pueblo ubicado a 145 kilómetros de Cancún).
3. *Viaje en crucero por el Caribe con "todo incluido".* La nave ofrece varias piscinas y otros tipos de entretenimiento (discotecas, espectáculos, actividades deportivas, etc.). Hace escalas en tres islas (una de habla española) y puedes pasar algunas horas explorando el lugar.

PASO 2 Pónganse de acuerdo para hacer uno de los viajes juntos. Después, completen estas frases.

1. Nos gustó más este viaje porque…
2. No nos gustaron tanto los otros viajes porque…
3. Fue [difícil / fácil] llegar a un acuerdo porque…

2-7 Hablemos claro.

PASO 1 Entrevístense y apunten las respuestas de su compañero/a.

1. Describe tus recuerdos sobre algunos de los siguientes ritos y momentos de transición (puedes hablar de tus experiencias personales o de las de otras personas): un cumpleaños, sacar la licencia de conducir, el baile de *prom,* la graduación, un nacimiento, una muerte, una boda, enamorarse por primera vez. ¿Qué otros momentos fueron significativos para ti?
2. ¿Cuáles fueron los retos de tu transición a ser estudiante en esta universidad? ¿Qué retos presentan estas otras transiciones: cambiar de especialización, cambiar de residencia, dejar la universidad? ¿Qué recursos ofrece la universidad para ayudar a los estudiantes en sus momentos de transición? ¿Te sientes apoyado/a por la universidad, tus profesores, tu familia?
3. ¿Cuál es tu actitud hacia las organizaciones estudiantiles? ¿Eres socio/a de muchas, pocas o ninguna? ¿Por qué? ¿Te interesan más las organizaciones sociales, académicas, filantrópicas o de otro tipo? Imagínate que vas a formar un nuevo club. ¿De qué sería el club? ¿Cómo sería el rito de iniciación?

PASO 2 A algunas personas les gusta el cambio y por eso viven muchos momentos de transición. En tu opinión, ¿cuál es la actitud de tu compañero/a hacia el cambio? ¿Cómo reacciona ante cambios inesperados? Apunta tus ideas. Después, compártelas con él/ella. ¿Está de acuerdo contigo tu pareja? Prepárate para compartir los resultados con la clase.

Gramática

I. Los pronombres de objeto indirecto, *gustar* y verbos semejantes

An indirect object adds information to a verb by stating "to whom" or "for whom" the action is directed, or "from whom" something is taken. In Spanish, an indirect object is always expressed with an indirect object *pronoun*. Many common verbs in Spanish like **gustar** are used with an indirect object pronoun.

Le mando flores a mi madre en su cumpleaños.	*I send flowers to my mother on her birthday.*
(A ella) le gustan mucho las flores.	*My mother likes flowers very much.* *(Literally: Flowers are very pleasing to my mother.)*

IMPLEMENTATION OF *¡AHORA TÚ!*
Various *¡Ahora tú!* eText activities are provided for students within each grammar presentation. These are mini self-assessments that allow students to immediately practice the concept(s) presented in the bullet(s) and receive automatic feedback. Have students read the grammar presentations and complete the *¡Ahora tú!* activities online as homework before doing the *En contexto* activities in class. The *¡Ahora tú!* activities thus serve to both break down content into manageable pieces and hold students accountable for reading and reviewing before class.

A. Formación y uso: los pronombres de objeto indirecto

- The indirect object pronouns in Spanish are listed below.[1]

Pronombres de objeto indirecto			
me	*(to) me*	**nos**	*(to) us*
te	*(to) you (familiar)*	**os**[2]	*(to) you (all) (fam., Spain)*
le	*(to) you (formal), him, her*	**les**	*(to) you (all) (for.), them*

¡Ahora tú!

Complete 2-1 online to practice these concepts.

- Indirect object pronouns are required in Spanish. A prepositional phrase is often added for emphasis or clarification: **a mí, a ti, a usted, a él, a ella, a nosotros/as, a vosotros/as, a ustedes, a ellos/as,** etc.

Mi hermana es práctica; yo soy sentimental.	*My sister is practical; I'm sentimental.*
Para la graduación mi padre le dio dinero a ella. A mí me regaló un collar de perlas.	*For graduation my father gave her money. To me he gifted a pearl necklace.*
A cambio le di un beso (a él). Mi hermana le dio un abrazo.	*In return I gave him a kiss. My sister gave him a hug.*

¡Ahora tú!

Complete 2-2 online to practice these concepts.

- Indirect object pronouns precede conjugated verbs or may attach to the end of an infinitive or a gerund, if one is present.

Le voy a regalar una buena biografía.	*I'm going to gift him a good biography.*
De hecho estoy comprándole una ahora mismo.	*In fact I'm buying one for him right now.*

- A number of Spanish verbs take an indirect object. Some common examples are: **comprar** (*to buy*), **dar** (*to give*), **decir** (*to say*), **escribir** (*to write*), **mandar** (*to send*), **mostrar** (*to show*), **preparar** (*to prepare*), **quitar** (*to take away*), **regalar** (*to gift*), **servir** (*to serve*).

B. Formación y uso: *gustar* y verbos semejantes

- The verb **gustar** and others like it take an indirect object. These verbs typically appear in this sentence structure: A ____ + *indirect object pronoun* + *verb* + *subject*. Note that the subject of the verb is at the end. Typically, the subject is in the third

[1] Recall that *direct object* pronouns differ from *indirect object* pronouns only in the third person: *me, te, **lo/la**, nos, os, **los/las***.

[2] Recall that the subject pronoun **vosotros** (second-person plural) and its related forms (e.g., **os**) are used only in Spain.

person singular or plural. Be sure not to confuse the subject with the indirect object pronoun.

(A mí) me gusta celebrar. Me fascinan las bodas. Me encanta la tarta de boda.	*Celebrating is pleasing to me. Weddings fascinate me. Wedding cake delights me.*

- Some verbs that operate like **gustar** include: **aburrir** (*to bore*), **caer bien/mal** (*to like / dislike [a person]*), **encantar** (*to delight*), **fascinar** (*to fascinate*), **molestar** (*to bother, annoy*), **ofender** (*to offend*), **parecer** (*to seem*).

¡Ahora tú!

Complete 2-3 online to practice these concepts.

En contexto

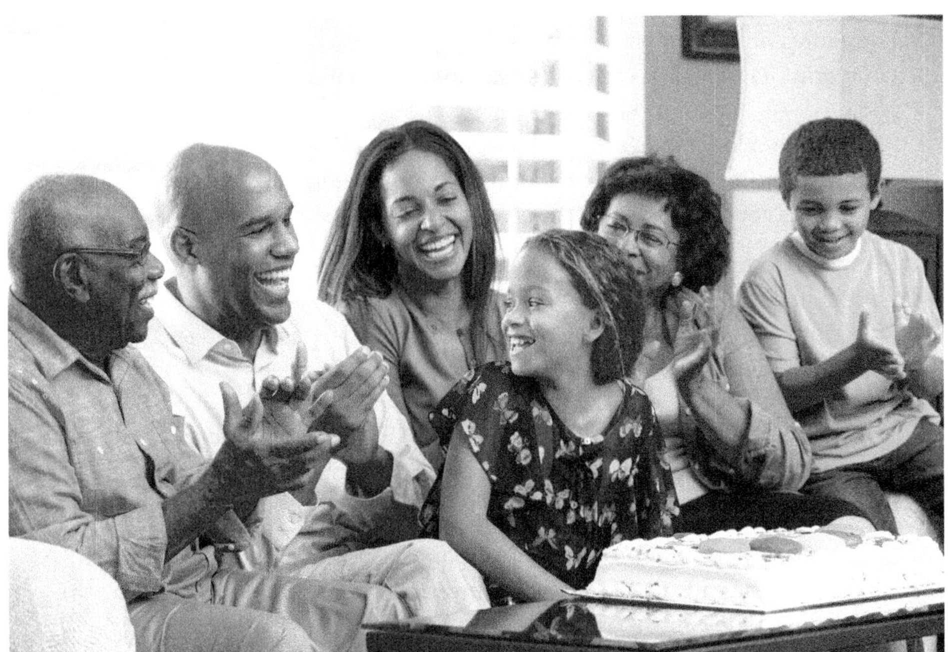

2-8 Los cumpleaños. Celebramos los cumpleaños como hitos significativos en nuestra vida. ¿Participas en la costumbre de celebrarlos con tus seres queridos?

PASO 1 Completa cada oración con el pronombre de objeto indirecto apropiado.

1. *A mí* mi madre __me__ prepara un pastel de cumpleaños.
2. *A mi madre* __le__ cantamos *Cumpleaños feliz*.
3. *A mis hermanos y a mí* mi padre __nos__ da dinero.
4. *A mis mejores amigos/as* __les__ mando una tarjeta (*card*) de cumpleaños.
5. *A mi padre y a mi madre* __les__ regalo un buen libro.
6. *A cada persona importante en mi vida* __le__ digo: "Te quiero mucho".

PASO 2 En tu caso, ¿es verdad cada afirmación del **Paso 1**? Si alguna afirmación no es verdad para ti, cámbiala para que lo sea.

PASO 3 Comparen sus respuestas. ¿En qué se parecen? ¿En qué se diferencian? Preparen un breve resumen o conclusión para la clase.

2-9 ¿Cómo reaccionas? La vida está llena de momentos alegres, difíciles e inesperados.

PASO 1 Imagínate que varias personas importantes en tu vida se encuentran en las siguientes situaciones. ¿Qué le/s dices?, ¿qué le/s das?, etc. Para cada situación escribe dos oraciones. Usa los verbos de la lista a continuación y sigue el modelo.

comprar	decir	mandar	preparar	regalar
dar	escribir	mostrar	quitar	servir

MODELO: *A mi mejor amiga le regalo un collar muy bonito en su graduación. También le digo: "¡Enhorabuena!"*
(A _______) + indirect object pronoun + verb + direct object.

1. Tu mejor amigo/a se gradúa de la universidad.
2. Los padres de un/a buen/a amigo/a se divorcian.
3. Un/a primo/a tuyo/a se casa con su novio/a y te manda una invitación a la boda.
4. A tu abuelo/a lo/la ingresan en el hospital en estado grave de salud.
5. Nace el/la primer/a hijo/a de tu hermano/a y su pareja.
6. Tus padres venden la casa donde creciste y se mudan a otro estado.

PASO 2 Comparen sus oraciones. ¿En qué situaciones son más universales que individuales sus reacciones? ¿En qué situaciones son más individuales sus reacciones? En su opinión, ¿de qué factores dependen las reacciones más individuales?

2-10 Los gustos generacionales. Lo que está de moda en la cultura pop, así como la manera de reaccionar a cada etapa de transición, cambia de generación en generación.

PASO 1 ¿Conoces bien a tu profesor/a de español y los gustos que tiene? Indica si crees que le gusta cada cosa o situación, prestando atención también al número (singular o plural) del sujeto.

	SÍ, LE GUSTA.	SÍ, LE GUSTAN.	NO, NO LE GUSTA.	NO, NO LE GUSTAN.
1. los tatuajes y las perforaciones en el cuerpo	☐	☐	☐	☐
2. la serie *Juego de tronos*	☐	☐	☐	☐
3. las películas de la serie de horror *Halloween*	☐	☐	☐	☐
4. las canciones de los años 80	☐	☐	☐	☐
5. bajar nuevas aplicaciones a su celular	☐	☐	☐	☐
6. mandar mensajes de texto ("textear")	☐	☐	☐	☐
7. escribir y enviar cartas en papel	☐	☐	☐	☐
8. los zapatos de tenis Nike	☐	☐	☐	☐

PASO 2 Túrnense para preguntarle a su profesor/a: "¿Le/Te gusta(n)...?" Comparen sus respuestas. ¿Quién lo/la conoce bien? ¿... más o menos? ¿... poco?

2-11 Los gustos y la brecha generacional.

PASO 1 Anota el nombre de un/a pariente o de un/a amigo/a para cada generación.

1. La generación silenciosa (nacidos entre 1924 y 1945) ____________
2. La generación de los "Baby Boomers" (nacidos entre 1946 y 1964) ____________
3. La generación X (nacidos entre 1965 y 1980) ____________
4. La generación Y (los mileniales) (nacidos entre 1981 y 1997) ____________
5. La generación Z (los posmileniales) (nacidos entre 1997 y el 2010) ____________
6. La generación T o táctil (nacidos entre el 2010 y el…) ____________

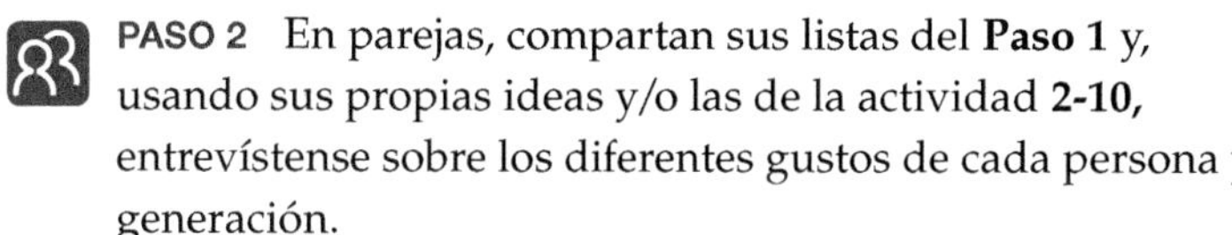

PASO 2 En parejas, compartan sus listas del **Paso 1** y, usando sus propias ideas y/o las de la actividad **2-10,** entrevístense sobre los diferentes gustos de cada persona y generación.

MODELO: E1: *¿A tu abuelo le gustan los tatuajes?*
E2: *No, no le gustan. ¿Y a tu mejor amigo?*
E1: *Sí, le gustan algunos pero no todos.*

2-12 Los gustos de Carlos.

A continuación habla Carlos, un joven estudiante universitario. ¿Te parecen típicos sus gustos?

PASO 1 Completa el texto con un pronombre de objeto indirecto y un verbo conjugado.

No sé si soy típico de mi generación o no, pero voy a explicar algunas cosas que a mí (**1**) __me__ __gustan__ (gustar) y otras que (**2**) __me__ __disgustan__ (disgustar). A mí (**3**) __me__ __encanta__ (encantar) ser activo. A mis amigos y a mí (**4**) __nos__ __gustan__ (gustar) todos los deportes, pero sobre todo el fútbol. También (a mí) (**5**) __me__ __fascina__ (fascinar) la tecnología, bien sea mi iPhone, mi portátil, los videojuegos o la fotografía digital. Por otra parte, creo que a mí y a mi generación en general (**6**) __nos__ __ofende__ (ofender) la discriminación, ya esté relacionada con el sexo, la orientación sexual o la raza. Además, (a mí) (**7**) __me__ __molesta__ (molestar) mucho el desperdicio (*waste*). Hay que reciclar y cuidar bien el medio ambiente. Por último, (a mí) (**8**) __me__ __aburre__ (aburrir) estar solo. Estoy acostumbrado a mucha actividad y contacto social, y necesito sentirme parte de una comunidad amplia.

PASO 2 Hablen de los gustos e ideas de Carlos. ¿Cuáles comparten con él? ¿Cuáles no comparten con él? ¿Les parece que Carlos es típico de su generación? Expliquen sus ideas.

NOTE ON 2-11, *PASO 1.*

- **La generación silenciosa** vivió una época dura en la historia de la humanidad: la Gran Depresión, el nazismo y la Segunda Guerra Mundial y la Guerra de Corea. Valora el trabajo en equipo y el sacrificio y vive con austeridad y en silencio. En Estados Unidos es una generación relativamente pequeña debido a la grave crisis económica y a las guerras.
- **La generación de los *Baby Boomers*** encuentra que sus padres viven más tiempo, entonces cuida de ellos y de sus hijos al mismo tiempo. Se asocia con la expansión de la libertad individual: los derechos civiles, la causa feminista, los derechos de los homosexuales y los de los discapacitados. Es la clase liderante actual en EE. UU. y tiene los ingresos más altos del país.
- **La generación X** es responsable y comprometida. Se preocupa por el mundo. Sus miembros son los grandes impulsores de la tecnología aunque todavía les resulta ajena. Han vivido la llegada del CD, del PC y del Internet. El ocio significa salir, encontrarse con personas y disfrutar del aire libre.
- **La generación Y** son personas que se adaptan fácil y rápidamente al cambio, sobre todo al tecnológico. Se caracterizan por la hiperconexión, la necesidad de auto expresarse, la inmediatez, la búsqueda de experiencias y el interés por la salud. Tienden a demorar algunos ritos de transición a la edad adulta y a vivir con sus padres por períodos más largos.
- **La generación Z** está más inclinada al mundo virtual que al mundo real. Es capaz de realizar grandes colaboraciones por medio de Internet sin conocer a nadie personalmente. Siente gran atracción por la información visual. Como la generación Y, desea resultados inmediatos pero les da menos importancia a la carrera profesional y a los estudios formales.
- **La generación T** está acostumbrada a interactuar con los medios digitales a través del tacto. Las tecnologías dominantes en su época son: la geolocalización, los dispositivos táctiles, la portabilidad de los dispositivos, la conexión en todo momento y lugar y la generación grupal de ideas y de contenido. No diferencia bien entre lo público y lo privado y publica en medios sociales todos los aspectos de su vida.

Gramática

II. Los pronombres reflexivos y recíprocos

A *reflexive verb* is one where the subject and the object of the action are the same. In English this meaning is expressed by "*-self/-selves*." In Spanish this meaning is expressed by a required *reflexive pronoun* used with the verb.

mirar (*to look at*, non-reflexive)	mirarse (*to look at oneself*, reflexive)
La mujer **mira** su celular. → Lo **mira**.	La mujer **se mira**.
The woman **is looking at** *her cell phone.*	*The woman* **is looking at herself.**

A *reciprocal* action is a mutual one where two or more subjects perform an action to or for "one another." By definition, reciprocal actions are always *plural*. In Spanish this meaning is expressed by a required *reciprocal pronoun* used with the verb. The reciprocal pronouns *overlap* with the *plural* reflexive pronouns, as shown by the two examples below.

mirarse (*to look at each other*, reciprocal)	mirarse (*to look at oneself*, reflexive)
Las chicas **se miran**.	Las chicas **se miran**.
The girls **are looking at each other.**	*The girls* **are looking at themselves.**

A. Formación y uso: los pronombres reflexivos

- The *reflexive pronouns* in Spanish are listed below.[1]

Pronombres reflexivos			
me	*myself*	**nos**	*ourselves*
te	*yourself (fam.)*	**os**	*yourselves (fam., Spain)*
se	*yourself (for.), himself, herself*	**se**	*yourselves (for.), themselves*

[1] Recall the *direct object* and *indirect object* pronouns from the previous section and note that they differ from reflexive pronouns only in the *third person*: **lo/la/los/las** versus **le/les** versus **se,** respectively.

- While reflexive pronouns in English often are omitted, they are required in Spanish. A prepositional phrase may be added for emphasis or clarification: **a mí mismo/a, a ti mismo/a, a sí mismo/a, a nosotros/as mismos/as, a vosotros/as mismos/as, a sí mismos/as.**

Las chicas **se miran (a sí mismas)** en el espejo.	*The girls* ***are looking (at themselves)*** *in the mirror.*

¡Ahora tú!

Complete 2-4 online to practice these concepts.

B. Formación y uso: los pronombres recíprocos

- The *reciprocal pronouns* in Spanish overlap in form with the *plural* reflexive pronouns: **nos, os, se,** which in this case all mean "each other" or "one another."
- Reciprocal pronouns are *required* in Spanish. The adverb **mutuamente** (mutually) or phrases such as the following may also be used for emphasis or clarification: **el uno al otro, la una a la otra, los unos a los otros, las unas a las otras.**

Las chicas **se miran (la una a la otra).**	*The girls* ***are looking at each other.***

- Both reflexive and reciprocal pronouns precede conjugated verbs or may attach to the end of an infinitive or a gerund, if one is present.

Vamos a vestirnos de azul para la boda.	*We* ***are going to dress (ourselves)*** *in blue for the wedding.*
Los novios **están mirándose (el uno al otro).**	The bride and groom **are looking at each other.**

¡Ahora tú!

Complete 2-5 online to practice these concepts.

En contexto

2-13 ¿Reflexivo o no? Muchos verbos tienen una versión reflexiva y otra no reflexiva, dependiendo de qué o quién recibe la acción.

e **PASO 1** Empareja cada oración con la imagen que mejor capta su significado.

a. 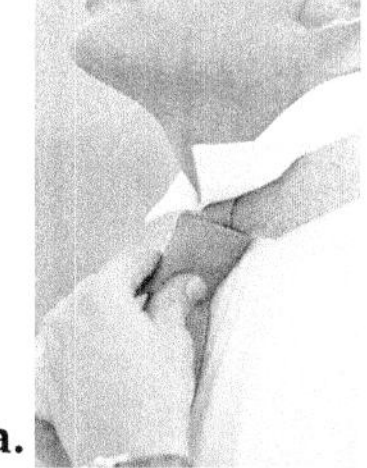

b.

c. 

d. 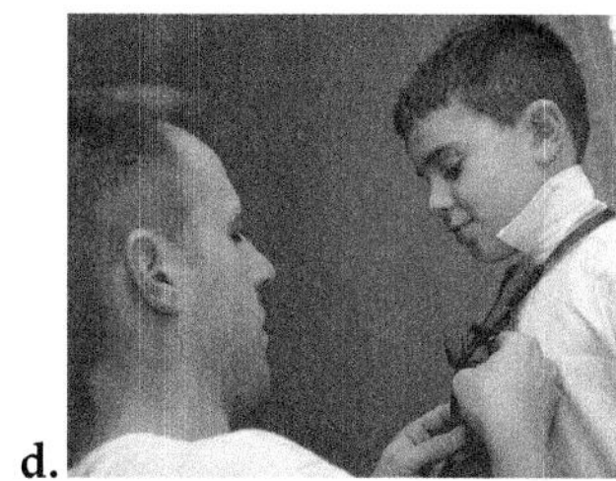

e. 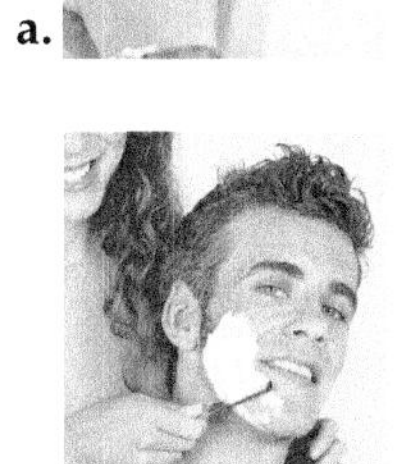 

f. 

g. 

h. 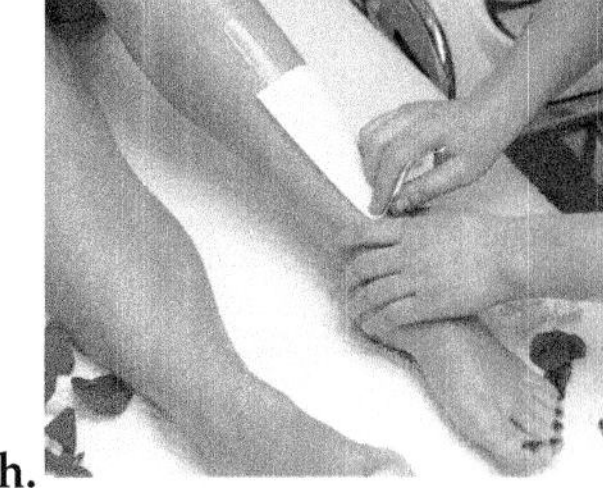

1. ___f___ Lo abraza.
2. ___c___ Se abraza.
3. ___d___ Lo viste.
4. ___a___ Se viste.
5. ___e___ Le afeita la cara.
6. ___g___ Se afeita la cara.
7. ___h___ Le depila las piernas.
8. ___b___ Se depila las piernas.

ANSWERS TO 2-13, *PASO 2.*

Oración 1: 1. la niña; 2. pronombre de objeto directo "lo" que se refiere al perro; 3. no es reflexivo, "abrazar"
Oración 2: 1. la chica; 2. pronombre reflexivo "se" que se refiere a la misma chica; 3. es reflexivo, "abrazarse"
Oración 3: 1. el padre; 2. pronombre de objeto directo "lo" que se refiere al hijo; 3. no es reflexivo, "vestir"
Oración 4: 1. el hombre; 2. pronombre reflexivo "se" que se refiere al mismo hombre; 3. es reflexivo, "vestirse"
Oración 5: 1. la mujer; 2. pronombre de objeto indirecto "le" que se refiere al hombre, como "la cara" es el objeto directo; 3. no es reflexivo, "afeitar"
Oración 6: 1. el hombre; 2. pronombre reflexivo "se" que se refiere al mismo hombre; 3. es reflexivo, "afeitarse"
Oración 7: 1. la mujer que trabaja en el salón de belleza; 2. pronombre de objeto indirecto "le" que se refiere a la cliente, como "las piernas" es el objeto directo; 3. no es reflexivo, "depilar"
Oración 8: 1. la mujer; 2. pronombre reflexivo "se" que se refiere a la misma mujer; 3. es reflexivo, "depilarse"

ANSWERS TO 2-14, *PASO 1.*

Answers may vary. a. *La madre acuesta al bebé. / Lo acuesta.* b. *El niño se acuesta (por sí mismo).* c. *La mujer maquilla a la novia. / La maquilla.* d. *La mujer se maquilla.* e. *La enfermera viste al señor. / Lo viste.* f. *El señor se viste.*

PASO 2 Para cada oración del **Paso 1,** contesten las siguientes preguntas.

1. ¿Quién es el sujeto implícito de la oración?
2. ¿Qué tipo de pronombre aparece antes del verbo en la oración (por ejemplo, un pronombre de objeto directo, de objeto indirecto o reflexivo)? ¿A qué o a quién se refiere ese pronombre?
3. ¿Es reflexivo el verbo? ¿Cuál es el infinitivo?

PASO 3 ¿Cuáles de las oraciones e imágenes de los **Pasos 1** y **2** se pueden usar para hablar de ustedes? Expliquen sus respuestas.

2-14 La (in)dependencia. Los seres humanos pasamos por varias etapas de la vida desde la primera infancia hasta la vejez. Durante estas etapas nuestra autonomía varía mucho entre la dependencia y la independencia.

PASO 1 ¿Es reflexiva la acción en cada imagen? Primero, escriban una oración reflexiva o no debajo de cada imagen. Después, desarrollen un relato breve de tres o cuatro oraciones por imagen, pensando en esa etapa de la vida. Vocabulario útil: **acostar(se), maquillar(se), vestir(se), el bebé, el/la niño/a, el señor, la enfermera.**

a. ______________________________

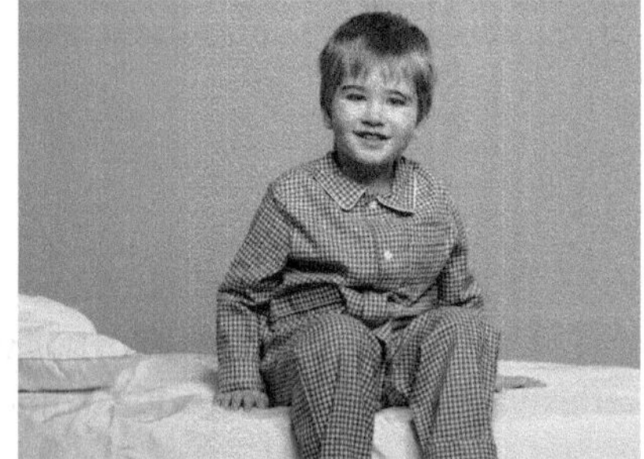

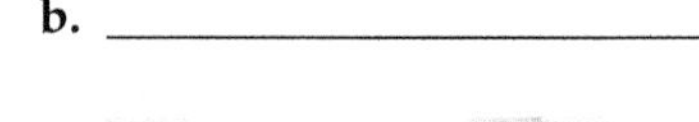

b. ______________________________

c. ______________________________

d. ______________________________

e. ______________________________

f. ______________________________

PASO 2 Ahora elijan alguno de sus relatos para leer a la clase. ¿Pueden adivinar (*guess*) sus compañeros cuál de las imágenes describen? En su opinión, ¿refleja la imagen la dependencia o la independencia?

2-15 La adolescencia. La adolescencia se define como la etapa transicional de la vida entre la pubertad y la adultez y abarca más o menos las edades de diez a dieciocho años. Los adolescentes experimentan varios aspectos de la vida adulta por primera vez.

PASO 1 Judith, una chica estadounidense de diecisiete años, expresa su punto de vista sobre la adolescencia. Completa cada oración con la conjugación reflexiva del verbo entre paréntesis.

MODELO: *Algunos adolescentes se llaman (llamarse) por un apodo* (nickname) *en vez de por su nombre de pila* (first name), *pero yo prefiero "Judith".*

1. Muchos chicos adolescentes ___se afeitan___ (afeitarse) la cara por primera vez.
2. Desde los quince años, yo ___me depilo___ (depilarse) las piernas.
3. Mis amigas y yo ___nos maquillamos___ (maquillarse) la cara y yo también ___me pinto___ (pintarse) las uñas.
4. Algunos adolescentes ___se ponen___ (ponerse) corbata o pantimedias (*pantyhose*) por primera vez.
5. Una amiga mía ___se viste___ (vestirse) de manera muy diferente, pero a su madre no le gusta nada.
6. Muchos de nosotros ___nos perforamos___ (perforarse) las orejas y algunos, con el permiso de sus padres, ___se perforan___ (perforarse) otras partes del cuerpo, pero hacer eso no me interesa.

PASO 2 ¿Fue su adolescencia parecida a la de Judith? Hablen de sus propias experiencias. Si ustedes no han vivido alguna de esas experiencias, digan: "*No me ha pasado*".

MODELO: *(Yo) tenía dieciséis años cuando me afeité / me depilé por primera vez. Recuerdo que fue muy difícil y estaba muy nervioso/a. ¿Y tú?*

2-16 Situaciones y reacciones emocionales. Los verbos reflexivos **ponerse** (*to become*) y **sentirse** (*to feel*) se usan con varios adjetivos para expresar emociones. Háblense de cómo se sienten ustedes en las siguientes situaciones.

agobiado/a (*overwhelmed*)	contento/a	frustrado/a	molesto/a
asustado/a (*scared*)	estresado/a	herido/a	triste
¿...?			

MODELO: E1: *Si un ser querido tuyo se pone muy enfermo, ¿cómo te sientes?*
E2: *En esa situación, me siento muy preocupada y asustada. Y tú, ¿cómo te pones?*
E1: *Yo también me siento preocupado y me pongo nervioso.*

1. Un ser querido tuyo se pone muy enfermo.
2. Vas a tomar un examen de ingreso (*entrance exam*) a la escuela de posgrado (*graduate school*).
3. Tienes un tatuaje después de una noche de fiesta, pero no te acuerdas cómo te lo hicieron.
4. Se muere la mascota (*pet*) que tenías desde tu niñez.
5. Tus padres te elogian por sacar A en el examen de español.
6. Alguien te roba la bicicleta que te regalaron tus padres para la graduación.
7. Tu mejor amigo/a te anuncia que va a dejar la universidad.

CONCLUSIÓN: Por lo general, ¿son semejantes o diferentes sus reacciones emocionales en esas situaciones? Prepárense para compartir sus respuestas con la clase.

Lectura literaria

Sobre la autora

Nacida en 1978, Sylvia Solé es de Madrid, España, y se mudó a Zaragoza para asistir a la universidad. *Isabel* es un poema en prosa del libro *Diacronía del miedo*. Describe a un individuo que representa a una generación de personas que, según explica la poeta, tuvieron "la libertad de haber nacido ya justo al principio de los 80, y de no ser conscientes hasta ser casi adultas que cinco minutos antes aún había una dictadura, y que teníamos Danone en la nevera, y Petite Suisse, no como ahora que tenemos marcas blancas (*generic*) y esas cosas". Efectivamente, sus poemas retratan a la generación española que vive la globalización —hay personajes y referencias culturales de varios países— y una libertad que las generaciones previas desconocían, como en el caso de los conciertos, tatuajes y el erotismo. Vivieron una juventud en que todo parecía posible, con una cultura de consumismo y de diversión muy importante. Parecía que la fiesta nunca se iba a acabar. Pero mezclado con ese aire juvenil, hay un sentido de pérdida personal y social. Lo mismo se puede decir de los jóvenes españoles, dejados atrás con las crisis económicas y la política del nuevo milenio.

Antes de leer

2-17 Las generaciones. Asistir a la universidad es un rito de transición común, pero cada generación vive esa experiencia de manera diferente.

PASO 1 Completa estas frases con todos los ejemplos que se te ocurran. ¿Crees que tus respuestas son típicas de tu generación?

1. En mis clases, aprendo mejor si…
2. Además de mis clases, participo en…
3. Mis padres me ayudan a…
4. Uso la tecnología para…

PASO 2 Cada país pasa por momentos y acontecimientos históricos diferentes y por eso las generaciones son diferentes. Asocia cada descripción de una generación española con la imagen pertinente. ¿Qué tienes en común con la generación de españoles de tu misma edad?

IMPLEMENTATION OF 2-17, *PASO 2*. Before doing *Paso 2*, ask comprehension questions to make sure students can identify the images: 1. *¿En qué foto aparece la bandera de la Unión Europea?* [c]; 2. *¿En qué foto aparece la imagen de Franco?* [d]; 3. *¿En qué foto aparecen las esculturas del Parque Olímpico de Barcelona?* [b]; 4. *¿En qué foto aparece una protesta pública?* [a]. *Ahora, hagan la actividad.*

a.

b.

c.

d.

1. ***Generación de la transición.*** Nacidos antes de 1960. Su juventud estuvo marcada por el fin del régimen del dictador Franco y la transición a la democracia. __d__
2. ***Generación de la movida.*** Nacidos entre 1960 y 1970. Su infancia estuvo marcada por los primeros videojuegos y España en la Unión Europea. Internet llegó cuando ya estaban trabajando. __c__
3. ***Generación del "milagro" económico.*** Nacidos en los 70. Son los primeros españoles que se sienten realmente europeos. Su juventud ha estado marcada por el desarrollo de Internet, las Olimpiadas de Barcelona, el ataque a las Torres Gemelas y, más tarde, por la perplejidad de sufrir el principio de una crisis económica grave. __b__
4. ***Generación Y.*** Nacidos entre el comienzo de los 80 y el final de los 90. Son la generación de la conectividad permanente y la globalización, pero también son "los indignados" que protestan por las crisis política y económica que no les permiten encontrar un trabajo digno. __a__

Al leer

Estrategia al leer

Reconocer y analizar los símiles. Un símil es una comparación entre dos cosas en la que se usa la palabra *como*. Hay símiles muy comunes: "Tu boca es *como* una rosa". Pero en la literatura, los símiles pueden también sorprender: "Su amor era *como* un puñal (*dagger*)". Los símiles comunican mucho en pocas palabras.

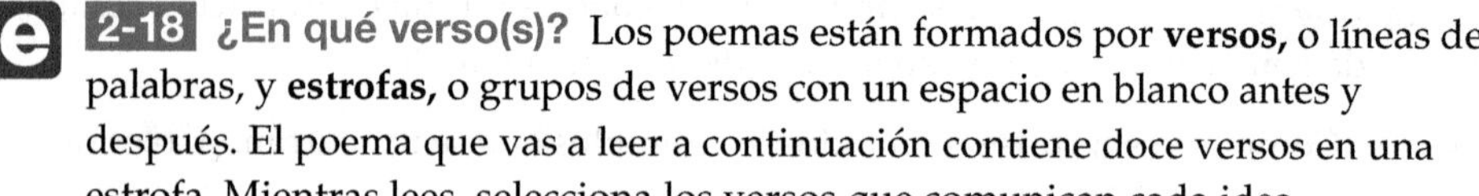

e **2-18** **¿En qué verso(s)?** Los poemas están formados por **versos,** o líneas de palabras, y **estrofas,** o grupos de versos con un espacio en blanco antes y después. El poema que vas a leer a continuación contiene doce versos en una estrofa. Mientras lees, selecciona los versos que comunican cada idea.

Ideas comunicadas	Versos [1 a 12]
1. Se describen la tez (*complexion*) y el pelo de Isabel.	1, 2, 3, 4, 5, 6, 7, 8, 9, 10, 11, 12
2. Se describe la ropa de Isabel.	1, 2, 3, 4, 5, 6, 7, 8, 9, 10, 11, 12
3. Se describen la edad de Isabel y su generación.	1, 2, 3, 4, 5, 6, 7, 8, 9, 10, 11, 12
4. Se describe su carácter fuerte pero amable.	1, 2, 3, 4, 5, 6, 7, 8, 9, 10, 11, 12
5. Se describen su dedicación y su inteligencia.	1, 2, 3, 4, 5, 6, 7, 8, 9, 10, 11, 12

Isabel, por Sylvia Solé (España)

Para I.H., profesora y amiga

Isabel anda en la edad indefinida, pertenece a la
generación del yogur en la nevera, post-cuéntame.
Isabel es blanca como la niebla que me recuerda
que estoy en Zaragoza. Isabel tiene el pelo rubio por
arriba y castaño por abajo, como si el sol se hubiera
olvidado de ella por partes. Isabel se pasó la juven-
tud en la biblioteca y lleva pantalones de raya diplo-
mática con zapatillas naranjas de boxeador y un jer-
sey verde pistacho. Isabel crece en su firmeza y
siempre sonríe. Isabel cuelga del aire y corre que te
corre explica sintaxis como las instrucciones de
una tostadora, así, en modo fácil. Isabel.

Después de leer

2-19 Analizar los elementos literarios.

PASO 1 Indica si el poema usa un símil para describir estos elementos. Luego, explica el efecto de los símiles.

1. Su enseñanza Sí / No
2. Su ropa Sí / No
3. Su tez Sí / No
4. Su ciudad Sí / No
5. Su sonrisa Sí / No
6. Su edad Sí / No

PASO 2 Conversen sobre el significado de los siguientes elementos literarios en el poema y apunten sus respuestas.

1. Lean la dedicatoria. ¿Quién es I.H.? ¿Cuáles son las características de un/a buen/a profesor/a? ¿Cuáles son las características de un/a buen/a amigo/a? ¿Creen que sus profesores pueden ser también sus amigos? Expliquen sus respuestas.
2. Lean las descripciones sobre la apariencia física de Isabel, en los versos 3 a 9. ¿Qué adjetivos describen su apariencia física? ¿Qué adjetivos describen su carácter? Dibújenla, si es posible con colores. ¿Se parece Isabel a algunos de sus profesores?
3. ¿Cuál es la primera palabra de cada oración del poema? ¿Notaron esa repetición cuando leyeron el poema por primera vez? ¿Qué efecto tiene? *Isabel* enseña la sintaxis, la parte de la gramática que describe el orden y la relación entre las palabras. Algunos poemas tienen una sintaxis muy complicada. ¿Les parece complicada o sencilla la sintaxis de este poema? ¿Conocen poemas con una sintaxis muy complicada?

2-20 Todos somos poetas. Piensen en personas que hayan sido muy importantes en sus vidas. En grupos pequeños, compartan sus opiniones.

Interpersonal. Hablen de la gente que ha tenido un impacto positivo en sus vidas. Describan a esas personas y expliquen su importancia. Decidan a quien le escribirán un poema, y hagan un bosquejo siguiendo la estructura de *Isabel*:

1. Usa el nombre de la persona como título.
2. Escribe una dedicatoria en el mismo estilo de *Isabel*.
3. Indica la generación de la persona, como en los primeros dos versos de *Isabel*.
4. Describe el carácter y la apariencia física de la persona, como en los versos 3 a 9.
5. Anota una cosa que sepa hacer muy bien y describe cómo la hace, como en los versos 10 a 12.
6. Escribe el nombre de la persona como frase final.

Presentacional. Presenten su poema a otro grupo y ellos presentarán su poema a ustedes. Al final, ofrezcan comparaciones entre las personas de los dos poemas.

NOTE ON 2-20.
This activity mirrors the sequenced tasks of an Integrated Performance Assessment (IPA) and thus provides students with additional low-stakes practice with spoken communication skills. After doing the reading and completing interpretative tasks about the text, students engage in interpersonal speaking to create their own poem. Finally, they share it with others through a presentational speaking task.

Competencia cultural

Entender el contexto económico

 **2-21 Entender tu propia cultura.** Entrevístense sobre su futuro ideal, enfocándose en los siguientes períodos de su vida. Incluyan información sobre su vida personal, profesional y otros aspectos importantes. Después, comparen sus ideas con las de otros compañeros. ¿Hay aspectos que se repiten? ¿Ser adulto significa tener un buen trabajo, casarse, comprar una casa, tener hijos?

1. su vida dentro de tres años
2. su vida dentro de cinco años
3. su vida dentro de diez años
4. su vida dentro de veintinueve años

NOTE ON *ESTRATEGIA CULTURAL.* Furthermore, the housing bubble in Spain created prices too high for young people who might have wanted to leave their family home.

NOTE ON *ESTRATEGIA CULTURAL.* Tell students that it is important to research a country's economy (median salary, unemployment rates, inflation, GDP, etc.) to better understand the circumstances of individuals. The World Bank's website is a good resource.

Estrategia cultural

La transición de adolescente a adulto es importante en muchas culturas. En Estados Unidos valoramos mucho la independencia y por eso es importante conseguir un trabajo y salir de la casa de los padres lo más pronto posible. En la actualidad, la situación económica en muchos países prohíbe o retarda ese proceso. En España, por ejemplo, existe el fenómeno de los *mileuristas* y *nimileuristas*, jóvenes con estudios superiores que ganan solamente mil euros o menos al mes en su trabajo. En el año 2018, más de un tercio de los jóvenes españoles no tenía trabajo. No se puede atribuir las circunstancias de las personas solamente a su iniciativa individual. Tenemos que tomar en cuenta también el contexto económico, político y cultural.

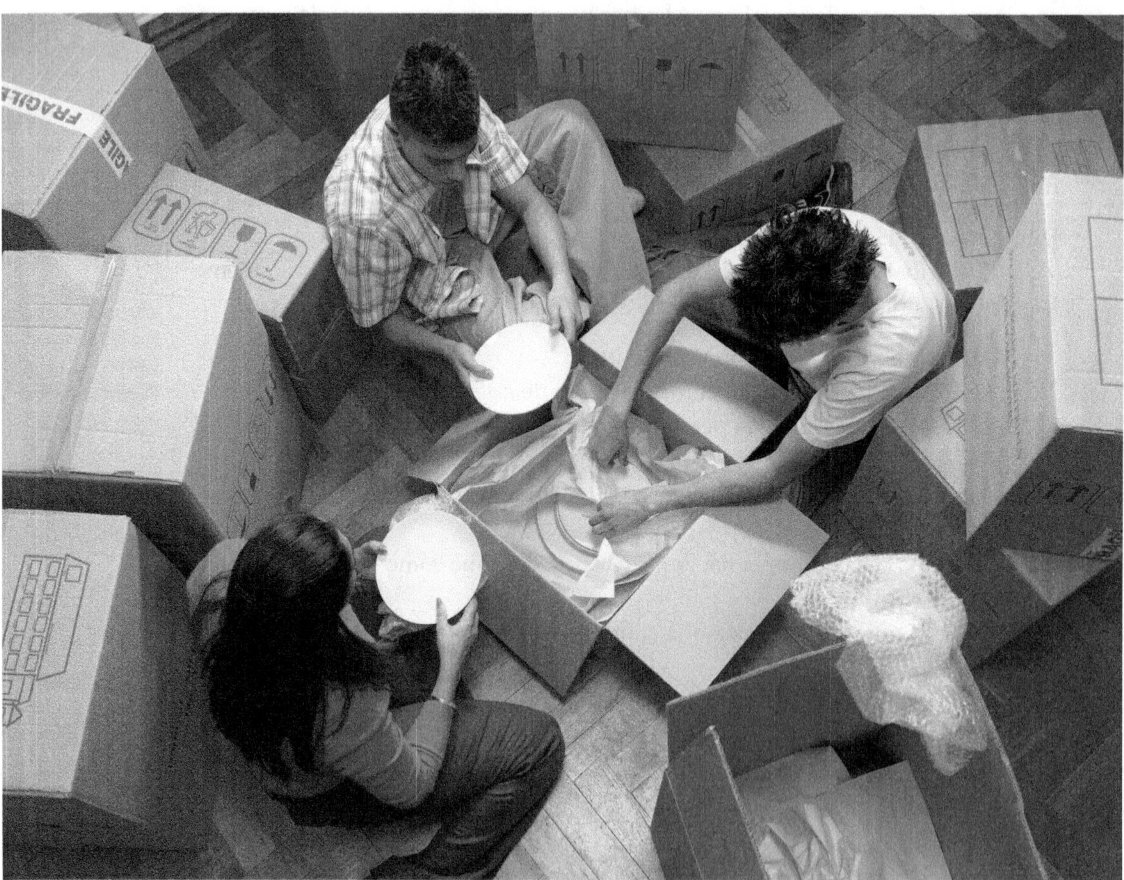

Dejar de vivir con sus padres es una aspiración de muchos jóvenes, pero no de todos.

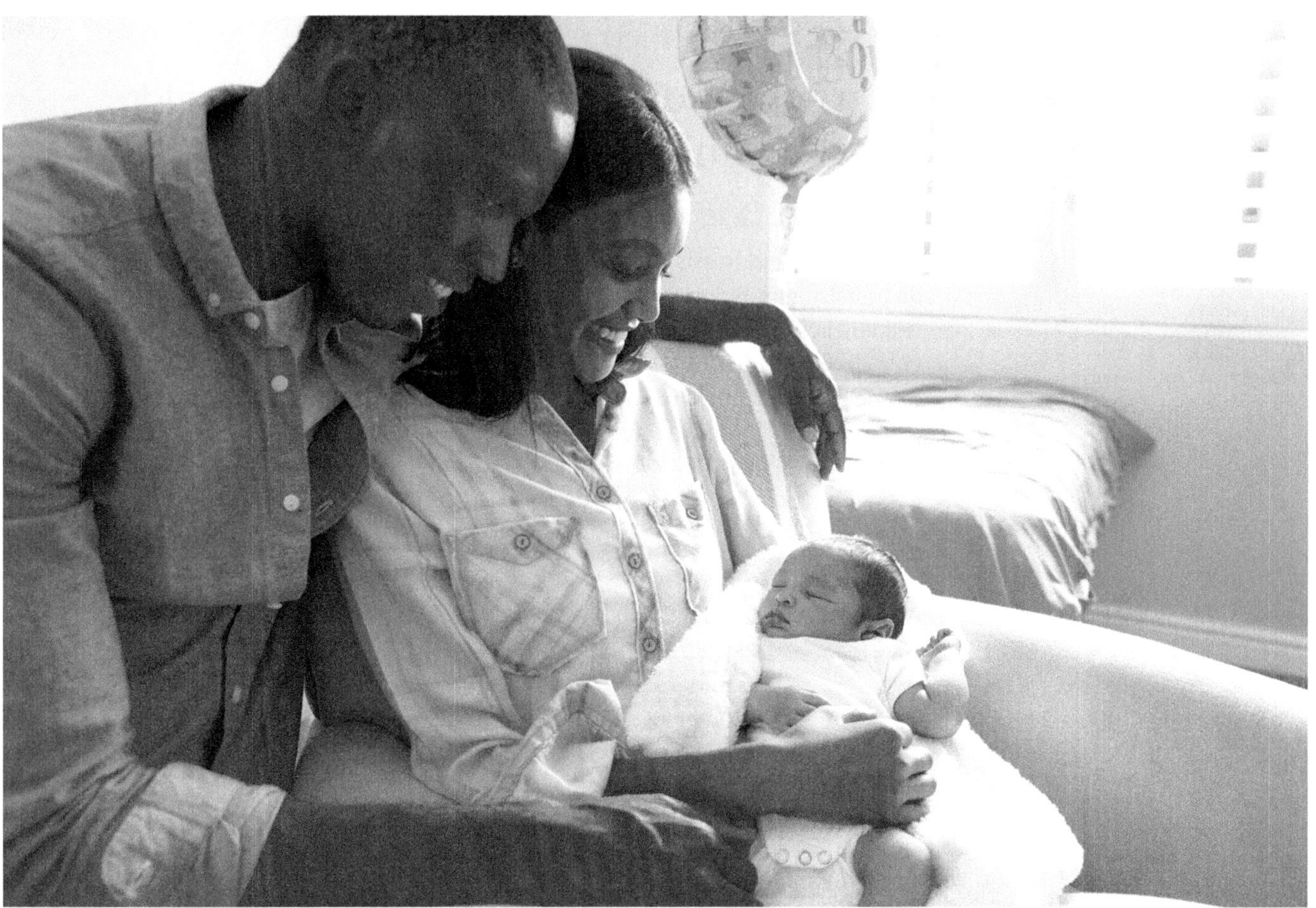

¿Cómo será la niñez para esta nueva generación?

2-22 La competencia cultural en acción. Indica si cada factor ayuda a conseguir un trabajo digno.

1. Una tasa alta de desempleo (*unemployment*) en el país. **a.** No ayuda. **b.** Ayuda.
2. Tener acceso a una educación de alta calidad. **a.** No ayuda. **b.** Ayuda.
3. Leyes que obligan un sueldo mínimo bastante alto. **a.** No ayuda. **b.** Ayuda.
4. Vivir en una zona urbana. **a.** No ayuda. **b.** Ayuda.
5. Vivir en una zona rural. **a.** No ayuda. **b.** Ayuda.
6. Hablar más de una lengua. **a.** No ayuda. **b.** Ayuda.
7. Leyes que prohíben la discriminación. **a.** No ayuda. **b.** Ayuda.
8. No tener computadora en casa. **a.** No ayuda. **b.** Ayuda.

¿Lo sabías?

La edad mínima para sacar la licencia de manejar varía de país en país; hay que tener 15 años en El Salvador, 16 en Colombia, 17 en Argentina y 18 años en España. ¿Cómo reflejan estas edades el concepto de la adultez?

Video cultural

La green card: *papeles que cambian la vida* (Estados Unidos)

Antes de verlo

2-23 Un verdadero rito de transición. El reportaje de Adrián explica un rito de transición muy importante para los inmigrantes: recibir la *green card,* o sea, la residencia permanente. ¿Qué otros momentos de transición serán importantes en la vida de un/a inmigrante? ¿Qué transiciones han sido importantes en tu vida? De esos momentos, ¿cuáles fueron acompañados por algún tipo de documento?

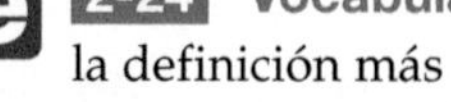

2-24 Vocabulario útil. Las siguientes expresiones se usan en el video. Elige la definición más apropiada para cada una de ellas.

1. _g_ el/la abogado/a	**a.** retirarse a un lugar secreto
2. _e_ aportar	**b.** residente legal de un país
3. _b_ el/la ciudadano/a	**c.** trabajar
4. _j_ dar pena	**d.** hacer esfuerzos con algún fin
5. _a_ esconderse	**e.** contribuir
6. _d_ esforzarse (ue) por (+ INF)	**f.** seguir un proceso
7. _i_ la frontera	**g.** experto/a en la ley
8. _c_ ganarse la vida	**h.** pedir o buscar
9. _h_ solicitar	**i.** límite geográfico de un país
10. _f_ tramitar	**j.** entristecer

Al verlo

POSSIBLE ANSWERS TO 2-25.
1. Adrián la llama para pedirle su opinión sobre el reportaje que está haciendo. 2. Es el permiso de residencia. Adrián entrevista a cuatro inmigrantes a Estados Unidos sobre cómo consiguieron la *green card* y qué significa para ellos tenerla. 3. Yoli cruzó la frontera a través de México, por las montañas y después por el desierto. Nico vino como estudiante. Minerva llegó en avión como turista. Thomas se mudó a Los Ángeles antes de 9/11. Adrián ya tiene nacionalidad estadounidense porque es de Puerto Rico. 4. Les quita un peso de encima; pueden estudiar, viajar y solicitar nuevos trabajos. 5. A Manuela le parece perfecto. *Answers will vary.*

2-25 ¿Comprendes? Contesta las siguientes preguntas.

1. ¿Por qué llama Adrián a Manuela? ¿De qué trata el proyecto de Adrián?
2. Describe la experiencia de cómo llegaron los cuatro inmigrantes latinos a Estados Unidos. ¿Por qué no necesita una *green card* Adrián?
3. ¿Cuáles son ejemplos concretos de cómo les cambió la vida tener la *green card*?
4. ¿Qué le parece a Manuela el video de Adrián? ¿Estás de acuerdo? Explica.

Después de verlo

2-26 ¡Luces, cámara, acción! El reportaje de Adrián incluye entrevistas con cuatro personas. Seleccionen otro rito de transición, identifiquen cuatro personas a quiénes podrían entrevistar sobre ese rito y escriban tres preguntas para cada persona. Prepárense para presentarle su tema y sus preguntas a la clase.

IMPLEMENTATION OF 2-26.
Consider asking students to interview one another in class or online using LiveChat.

PARTE 2 EL ÁMBITO PROFESIONAL

Vocabulario

Sustantivos	Nouns
el dolor	*pain*
el estrés	*stress*
el pensamiento	*thought*
la radiografía	*X-ray*
la salud (física, mental)	*(physical, mental) health*
el sentimiento	*feeling*
la sinceridad	*sincerity*
la terapia	*therapy*

Verbos	Verbs
diagnosticar	*to diagnose*
doler (ue)	*to hurt*
ejercer (de)	*to practice (a profession) (as)*
reducir	*to reduce*
sanar	*to heal*

Adjetivos	Adjectives
doloroso/a	*painful*
sano/a	*healthy, wholesome*
traumático/a	*traumatic*

Para refrescar la memoria

el/la enfermero/a	*nurse*
enfermo/a	*ill, sick*
el/la enfermo/a	*ill person*
el/la médico/a[1]	*(medical) doctor*
el/la paciente	*patient*

NOTE ON *PARA REFRESCAR LA MEMORIA.* In each chapter, these expressions help students review beginner-level vocabulary used in the chapter. As the instructor, you can decide whether to test these expressions as active vocabulary.

[1] In some varieties of Spanish, a female medical doctor is referred to as *la médico*.

En contexto

Se torció el tobillo.

2-27 El cuerpo humano.

PASO 1 Asocia cada parte del cuerpo con un problema de salud.

1. _c_ el hueso
2. _g_ el cerebro
3. _f_ el corazón
4. _a_ el tobillo
5. _e_ el oído
6. _d_ el estómago
7. _b_ un músculo

a. una hinchazón (*swelling*)
b. un calambre (*cramp*)
c. una fractura
d. una indigestión
e. una infección
f. un infarto
g. una depresión

NOTE ON ACTIVITY 2-27, *PASO 2*.
Answers may vary.
1. *los ojos*
2. *las orejas, los oídos*
3. *las piernas, los brazos, la cabeza, la mano, el dedo*
4. *la boca, los ojos*
5. *los pies, las piernas*
6. *la boca, la nariz, la garganta, los pulmones*

PASO 2 ¿Con qué parte o partes del cuerpo se asocian estos mandatos de un/a médico/a durante un chequeo? Piensa en varias posibilidades lógicas.

1. Mire.
2. Escuche.
3. Levante.
4. Abra.
5. Camine.
6. Respire.

Sesión de terapia con una psicoanalista

2-28 Las carreras de la salud.

PASO 1 Indica si estas profesiones se asocian más con la salud mental o la salud física. ¿Qué otras profesiones en el campo de la salud conoces?

	SALUD MENTAL	SALUD FÍSICA
1. el/la cardiólogo/a	☐	☑
2. el/la psicólogo/a	☑	☐
3. el/la cirujano/a (*surgeon*)	☐	☑
4. el/la dentista	☐	☑
5. el/la fisioterapeuta	☐	☑
6. el/la psiquiatra	☑	☐
7. el/la enfermero/a	☐	☑
8. el/la terapeuta	☑	☐

PASO 2 Preparen una lista de las habilidades y características personales que se necesitan para ejercer una de las profesiones médicas del **Paso 1** u otra que les interese.

2-29 Los números.

Escucha lo que le dice un médico a su paciente y contesta las preguntas.

1. ¿Cuántos años tiene el paciente?
2. ¿Cuánto pesa el paciente ahora?
3. ¿Cuánto ha bajado su colesterol?
4. ¿Cuántas pastillas en total toma el paciente al día?
5. ¿En qué mes tiene que volver a ver al médico el paciente?
6. En conclusión, ¿cuida bien su salud el paciente?

ANSWERS TO 2-29.

1. Answer will vary depending on the current year; for example, in 2019, the correct answer is 29.
2. *85 kilos*
3. 20
4. 4
5. *octubre*
6. *sí*

AUDIO SCRIPT FOR 2-29.

1. Muy bien. Veo que su fecha de nacimiento es el primero de enero de 1990.
2. El año pasado usted pesaba 90 kilos. Ha rebajado 5 kilos. Muy bien.
3. También ha logrado bajar su colesterol de 250 a 230. Excelente. Lo ideal es 200 o menos.
4. Afortunadamente, usted no tiene ninguna fractura a consecuencia de su caída. Tome dos pastillas dos veces al día para el dolor.
5. Estamos en abril. A ver, quiero verlo otra vez en seis meses. Y cuidado la próxima vez que salga a correr. ¡No se caiga otra vez!

2-30 Ponerse de acuerdo.

PASO 1 Un niño de diez años tiene problemas de comportamiento en la escuela y en la casa. No quiere hacer sus deberes, se distrae fácilmente y se enfada mucho. El otro día pegó a otro niño de su clase. Entre las opciones a continuación, ¿cuál te parece la mejor forma de diagnosticar y tratar al niño, y por qué?

1. *Una consulta médica.* Durante un chequeo a fondo, la médica les hace preguntas al niño y a sus padres. Según sus observaciones y las respuestas de ellos, pide una serie de exámenes. El niño va al laboratorio donde le extraen sangre. Va a otra clínica para que le hagan una resonancia magnética del cerebro. Al final, la médica le receta al niño cuatro medicamentos y les pide que vuelvan en tres meses.
2. *Una visita con el terapeuta.* El terapeuta habla una hora con el niño. Le hace preguntas sobre sus amistades, sus clases, su maestro y su familia. Después, el terapeuta propone un plan. Una vez a la semana, la trabajadora social de la escuela pasará media hora con el niño. Una vez al mes el niño tendrá cita con el terapeuta. Mientras tanto, si el niño se pone agresivo otra vez, la directora de la escuela lo va a mandar a casa por dos días.
3. *El apoyo de la abuela.* Los padres piensan invitar a la abuela del niño a vivir en la casa con ellos. Los dos padres trabajan. La abuela estará en la casa para recibir al niño después de la escuela, ayudarlo con sus deberes y simplemente ser una presencia positiva en su vida. La abuela tiene setenta años y tiene algunos problemas crónicos de salud que de momento no son graves. La casa es pequeña, y el niño y la abuela van a tener que compartir una habitación.

PASO 2 Imagínense que ustedes son los padres de este niño. Pónganse de acuerdo sobre el mejor tratamiento. Después, indiquen las conclusiones a las que lleguen. Por último, compartan su decisión y sus conclusiones con el resto de la clase.

Preferimos un tratamiento...

- ☐ profesional.
- ☐ privado.
- ☐ físico.
- ☐ psicológico.
- ☐ emocional.
- ☐ que ayude al niño a expresarse.
- ☐ que no cueste mucho dinero.
- ☐ que explore posibles causas fisiológicas y/o químicas.
- ☐ ¿Otro tipo de tratamiento?

2-31 Hablemos claro.

PASO 1 Entrevístense y apunten las respuestas de su compañero/a.

1. ¿Qué habilidades especiales se necesitan para trabajar en el campo de la salud? ¿Qué características personales se necesitan? Cuando uno trabaja en un contexto internacional, ¿qué habilidades y características se necesitan?
2. Además del idioma, ¿qué información cultural necesitan saber los profesionales de la salud en un contexto internacional? ¿Qué prácticas y creencias religiosas pueden influir en la salud? ¿Cómo influye en la salud la dieta tradicional de una población? ¿Y la noción de pudor (*modesty*)? ¿Y las relaciones familiares? ¿Qué otros factores culturales influyen en la salud de una población?
3. ¿Cuáles son algunos ejemplos de desastres naturales y en qué países ocurrieron? ¿Cuáles son los problemas de salud inmediatos? ¿Qué problemas de salud llegan después? ¿Qué importancia tiene la ayuda internacional en estos casos?

PASO 2 Hay muchas brigadas que van a otros países y ofrecen servicios de salud gratis. En tu opinión, ¿es tu compañero/a un/a buen/a candidato/a para alguna de esas brigadas de voluntarios? Apunta tus ideas. Después, compártelas con él/ella. ¿Está de acuerdo contigo tu pareja? Prepárate para compartir los resultados con la clase.

Gramática

III. Los pretéritos regulares e irregulares

The *preterit* is one of two *simple past tenses* in Spanish. Generally, it expresses a completed action in the past, whether viewed as a whole or only in terms of its beginning or ending point. The other simple past tense, the *imperfect*, will be contrasted with the preterit in the next section of this chapter.

El lunes Pablo trabajó todo el día en el hospital. Empezó a las ocho de la mañana y terminó a las siete de la tarde.	*On Monday Pablo worked all day at the hospital. He began at 8 in the morning and finished at 7 in the evening.*

IMPLEMENTATION OF ¡AHORA TÚ!
Various *¡Ahora tú!* eText activities are provided for students within each grammar presentation. These are mini self-assessments that allow students to immediately practice the concept(s) presented in the bullet(s) and receive automatic feedback. Have students read the grammar presentations and complete the *¡Ahora tú!* activities online as homework, before doing the *En contexto* activities in class. The *¡Ahora tú!* activities thus serve to both break down content into manageable pieces and hold students accountable for reading and reviewing before class.

Formación: el pretérito

- Verbs that are *regular* in the preterit show two patterns: one for **-ar** verbs and one for **-er** and **-ir** verbs. For both, the first- and third-person singular forms are emphasized on the final syllable and require a written accent mark (when there is more than one syllable, as in **ver: vi, vio**). The first-person plural forms for **-ar** and **-ir** verbs (albeit not for **-er** verbs) are the same in the preterit and the present.

  hablar: hablé, hablaste, habló, hablamos, hablasteis, hablaron

  comer: comí, comiste, comió, comimos, comisteis, comieron

  escribir: escribí, escribiste, escribió, escribimos, escribisteis, escribieron

¡Ahora tú!

Complete 2-6 online to practice these concepts.

- Infinitives that end in **-car (c → qu), -gar (g → gu),** or **-zar (z → c)** show a spelling change in the first-person singular. In the first two cases, the change maintains the original pronunciation of the consonants. In the third case, the change is due to a spelling convention, where the sequences **ce/ci** are preferred over **ze/zi** in Spanish.

  diagnosticar: diagnostiqué, diagnosticaste, diagnosticó, diagnosticamos, diagnosticasteis, diagnosticaron

  llegar: llegué, llegaste, llegó, llegamos, llegasteis, llegaron

  avanzar: avancé, avanzaste, avanzó, avanzamos, avanzasteis, avanzaron

¡Ahora tú!

Complete 2-7 online to practice these concepts.

- When the stem of an **-er** or **-ir** verb ends in a vowel, the unstressed **i** of the third-person preterit endings -ió and -ieron undergoes a change: it becomes the consonant y. All of the preterit forms of these verbs require a written accent mark, except the third-person plural.

  leer: leí, leíste, leyó, leímos, leísteis, leyeron

  huir: huí, huíste, huyó, huímos, huísteis, huyeron

¡Ahora tú!

Complete 2-8 online to practice these concepts.

- Verbs ending in **-ar** or **-er** that have a stem change in the present *do not* stem-change in the preterit (as in **pensar: él pensó; volver: él volvió**). **-ir** verbs that stem-change in the present *also* stem-change in the preterit, however, only in the *third-person* forms and with simpler changes: **e → i, o → u.**

  (e → i, i)[1] **pedir:** pedí, pediste, pidió, pedimos, pedisteis, pidieron

  (e → ie, i) preferir: preferí, preferiste, prefirió, preferimos, preferisteis, prefirieron

  (o → ue, u) dormir: dormí, dormiste, durmió, dormimos, dormisteis, durmieron

¡Ahora tú!

Complete 2-9 online to practice these concepts.

---

[1] When two stem-change options are shown, the first one refers to the stem change in the present tense, and the second one refers to the stem change in the preterit and the gerund.

¡Ahora tú!

Complete 2-10 online to practice these concepts.

- Many common verbs are *irregular* in the preterit. These irregular forms are referred to as "strong preterits" because they are all emphasized on the *stem*, not the endings. Although there are patterns among these forms (grouped below), for the most part they need to be memorized.

ir: fui, fuiste, fue, fuimos, fuisteis, fueron
ser: fui, fuiste, fue, fuimos, fuisteis, fueron
ver: vi, viste, vio, vimos, visteis, vieron
dar: di, diste, dio, dimos, disteis, dieron
tener: tuve, tuviste, tuvo, tuvimos, tuvisteis, tuvieron
estar: estuve, estuviste, estuvo, estuvimos, estuvisteis, estuvieron
andar: anduve, anduviste, anduvo, anduvimos, anduvisteis, anduvieron
poder: pude, pudiste, pudo, pudimos, pudisteis, pudieron
poner: puse, pusiste, puso, pusimos, pusisteis, pusieron
saber: supe, supiste, supo, supimos, supisteis, supieron
haber[2]**:** hubo
hacer: hice, hiciste, hizo, hicimos, hicisteis, hicieron
venir: vine, viniste, vino, vinimos, vinisteis, vinieron
querer: quise, quisiste, quiso, quisimos, quisisteis, quisieron
decir: dije, dijiste, dijo, dijimos, dijisteis, dijeron
reducir: reduje, redujiste, redujo, redujimos, redujisteis, redujeron
traer: traje, trajiste, trajo, trajimos, trajisteis, trajeron

En contexto

2-32 ¿En qué orden pasaron los eventos? El hacerse daño (*getting hurt*) puede ser traumático a cualquier edad.

e **PASO 1** A continuación se cuenta la historia de Raúl, un niño de ocho años. Pon los eventos en orden cronológico desde el primero (1) hasta el último (10).

6 Mis amigos **llamaron** a mis padres.
2 **Decidimos** subirnos a un árbol.
9 Me **dijo** que me había roto el brazo derecho.
4 **Me caí.**
1 **Salí** con mis amigos.
10 **Salimos** del hospital para casa, donde **descansé** por varios días.
8 Una médica me **vio**.
7 Mis padres me **llevaron** a la sala de emergencias.
5 **Me hice** mucho daño.
3 **Perdí** el equilibrio.

IMPLEMENTATION OF 2-32, *PASO 2.* Bring in pre-cut strips of paper, ask students to do so, or have students tear paper into strips in class. Have them write one event per strip, so that the order of events in their stories can be easily randomized. Alternatively, assign *Paso 2* for students to do at home on strips of paper, and then do *Paso 3* the next class day.

PASO 2 ¿Has tenido tú, o algún/a hermano/a o amigo/a tuyo/a, una experiencia semejante a la de Raúl? Siguiendo el **Paso 1** como modelo, usa el pretérito para contar la secuencia de eventos de esa experiencia. Después, ponlos en orden aleatorio (*random*) en preparación para el **Paso 3.**

---

[2] Typically, only the third-person singular form **hubo** is used in the preterit, with the meaning *there was/were*. This use is similar to that of the third-person singular form **hay** in the present, which means *there is/are*.

PASO 3 Intercambien sus relatos, pongan los eventos en orden cronológico y después confirmen el orden correcto. ¿En qué se parecen o se diferencian sus relatos? ¿Tuvieron los eventos alguna consecuencia grave a largo plazo (*long term*)? ¿Recibieron buena atención médica? Expliquen sus respuestas.

2-33 Un paciente preocupado. Un paciente le explica algunas cosas a su psicóloga.

PASO 1 Completa cada oración con el pretérito del verbo en negrita (*in boldface*).

1. Normalmente **me levanto** a las cinco, pero ayer ___me levanté___ a las ocho.
2. Normalmente **corro** diez kilómetros todas las mañanas, pero ayer solo ___corrí___ un kilómetro.
3. Normalmente **desayuno** fuerte, pero ayer no ___desayuné___ nada.
4. Normalmente **soy** muy productivo en el trabajo, pero ayer no ___fui___ nada productivo.
5. Normalmente **trabajo** en la oficina hasta las siete de la tarde, pero ayer solo ___trabajé___ hasta las cinco.

PASO 2 ¿Qué le pasa a este paciente? Elijan la causa a continuación que les parezca más probable o piensen en otra. Después, pónganse en el lugar de la psicóloga y apunten algunas preguntas que le pueden hacer al paciente para ayudarlo a entender mejor su situación.

☐ El paciente está exhausto y simplemente necesita unas vacaciones.

☐ Algún acontecimiento traumático le pasó en la fecha de ayer de algún año pasado, quizás la muerte de su abuelo o de otra persona especial.

☐ Está enamorado de alguien y no se ha dado cuenta todavía.

☐ ¿Otra causa?

PASO 3 Ahora cambien de parejas y túrnense, haciendo el papel de paciente y de psicólogo/a. En el papel de paciente, supongan que su problema se debe a la causa elegida en el **Paso 2.** En el papel de psicólogo/a, hagan las preguntas que apuntaron en el **Paso 2.** Al final, contesten las siguientes preguntas.

1. ¿Qué opinan ustedes del trabajo de un/a psicólogo/a? ¿Usaron ustedes o algún conocido suyo los servicios de uno/a en el pasado?
2. En su opinión, ¿cuáles son algunas de las ventajas y/o desventajas de la profesión? ¿Les atrae como futura profesión? Expliquen sus respuestas.

2-34 Explica un fisioterapeuta. ¿Cómo es una carrera en Fisioterapia? A continuación un fisioterapeuta comparte algunas de sus experiencias.

PASO 1 Completa el párrafo con la forma correcta del pretérito de cada verbo entre paréntesis.

Me llamo Pedro Gutiérrez Inclán y soy fisioterapeuta en el estado de Michigan en Estados Unidos. Para ejercer esta profesión yo (**1**) ___hice___ (hacer) un máster de tres años en Fisioterapia. El programa (**2**) ___consistió___ (consistir) principalmente en cursos de ciencias y sesiones de práctica. Mis compañeros y yo (**3**) ___estudiamos___ (estudiar) mucha anatomía, fisiología y rehabilitación. También (**4**) ___tuvimos___ (tener) que realizar experimentos para escribir una tesis grupal entre tres estudiantes. El último paso para sacar la licencia profesional (**5**) ___fue___ (ser) aprobar un difícil examen escrito estatal. Ahora es necesario completar todo un doctorado para ser fisioterapeuta, pero por suerte este cambio no nos afecta a los fisioterapeutas ya practicantes.

Un fisioterapeuta ayuda a una paciente a caminar con un andador (*walker*).

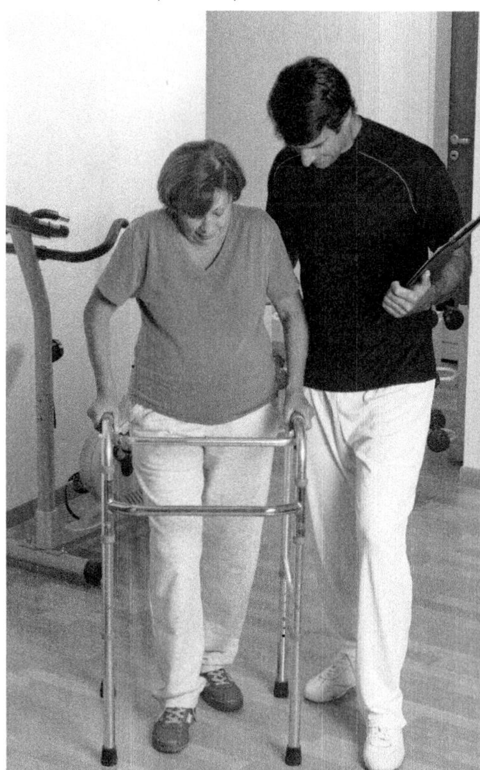

Después de terminar el proceso de certificación, (yo) (**6**) ____empecé____ (empezar) a buscar trabajo. (**7**) ____Recibí____ (Recibir) varias ofertas enseguida, porque actualmente hay mucho trabajo disponible y no hay suficientes fisioterapeutas. Me encanta mi trabajo pero no es siempre fácil. Pongo un caso reciente como ejemplo. Hace varios meses, una paciente (**8**) ____llegó____ (llegar) con la pelvis y un fémur fracturados por un grave accidente automovilístico. Yo le (**9**) ____enseñé____ (enseñar) a transferir su peso correctamente al moverse de la cama a una silla y viceversa. También le (**10**) ____mostré____ (mostrar) unos ejercicios sencillos para fortalecerle la pierna fracturada y mantener la circulación de la sangre. A veces es difícil ver el sufrimiento de la gente, pero me da mucha satisfacción poder ayudarla de alguna manera.

PASO 2 ¿Qué opinan ustedes del trabajo de un/a fisioterapeuta? ¿Usaron los servicios de uno/a en el pasado? En su opinión, ¿cuáles son algunas de las ventajas y/o desventajas de la profesión? ¿Les atrae como futura profesión? Expliquen sus respuestas.

2-35 Fuera de lo normal. A veces nuestra rutina normal cambia.

PASO 1 Completa cada oración con información verdadera, falsa o mixta sobre ti, un/a amigo/a, una persona de tu familia o una combinación de personas.

MODELO: *Normalmente trabajo todos los días, pero ayer hice una excursión a la* playa.

1. Normalmente ______ todos los días, pero ayer ______.
2. Normalmente ______ los sábados, pero el sábado pasado ______.
3. Normalmente ______ durante el semestre, pero el semestre pasado ______.
4. Normalmente ______ en invierno, pero el invierno pasado ______.
5. Normalmente ______ en verano, pero el verano pasado ______.

PASO 2 Túrnense para leer sus oraciones en voz alta. ¿Presentan sus compañeros información verdadera, falsa o mixta en cada oración? Háganse preguntas para determinar la realidad.

2-36 Una vez... Para algunas experiencias en la vida, una sola vez basta (*is enough*).

PASO 1 Completa cada oración con información verdadera, usando una expresión en el pretérito.

MODELO: *Una vez comí demasiadas batatas* (yams) *en el día de Acción de Gracias y me enfermé.*

1. Una vez ______ y (no) [me gustó / me gustaron].
2. Una vez ______ y [me cayó / me cayeron] [bien / mal].
3. Una vez ______ y / pero (no) me enfermé.

PASO 2 Circulen por el salón de clase para compartir sus oraciones. Apunten las experiencias en común con por lo menos tres compañeros diferentes. Prepárense para compartir sus resultados con la clase.

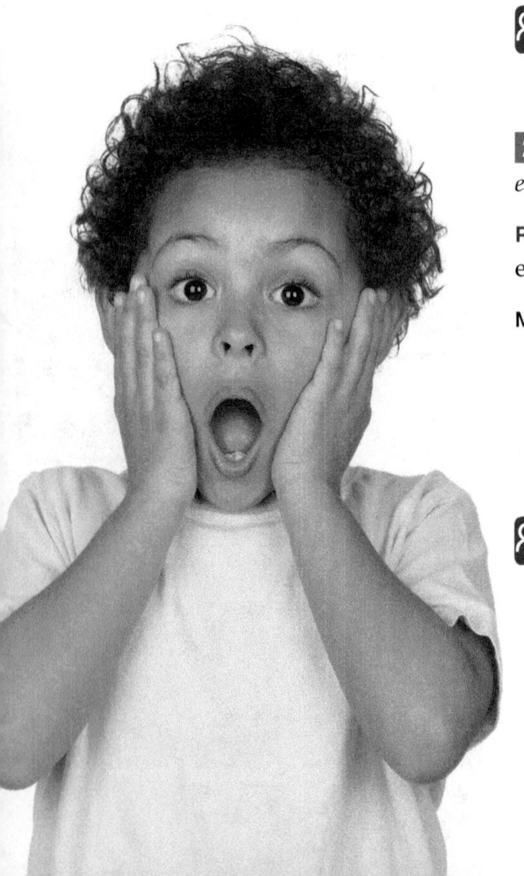

Gramática

IV. El imperfecto y su contraste con el pretérito

Along with the preterit, the imperfect is one of two *simple past tenses* in Spanish. Generally, the imperfect expresses the *absence of completion.* It emphasizes the duration, progression, or repetition of an action in the past.

Antes Pablo era estudiante.	*Previously Pablo was a student.*
Vivía cerca del campus y tenía una vida relajada.	*He lived / used to live close to campus and had / used to have a relaxed life.*

A. Formación: el imperfecto

- Verbs that are *regular* in the imperfect show two patterns: one for **-ar** verbs and one for **-er** and **-ir** verbs. For the **-ar** pattern, only the first-person plural forms require a written accent mark to maintain word stress. For the **-er** and **-ir** pattern, all forms require a written accent mark.

  hablar: hablaba, hablabas, hablaba, hablábamos, hablabais, hablaban

  comer: comía, comías, comía, comíamos, comíais, comían

  escribir: escribía, escribías, escribía, escribíamos, escribíais, escribían

- Only three verbs are *irregular* in the imperfect. All of the first-person plural forms require a written accent mark, and all forms of **ver** require a written accent mark.

  ir: iba, ibas, iba, íbamos, ibais, iban

  ser: era, eras, era, éramos, erais, eran

  ver: veía, veías, veía, veíamos, veíais, veían

B. Uso: el imperfecto versus el pretérito

- While both the imperfect and the preterit express the *past tense* in Spanish, the preterit emphasizes the *completion* of a past action (whether as a whole, its beginning, or its end), whereas the imperfect does not. The imperfect emphasizes the continuous, repeated, or habitual nature of an action in the past.

Pablo pasó cinco años en la universidad.	*Pablo spent 5 years in college.*
Empezó sus estudios en el 2007 y se graduó en el 2012.	*He began his studies in 2007 and graduated in 2012.*
Durante su carrera universitaria, Pablo era muy activo. Estudiaba mucho pero también salía con amigos y se divertía.	*During his university career, Pablo was very active. He studied / used to study a lot but also went out / used to go out with friends and had fun / used to have fun.*

- In a narration of successive events, these may be expressed in the preterit, the imperfect, or a combination of the two, depending on meaning. When the focus is on a series of *completed* actions, the preterit is used. When the focus is on a series of *habitual* actions or ones *in progress simultaneously*, the imperfect is used.

¡Ahora tú!

Complete 2-11 online to practice these concepts.

When the focus is on an action *in progress* when another action *occurs*, the former is in the imperfect while the latter is in the preterit.

Ese día Pablo **se levantó** temprano, **estudió** por tres horas y después **salió** con sus amigos.	*That day Pablo **got up** early, **studied** for 3 hours, and then **went out** with his friends.*
Usualmente Pablo **estudiaba** por seis horas mientras **veía** la televisión.	*Usually Pablo **studied / used to study** for 6 hours while he **watched / was watching** television.*
Esa tarde Pablo **se divertía** con sus amigos en un bar cuando **conoció** a Julia, su futura esposa.	*That evening Pablo **was having** fun with his friends in a bar when he **met** Julia, his future wife.*

- Generally, descriptions in the past are expressed in the imperfect. These include the weather, time, age, physical conditions, and emotions.

Cuando Pablo **conoció** a Julia, **eran** las cuatro de la tarde y **hacía** mucho sol.	*When Pablo **met** Julia, it **was** four o'clock in the afternoon and it **was** sunny.*
Pablo **tenía** veintidós años, estaba en forma y **se sentía** contento.	*Pablo **was** 22 years old, he **was** fit, and **felt** content.*

En contexto

2-37 Antes de varios avances. ¿Cómo era la salud pública nacional e internacional antes de varios avances importantes?

PASO 1 Empareja cada descripción con su período en la historia de la salud pública.

1. __c__ Cientos de miles de personas a nivel mundial **quedaban** paralíticas anualmente.
2. __b__ Las infecciones bacterianas (*bacterial*) como la faringitis estreptocócica (*strep throat*) y la sífilis **eran** muy serias e incluso mortales.
3. __e__ Los médicos **dependían** solamente de las radiografías para hacer un diagnóstico.
4. __a__ El cólera **mataba** a millones de personas a nivel mundial por la deshidratación severa causada por la diarrea y el vómito.
5. __d__ No **existía** el programa Medicare en Estados Unidos, el cual provee ahora atención médica a personas mayores de sesenta y cinco años o con discapacidades.

a. antes de las plantas de tratamiento de aguas residuales (*wastewater*) a finales del siglo XIX
b. antes del descubrimiento de la penicilina en 1928
c. antes de la vacuna contra la polio en los años 50
d. antes de 1965
e. antes de las imágenes por resonancia magnética o IRM (*MRI*) desarrolladas en los años 70

PASO 2 ¿Saben algún otro dato sobre cómo era la salud pública antes? Hablen sobre eso y prepárense para compartir la información con la clase.

2-38 Los recuerdos de una profesional médica. Los cambios sociales y los avances en la tecnología han cambiado el trabajo de muchos, y el trabajo del/de la profesional médico/a no es ninguna excepción.

PASO 1 Completa cada oración con el imperfecto del verbo que aparece en la oración anterior.

1. Ahora el paciente comúnmente hace su cita médica por Internet.
   Antes el paciente ___hacía___ su cita médica llamando por teléfono al consultorio.
2. Ahora anotamos los datos sobre el paciente en la computadora.
   Antes los ___anotábamos___ en un formulario en papel.
3. Ahora vemos al paciente por unos quince minutos.
   Antes lo ___veíamos___ por más tiempo.
4. Ahora recetamos (*prescribe*) los antibióticos muy juiciosamente (*judiciously*).
   Antes los ___recetábamos___ menos estrictamente.
5. Ahora encargamos recetas enviándolas a la farmacia por Internet.
   Antes las ___encargábamos___ llamando a la farmacia por teléfono.

PASO 2 En grupos contesten las siguientes preguntas.

1. En su opinión, ¿cuáles son las ventajas y desventajas de los cambios descritos en el **Paso 1**? ¿Son todas ventajas? Expliquen su respuesta.
2. ¿Qué opinan ustedes del trabajo de un/a médico/a? ¿Cuáles son algunas de las ventajas y/o desventajas de la profesión? ¿Les atrae como futura profesión? Expliquen su respuesta.

Una médica se despide de un paciente.

2-39 ¿Acción completada o en progreso? Ana Teresa cuenta una experiencia de su juventud relacionada con un dentista.

PASO 1 Indica si cada oración describe una acción completada (en el *pretérito*) o en progreso (en el *imperfecto*) en el pasado.

	ACCIÓN COMPLETADA	ACCIÓN EN PROGRESO		ACCIÓN COMPLETADA	ACCIÓN EN PROGRESO
1.	☐	☑	**6.**	☑	☐
2.	☐	☑	**7.**	☑	☐
3.	☐	☑	**8.**	☑	☐
4.	☑	☐	**9.**	☐	☑
5.	☐	☑	**10.**	☑	☐

PASO 2 ¿Qué le pasó a Ana Teresa? Elige todas las oraciones ciertas según la historia.

☑ Ana Teresa tuvo un accidente mientras jugaba con su hermana en el jardín de su casa.
☐ Ana Teresa perdió un diente para siempre.
☐ El dentista descubrió el problema y le arregló el diente enseguida.
☑ El dentista descubrió el problema pero la solución era solo dejar pasar el tiempo.

PASO 3 En su opinión, ¿cuáles son algunas de las ventajas y/o desventajas de ejercer la profesión de dentista? ¿Les atrae como futura profesión? Expliquen sus respuestas.

AUDIO SCRIPT FOR 2-39, *PASO 1*.

1. Cuando era pequeña, me divertía mucho jugando con mi hermana mayor.
2. Jugábamos en el jardín de nuestra casa, donde había una gran caja eléctrica de metal que proveía electricidad al vecindario.
3. Nos gustaba saltar desde la caja eléctrica de metal al terreno del jardín.
4. Un día, al saltar de la caja eléctrica, los dientes superiores de la boca dieron contra el metal y uno de los dientes desapareció.
5. La boca me dolía muchísimo y yo estaba asustada.
6. Mi familia y yo buscamos el diente por todo el jardín pero nunca lo encontramos.
7. Mis padres me llevaron al dentista de emergencia.
8. El dentista me sacó una radiografía y encontró el diente subido en la misma encía donde había crecido.
9. Mi familia y yo nos sentíamos muy aliviados.
10. No pude comer nada sólido por varias semanas y poco a poco el diente me volvió a bajar.

2-40 En el hospital para una IRM. Ir al hospital como paciente puede ser una experiencia difícil. A continuación un señor explica su experiencia con una IRM.

PASO 1 Completa cada oración con el pretérito o el imperfecto del verbo entre paréntesis, según se enfatice la acción como completada o en progreso en el pasado.

A. La llegada rápida

Después de entrar al hospital, (yo) **(1)** _____fui_____ (ir) directamente a recepción. La recepcionista me **(2)** _____pidió_____ (pedir) varios documentos y datos personales. Yo **(3)** _____firmé_____ (firmar) varios papeles. Entonces ella me **(4)** _____dirigió_____ (dirigir) a la sala de espera.

B. La larga espera

Mientras (yo) **(5)** _____esperaba_____ (esperar), **(6)** _____me sentía_____ (sentirse) un poco ansioso. A mi lado una mujer atractiva **(7)** _____leía_____ (leer) una revista mientras su hijo pequeño **(8)** _____jugaba_____ (jugar). Me entretenía un poco mirándolos.

C. El procedimiento: una experiencia nueva

Por fin, (ellos) me **(9)** _____llamaron_____ (llamar) para entrar al laboratorio. Mientras (yo) **(10)** _____estaba_____ (estar) en la máquina muy quieto, **(11)** _____oía_____ (oír) sonidos raros y un poco irritantes. Por fin, el procedimiento **(12)** _____terminó_____ (terminar) después de unos cuarenta y cinco minutos. ¡Menos mal!, porque no podía aguantar ni un minuto más.

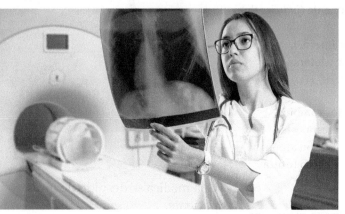

Un aparato de IRM

PASO 2 ¿Se sometieron ustedes alguna vez a una IRM? ¿Y a otra prueba de diagnóstico como, por ejemplo, una radiografía? ¿Cómo fueron sus experiencias: semejantes o diferentes a la de este señor? ¿Tuvieron que esperar durante mucho tiempo? ¿Recibieron buena atención médica? Hablen de sus experiencias y prepárense para compartirlas con la clase.

2-41 ¿Cuántos años tenías...? Entrevístense, usando las siguientes preguntas. Apunten las respuestas de su compañero/a y elijan una conclusión apropiada para después compartirla con la clase.

¿Cuántos años tenías cuando...

1. te hiciste daño seriamente por primera vez?
2. te enamoraste por primera vez?
3. asististe a un funeral por primera vez?
4. conseguiste tu primer trabajo?
5. supiste qué carrera querías seguir en la universidad?

CONCLUSIÓN: En una escala de 1 (= somos muy semejantes) a 5 (= somos muy diferentes), mi compañero/a y yo somos un ______.

Lectura: Boletín de noticias

Antes de leer

2-42 La inmigración y la salud mental. Los grandes cambios en la vida pueden provocar problemas de salud mental. Exploremos el gran cambio que supone el inmigrar.

PASO 1 Inmigrar es una transición complicada. En grupos, preparen una lista de los factores positivos y negativos en la vida de un inmigrante recién llegado. Luego, comparen su lista con las de los otros grupos. ¿Hay diferencias en sus listas? ¿Son más los factores positivos o los negativos? ¿Creen que la vida de un/a inmigrante es particularmente estresante?

Factores positivos	Factores negativos
Ayudar económicamente a su familia en el país de origen.	*Sentirse solo/a.*

PASO 2 Indica si cada una de las siguientes frases se asocia más con una madre inmigrante o con cualquier madre.

1. Sentirse cansada porque el bebé duerme poco.	**a.** una madre inmigrante	(**b.**) cualquier madre
2. Sentirse vulnerable a la deportación.	(**a.**) una madre inmigrante	**b.** cualquier madre
3. Sentirse agobiada por tener tantas responsabilidades.	**a.** una madre inmigrante	(**b.**) cualquier madre
4. Sentirse sola por no conocer la cultura.	(**a.**) una madre inmigrante	**b.** cualquier madre
5. Sentirse aislada por no entender la lengua.	(**a.**) una madre inmigrante	**b.** cualquier madre
6. Sentirse ansiosa por la salud de su bebé.	**a.** una madre inmigrante	(**b.**) cualquier madre

Al leer

Estrategia al leer

Entender la relación entre el escritor y el lector. Los boletines de noticias se usan para crear una relación entre el lector y la organización que produce el boletín. Todo tipo de organizaciones utilizan los boletines de noticias: los negocios, las organizaciones no gubernamentales (ONG), los clubes, las escuelas, las iglesias, etc. Sus artículos informan a los lectores sobre los logros y servicios de la organización. La intención es hacer sentir al lector involucrado en la organización.

 **2-43 Vocabulario fundamental.** Las siguientes palabras están en negrita en el artículo. Mientras vas leyendo, empareja cada palabra con su definición o con su sinónimo.

1. ___c___ comadres
2. ___d___ agobiadas
3. ___a___ fondos
4. ___g___ tratamiento cognitivo-conductual
5. ___b___ estudiantes de posgrado
6. ___h___ estudiantes de licenciatura
7. ___f___ congresos
8. ___e___ revistas académicas

a. dinero
b. los que están en un programa de máster o de doctorado
c. figuras femeninas importantes, ya sean vecinas o amigas
d. estresadas
e. publicaciones de investigaciones científicas y humanísticas
f. reuniones de expertos con presentaciones
g. método para identificar y cambiar los pensamientos y las acciones de una persona
h. los que están haciendo los cuatro años de la universidad

Ayudando a las latinas a combatir la depresión para llevar una "Vida alegre" (Estados Unidos)

Son las dos de la mañana. El bebé llora y la madre se levanta —por cuarta vez esa noche— para calmarlo, darle de comer y cambiarle el pañal. Es una rutina difícil pero típica para las madres. Sin embargo, para las madres inmigrantes, la situación es mucho más complicada. Pueden sentirse solas porque sus parientes y **comadres** están en otro país. Están solas en sus casas si la pareja trabaja muchas horas o en más de un trabajo. Si empiezan a sentirse demasiado **agobiadas** o deprimidas, no pueden utilizar los sistemas de ayuda si hablan poco inglés.

Una trabajadora social ayuda a sus clientes a tener acceso a todos los servicios que necesiten.

Muchos inmigrantes llegan a Estados Unidos con la esperanza de crear una "vida alegre" en su nuevo hogar, a pesar de los muchos obstáculos que encuentran. Sin embargo, los estudios demuestran que para los inmigrantes que hablan poco inglés y que necesitan servicios de salud mental, las barreras son grandes. Los servicios de salud mental son menos accesibles en las comunidades donde los inmigrantes son recientes.

La doctora Lissette Piedra, profesora en la Escuela de Trabajo Social de la Universidad de Illinois, quiere cambiar esta realidad.

Con **fondos** de la universidad, la doctora Piedra ha creado un programa llamado *Vida alegre* que ofrece servicios en español para las madres latinas que sufren de depresión. Las participantes en *Vida alegre* se reúnen una vez a la semana por diez semanas. Esas sesiones de grupo siguen un modelo de **tratamiento cognitivo-conductual** para las madres con depresión, pero en español y con otro cambio importante: se introduce en la terapia el tema de la migración y sus efectos en las relaciones interpersonales y la salud mental. Es decir, *Vida alegre* no es solamente la traducción de un programa existente en inglés, sino que incorpora las necesidades específicas de las madres inmigrantes.

Vida alegre también ofrece oportunidades importantes a los estudiantes de la Escuela de Trabajo Social. Los **estudiantes de posgrado** que participan, llevan a cabo las sesiones, en español, y con la Dra. Piedra como supervisora. Es una preparación única e importante para su vida profesional. Los **estudiantes de licenciatura** ofrecen servicios de apoyo, como por ejemplo cuidar a los niños durante las sesiones, ayudar a las madres con el transporte a las sesiones, y más. Los estudiantes aprenden mucho y pueden poner en su currículum que han trabajado en un contexto profesional bilingüe, una experiencia que se valora mucho en el mundo laboral.

La Dra. Piedra ha presentado los resultados de la investigación de *Vida alegre* en **congresos** nacionales y ha publicado artículos en **revistas académicas** importantes. Las conclusiones son claras y significativas: las madres que participaron se sintieron menos deprimidas al final del programa.

Después de leer

2-44 ¿Quién lo hace? Indica a quién(es) se refieren las siguientes acciones. Puede haber más de una respuesta correcta.

1. ¿Quién creó *Vida alegre*? __a__
2. ¿Quiénes asisten a las sesiones de *Vida alegre*? __a, b, c__
3. ¿Quiénes son los líderes de las sesiones? __c__
4. ¿Quién supervisa las sesiones? __a__
5. ¿Quién cuida a los niños durante las sesiones? __d__
6. ¿Quiénes se benefician de *Vida alegre*? __a, b, c, d__

a. la Dra. Piedra
b. las madres inmigrantes
c. los estudiantes de posgrado
d. los estudiantes de licenciatura

2-45 La relación entre escritor y lector.

PASO 1 Completa estas frases según tus propias opiniones.

1. Después de leer este artículo mi opinión de la Escuela de Trabajo Social es ____.
2. Los detalles que me dan una buena impresión del programa son ____.
3. Si me pide la Dra. Piedra una donación para el programa *Vida alegre*, le digo ____.

PASO 2 Ahora en grupos comparen sus respuestas del **Paso 1**. ¿Son semejantes o diferentes?

2-46 Por extensión. La depresión situacional se puede evitar o reducir con algunas prácticas importantes.

Interpersonal. Entrevístense para saber cuáles de estas actividades practican para controlar el estrés.

a. ser activo físicamente
b. construir y mantener relaciones sólidas con otras personas
c. hacer yoga, meditar o seguir otras prácticas mentales o espirituales
d. comer bien
e. darse tiempo para relajarse o no hacer nada
f. dormir lo suficiente

Presentacional. Preparen un cartel (un póster) para informar a los estudiantes de su universidad sobre el estrés y cómo reducirlo. La información en el cartel debe ser relevante a un lugar específico. Por ejemplo, la información para reducir el estrés durante los exámenes se usaría en los salones de clase. Preséntenles su cartel a los compañeros de clase, quienes van a indicar los lugares más apropiados donde colocarlo. ¿Tuvieron la misma idea que ustedes?

NOTE ON 2-46.
This activity mirrors the sequenced tasks of an Integrated Performance Assessment (IPA) and thus provides students with additional low-stakes practice with spoken communication skills. After doing the reading and completing interpretative tasks about the text, students engage in interpersonal speaking. Finally, they create a visual to represent this understanding and share it with others through a presentational speaking task.

Competencia cultural

La traducción y la salud

EXPANSION OF 2-47.
If you feel it is appropriate, you can give the example of *aborto espontáneo* as a phrase that is easily misunderstood in English. It means "miscarriage"; however, American English speakers may associate *aborto* with an induced abortion.

e **2-47 Entender tu propia cultura.** Selecciona la traducción correcta al inglés.

1. un dolor de estómago:	(**a.**) stomach ache	**b.** sore throat
2. una migraña:	**a.** headache	(**b.**) migraine
3. una intoxicación:	**a.** intoxication	(**b.**) poisoning
4. desvelarse:	(**a.**) to have insomnia	**b.** to fall
5. un derrame cerebral:	**a.** concussion	(**b.**) stroke

NOTE ON *ESTRATEGIA CULTURAL*.
Explain to students that translation is a written activity, while interpreting is an oral activity. Also tell them that professional translators translate from their second language into their first language.

Estrategia cultural

Algunos términos se traducen fácilmente del español al inglés, pero otros son "falsos amigos", como la palabra "intoxicación". Hubo un caso en Estados Unidos de una familia hispanohablante que llevó a su hijo a la sala de emergencias diciendo que había sufrido "una intoxicación" (*poisoning*). Alguien del hospital lo tradujo al inglés como una sobredosis de drogas. Le dieron el tratamiento equivocado y las consecuencias fueron graves. Cuando traduces es importante consultar varias fuentes para asegurarte de que la traducción es correcta. Puedes usar un diccionario bilingüe, pero también consulta con un hablante nativo, si es posible. No dependas de los traductores automáticos. Usa los foros de traducción en Internet, donde hay comentarios de gente experta acerca de las traducciones de términos difíciles. Busca en Internet documentos semejantes que no sean traducciones.

Ser bilingüe es útil para ejercer cualquier profesión de salud, tanto mental como física.

Cuando se trata de la salud, ya sea como médico/a o paciente, es imprescindible prestar atención al lenguaje corporal, como los gestos, y usar formas de comunicación tanto orales como escritas.

 **2-48 La competencia cultural en acción.** En grupos, busquen información sobre los siguientes términos y contesten estas preguntas: ¿Qué es? ¿Qué conexión tiene con la cultura? ¿Cómo se traduce al inglés?

1. un empacho
2. un corte de digestión
3. un bajón
4. el mal de ojo

¿Lo sabías?

La palabra "farmacia" se traduce fácilmente al inglés pero no es necesariamente el significado completo. La farmacia es el lugar donde se compran medicinas, pero en muchos países hispanos el/la farmacéutico/a puede aconsejar al cliente y recetar algunas medicinas. A veces la gente prefiere primero hablar con el/la farmacéutico/a y luego ir al médico si es necesario. Para traducir correctamente hay que conocer el vocabulario y la cultura.

Podcast

Mi quinceañera, relato oral de Ana Piquinela (Uruguay)

Antes de escuchar

2-49 Las celebraciones y el dinero. Las grandes celebraciones cuestan dinero.

PASO 1 Indica si crees que los siguientes elementos de una gran fiesta (baile, boda, etc.), valen el dinero que cuestan. ¿Están de acuerdo contigo tus compañeros de clase?

1. un smoking (*tuxedo*) o un vestido largo y formal
2. una limusina con chofer
3. un fotógrafo
4. una banda en vivo
5. un banquete, pastel y champán

PASO 2 Pensando en la información del **Paso 1** y en sus experiencias personales, ¿creen ustedes que para marcar un momento importante de la vida es mejor gastar el dinero en una gran fiesta formal, en un viaje especial o en otra cosa? Expliquen sus respuestas.

2-50 Anticipar el vocabulario. De la lista de frases que vas a escuchar en el podcast, indica la que no está asociada con las otras dos.

	a.	b.	c.
1.	**a.** las etapas de la vida	**b.** los períodos de transición	**(c.)** alguna duda
2.	**(a.)** un país realmente precioso	**b.** el cumpleaños de quince	**c.** la transición de niña a mujer
3.	**a.** se ponen ropa formal	**(b.)** estar mucho más caluroso	**c.** se baila hasta la mañana
4.	**(a.)** usar el mismo pantalón y buzo de abrigo	**b.** hacer un viaje	**c.** recorrer varias zonas de Brasil
5.	**a.** fue toda una aventura	**b.** fue inolvidable	**(c.)** nací y crecí en Montevideo, Uruguay

Al escuchar

Estrategia al escuchar

Usar un organizador gráfico. Cuando escuchamos una historia, la información nos puede llegar de manera no lineal. La persona que cuenta puede acordarse, de repente, de algo que se le olvidó contar antes. Puede empezar con un hilo y luego irse por otro. En suma, las historias narradas conservan su naturaleza conversacional. Para ayudarnos, podemos organizar la información de manera gráfica. Si son muchos lugares los que se mencionan, localizar los puntos en un mapa puede ayudar. Si se habla de varios episodios o de generaciones diferentes, una línea del tiempo puede ser útil.

  **2-51 Un árbol genealógico.** Escucha la historia sobre los ritos de la quinceañera en Uruguay. Mientras vas escuchando, pon los nombres (José Alberto, Mirtha, Cristina, Ana] en su lugar en el árbol genealógico.

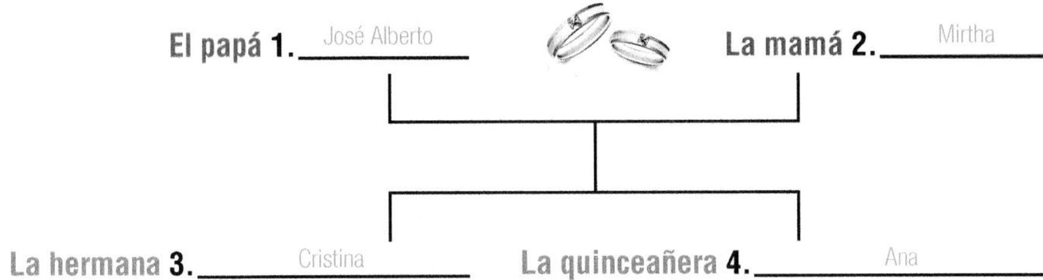

Después de escuchar

 **2-52 ¿Entendiste el rito de la quinceañera?** Pon los eventos en orden cronológico.

1. __2__ Hicieron un viaje a Brasil.
2. __1__ La hermana de Ana eligió hacer un viaje para celebrar sus quince años.
3. __5__ Se convirtió en ciudadana estadounidense.
4. __4__ Hicieron un viaje a Disney World.
5. __3__ Ana eligió hacer un viaje para celebrar sus quince años.

2-53 Ojalá estuvieras aquí. Hay varias maneras de incluir a los demás en tus celebraciones.

PASO 1 Imagina que vas a dar una fiesta formal y necesitas mandar invitaciones formales. Busca ejemplos de invitaciones y escribe una con los siguientes elementos.

- Nombre completo
- Fecha y lugar de la fiesta
- Una frase breve de invitación
- Se ruega confirmación

PASO 2 Es tradición mandar postales durante un viaje. Imagina que estás en tu viaje ideal. Escribe un mensaje a un/a amigo/a explicándole por qué este viaje es mejor que una fiesta.

 **2-54 Los viajes y las redes sociales.** En grupos contesten las siguientes preguntas. Expliquen sus respuestas, usando ejemplos específicos. Luego, comparen sus respuestas con las de la clase.

1. Cuando la gente viaja, ¿qué suele poner en las redes sociales? ¿De qué manera es esa interacción positiva o negativa?
2. ¿Cuáles son algunas fotos típicas que sube la gente mientras viaja?
3. ¿Qué fotos les gustaría a Uds. tomar durante un viaje ideal? ¿Les gusta ver las fotos de los viajes de sus amigos y/o de sus parientes?

AUDIO SCRIPT FOR 2-51.

ANA: Hola. Gracias por tenerme en el show acerca de importantes etapas de la vida. Mi nombre es Ana y yo nací y crecí en Montevideo, Uruguay. Viví allí hasta los dieciocho años, cuando vine a estudiar a los Estados Unidos. Como te podrás imaginar, durante este tiempo tuve muchos periodos de transición. Pero uno de los que recuerdo con más cariño fue la celebración del cumpleaños de quince. En Uruguay es costumbre celebrar los quince de las muchachas creo yo para marcar la transición de niña a mujer. En fin, el cumpleaños se celebra con una gran fiesta o con un viaje y la opción es de la cumpleañera. Las fiestas son bastante elaboradas. Todos se ponen ropa formal. Hay comida. Se baila hasta la mañana. Todas mis amigas eligieron hacer una fiesta y desde luego yo no. Total, tuve la oportunidad de ir a todas sus fiestas así que ni loca paso el chance de hacer un viaje. Y cuando fue su turno, mi hermana mayor también eligió hacer un viaje. Y a ese fue mi familia entera, mi papá, José Alberto, mi mamá, Mirtha, obviamente mi hermana Cristina y yo. Fuimos a recorrer varias zonas de Brasil, un país realmente precioso. Y si me quedaba alguna duda de querer hacer un viaje para mis quince, ese viaje me la sacó por completo. Para mis quince, mi hermana estaba estudiando en Estados Unidos y mi papá no pudo sacar licencia del trabajo, así que fuimos solas mi mamá y yo. Fuimos a Disney World, en Florida. A mí siempre me fascinó el mundo y la magia de Disney y quería verlo en persona. Y la verdad que fue toda una aventura. Me acuerdo que mamá y yo pensamos que iba a estar mucho más frío... o... mucho más caluroso de lo que estuvo. Hizo tanto frío que usamos la misma... el mismo pantalón y buzo de abrigo todos los días. Así que en todas las fotos estamos exactamente iguales. Yo no soy mucho de las grandes celebraciones, pero este viaje la verdad que fue inolvidable. Y si en ese entonces me hubieran dicho que iba a volver a estudiar a los Estados Unidos, que me convertiría en residente y eventualmente en ciudadana, la verdad no me lo hubiera creído.

PARTE 3 ACTIVIDADES CULMINANTES

La interpretación cinematográfica

Pelucas: La salud desvelada

Seleccionar

2-55 Sinópsis. Lee la sinópsis de estas dos obras cinematográficas. ¿Cuál te gustaría ver más y por qué? ¿Cuál de las descripciones te parece más lógica para un cortometraje que se llama *Pelucas*?

a. Esta historia examina un momento difícil de transición para María, una actriz con cáncer. Los trucos que usa (el maquillaje, el vestuario, etc.) y su maquilladora, Silvia, son partes esenciales de su vida como actriz. También son parte del teatro de la vida cuando uno quiere esconder una enfermedad. Al final, se ve que las amistades, el amor, el arte y el aplauso pueden vencer los miedos, al menos por momentos.

b. Esta historia se centra en las vidas de cuatro muchachas que trabajan en Madrid como operadoras en una compañía de teléfono en la década de 1920. Es un momento de muchos cambios sociales. En sus interacciones con las personas a las que llegan a conocer en la capital, experimentan la libertad y sus límites. Se divierten, se maravillan y se espantan ante todo lo que les ofrecen las relaciones, la ciudad y esa época.

Poner *play*

2-56 Comprensión. Mira el cortometraje *Pelucas* y selecciona todas las opciones apropiadas para el/los momento(s) indicado(s) del cortometraje.

1. [1:25] a, c
2. [1:48] b,
3. [2:26] e
4. [3:25] d
5. [5:15–5:53] a, d
6. [8:29] a, b, e, f
7. [9:40–9:46] g

a. Se miran.
b. Se mira.
c. Están contentas con la actuación de María.
d. Quiere ayudarla a prepararse.
e. Está preocupada por su apariencia física.
f. Reflexiona y piensa.
g. María no quiere esconder que está enferma.

Compartir

NOTE ON 2-57.
This activity mirrors the sequenced tasks of an Integrated Performance Assessment (IPA) and thus provides students with additional, low-stakes practice with spoken communication skills. After viewing the short film and completing an interpretative task about it, students engage in interpersonal speaking to deepen their understanding. Finally, they complete a brief project to represent this understanding and share it with others through a presentational speaking task.

2-57 Reacciones. Hablen sobre el cortometraje que han visto y compartan sus ideas.

Interpersonal. ¿Qué les gustó del corto? ¿Hay algo que no entendieron? ¿Qué profesionales y tratamientos pueden ayudar a María a curarla? ¿Cómo reaccionan Uds. frente a las etapas y transiciones difíciles de la vida? El teatro es "medicina" para María; ¿qué sería "una medicina" para Uds. durante una etapa difícil?

Presentacional. En los segundos [0:59–1:02] se ve el cartel para la obra teatral en la que sale María. Piensen en qué imagen(es) y qué palabras representan mejor este cortometraje y preparen un cartel para *Pelucas*. Comparen su cartel con el de los otros grupos.

Recomendado para ti...

La segunda sinópsis de la actividad **2-55** es de la serie española *Las Chicas del Cable*. Si te interesa, búscala y pon *play* de nuevo.

La expresión escrita

Escribir para expresarse

La escritura expresiva equivale a la escritura **personal** e **individual.** No tiene que informar ni educar. Expresa y explora los pensamientos y sentimientos del/de la autor/a en primera persona ("yo, nosotros/as"). Este tipo de escritura es muy útil como terapia, por ejemplo, después de un acontecimiento traumático o en casos de enfermedad grave o de discapacidad. Se usa para procesar, reflexionar y expresar emociones sobre experiencias, sobre todo las difíciles. Puede reducir el estrés, mejorar la salud mental, aumentar el número de horas de sueño (*sleep*) y ayudar a sanar.

Antes de escribir

 **2-58 Expresarse con una lista.** En el 2010, en Chile, 33 mineros pasaron 69 días atrapados (*trapped*) bajo la tierra cuando se les derrumbó (*collapsed on them*) la mina donde trabajaban. Los medios de comunicación en muchos países siguieron el caso con mucho interés, y todo el mundo celebró cuando lograron llevar a la superficie (*surface*) a todos los mineros vivos. Durante esos 69 días, la única comunicación que tenían los mineros con el mundo de arriba era por una sonda (*probe*) de seis pulgadas (*inches*) de ancho (*width*).

PASO 1 Pónganse ahora en el lugar de los mineros atrapados. ¿Cómo se sienten al no saber si van a sobrevivir (*survive*) la crisis o volver a ver a sus seres queridos? ¿Cómo se sienten al estar atrapados/as sin acceso a las cosas básicas en la vida? Preparen una lista de las cinco cosas que más necesiten y que puedan pasarse por la sonda de seis pulgadas. Expliquen la importancia y/o significado de cada cosa en su lista.

PASO 2 Su profesor/a va a contarles cuáles fueron algunas cosas que pidieron los mineros de Chile. ¿Por qué creen que pidieron esas cosas? ¿Pidieron ustedes las mismas cosas? ¿Cómo se puede explicar las diferencias entre sus listas y las de los mineros atrapados de verdad?

NOTE ON 2-58, *PASO 2*.
Consider providing these items on the doc cam or board, especially if you opt to assign *Paso 2* for homework. The trapped miners requested: *agua, medicamentos, naipes (o cartas), un juego de dominó, tabaco, bebidas alcohólicas, un crucifijo, estatuas de figuras religiosas y una bandera chilena. También les bajaron videocámaras para poder comunicarse con la gente de arriba y videojuegos para entretenerse.*

Al escribir

Estrategia al escribir

Escribir una carta en un estilo íntimo. Vas a escribir una carta expresiva personal a un ser querido. ¿Qué saludos y despedidas se usan en una carta íntima en español? Hay muchas posibilidades, pero algunos saludos típicos son: Querido Pablo, Mi querida Ana. Algunas despedidas típicas incluyen: Con amor, Con mucho cariño (*affection*), Cariñosamente, Besos / Abrazos (de parte de…), Un fuerte abrazo (de…). Si se te olvida escribir algo en el cuerpo de la carta, siempre puedes añadir una posdata (*postscript, P.S.*), o sea, un mensaje corto después de la despedida. En español la posdata se abrevia P.D. y si hay más de una, se repite la primera letra: P.P.D., P.P.P.D., etc. Para resumir, cuando escribes una carta es importante seleccionar expresiones apropiadas según el nivel de intimidad (versus formalidad) que tienes con el/la destinatario/a.

2-59 Una carta expresiva. Los efectos psicológicos de estar atrapado/a en un espacio muy pequeño deben de ser tremendos. Por suerte los mineros chilenos pudieron intercambiar cartas con sus seres queridos. Ahora cambia de perspectiva: imagínate que estás en la superficie y un ser querido tuyo está abajo, atrapado en la mina. Le quieres escribir una carta expresiva. Redacta primero un esquema (*outline*). Considera los siguientes pasos para organizar tus ideas.

- La introducción: la fecha, el saludo.
- El comienzo del cuerpo de la carta: establecer una conexión emocional con el/la lector/a, informarle de tu estado emocional.
- Informarle de lo que está pasando con las cosas que más le importan: los miembros de su familia, su equipo favorito, las rosas que cuida y que están floreciendo, etc.
- Informarle sobre el futuro: ¿qué planes tienes para los primeros momentos después del rescate (*rescue*)? ¿Y durante los primeros días?
- La conclusión: concluir con una frase de emoción y esperanza, la despedida, tu firma.

2-60 Tu carta expresiva.

PASO 1 Escribe el primer borrador (*draft*) de tu carta expresiva. Sigue tu esquema de la actividad previa punto por punto, pero redacta la información en el orden que te parezca más natural.

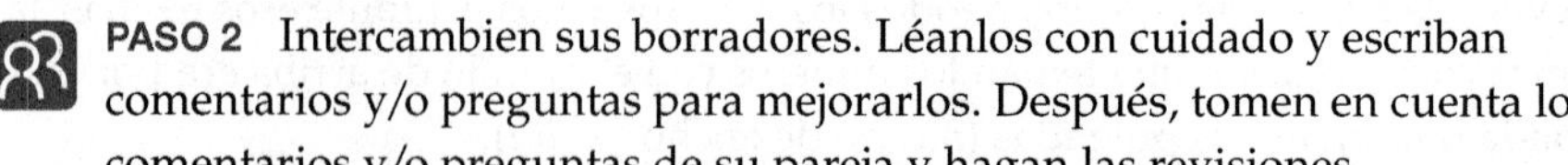

PASO 2 Intercambien sus borradores. Léanlos con cuidado y escriban comentarios y/o preguntas para mejorarlos. Después, tomen en cuenta los comentarios y/o preguntas de su pareja y hagan las revisiones.

PASO 3 Escribe la versión final de tu carta expresiva.

Después de escribir

2-61 A comparar. Busca en Internet ejemplos, incluyendo las imágenes, de las cartas que fueron mandadas por y a los mineros. ¿Qué comunican tanto sobre las personas que las escribieron como sobre las personas que las recibieron?

La expresión oral

Hablar para expresarse

Tanto el habla expresiva como la escritura expresiva tienen como propósito el expresar y explorar sentimientos y pensamientos desde una perspectiva personal. La diferencia está en la transmisión. Al hablar de manera expresiva, el énfasis sigue estando en la sinceridad y la claridad de expresión.

Estrategia al hablar

Emplear el habla formulista (*formulaic speech*). Cada idioma tiene expresiones fijas (*fixed*) o fórmulas que se usan en contextos específicos. Estas fórmulas son útiles porque nos ayudan a expresarnos de manera más fácil, segura y cómoda en momentos difíciles y/o emocionales. Las fórmulas también ayudan a los estudiantes de un segundo idioma a hablar más fácil y eficazmente. Algunos ejemplos útiles de fórmulas en español son los siguientes.

- Para expresar gratitud: Gracias por… / Me siento... / Estoy muy agradecido/a por…
- Para expresar alegría por el bien de otra persona: Me alegro mucho (por ti).
- Para expresar condolencias: Mi más sentido pésame (a ti y a tu familia). / Quisiera ofrecerte/le(s) mis condolencias (por…).
- Para expresar dolor emocional: Me sentí mal (cuando hiciste eso). / Me siento herido/a (por…).
- Para pedir perdón: Perdóname. / Lo siento mucho.

IMPLEMENTATION OF 2-62, *PASO 1*. Have students switch pairs after each role-play, so that each student works with four different classmates over the course of the activity (i.e., a student plays *Persona A* in *Situación 1* with one partner, and then plays *Persona B* in *Situación 1* with a new partner). During *Paso 2*, choose volunteers who have not yet worked together during the activity, so that their role-play is spontaneous or unrehearsed. If assigning the activity for completion online using LiveChat, encourage students to play both roles in each situation with one classmate.

A. El habla interpersonal: Intercambios

2-62 Improvisar. Los siguientes *role-plays* proveen práctica con la expresión personal.

PASO 1 Túrnense para hacer cada papel en las dos situaciones.

Situación 1

Persona A: Eres estudiante universitario/a y has regresado al lugar donde creciste para asistir al partido de fútbol americano de *Homecoming* de tu escuela secundaria. Dejar tu casa para ir a la universidad no fue un proceso fácil y durante los días anteriores a tu partida estuviste muy ocupado/a y estresado/a. Ahora en el partido, ves a un/a amigo/a que hace tiempo que no ves y te acercas (*approach*) para saludarlo/la.

Persona B: Eres el/la amigo/a de la Persona A. Decidiste no asistir a la universidad porque ya tenías un buen trabajo que te gustaba. Sin embargo, casi todos/as tus amigos/as de la escuela secundaria se fueron para la universidad y te sientes un poco abandonado/a. Algunas personas se fueron sin despedirse de ti, inclusive la Persona A. Te sientes herido/a. Ahora ves que viene a saludarte.

Situación 2

Persona A: Eres empleado/a de una empresa pequeña. Una tía tuya a la que querías mucho acaba de morir de cáncer después de sufrir por varios años. La vas a echar mucho de menos. Esta mañana recibiste un arreglo floral (*flower arrangement*) de tu jefe/a pare expresarte sus condolencias. Te parece un detalle (*gesture*) muy bonito de su parte y ahora vas a su oficina para darle las gracias.

Persona B: Eres jefe/a de una empresa pequeña. Un/a empleado/a tuyo/a acaba de perder a una pariente suya a la que quería mucho. Le has mandado un arreglo floral a su casa a través de tu secretario. Has perdido a varios parientes queridos también en los últimos años y entiendes lo doloroso que es.

PASO 2 Ahora algunos voluntarios harán los *role-plays* con una nueva pareja delante de la clase. La clase va a analizar qué pasó durante cada interacción y cómo expresó cada participante sus sentimientos y pensamientos.

B. El habla de presentación: Un brindis

Antes de presentar

IMPLEMENTATION OF 2-63.
Bring in plastic cups and a sparkling, non-alcoholic beverage to drink after each toast. Remind students that in real-life celebrations, toasts typically occur in a series and experienced guests know to leave enough in the glass to allow for numerous toasts. In this same spirit, ask students to take only a small sip per toast.

2-63 Hablar para expresarse. Prepara un brindis (*toast*) para honrar a una pareja importante en tu vida durante una celebración. El brindis puede ser, por ejemplo, para tu hermano/a o mejor amigo/a y su novio/a en su boda, o puede ser para tus padres en su fiesta de aniversario. Al final, vas a dar o grabar (*record*) tu brindis para la clase.

Planea tu propio brindis para honrar a una pareja importante en tu vida durante su celebración. Tu brindis debe durar de tres a cinco minutos. Toma en cuenta lo siguiente.

- Ponerse de pie, hablar en voz alta, clara y lenta para que todos te escuchen bien.
- Mencionar por nombre a la pareja, decir tu relación con ellos y expresar algún pensamiento positivo sobre la celebración.
- Felicitar a la pareja y expresarles tus buenos deseos.
- Combinar la sinceridad con el humor y/o anécdotas; la sinceridad incorpora elogios sentimentales; el humor y las anécdotas deben ser de buen gusto.
- Evitar extender el brindis por demasiado tiempo.
- Concluir con el brindis, invitando a la gente a beber en honor a la pareja: "Un brindis por la pareja feliz…" "¡Salud!"

IMPLEMENTATION OF 2-64.
Depending on your class size and duration, you may need more than one class period to have students complete these brief toasts. As an alternate to in-class presentations, you may ask students to use LiveChat to record their presentation. To enable them to record themselves as a single participant, edit the activity preferences to allow for one minimum number of participants (the default is two).

Al presentar

2-64 Presenta tu brindis. Practica tu brindis antes de darlo en clase o grabarlo. Si tu instructor/a prefiere que lo grabes, hazlo después de practicar.

IMPLEMENTATION OF 2-65.
To facilitate voting, list student names, if you didn't do so during the presentation process. Have students vote for each name by raising their hand. Alternatively, to save time and perhaps discomfort among students, call for a secret ballot, where each student jots down the name of one student. Collect the ballots and tally them on the board to reveal the top three vote getters and winners!

Después de presentar

2-65 ¡A votar! Después de escuchar todos los brindis, la clase va a votar por los tres brindis más sinceros y eficaces. ¿Cuáles tres tienen el mayor número de votos?

El servicio comunitario

La salud local y mundial

La salud pública refiere al tratamiento de la salud a nivel de toda una población. Es decir, un médico trata paciente por paciente (*one patient at a time*), mientras que la salud pública promueve la salud de toda la comunidad. Un ejemplo de la salud pública es una serie de *spots* en la televisión que promueven el uso de los cinturones de seguridad en los autos. Otro ejemplo es el estudio del número de incidencias de una enfermedad en varias comunidades. Otro caso son los exámenes obligatorios de la vista y del oído para los niños en todas las guarderías. Una comunidad sana produce individuos sanos, y viceversa.

Los cinturones de seguridad protegen a los niños.

2-66 Contribuir a una campaña de promoción sanitaria. Informar y educar a la gente sobre temas de salud es una parte importante de la salud pública. Ustedes pueden contribuir con materiales en español para una campaña específica o en general.

PASO 1 La Organización Mundial de la Salud ofrece información en el formato "Diez datos sobre…" (por ejemplo: "Diez datos sobre la obesidad") y promociona "El día mundial de…" (por ejemplo: "El día mundial del cáncer"). Busquen esta información en Internet e infórmense sobre algunos temas. Identifiquen la fecha de varios ejemplos.

MODELO: *El Día Mundial de _______ es el _______ (fecha).*

PASO 2 Preparen un boletín informativo en español sobre un tema del "día mundial" que identificaron en el **Paso 1.** Incluyan elementos visuales, explicaciones textuales y enlaces para mayor información en español. Compartan el boletín informativo con su comunidad. Si es posible, publíquenlo en Internet también.

2-67 Reflexionar. Contesta las siguientes preguntas sobre tu experiencia con este proyecto de servicio para la comunidad.

1. **¿Qué?** Describe qué aprendiste sobre el tema de la salud elegido para el boletín informativo.
2. **¿Y qué?** ¿Qué efecto puede tener el boletín informativo en las personas que lo lean? ¿Qué esperas que hagan con esa información? Y tú, ¿qué vas a hacer con esa información?
3. **¿Ahora qué?** Si creas otro boletín informativo en el futuro, ¿sobre qué tema va a ser y por qué? ¿En qué lugares piensas compartirlo y por qué? ¿Cuál es tu opinión sobre la importancia de las campañas de educación sobre la salud?

IMPLEMENTATION OF 2-67.
One of the pillars of service learning is to follow up service projects with structured reflection activities. The questions/prompts provided in this activity are structured to cycle students through various stages of critical thinking—from a simple reporting back of the facts, to analysis, and finally, to a stage where they use information to create or do something or draw conclusions. These reflection prompts can be assigned as written homework, or alternatively, students can reflect on them orally in small groups in class.

Resumen de vocabulario

Parte 1: El ámbito personal

Sustantivos	*Nouns*
la adolescencia	*adolescence*
la adultez, la edad adulta	*adulthood*
la brecha / la laguna generacional	*generation gap*
el cumplido, los elogios, el halago	*compliment, praise*
el hito	*milestone*
la niñez	*childhood*
la perforación corporal / en el cuerpo, el piercing	*body piercing*
la primera infancia	*infancy*
el tatuaje	*tattoo*
la vejez	*old age*

Verbos	*Verbs*
brindar por	*to toast*
criarse, crecer	*to grow up*
elogiar, halagar	*to praise, compliment, flatter*
enviar, mandar (un mensaje de texto)	*to send (a text message)*
nacer	*to be born*
perforar(se) el cuerpo / las orejas	*to pierce one's body / ears*
tatuar(se)	*to (get a) tattoo*

Adjetivos	*Adjectives*
herido/a	*hurt, wounded*
(in)esperado/a	*(un)expected*
significativo/a	*meaningful, significant*

Parte 2: El ámbito profesional

Sustantivos	*Nouns*
el dolor	*pain*
el estrés	*stress*
el pensamiento	*thought*
la radiografía	*X-ray*
la salud (física, mental)	*(physical, mental) health*
el sentimiento	*feeling*
la sinceridad	*sincerity*
la terapia	*therapy*

Verbos	*Verbs*
diagnosticar	*to diagnose*
doler (ue)	*to hurt*
ejercer (de)	*to practice (a profession) (as)*
reducir	*to reduce*
sanar	*to heal*

Adjetivos	*Adjectives*
doloroso/a	*painful*
sano/a	*healthy, wholesome*
traumático/a	*traumatic*

Capítulo 3
Comunidades nuevas y renovadas

Es importante tener conexiones positivas duraderas tanto en la vida personal como en la profesional.

IMPLEMENTATION OF *OBJETIVOS DE APRENDIZAJE*.
For each of the three main chapter sections, three to four learning objectives (LOs) have been provided to guide students and instructors. These LOs tie the main communicative goal and functions of the chapter to its thematic and cultural content. Review these with students upon starting and finishing each chapter. Ask students whether they have met each one and elicit examples.

Meta comunicativa

Fática: Crear conexiones

- Comunicarse para conectarse con los demás
- Explicar acontecimientos y situaciones
- Resolver dilemas

Objetivos de aprendizaje

El ámbito personal: Analizar las conexiones humanas

3.1 Compartir experiencias y opiniones sobre el uso de los medios sociales para conectarse con los demás

3.2 Analizar las relaciones sociales tanto en la clase de español y la universidad como en la familia

3.3 Explorar nuestras acciones y expectativas con respecto a las petitiones y los consejos de los demás

3.4 Reflexionar sobre el efecto del espacio en la creación de un sentido de comunidad

El ámbito profesional: Analizar el mundo de los negocios y de los medios de comunicación

3.5 Hablar de algunas profesiones que se relacionan directamente con los negocios o con los medios de comunicación

3.6 Identificar características de un/a buen/a gerente y de un ambiente de trabajo positivo

3.7 Entender y explicar situaciones difíciles en el trabajo y ofrecer posibles soluciones

3.8 Considerar maneras de crear y de mantener conexiones profesionales a nivel local, nacional y global

Actividades culminantes: Reflexionar, compartir y presentar

3.9 Hacer conexiones entre el ámbito personal y el ámbito profesional

3.10 Ver y analizar la complejidad de las conexiones en un cortometraje auténtico del mundo hispanohablante

3.11 Contribuir a la comunidad local

Explorando el tema

Pregunta: ¿Pones lo siguiente en las redes sociales?

Detalles sobre el ejercicio que haces: "Con mucha energía: 3 millas @ 8 minutos, 60 abdominales (*sit-ups*) y 40 flexiones (*push-ups*)".

Sí ☐ No ☐

Fotos de lo que comes: "Este plato de ropa vieja me recuerda a mi viaje a Puerto Rico" con enlace al restaurante.

Sí ☐ No ☐

Videos de tu mascota jugando o haciendo cosas que no debería hacer: "Adivinen a quién encontré jugando con mis cosas de carnaval".

Sí ☐ No ☐

3-1 ¿Qué se hace en las redes sociales? Indica el verbo que más se asocia con los siguientes elementos de una red social.

1. comentarios _b_	**a.** subir
2. una cuenta (*account*) _c_	**b.** escribir
3. fotos _a_	**c.** crear
4. un video _a_	
5. una actualización (*update*) _b_	

3-2 ¿Qué imagen proyectas en Internet?

PASO 1 Entrevista a un/a compañero/a sobre su actividad en las redes sociales y apunta sus respuestas. Luego, escribe una conclusión.

1. ¿Qué fue lo último que pusiste en Internet?
2. ¿Cuál es tu reacción cuando tus amigos te etiquetan?
3. ¿Qué es lo que te gusta de las redes sociales? ¿Y lo que no te gusta?
4. Al buscar trabajo, ¿qué debes borrar y qué debes añadir?

CONCLUSIÓN: ¿Cómo es la imagen de tu compañero/a en Internet?

IMPLEMENTATION OF 3-2, *PASO 2*. Social media is constantly changing. At the time of writing, Facebook and Twitter are the most-used social networks. Have students look up their favorite Hispanic actor, musician, artist, athlete, etc., on any of the current social networks.

PASO 2 Escoge una persona famosa de la lista, u otra que tú prefieras, y busca su perfil en una red social. Escribe un párrafo breve en el que describas la imagen que proyecta.

Shakira	Rafael Nadal	Javier Bardem
Pitbull	Jennifer López	Camila Cabello
Salma Hayek	Eva Longoria	Alisa Valdés-Rodríguez
Emanuel David "Manu" Ginóbili	René Pérez Joglar (Residente)	¿Otra persona famosa?

Vocabulario

Personas y relaciones	*People and relationships*
la amistad	*friendship*
el consejo	*(piece of) advice*
la imagen	*image*
el/la novato/a	*freshman*
La tecnología	***Technology***
el correo electrónico, el e-mail	*e-mail (message)*
el enlace	*link*
la etiqueta	*tag, label*
los medios sociales (de comunicación)	*social media*
el perfil	*profile*
la red (social)	*(social) network*
Otros sustantivos	***Other nouns***
la especialidad (de estudios)	*major (studies)*
el pedido, la petición	*request*
Verbos	***Verbs***
actualizar	*to update*
confiar (en)	*to trust (in), count on*
especializarse (en)	*to major (in), specialize (in)*
etiquetar	*to tag, label*
proyectar	*to project, plan*
Adjetivos	***Adjectives***
disponible	*available*
dispuesto/a	*willing*
duradero/a	*long-lasting*
sedentario/a	*sedentary*

Para refrescar la memoria

añadir	*to add*
borrar	*to erase*
el mensaje de texto	*text message*
la vecindad, el vecindario	*neighborhood*
el/la vecino/a	*neighbor*

NOTE ON *PARA REFRESCAR LA MEMORIA.* In each chapter, these expressions help students review beginner-level vocabulary used in the chapter. As the instructor, you can decide whether to test these expressions as active vocabulary.

En contexto

3-3 La comunidad de la clase. Conocerse mejor ayuda a crear un sentido de comunidad.

PASO 1 Hay muchas preguntas que puedes hacerles a tus compañeros de clase para conocerlos mejor. Empareja cada una de las siguientes preguntas con el tema relacionado.

1. ¿Qué estudias? __f__
2. ¿Quiénes son tus amigos? __e__
3. ¿Estás en el primer año de la universidad? __a__
4. ¿Cuáles son tus planes para después de graduarte? __b__
5. ¿Tienes tiempo hoy para hablar con tu profesor/a? __c__
6. ¿A quién sigues? __d__

a. el/la novato/a
b. proyectar
c. disponible
d. los medios sociales
e. la amistad
f. la especialización

PASO 2 Ahora habla con varios compañeros de clase, uno por uno. Hazles algunas preguntas del **Paso 1** para empezar. Luego, identifica a alguien diferente para cada una de las oraciones a continuación.

MODELO: E1: *¿Tienes pasaporte?*
E2: *Sí, tengo pasaporte. / No, no tengo pasaporte. Y tú, ¿tienes pasaporte?*

Busca un/a compañero/a que...	Nombre
1. tenga pasaporte.	
2. utilice el español fuera de la clase.	
3. tenga algún pasatiempo artístico.	
4. pase más tiempo leyendo que viendo la televisión.	
5. sea líder de algo.	
6. tenga ganas de empezar un negocio propio.	

3-4 Dar una fiesta. Para ayudar a crear un sentido de comunidad, dar una fiesta es una buena idea.

PASO 1 Quieres que un amigo te ayude con la fiesta y le escribes un correo electrónico. Completa el mensaje con las palabras de la tabla a continuación.

amistad	consejo	dispuesto
confiar	disponible	pedido

Sujeto: **(1)** __pedido__ de ayuda

Hola, Federico. Te pido un **(2)** __consejo__ para la fiesta que voy a dar: ¿qué música pongo? Sé que puedo **(3)** __confiar__ en tu opinión. O mejor, ¿estás **(4)** __disponible__ y **(5)** __dispuesto__ a ayudarme durante la fiesta? Gracias por tu apoyo y tu **(6)** __amistad__ .

PASO 2 Decidan a quiénes van a invitar a la fiesta. Nombren a dos personas para cada categoría y expliquen su selección.

1. dos estudiantes de esta clase
2. dos amigos suyos
3. dos personas famosas de Estados Unidos
4. dos personas famosas de otros países

3-5 Ponerse de acuerdo.

PASO 1 Formas parte de un grupo que tiene que dar una presentación oral con diapositivas (*slides*) en esta clase. Necesitan a otro/a estudiante. ¿A cuál de estas personas vas a escoger para formar parte de tu grupo y por qué?

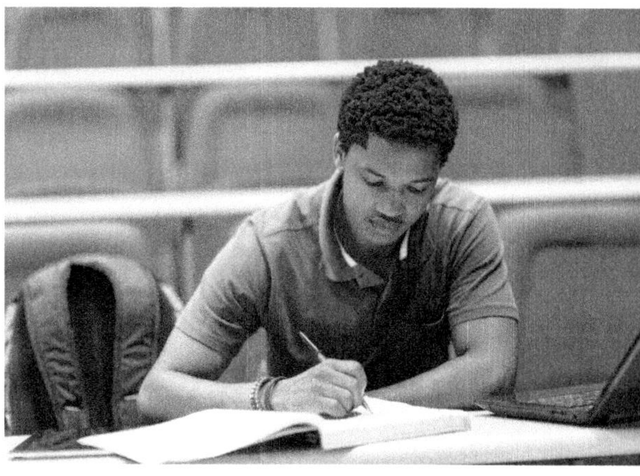

1. Cristián estudió un semestre en Argentina. Ha tomado muchas clases de español, sabe mucho sobre la cultura argentina y habla muy bien español. Ha faltado a muchas clases este semestre y no tomó el primer examen porque se quedó dormido en su casa. Cristián está especializándose en comunicaciones.
2. Anita saca notas bastante buenas en esta clase y participa mucho. Tiene un carácter difícil y a muchos compañeros no les gusta trabajar con ella cuando el/la profesor/a los pone en grupos pequeños para trabajar en clase. Trabaja a tiempo parcial como diseñadora gráfica.
3. Jessica es una persona inteligente pero floja (*weak*) como estudiante. Es simpática. Juega en el equipo femenino de fútbol en el que tiene muchas amigas hispanohablantes. Tiene poco tiempo disponible fuera de clase porque le dedica mucho tiempo al deporte. Su especialidad es el inglés.

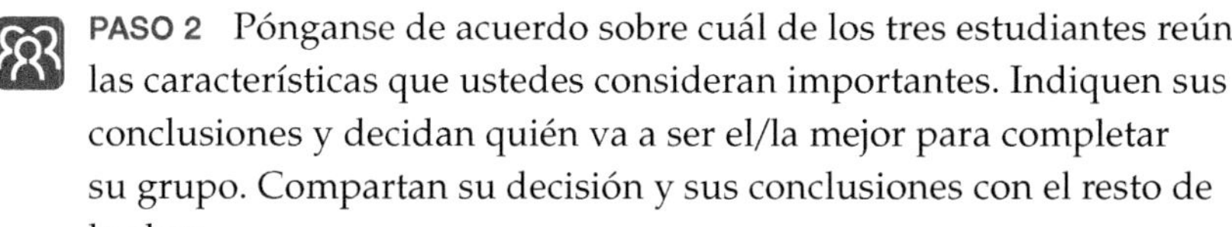

PASO 2 Pónganse de acuerdo sobre cuál de los tres estudiantes reúne las características que ustedes consideran importantes. Indiquen sus conclusiones y decidan quién va a ser el/la mejor para completar su grupo. Compartan su decisión y sus conclusiones con el resto de la clase.

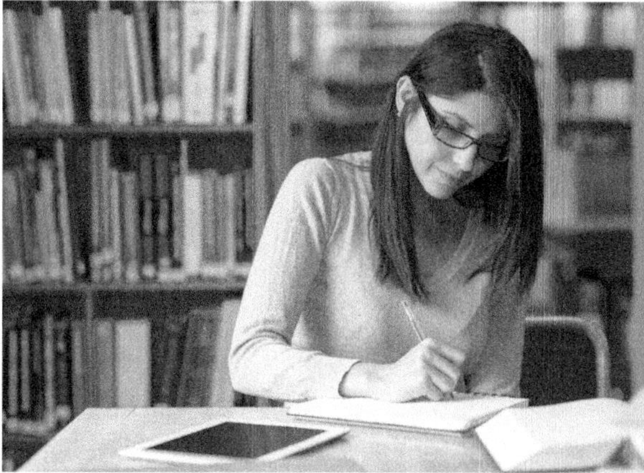

Queremos un/a compañero/a que…

- ☐ hable muy bien español.
- ☐ sea responsable.
- ☐ sea trabajador/a.
- ☐ sepa trabajar en grupo.
- ☐ tenga mucho tiempo para el proyecto.
- ☐ ¿otra característica?

3-6 Hablemos claro.

PASO 1 Entrevístense y apunten las respuestas de su compañero/a.

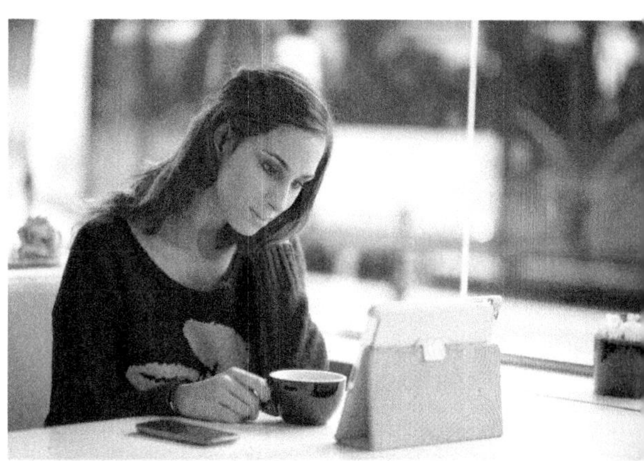

1. ¿Tienes una buena comunidad de amigos/as? ¿Quiénes son tus amigos/as? ¿Cómo son? ¿Cómo te hacen sentir? ¿Siempre se llevan bien las personas de tu comunidad de amigos? ¿Quieres hacer otras amistades u otros tipos de amigos/as? ¿Cómo puedes lograrlo (*achieve it*)?
2. Cuando estás con tus amigos/as, ¿qué les gusta hacer a ustedes? ¿Adónde van? ¿Suelen hacer actividades sedentarias o prefieren ser más activos/as? ¿De qué temas hablan? ¿Se ayudan con los estudios? ¿De qué otras maneras te apoyan tus amigos/as?
3. ¿En qué te pareces a tus amigos/as? ¿En qué te diferencias? ¿Tienes amigos/as con creencias religiosas diferentes de las tuyas? ¿De edades diferentes? ¿De habilidades físicas o cognitivas diferentes? ¿De etnias diferentes? ¿De culturas diferentes? ¿Cómo te afectan esas diferencias, o la falta de ellas?

PASO 2 Escribe algunas oraciones sobre las semejanzas y/o diferencias entre tu compañero/a y tú, usando detalles específicos de la entrevista. Después, comparte tus ideas con él/ella. ¿Está de acuerdo contigo tu pareja? Prepárate para compartir los resultados con la clase.

Gramática

I. *Saber* versus *conocer*

In Spanish, two different verbs express the meaning *to know:* **saber** and **conocer.** The two verbs are not interchangeable. **Saber** is used to express knowing facts or information, and when followed by an infinitive, it means knowing *how to* perform an action or skill. In contrast, **conocer** refers to knowing, or being acquainted or familiar with, people, places, or things.

Sé que Santiago es la capital de Chile, pero no **conozco** la ciudad.	*I **know** that Santiago is the capital of Chile, but I **don't know** (I **am not familiar with**) the city.*
Sé hablar español y **conozco** a muchos chilenos.	*I **know how to speak** Spanish and I **know** (I **am acquainted with**) many Chileans.*

Formación y uso

Both **saber** and **conocer** have irregular conjugations in the **yo** form of the present tense. Note that **sé** carries a written accent mark to distinguish it from the pronoun **se.** All other present-tense forms of these verbs are regular.

saber: sé, sabes, sabe, sabemos, sabéis, saben

conocer: conozco, conoces, conoce, conocemos, conocéis, conocen

- When **saber** refers to knowing facts or information, it commonly is followed by a noun; the relative pronoun **que;** an interrogative word such as **qué, cuál, dónde,** or **cuándo;** or the word **si** (*if, whether*). Recall that when **saber** refers to knowing *how to do something,* it is followed by an infinitive.

¿**Sabes** el número de teléfono de Juan, nuestro compañero de clase? **Sé** su dirección de correo electrónico, pero su teléfono no.	*Do you **know** the telephone number of John, our classmate? I **know** his email address but not his phone number.*
Sabemos que hay una fiesta esta noche, pero **no sabemos** dónde es.	*We **know** that there is a party tonight, but we **don't know** where it is.*
Como Juan **no sabe** bailar, **no sé** si viene a la fiesta con nosotros o no.	*Since John **doesn't know** how to dance, I **don't know** if (whether) he is coming to the party with us or not.*

- Since **conocer** refers to knowing people, places, or things, it is typically followed by a noun. When the noun is a person or persons in particular, the personal **a** precedes it.

Conozco España bastante bien.	*I **know** Spain fairly well.*
Conozco a muchos españoles.	*I **know** many Spaniards.*
Conozco varias ciudades.	*I **am acquainted with** various cities.*
También **conozco** sus platos típicos y sus vinos.	*I also **am familiar with** its typical dishes and wines.*
¡España me encanta!	*I love Spain!*

¡Ahora tú!

Complete 3-1 online to practice these concepts.

IMPLEMENTATION OF *¡AHORA TÚ!*
Various *¡Ahora tú!* eText activities are provided for students within each grammar presentation. These are mini self-assessments that allow students to immediately practice the concept(s) presented in the bullet(s) and receive automatic feedback. Have students read the grammar presentations and complete the *¡Ahora tú!* activities online as homework, before doing the *En contexto* activities in class. The *¡Ahora tú!* activities thus serve to both break down content into manageable pieces and hold students accountable for reading and reviewing before class.

- Recall that in the preterit, **saber** is irregular, while **conocer** is not. Since the preterit expresses a completed action in the past, the preterit forms of these verbs signal *the beginning of knowing* and translate as *found out* (**saber**) and *met (someone)* (**conocer**).

  saber: supe, supiste, supo, supimos, supisteis, supieron

  conocer: conocí, conociste, conoció, conocimos, conocisteis, conocieron

Vi a mi futuro esposo en una fiesta.	*I saw my future husband at a party.*
Primero **supe** su nombre.	*First I **found out** his name.*
Lo **conocí** algunas horas después.	*I **met** him a few hours later.*

- In the imperfect, both **saber** and **conocer** are regular. Since the imperfect emphasizes the continuous or habitual nature of an action in the past, the imperfect forms of these verbs retain the same meanings of *knowing* described in the first paragraph of this grammar section.

  saber: sabía, sabías, sabía, sabíamos, sabíais, sabían

  conocer: conocía, conocías, conocía, conocíamos, conocíais, conocían

Como político, mi abuelo **sabía** bien la historia de su pueblo y **conocía** a muchas personas en la comunidad.	*As a politician, my grandfather **knew** the history of his town well and **was acquainted with** many people in the community.*

¡Ahora tú!

Complete 3-2 online to practice these concepts.

En contexto

3-7 ¿Conocen bien a su profesor/a de español?

IMPLEMENTATION OF 3-7. Consider adding your own more personalized items (following the structure of items #1-6) to *Paso 1* on the board or a handout. *Paso 1* may be reviewed with students in a variety of ways, depending on the amount of time that you have. Minimally, review the correct verb choices and the true/false items, stating whether each one is true or false for you. Also consider demonstrating some or all of the items. For example, name off the students around the room, show your Facebook page, sing the San Fermin song and perhaps teach it to students (do an Internet search for lyrics, music, and photos), or show photos of yourself or places in Puerto Rico or photos of yourself with a famous person, etc. When you share selected information about yourself, you model openness and encourage sharing and community-building in your classroom.

PASO 1 Completen las oraciones, seleccionando el verbo apropiado (**sabe** o **conoce**), según el contexto. Después, pensando en su profesor/a, indiquen si la afirmación es cierta o falsa.

Nuestro/a profesor/a de español…

	SABE	CONOCE		CIERTA	FALSA
1.	☑	☐	todos los nombres de los estudiantes de la clase.	☐	☐
2.	☐	☑	a más de 1.000 personas en Facebook.	☐	☐
3.	☑	☐	hablar más de dos idiomas.	☐	☐
4.	☑	☐	la letra (*lyrics*) de la canción popular para las fiestas de San Fermín en Pamplona, España ("Uno de enero…").	☐	☐
5.	☐	☑	Puerto Rico.	☐	☐
6.	☐	☑	a alguien famoso.	☐	☐

Ahora, escriban otras oraciones sobre él/ella, usando **sabe** o **conoce.**

7.	☐	☐	Answers will vary.	☐	☐
8.	☐	☐	Answers will vary.	☐	☐

PASO 2 Repasen sus respuestas con su profesor/a de español. ¿Cuántas respuestas correctas tienen?

CONCLUSIÓN: Ahora contesten la pregunta inicial, "¿Conocen bien a su profesor/a de español?", seleccionando la(s) afirmación(es) más apropiada(s).

☐ Sí, lo/la conocemos bien.
☐ Lo/La conocemos más o menos.
☐ No, no lo/la conocemos bien.
☐ Lo/La conocemos mejor ahora, después de hacer esta actividad.

AUDIO SCRIPT FOR 3-8.
1. ...bailar bien salsa y merengue.
2. ...a un estudiante puertorriqueño que también baila bien.
3. ...a muchos estudiantes de nuestra universidad.
4. ...que el otro chico y yo podemos organizar buenas clases de baile latino para la comunidad universitaria.
5. ...dónde podemos dar las clases: en nuestro centro estudiantil que permite el uso gratis de sus salones.
6. ¡...que todos vamos a pasarlo muy bien!

3-8 ***¿Sé o conozco?*** Anita, una estudiante universitaria, habla de un plan que tiene. Indica si sus oraciones deben empezar con **sé** o **conozco,** según el contexto. Escribe la letra **S** o **C** en el espacio en blanco.

1. S **2.** C **3.** C **4.** S **5.** S **6.** S

CONCLUSIÓN: ¿Qué afirmación(es) a continuación es/son cierta(s) sobre esta estudiante?

- ☑ Le importa contribuir a su comunidad local.
- ☑ Conoce aspectos de las culturas caribeñas.
- ☑ Es una persona físicamente activa y con mucha vida social.

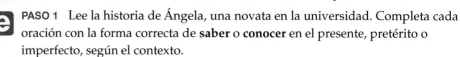

3-9 **Una red social nueva.** No es fácil crear una red social personal de cero.

PASO 1 Lee la historia de Ángela, una novata en la universidad. Completa cada oración con la forma correcta de **saber** o **conocer** en el presente, pretérito o imperfecto, según el contexto.

Cuando llegué a la universidad, yo no (**1**) conocía a nadie. La gente, el campus y el pueblo eran nuevos para mí. Pero yo (**2**) sabía que con el tiempo, mucha paciencia y una actitud positiva, la situación mejoraría. Después de algunas semanas, yo (**3**) supe por mi profesor de español que había un club de español en el campus que se reunía los jueves por la tarde. Decidí asistir y así fue que (yo) (4) conocí a mi amiga Julia. Ahora Julia y yo (5) conocemos a muchas personas. El club de español organiza un viaje anual a la República Dominicana para ofrecer servicio voluntario. Julia y yo no (6) sabemos si vamos este verano o el próximo, ¡pero seguro que vamos a ir! Ahora formo parte de una pequeña comunidad aquí en mi campus y estoy mucho más contenta.

PASO 2 En grupos de tres, hablen de sus respuestas a las siguientes preguntas. Prepárense para compartir sus ideas con la clase.

1. Como novatos/as en la universidad, ¿ya conocen (o conocían) ustedes a algunas personas? ¿Son (o fueron) fáciles o difíciles sus primeros meses en la universidad?
2. ¿Cómo conocen (o conocieron) ustedes a nuevas personas en la universidad? ¿Por medio de algún club, como Ángela, de alguna organización (como la iglesia, la sinagoga, una fraternidad o una sororidad), por medio de las clases académicas, de algún evento o lugar social, usando los medios sociales, etc.?
3. Para ustedes, ¿cuál es la mejor manera de conocer a otras personas? ¿Y de crear amistades o relaciones duraderas? ¿Qué requiere una amistad o relación duradera? ¿Es fácil o difícil de mantener?

3-10 Una conexión especial. Nuestras redes sociales pueden ser extensas o pequeñas, pero todos necesitamos alguna conexión especial con alguien.

PASO 1 Entrevístense sobre alguna conexión especial que tengan con alguien, ya sea con la pareja, el/la mejor amigo/a, alguien de la familia, alguien de la iglesia o de la comunidad, etc. Apunten las respuestas de su compañero/a.

1. ¿Cuándo conociste a la persona?
2. ¿Dónde y cómo se conocieron ustedes?
3. ¿Qué datos sorprendentes (*surprising*) o poco comunes sabes sobre él/ella?
4. ¿Qué sabe hacer muy bien esta persona? ¿Qué no sabe hacer para nada (*at all*)?
5. ¿Sabes tú cuáles son sus aspiraciones y/o planes para el futuro? Explica tu respuesta.
6. ¿Otra pregunta?: ______________________________

PASO 2 Usando los datos de la entrevista, escribe un párrafo breve sobre tu compañero/a y su conexión especial con otra persona. Prepárate para compartir tu párrafo con tu compañero/a primero y, quizás, luego con el resto de la clase.

IMPLEMENTATION OF 3-10, *PASO 2*. Consider assigning this mini-writing practice as homework if there is not enough time for it in class. Have the student pairs exchange their work for peer-editing and confirmation of the information expressed. In other words, did they understand each other well during the interview process in *Paso 1*? You then may want to collect the paragraphs for review and/or grading, depending on your instructional goals. Finally, whether you collect their work or not, consider asking a few volunteers to read their paragraphs aloud to the class.

3-11 ¿Conoces bien a tus compañeros de clase? La clase de español puede ayudarte a ampliar tu red social en la universidad, si llegas a conocer bien a tus compañeros.

PASO 1 Escribe seis oraciones sobre ti mismo: tres con **saber** y tres con **conocer.** Para cada verbo, dos de las tres oraciones deben ser falsas y solo una debe ser cierta. ¡Sé creativo/a!

MODELO: ***Saber:*** *1) Sé tocar la guitarra. 2) … 3) …*
Conocer: *1) Conocí a Barack Obama en Chicago en el 2009. 2) … 3) …*

PASO 2 En grupos de cuatro, léanse sus oraciones en voz alta y adivinen (*guess*) cuáles son las falsas y las ciertas de cada compañero/a. Luego, lean algunos grupos de tres oraciones para que también participe toda la clase.

CONCLUSIÓN: Ahora contesta la pregunta inicial, "¿Conoces bien a tus compañeros de clase?", seleccionando la(s) afirmación(es) más apropiada(s).

☐ Sí, los conozco bien.
☐ No, no los conozco bien.
☐ Conozco bien a algunos compañeros, pero menos a otros.
☐ Los conozco mejor ahora, después de hacer esta actividad.

Gramática

II. Los pronombres de objeto directo y los pronombres de objeto doble

Recall that an *indirect object* (IO) adds information to a verb by stating *to/for whom* the action is directed. Thus, it answers the question *verb + to/for whom?* In Spanish, an indirect object is always expressed with an indirect object *pronoun*.

Pronombres de objeto indirecto			
me	*(to) me*	**nos**	*(to) us*
te	*(to) you (familiar)*	**os**	*(to) you (all) (fam., Spain)*
le	*(to) you (formal), him, her, it*	**les**	*(to) you (all) (for.), them*

Mis amigos **me** mandan mensajes de texto (**a mí**). — *My friends send **me** text messages. / My friends send text messages **to me**. (Send to whom? → to me = IO.)*

- A *direct object* (DO) also adds information to a verb; it answers the question, *verb + what/whom?* In Spanish, a direct object may be *replaced* by a direct object *pronoun,* but usually only after it has been mentioned previously in context.

Pronombres de objeto directo			
me	*me*	**nos**	*us*
te	*you (familiar)*	**os**	*you (all) (fam., Spain)*
lo/la	*you (formal), him/her, it*	**los/las**	*you (all) (for.), them*

Me los mandan sobre todo durante los fines de semana. — *They send **them to me** especially during the weekends. (Send what? → text messages/them = DO.)*

- When both an *indirect object pronoun* and a *direct object pronoun* are used together with a verb, the two pronouns in sequence are referred to as *double object pronouns.*

Formación y uso

- In Spanish, double object pronouns have a fixed order: the indirect object pronoun appears first, followed by the direct object pronoun (IO + DO).
- When the combination IO + DO would result in a sequence where both pronouns begin with the sound **l** (i.e., **le/les + lo/la/los/las**), the indirect object pronoun **le/les** changes to **se.** The resulting sequence is always **se** + **lo/la/los/las.**

Yo también **les** mando mensajes de texto **a mis amigos.** — *I also send text messages **to my friends**. (Send to whom? → to my friends/to them = IO.)*

~~Les~~ **los** mando todos los días. → **Se los** mando todos los días. — *I send **them to them** every day. (Send what? → text messages/them = DO.)*

- Recall that in Spanish, a prepositional phrase is often used to emphasize or clarify an indirect object pronoun, e.g., **a mí, a ti, a usted, a él, a ella, a nosotros/as, a vosotros/as, a ustedes, a ellos/as.** This is especially true for double object pronouns, since the change from **le/les** to **se** creates further ambiguity (i.e., the difference between singular and plural is lost).

Se los mando todos los días **a ellos**. — *I send **them to them** every day.*

¡Ahora tú!

Complete 3-3 online to practice these concepts.

¡Ahora tú!

Complete 3-4 online to practice these concepts.

- Like single object pronouns, double object pronouns precede conjugated verbs or may attach to the end of an infinitive or a gerund. In either case, the fixed order is IO + DO. With an infinitive or a gerund, a written accent mark is required to show that the original emphasis on the verb is the same.

Voy a mandarle un mensaje de texto a mi padre.	*I'm going to send a text message to my father.*
Voy a mandárselo (a mi padre). / Se lo voy a mandar (a mi padre).	*I'm going to send it to him.*
Estoy mandándoselo ahora mismo (a mi padre). / Se lo estoy mandando ahora mismo (a mi padre).	*I'm sending it to him right now.*

¡Ahora tú!

Complete 3-5 online to practice these concepts.

En contexto

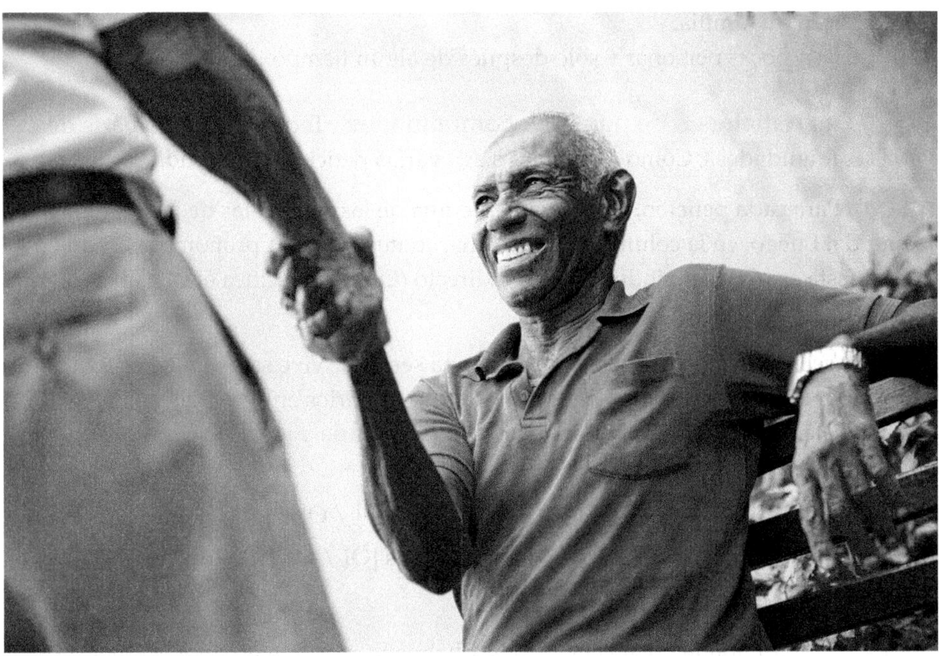

3-12 ¿Cuánta confianza? El nivel de confianza (*trust*) que tenemos con los demás afecta a nuestras expectativas e interacciones sociales.

PASO 1 Primero empareja cada petición con la respuesta correspondiente, según los pronombres de objeto doble que aparecen en el cuadro. Luego completa la forma verbal correcta para cada respuesta. El primer ítem está presentado como modelo.

Peticiones	a, b, c, d, e	Respuestas	Forma verbal
1. ¿**Me** prestas veinte dólares?	*d*	**a.** Sí, **me lo**	puedes dar.
2. ¿**Me** haces un gran favor?	e	**b.** Sí, **te las**	muestro.
3. ¿**Me** muestras tus fotos personales?	b	**c.** Sí, **me los**	puedes contar.
4. ¿**Te** puedo contar mis secretos?	c	**d.** Sí, **te los**	*presto*.
5. ¿**Te** puedo dar un consejo?	a	**e.** Sí, **te lo**	hago.

 **PASO 2** Contesten las siguientes preguntas.

1. Piensen en las **peticiones** hechas en el **Paso 1.** ¿Son peticiones que típicamente le hacen ustedes a un/a buen/a amigo/a? ¿Y a un/a nuevo/a amigo/a? ¿Y a alguien de la familia? ¿Por qué?
2. Piensen ahora en las **respuestas** dadas en el **Paso 1.** ¿Son respuestas que típicamente le dan ustedes a un/a buen/a amigo/a? ¿Y a un/a nuevo/a amigo/a? ¿Y a alguien de la familia? ¿Por qué? Si no es así, ¿qué respuestas son más típicas o realistas para ustedes?

CONCLUSIÓN: Basándote en lo expresado en el **Paso 2,** ¿qué afirmación(es) a continuación es/son cierta(s) acerca de ti? Prepárate para compartir tu(s) conclusión(es) con tu pareja y/o con la clase.

Confío mucho y fácilmente…

☐ en mis buenos amigos.
☐ en todos mis amigos, incluso los nuevos.
☐ en mi familia.
☐ en pocas personas y solo después de algún tiempo.

3-13 Las peticiones de nuestras comunidades. Todos formamos parte de varias comunidades. ¿Cómo respondes a sus varias peticiones de ayuda?

PASO 1 Para cada petición, elige solamente **una** de las respuestas de la columna a la izquierda. Luego, en la columna a la derecha, contesta si cada pronombre usado en la respuesta es un objeto indirecto (OI) o directo (OD) y especifica el sustantivo al que se refiere.

1. Un vecino tuyo se va de viaje durante una semana. Vive solo y tiene dos gatos. Te pregunta si estás disponible y dispuesto/a a cuidarlos en su ausencia. La ayuda consiste en darles de comer, limpiar su caja sanitaria y jugar un poco con ellos todos los días.

   ☐ **Se los** cuido con mucho gusto. a. **Se** es [(OI) / OD] y se refiere al vecino.
   ☐ **Se los** cuido con pocas ganas. b. **Los** es [OI / (OD)] y se refiere a los gatos.
   ☐ No **se los** cuido.

2. La vecindad donde vives celebra la Nochebuena anualmente con velas encendidas en bolsas de papel que iluminan las calles. Es una costumbre bien conocida que atrae a muchas personas de las comunidades circundantes (*surrounding*), quienes caminan o pasan en sus coches para ver las luminarias. La vecindad les pide a todos los vecinos su ayuda para comprar, poner y quitar las luminarias.

   ☐ **Se la** doy con mucho gusto. a. **Se** es [(OI) / OD] y se refiere a la vecindad.
   ☐ **Se la** doy con pocas ganas. b. **La** es [OI / (OD)] y se refiere a la/mi ayuda.
   ☐ No **se la** doy.

3. Eres miembro de un equipo deportivo. El entrenador pide que todos/as sus atletas vayan al gimnasio tres veces a la semana, temprano por la mañana, para levantar pesas como equipo. Tienes coche pero otros dos atletas que viven cerca de ti no tienen. No hay transporte público. El entrenador te pide el favor de ir a buscarlos para llevarlos contigo al gimnasio.

   ☐ **Se lo** hago con mucho gusto. a. **Se** es [(OI) / OD] y se refiere al entrenador.
   ☐ **Se lo** hago con pocas ganas. b. **Lo** es [OI / (OD)] y se refiere al favor (de ir a buscarlos para llevarlos al gimnasio).
   ☐ No **se lo** hago.

PASO 2 Comparen sus respuestas del **Paso 1.** ¿Son semejantes o diferentes sus respuestas a las peticiones? ¿Y al análisis gramatical? Explíquense sus respuestas.

CONCLUSIÓN: Basándose en lo expresado en el **Paso 2,** ¿qué afirmación es más apropiada para su grupo?

☐ Respondemos de manera [semejante / diferente] a las peticiones de ayuda de nuestras comunidades.

☐ Nos parece [fácil / difícil] el análisis gramatical de los pronombres de objeto doble.

3-14 Lazos familiares (*Family connections*).

PASO 1 La familia de Ricardo es muy unida y todos se cuidan bien. Completa cada oración con los pronombres de objeto doble apropiados, según el contexto.

MODELO: Cuando hago diligencias (*errands*), también *se las* hago a mis padres.

1. Mi tía nos saca fotos en las fiestas y después __nos__ __las__ manda por correo electrónico.
2. Mi abuela cultiva unas rosas preciosas y __se__ __las__ regala a mis padres.
3. Mi madre hace un pastel de chocolate delicioso y __nos__ __lo__ trae a mi compañero de cuarto y a mí.
4. Mi hermano tiene una buena bicicleta y __me__ __la__ presta a mí con frecuencia.
5. El año pasado mi padre compró un coche nuevo y muy seguro y __se__ __lo__ regaló a mi madre.

PASO 2 ¿Tienen ustedes fuertes lazos familiares? ¿Podrían ustedes usar algunas de las oraciones del **Paso 1** para describir a sus familias? Si no es así, ¿pueden cambiar algunas para que sí puedan usarse? Prepárense para compartir algunas de sus oraciones con la clase.

3-15 Un favor o un regalo inolvidable (*unforgettable*).

PASO 1 Piensa en un favor que alguien te hizo, o en un regalo que alguien te dio, que sea algo muy especial o inolvidable para ti. Apúntalo sin mostrárselo a ningún/a compañero/a de clase.

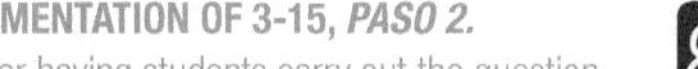

IMPLEMENTATION OF 3-15, *PASO 2.* Consider having students carry out the question and answer portion of this activity two or three times with different partners.

PASO 2 Háganse las siguientes preguntas sobre el favor o el regalo. Al final, ¿son capaces de adivinar cuál fue el favor o el regalo inolvidable?

MODELO: E1: *¿Fue un favor o un regalo?*
E2: *Fue un regalo.*
E1: *¿Quién te lo dio?*
E2: *Me lo dio mi madre.*

1. ¿Fue un favor o un regalo?
2. ¿Quién te lo hizo/dio?
3. ¿Cuándo te lo hizo/dio?
4. ¿Dónde te lo hizo/dio?
5. ¿Por qué te lo hizo/dio?
6. ¿Cómo te lo hizo/dio?

3-16 ¿A quién se lo/la pides?

Cuando necesitas algún consejo o alguna ayuda, ¿a quién se lo/la pides? Hablen de los siguientes temas y explíquense sus respuestas.

MODELO: E1: *Un consejo sobre mi vida amorosa, se lo pido a mi hermana. ¿Y ustedes?*
E2: *Se lo pido a mi madre, porque es muy astuta en asuntos de amor.*
E3: *No se lo pido a nadie, porque para mí es un asunto muy privado.*

1. un consejo sobre la vida amorosa
2. un consejo sobre el dinero
3. un consejo sobre el coche
4. ayuda con la tarea de español
5. ayuda con la mudanza
6. ayuda con tecnología (la computadora, etc.)
7. un préstamo urgente de $300
8. ¿otro/a? ___________

CONCLUSIÓN: Basándote en lo expresado anteriormente (*above*), ¿qué afirmación(es) a continuación es/son cierta(s) sobre ti? Prepárate para compartir tu(s) conclusión(es) con tu grupo y/o con la clase.

☐ Hay varias personas en mi vida personal de las que dependo o de las que puedo depender.
☐ Dependo solamente de una persona o de un par de personas.
☐ No me importa tener que pedir consejos o ayuda; es natural hacerlo.
☐ No me gusta pedir consejos ni ayuda; prefiero resolver mis problemas por mi cuenta.
☐ ¿Otra? ____

Lectura literaria

Sobre el autor

Ángel de Saavedra, duque de Rivas (1791-1865), es uno de los escritores españoles más conocidos de la época romántica. El romanticismo, en el que predominan las emociones y la pasión, fue una reacción contra el neoclasicismo. El costumbrismo también está presente en el romanticismo y en *Don Álvaro o la fuerza del sino,* con su enfoque en arquetipos de diferentes clases sociales y su manera de hablar y vestirse. De hecho, los personajes en la escena a continuación representan esas diferencias: la gitana, el majo, el oficial, etc.

Antes de leer

3-17 El cotilleo (*gossip*). Un aspecto negativo de ser parte de una comunidad es el cotilleo.

PASO 1 Empareja cada chisme (*piece of gossip*) sobre los famosos con su tema correspondiente.

NOTE ON 3-17, *PASO 1.* A number sign, or hashtag (*la almohadilla,* in Spanish), is used in social media to identify topics or add a touch of comedy or sarcasm to a comment (for example, "her face never changes #toomuchbotox," all written in one string).

CHISME

1. Cuatro semanas después de dar a luz y esta cantante ya luce bikini en la playa. _e_
2. Esta actriz lleva un anillo nuevo. ¿Se va a casar con su novio empresario? _b_
3. En la gala de anoche esta artista llevó un vestido apretado. ¿Está gordita o embarazada? _f_
4. Este rapero no pudo caminar desde el club hasta su auto; sus guardaespaldas lo llevaron. _g_
5. Sus compañeros dicen que vieron al gran futbolista con una jeringa en la mano. _a_
6. Está casado pero este actor sale a cenar cada noche con una rubia misteriosa. _d_
7. ¿Contenta, triste, preocupada, asustada…? La expresión de su cara no cambia. _c_

TEMA

a. #dopaje
b. #diamante
c. #demasiadobotox
d. #amante
e. #dieta
f. #barriguita
g. #borracho

PASO 2 ¿Cuáles son los chismes actuales sobre los famosos? ¿Cómo afecta el cotilleo a los famosos? ¿Puede ser negativo y positivo el cotilleo?

Al leer

Estrategia al leer

Orientarse bien en una obra de teatro. El lector de una obra de teatro tiene que prestar atención a los siguientes elementos:

- La escenografía: los elementos visuales del decorado: paredes de una casa, un bosque pintado en los muros, etc.
- La utilería: los objetos que aparecen en escena: una mesa, un teléfono, un reloj que suena, etc.
- Las acotaciones: descripciones al principio de un acto o en paréntesis que describen qué deben hacer los actores.
- El diálogo: la conversación entre los actores.

3-18 ¿Son cotillas los personajes?

e **PASO 1** Mientras vas leyendo, escribe el nombre del personaje que dice la cita e indica si es un comentario positivo o negativo.

	CITA	PERSONAJE	POSITIVO	NEGATIVO
1.	"Y [es] muy buen mozo".	Preciosilla	☑	☐
2.	"…está muerta de hambre".	Oficial	☐	☑
3.	"…se portó como un caballero".	Oficial	☑	☐
4.	"…el señor marqués de Calatrava tiene… sobrada vanidad…"	Habitante Primero	☐	☑
5.	"…don Álvaro es un hijo bastardo…"	Tío Paco	☐	☑
6.	"…el vejete roñoso del marqués…"	Oficial	☐	☑

ANSWERS TO 3-18. ***PASO 2.***
Answers will vary but might include the following.
1. *Preciosilla: "Y generoso y galán".*
2. *Oficial: "El vejete roñoso del marqués de Calatrava hace muy mal en negarle su hija".*
3. *Canónigo: "Los padres tienen derecho de casar a sus hijas con quien les convenga".*
4. *Tío Paco: "…uno de ellos dijo que el tal don Álvaro había hecho sus riquezas siendo pirata…"*

PASO 2 Encuentra una cita de la obra en la que un personaje hace lo siguiente.

1. Alaba a alguien.
2. Critica a alguien.
3. Defiende a alguien.
4. Repite el chisme de otro(s).

Don Álvaro o la fuerza del sino (fragmento)

JORNADA PRIMERA

por Ángel de Saavedra, duque de Rivas (España)

LA ESCENA ES EN SEVILLA Y SUS ALREDEDORES

ESCENA PRIMERA

La escena representa la entrada del antiguo puente de barcas de Triana, el que estará practicable a la derecha. En primer término, al mismo lado, un aguaducho° o barraca de tablas y lonas°, con un letrero que diga: «Agua de Tomares»; dentro habrá un mostrador rústico con cuatro grandes cántaros°, macetas de flores, vasos, un anafre° con una cafetera de hojalata y una bandeja con azucarillos. Delante del aguaducho habrá bancos de pino. …

small outdoor café / tarps
pitchers
cooker

Canónigo: … ¿Y qué tal los toros de ayer?

…

Habitante Segundo: No fue la corrida tan buena como la anterior.

Preciosilla: Como que ha faltado en ella don Álvaro el indiano*, que a caballo y a pie es el mejor torero° que tiene España.

bullfighter

Majo: Es verdad que es todo un hombre, muy duro con el ganado y muy echado adelante.

Preciosilla: Y muy buen mozo.

Habitante Primero: ¿Y por qué no se presentaría ayer en la plaza?

Oficial: Harto tenía que hacer con estarse llorando el mal fin de sus amores.

Majo: Pues, qué, ¿lo ha plantado° ya la hija del señor marqués?…

has dumped

Oficial: No; doña Leonor no lo ha plantado a él, pero el marqués la ha trasplantado a ella.

Habitante Segundo: ¿Cómo?…

Habitante Primero: Amigo, el señor marqués de Calatrava tiene mucho copete° y sobrada vanidad para permitir que un advenedizo° sea su yerno.

upper-class origins
newcomer

Oficial: ¿Y qué más podía apetecer su señorío que el ver casada a su hija (que, con todos sus pergaminos°, está muerta de hambre) con un hombre riquísimo y cuyos modales están pregonando° que es un caballero?

parchment scrolls
are proclaiming

Preciosilla: ¡Si los señores de Sevilla son vanidad y pobreza, todo en una pieza! Don Álvaro es digno de ser marido de una emperadora… ¡Qué gallardo°!… ¡Qué formal y qué generoso!… Hace pocos días que le dije la buenaventura° (y por cierto no es buena la que le espera si las rayas de la mano no mienten), y me dio una onza de oro como un sol de mediodía.

gallant
told him his fortune

---

*un español que hizo su fortuna en América

Tío Paco: Cuantas veces viene aquí a beber, me pone sobre el mostrador una peseta columnaria.

Majo: ¡Y vaya un hombre valiente! Cuando, en la Alameda Vieja, le salieron aquella noche los siete hombres más duros que tiene Sevilla, metió mano y me los acorraló° a todos contra las tapias del picadero°.

he cornered them
the walls of the riding arena

Oficial: Y en el desafío que tuvo con el capitán de artillería se portó como un caballero.

Preciosilla: El marqués de Calatrava es un viejo tan ruin, que por no aflojar la mosca y por no gastar…

Oficial: Lo que debía hacer don Álvaro era darle una paliza° que…

beat him up

Canónigo: Paso, paso, señor militar. Los padres tienen derecho de casar a sus hijas con quien les convenga.

Oficial: ¿Y por qué no le ha de convenir don Álvaro? ¿Porque no ha nacido en Sevilla?… Fuera de Sevilla nacen también caballeros.

Canónigo: Fuera de Sevilla nacen también caballeros, sí, señor; pero… ¿lo es don Álvaro?… Sólo sabemos que ha venido de Indias° hace dos meses y que ha traído… mucho dinero… pero ¿quién es?…

America

Habitante Primero: Se dicen tantas y tales cosas de él…

Habitante Segundo: Es un ente° muy misterioso.

being

Tío Paco: La otra tarde estuvieron aquí unos señores hablando de lo mismo, y uno de ellos dijo que el tal don Álvaro había hecho sus riquezas siendo pirata…

Majo: ¡Jesucristo!

Tío Paco: Y otro, que don Álvaro era hijo bastardo de un grande de España y de una reina mora°…

Moor

Oficial: ¡Qué disparate!°

What nonsense!

Tío Paco: Y luego dijeron que no, que era… No lo puedo declarar… Finca… o brinca… Una cosa así… así como… una cosa muy grande allá de la otra banda.

Oficial: ¿Inca?

Tío Paco: Sí, señor; eso: inca… inca…

Canónigo: Calle usted, tío Paco; no diga sandeces°.

nonsense

Tío Paco: Yo nada digo, ni me meto en honduras°; para mí cada uno es hijo de sus obras, y en siendo buen cristiano y caritativo…

I won't go into a lot of detail

Preciosilla: Y generoso y galán.

Oficial: El vejete roñoso° del marqués de Calatrava hace muy mal en negarle su hija.

stingy, old man

Canónigo: Señor militar, el señor marqués hace muy bien. El caso es sencillísimo. Don Álvaro llegó hace dos meses; nadie sabe quién es. Ha pedido en casamiento a doña Leonor, y el marqués, no juzgándolo buen partido para su hija, se la ha negado. Parece que la señorita estaba encaprichadilla°, fascinada, y el padre la ha llevado al campo, a la hacienda que tiene en el Aljarafe, para distraerla. En todo lo cual el señor marqués se ha comportado como persona prudente.

infatuated

Después de leer

e **3-19** **¿Cierta o falsa?** Indica si las siguientes oraciones sobre la obra son ciertas o falsas.

	CIERTA	FALSA
1. Preciosilla es la novia de don Álvaro.	☐	☑
2. Don Álvaro lleva poco tiempo en Sevilla.	☑	☐
3. Don Álvaro está enamorado de Leonor.	☑	☐
4. El marqués es noble pero pobre.	☑	☐
5. Hay mucho chisme sobre don Álvaro.	☑	☐
6. El marqués parece caerle mal al oficial.	☑	☐

3-20 **Analizar los elementos literarios.** Contesta las siguientes preguntas.

1. ¿Qué impresión te da esta obra sobre la vida de los/las sevillanos/as en aquella época? En los pueblos y ciudades pequeñas hay un sentido de comunidad muy fuerte. ¿Cuáles son las ventajas y desventajas de eso? La obra se estrenó en 1835. ¿Son diferentes las cosas hoy?
2. ¿Qué impresión crea la escenografía? ¿Y la utilería? ¿Qué sabes del carácter de los personajes por su diálogo? ¿Qué acotaciones añadirías para indicar las acciones de los personajes al hablar?
3. ¿Por qué habla la gente tanto de don Álvaro? Si fuera pobre, ¿tendrían tanta curiosidad por saber de él? ¿Qué piensas de la opinión de tío Paco: "para mí, cada uno es hijo de sus obras"? Según tu experiencia, ¿cómo se trata a las personas "nuevas" en una escuela, un trabajo, etc.?
4. El tema del destino está muy presente en la obra. ¿Cómo crees que va acabar la obra? Si don Álvaro representa lo moderno y el marqués lo tradicional, en tu opinión, ¿quién tiene más poder?
5. En esta obra los personajes cotillean cuando se ven. ¿Cuándo cotillea la gente hoy? ¿Qué influencia tienen los medios sociales en el cotilleo? ¿Es el chisme más peligroso hoy que antes? ¿Por qué?

3-21 **El chisme.** ¿Cómo debemos reaccionar a las consecuencias negativas del chisme?

Interpersonal. Decidan cómo se pueden resolver los siguientes problemas.

1. Mi novio, Carlos Enrique, me dejó porque le dijeron que yo estaba saliendo con Marcos. Pero Marcos ha sido solamente mi amigo desde la infancia. ¿Cómo puedo volver con Carlos Enrique?
2. Mi mejor amiga me dijo un secreto y yo se lo conté a otra persona. Me siento muy mal. ¿Qué debo hacer?
3. Alicia ha hablado muy mal de mí en el pasado. Hoy vi que alguien escribió algo negativo de ella en Internet. Sé que es mentira, pero Alicia me cae muy mal. ¿Debo simplemente ignorarlo?

Presentacional. Como parte de una campaña contra el *bullying* en su universidad, preparen dos actualizaciones para Facebook (u otra plataforma) acerca del chisme y preséntenlas a la clase.

NOTE ON 3-21.
This activity mirrors the sequenced tasks of an Integrated Performance Assessment (IPA) and thus provides students with additional, low-stakes practice with spoken communication skills. After doing the reading and completing interpretative tasks about the text, students engage in interpersonal speaking. Finally, they create a social media post/update to represent this understanding and share it with others through a presentational speaking task.

Competencia cultural

Los espacios públicos y el sentido de comunidad

¿Lo sabías?

Caminar y pasear son casi sinónimos, pero la gente *pasea* por placer y no solamente para llegar a un lugar específico. En el mundo hispano, la gente tiende a pasear por la calle a un ritmo bastante lento y a veces agarrados (*holding*) de las manos o de los brazos. ¡Disfruta del paseo!

NOTE ON *ESTRATEGIA CULTURAL*. Let students know that they should always be aware of their surroundings and personal safety, but that it is common to just "meet up" with people in the plaza or a local café.

e **3-22 Entender tu propia cultura.** Asocia cada actividad con el lugar donde típicamente se hace.

1. __b__ ir de compras	a. un parque
2. __e__ cenar fuera	b. un centro comercial
3. __d__ tomar un trago (*drink*)	c. un campo deportivo
4. __f__ mirar Netflix con amigos	d. un bar
5. __a__ pasear	e. un restaurante
6. __c__ jugar al fútbol	f. la casa

Estrategia cultural

¿Tendrías que recorrer varias millas para hacer las actividades anteriores? En muchos lugares del mundo hispano, todas esas actividades se hacen en un solo lugar: la plaza. En Estados Unidos, tendemos a pensar en las calles solamente como vías para ir de un lugar a otro. En otros países, la calle y las plazas en sí son un destino porque se camina y se pasea más. Sí, se recibe a los amigos en la casa, pero es muy común encontrarse con las amistades y conversar durante un paseo en la plaza u otro espacio público. Esto crea un sentido fuerte de comunidad. Si te encuentras en un país hispano, ¡sal a la calle!

La Plaza Mayor de Madrid, España

La Plaza Matriz de Montevideo, Uruguay

3-23 La competencia cultural en acción. Con un/a compañero/a, busquen un mapa detallado de una de las siguientes plazas con fotos, si es posible. Considerando la ubicación y las actividades que ofrece la plaza, ¿cómo pasarían una tarde allí?

La Plaza Mayor de Madrid, España

La Plaza Mayor de Palma de Mallorca, España

La Plaza de Armas de Cusco, Perú

La Plaza de la Constitución de Santiago, Chile

La Plaza de Mayo de Buenos Aires, Argentina

La Plaza Matriz de Montevideo, Uruguay

Video cultural

Un espacio de trabajo innovador para gente innovadora (España)

Antes de verlo

3-24 ¿Qué es un centro de trabajo compartido? El reportaje de Begoña describe la nueva moda de la gente que se reúne en el mismo espacio para trabajar en sus propios proyectos. Cuando tienes un proyecto individual que hacer, ¿cuáles son las ventajas y las desventajas de trabajar en un lugar solitario? ¿Y de trabajar en un lugar con mucha gente? Begoña, Manuela y Adrián colaboran virtualmente. ¿Crees que eso elimina la necesidad de trabajar en el mismo espacio físico?

3-25 Vocabulario útil. Las siguientes expresiones se usan en el video. Elige la definición más apropiada para cada una de ellas.

1. __d__ ahorrar
2. __a__ albergar
3. __g__ el/la emprendedor/a
4. __f__ el futbolín
5. __b__ liado/a
6. __e__ pulir
7. __c__ la sinergia

a. servir como casa
b. ocupado/a
c. un efecto superior a la suma de varios efectos individuales
d. no gastar dinero
e. perfeccionar algo
f. juego en que unas figuras pequeñas accionadas mecánicamente imitan un partido de fútbol
g. el/la empresario/a

Al verlo

3-26 ¿Comprendes? Contesta las siguientes preguntas y prepárate para compartir tus ideas con la clase.

1. ¿Por qué está desesperada Begoña?
2. ¿Qué es "el Garaje"? ¿Quiénes trabajan allí?
3. ¿Cuáles son las ventajas de trabajar en un centro de trabajo compartido?
4. ¿Cómo se diferencia el Impact Hub de otros centros de trabajo compartido?
5. ¿Qué te parece la idea de trabajar en un centro de trabajo compartido? ¿Preferirías trabajar en una oficina tradicional o en otro ambiente? Explica.

ANSWERS TO 3-26.
1. En la productora le han encargado su primer reportaje. Acaba de empezar y quiere causar buena impresión. 2. Es un antiguo garaje transformado en un centro de trabajo compartido. Emprendedores, trabajadores autónomos y pequeñas empresas trabajan allí. 3. Se fomenta el contacto personal, surgen nuevas oportunidades, tienes un espacio en común, siempre te encuentras con alguien y charlas con ellos, etc. 4. Pertenece a una comunidad de emprendedores asociada con centros de trabajo en treinta y cinco ciudades del mundo. 5. *Answers will vary.*

Después de verlo

3-27 ¡Luces, cámara, acción! En parejas o grupos, hablen de un lugar interesante, peculiar o representativo de su universidad que les gustaría documentar. ¿Qué espacio creen que capta el interés del público? ¿Cómo describirían el lugar, su uso y la opinión del público sobre el lugar? Preséntenle su plan a la clase.

IMPLEMENTATION OF 3-27.
For the in-class presentations, ask students to bring in photos of their location of interest. Alternatively, have them complete this activity online using LiveChat.

PARTE 2 EL ÁMBITO PROFESIONAL

Vocabulario

Los negocios	***Business***
el/la cliente/a	*client, customer*
la clientela	*clientele*
la cotización	*price quote*
las finanzas	*finance*
las ganancias	*profits*
la gerencia	*management*
la mercadotecnia	*marketing*
el/la propietario/a	*owner*
los recursos humanos	*human resources*
las ventas	*sales*
Otros sustantivos	***Other nouns***
la agenda	*agenda, appointment book*
el anexo	*(e-mail) attachment*
la campaña	*campaign*
el desafío, el reto	*challenge*
el prejuicio	*prejudice*
Verbos	***Verbs***
apreciar	*to value, appreciate*
despreciar	*to despise, look down on*
estar dotado/a (de / para)	*to be endowed, equipped (with)*
estar encargado/a (de)	*to be in charge (of)*
fomentar	*to encourage, foster, promote*
involucrar	*to involve, entail*
lanzar	*to launch*
procurar	*to strive to*
repartir	*to distribute, divide*
Adjetivos	***Adjectives***
adjunto/a	*attached*
desafiante	*challenging*
Adverbios	***Adverbs***
ante todo	*first and foremost*
cuanto antes	*as soon as possible*

Para refrescar la memoria

la carrera (profesional)	*(professional) career*
la cuenta	*bill*
el descuento	*discount*
el diseño	*design*
el envase	*container*
el/la gerente	*manager*
la tarjeta de crédito / débito	*credit / debit card*

NOTE ON *PARA REFRESCAR LA MEMORIA.* In each chapter, these expressions help students review beginner-level vocabulary used in the chapter. As the instructor, you can decide whether to test these expressions as active vocabulary.

En contexto

3-28 El mundo de los negocios. Hay muchos componentes en un negocio.

PASO 1 Empareja cada departamento con el trabajo que hacen sus empleados.

1. mercadotecnia __c__
2. ventas __e__
3. finanzas __a__
4. gerencia __d__
5. diseño __f__
6. recursos humanos __b__

a. Preparan informes sobre las finanzas de la empresa y pagan las cuentas.
b. Ofrecen talleres de capacitación (*training*) y aseguran que se sigan las normas de la empresa.
c. Crean materiales para generar interés en la empresa y en sus productos o servicios.
d. Tienen la autoridad para tomar decisiones sobre el funcionamiento o la marcha de la empresa.
e. Hablan directamente con la clientela para venderles los productos o servicios.
f. Trabajan en la forma y la función de los envases de los productos.

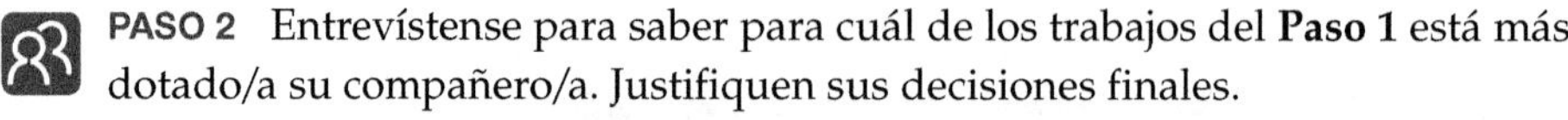

PASO 2 Entrevístense para saber para cuál de los trabajos del **Paso 1** está más dotado/a su compañero/a. Justifiquen sus decisiones finales.

3-29 Una agenda. Una tarea en el trabajo puede requerir varios pasos.

PASO 1 Pon estas actividades en el orden más lógico de 1 a 6.

__4__ Preparar la cotización.

__1__ Abrir un correo electrónico de un/a cliente/a que pide una cotización.

__3__ Preguntarle a tu supervisor/a si le puedes ofrecer un descuento, basándote en esa cantidad.

__2__ Llamar al/a la cliente/a para aclarar la cantidad del producto que quiere comprar.

__6__ Anotar en tu agenda para mañana: si el/la cliente/a no manda el pedido, mandarle otro correo electrónico o llamarlo/la por teléfono.

__5__ Responder al correo electrónico del/de la cliente/a con un anexo de la cotización.

PASO 2 Ahora contesten las siguientes preguntas sobre el **Paso 1.**

1. ¿En qué departamento de la empresa trabaja esta persona?
2. ¿Qué características personales necesita alguien que hace este trabajo?
3. ¿Qué estilos de comunicación necesita utilizar la persona?

3-30 Ponerse de acuerdo.

PASO 1 Estás encargado/a de lanzar una campaña de mercadotecnia para convencer a más estudiantes de tu universidad de que se especialicen en el idioma español. Elige la campaña que creas que va a ser más exitosa y prepárate para justificar tu decisión.

1. *Interactuar con la cultura.* Esta campaña se enfoca ante todo en conocer los productos culturales estudiados en los cursos de español. Se usan imágenes de los cuadros de Velázquez, Dalí y Botero. Se habla de escritores hispanos que han ganado el Premio Nobel de Literatura. Se incluyen citas de las famosas novelas *Don Quijote de la Mancha* y *Cien años de soledad.* Las fotos son de estudiantes sentados en algún lugar cómodo leyendo un libro o de visita en algún museo de arte.

2. *Trabajar con el español.* Esta campaña se enfoca ante todo en las conexiones entre el español y el mundo laboral. Se usan imágenes de varias profesiones que utilizan el español. Se habla del uso del español en Estados Unidos y en los negocios internacionales. Se cita a personas en empresas que buscan empleados que sepan hablar español y que conozcan bien las culturas hispanas. Las fotos son de estudiantes haciendo presentaciones orales en clase y en sus internados para sus cursos de aprendizaje en la comunidad.
3. *Ser ciudadanos globales.* Esta campaña se enfoca ante todo en la globalización y en su conexión con los idiomas y las culturas mundiales. Se usan imágenes de políticos y activistas internacionales. Se cita a figuras del mundo hispano que tienen una voz importante en los discursos transnacionales sobre el medio ambiente, los derechos humanos, los conflictos armados y la economía global. Las fotos son de estudiantes tomando clases relacionadas a, e interactuando con gente en el extranjero.

PASO 2 Pónganse de acuerdo sobre qué campaña va a atraer a más estudiantes a la especialidad de español. Compartan su decisión y sus conclusiones con el resto de la clase. ¿Cuál es la opinión de la mayoría?

3-31 Hablemos claro.

PASO 1 Entrevístense y apunten las respuestas de su compañero/a.

1. Piensa en tu opinión sobre los negocios. ¿Qué ideas positivas tienes? ¿Qué ideas negativas tienes? ¿Qué películas y/o programas de televisión se ambientan (*are set*) en el mundo de los negocios? ¿Qué imagen presentan de ese ambiente laboral (*work environment*)? ¿Qué experiencias personales tienes con el mundo de los negocios?
2. ¿Cuáles son algunos adjetivos que se asocian con los hombres de negocios? ¿Y con las mujeres de negocios? ¿Qué retos tienen los hombres en un puesto de autoridad? ¿Qué retos tienen las mujeres? Para ser buen/a líder en el mundo de los negocios, ¿qué tienes que hacer?
3. ¿Qué trabajos en el mundo de los negocios te interesan y por qué? ¿Qué importancia tiene el español en el mundo de los negocios? ¿Qué importancia tiene el conocimiento cultural? ¿Qué beneficios ofrecen las empresas multinacionales? ¿Qué daños (*damages*) pueden provocar?

PASO 2 Escribe algunas oraciones sobre las semejanzas y/o diferencias entre tu compañero/a y tú, usando detalles específicos de la entrevista. Después, comparte tus ideas con él/ella. ¿Está de acuerdo contigo tu pareja? Prepárate para compartir los resultados con la clase.

Gramática

III. El *se* pasivo y el *se* impersonal

Recall that three different uses of **se** in Spanish have been presented thus far:

- **se** as a reflexive pronoun meaning *oneself, yourself/selves* (formal), *him/herself, themselves* (Chapter 2)
- **se** as a reciprocal pronoun meaning *each other, one another* (Chapter 2)
- **se** as an indirect object pronoun replacing **le/les** before **lo/la/los/las** and meaning *to you* (sing./pl. formal), *to her/him/it, to them* (**Parte 1** of this chapter).

IMPLEMENTATION OF *¡AHORA TÚ!*
Various *¡Ahora tú!* eText activities are provided for students within each grammar presentation. These are mini self-assessments that allow students to immediately practice the concept(s) presented in the bullet(s) and receive automatic feedback. Have students read the grammar presentations and complete the *¡Ahora tú!* activities online as homework, before doing the *En contexto* activities in class. The *¡Ahora tú!* activities thus serve to both break down content into manageable pieces and hold students accountable for reading and reviewing before class.

Two additional uses are passive **se** and impersonal **se**. These are verb constructions where the performer or agent of the action is unimportant, unspecified, and perhaps even unknown to the speaker.

Se habla español.	*Spanish **is spoken** (here). (The fact of "who" speaks Spanish is unimportant.)*
Se vende de todo en esa tienda.	***They sell** everything in that store. ("They" is unspecified and not important to know.)*

A. Formación y uso: el *se* pasivo

¡Ahora tú!

Complete 3-6 online to practice these concepts.

The passive **se** construction is typically translated as *is/are + past participle* in English, as in the first example above, *Spanish* **is spoken** *(here)*. In Spanish, the *passive* **se** + *verb* sequence is followed by a noun that functions as the subject of the sentence. Thus, when this noun is singular, the verb is conjugated in the third-person singular, and when the noun is plural, the verb is conjugated in the third-person plural.

Se necesita empleado/a para mensajería en moto.	*Employee **(is) needed** for motorbike courier service.*
Se venden carros usados.	*Used cars **(are) sold** (here).*

B. Formación y uso: el *se* impersonal

¡Ahora tú!

Complete 3-7 online to practice these concepts.

The impersonal **se** construction is typically translated as *They/People/You/One + verb* in English, as in the previous example, ***They sell** everything in that store.* In Spanish, the *impersonal* **se** + *verb* sequence can be followed by various different entities, such as an adverb, an infinitive, a prepositional phrase, or a clause. The verb is always conjugated in the third-person singular.

Se come bien en ese restaurante, pero **no se puede** pagar con tarjeta de crédito.	***You eat** well in that restaurant, but **you can't** pay with a credit card.*
Se dice que es el mejor restaurante del pueblo.	***They/People say** that it's the best restaurant in town.*

En contexto

3-32 Las operaciones diarias de una organización. Un día típico de trabajo involucra varios tipos de tareas e interacciones para mantener buenas relaciones, no solo con la clientela, sino también con la gerencia.

PASO 1 Indica si cada tarea y/o interacción se hace para la clientela, la gerencia o las dos.

	CLIENTELA	GERENCIA	LAS DOS
1. Se contestan preguntas básicas sobre los productos o servicios de la organización.	☑	☐	☐
2. Se entregan reportes sobre las ganancias y las operaciones internas.	☐	☑	☐
3. Se ofrecen cotizaciones.	☑	☐	☐
4. Se crean estrategias para las campañas de mercadotecnia.	☐	☑	☐
5. Se procura responder a los correos electrónicos cuanto antes.	☐	☐	☑
6. Se piden consejos sobre problemas desafiantes.	☐	☑	☐
7. Se mantiene una comunicación abierta.	☐	☐	☑
8. Se habla de manera respetuosa y profesional.	☐	☐	☑

PASO 2 Analicen las construcciones con **se** en el **Paso 1.** ¿Es singular o plural cada verbo conjugado? ¿Pueden explicar por qué?

3-33 Un ambiente de trabajo positivo. La gerencia de una organización es responsable de establecer los valores que determinen la cultura y el ambiente de trabajo. ¿Qué valores y acciones ayudan a crear un ambiente de trabajo positivo?

PASO 1 Completa cada oración con una construcción del **se** pasivo.

MODELO: *Se aprecian* (apreciar) las opiniones de los empleados.

1. Se reparte (repartir) el trabajo de manera equitativa.
2. Se reconoce (reconocer) el buen trabajo solo de "los favoritos".
3. Se celebran (celebrar) los éxitos como grupo.
4. Se desprecia (despreciar) la cooperación.
5. Se resuelven (resolver) los conflictos entre colegas cuanto antes.
6. Se aprecia (apreciar) el espíritu competitivo ante todo.
7. Se fomenta (fomentar) la creatividad.
8. Se toleran (tolerar) los prejuicios y abusos.

PASO 2 Indica si estás de acuerdo o no con cada afirmación hecha en el **Paso 1.** Si no estás de acuerdo, ¿cómo puedes cambiarla para estar de acuerdo?

PASO 3 Comparen sus respuestas de los **Pasos 1** y **2.** ¿Son semejantes o diferentes? ¿De qué manera? Preparen un breve resumen o una conclusión para la clase.

3-34 ¿En qué tipo de organización se trabaja mejor? Todo puesto de trabajo tiene sus ventajas y desventajas. Algunos opinan que es mejor trabajar para una empresa pequeña de alcance local, mientras que otros piensan que es mejor trabajar para una gran empresa multinacional. ¿Qué opinas tú?

PASO 1 Usando las construcciones con **se**, escribe tres oraciones a favor de tu elección entre una empresa pequeña y una multinacional.

MODELO: *Es mejor trabajar para una empresa pequeña porque 1)* ***se conoce*** *bien a la gerencia, 2) …, 3) …*

VERSUS: *Es mejor trabajar para una empresa multinacional porque 1)* ***se puede*** *viajar a otros países, 2) …, 3) …*

PASO 2 Formen grupos con representantes de la misma opinión y léanse sus oraciones. Escojan tres de las mejores oraciones para presentárselas a la clase. ¿En cuál de los dos tipos de empresa prefiere trabajar la mayoría de los estudiantes?

3-35 ¿Cómo se aumentan las ventas? ¿Qué tipos de estrategias usan las empresas para mantener buenas relaciones con el público, atraer a más clientes y, en última instancia (*ultimately*), aumentar sus ganancias?

PASO 1 Ustedes son los propietarios de un pequeño negocio en una ciudad con un alto porcentaje de hispanohablantes. Primero, decidan qué tipo de negocio tienen y qué productos y/o servicios venden. Después, escriban de tres a cinco oraciones, usando construcciones con **se**, para conectarse mejor con el público y anunciar lo que ofrece el negocio en la vidriera (*store front*), en el periódico local y en Internet.

MODELO: E1: *Se venden productos de belleza.*
E2: *Se aceptan tarjetas de crédito.*

PASO 2 Ahora, como pareja, júntense con otra pareja y escuchen sus anuncios. Háganles preguntas para saber más y decidan si les interesa consumir o no sus productos y/o servicios. Compartan sus resultados con la clase. ¿Decidieron consumir los productos y/o servicios de la otra pareja? ¿Por qué?

Gramática

IV. *Se* para expresar acontecimientos no planificados

The passive **se** construction may be used with certain verbs to express unplanned or unexpected occurrences, a use often referred to as *no-fault* **se.** It emphasizes the accidental nature of an occurrence as *having happened to* someone and thus minimizes any personal responsibility for it.

¡Siempre **se me olvida** la contraseña!	*My password always **slips my mind**! (I always **forget** my password!)*
Se le descompuso la computadora.	*The computer **broke down on him.***

- The following verbs are commonly used in *no-fault* **se** constructions.

acabar	*to run out of*	**descomponer**	*to break down*	**perder**	*to lose, miss*
apagar	*to go out*	**ocurrir**	*to come up with*	**quedar**	*to leave behind*
caer	*to drop, spill*	**olvidar**	*to forget, slip one's mind*	**romper**	*to break, tear*

Formación y uso

The *no-fault* **se** construction is made up of **se** + *indirect object pronoun* + *verb* + *subject.* The indirect object (IO) pronoun corresponds to the "victim" of the accidental occurrence. Recall the IO pronouns: **me, te, le, nos, os, les.** Remember also that a prepositional phrase may be used with an IO pronoun for clarification or emphasis, e.g., **a mí, a ti, a usted, a él, a ella, a nosotros/as, a vosotros/as, a ustedes, a ellos/as,** etc.

A mi jefe se **le** descompuso **la computadora.**	*The computer broke down on my boss.*
A él se **le** descompuso **la computadora,** no **a mí.**	*The computer broke down on him, not on me.*

¡Ahora tú!

Complete 3-8 online to practice these concepts.

- As with passive **se,** when a *singular noun* follows the verb, it is conjugated in the third-person *singular,* and when a *plural noun* follows the verb, it is conjugated in the third-person *plural.* When an infinitive or a clause follows the verb, it is conjugated in the third-person *singular.*

Pepe es un desastre. Primero, **se le cayó el café** en la oficina.	*Pepe is a disaster. First, his coffee spilled on him in the office.*
Después, **se le perdieron las llaves** de la oficina.	*Then he lost his keys to the office. (His keys to the office were lost.)*
¡A lo mejor **se le olvida venir** a trabajar mañana!	*Maybe he will forget to come to work tomorrow!*

- The first two examples directly above show that while English uses a possessive adjective in these expressions (e.g., ***his** coffee, **his** keys*), Spanish uses an article (e.g., ***el* café, *las* llaves**). In Spanish, possession is already expressed through the IO pronoun.

¡Ahora tú!

Complete 3-9 online to practice these concepts.

En contexto

3-36 Un viaje de negocios. La empresa mandó a dos colegas a San Salvador para hacerle una presentación a un cliente potencial.

PASO 1 Para cada acontecimiento, indica el sujeto y a quién(es) se le(s) ocurrió.

Acontecimiento	El sujeto	¿A quién(es)?
1. Se le venció (*expired*).	el pasaporte / los pasaportes	a uno / a los dos
2. Se les ocurrió a tiempo.	la solución / las soluciones	a uno / a los dos
3. Se les quedaron en el avión.	el documento / los documentos	a uno / a los dos
4. Se les apagó durante la presentación.	la luz / las luces	a uno / a los dos
5. Se les olvidaron.	la idea / las ideas	a uno / a los dos
6. Se les perdió.	el contrato / los contratos	a uno / a los dos

PASO 2 ¿Qué adjetivos describen a estos colegas? Decidan cómo puede la empresa intentar recuperar su reputación con el cliente en San Salvador. Prepárense para compartir sus ideas con la clase.

3-37 Dilemas y soluciones. En una oficina con buen ambiente laboral se valora el trabajo en equipo y la resolución positiva de los problemas.

e **PASO 1** Empareja cada dilema con la solución más lógica y apropiada.

DILEMAS	SOLUCIONES
1. A Miguel se le olvidó el reporte. __b__	**a.** Tengo otra en mi oficina. Voy a cambiarme antes de la reunión.
2. Se me olvidó llamar al cliente esta mañana. __e__	**b.** Se escribió otra versión en equipo rápidamente.
3. ¡Se nos apagaron las luces en la oficina! __d__	**c.** Alicia ya llamó al mecánico y llega mañana por la mañana.
4. Se te cayó un botón de la camisa. __a__	**d.** El jefe va a llamar a la compañía de electricidad.
5. Se nos descompuso la fotocopiadora esta mañana. __c__	**e.** Llámalo enseguida y pídele disculpas.

PASO 2 Analicen las construcciones con **se** en el **Paso 1.** ¿Es singular o plural cada verbo conjugado? ¿Qué pronombre de objeto indirecto se usa? ¿Pueden explicar por qué?

3-38 No se te entregó el informe. Eres el/la jefe/a y alguien de tu equipo no te entregó un informe importante a tiempo.

PASO 1 Según tu opinión, decide si sus explicaciones son válidas o no.

	VÁLIDA	NO VÁLIDA
1. Se nos acabó la tinta de la impresora (*printer*).	☐	☐
2. A Guadalupe se le olvidó mandarme los datos más recientes.	☐	☐
3. Se me confundieron las fechas; pensaba que era para mañana.	☐	☐
4. Se me quedó el informe en el autobús esta mañana.	☐	☐
5. No se me ocurrió cómo escribir la conclusión.	☐	☐

PASO 2 Para cada explicación del **Paso 1,** escriban una solución para evitar el mismo problema en el futuro. Prepárense para compartir sus respuestas con la clase.

3-39 Más acontecimientos inesperados y soluciones.

PASO 1 En parejas, escriban tres acontecimientos inesperados en el contexto de una oficina o un negocio.

PASO 2 Intercambien con otra pareja sus tres acontecimientos inesperados y escriban algunas posibles soluciones para ellos. Luego, compartan sus soluciones. ¿Les parecen buenas y factibles (*feasible*) las soluciones ofrecidas por la otra pareja? ¿Por qué?

3-40 ¿Por qué no llegaste? Tu jefe/a te invitó a una cena en su casa pero no llegaste.

PASO 1 Usa las siguientes frases para darle una explicación detallada.

Se me perdió / perdieron…

Se me olvidó / olvidaron…

Se me confundió / confundieron…

Se me descompuso / descompusieron…

PASO 2 Ahora túrnense para hacer el papel del/de la jefe/a y del/de la empleado/a. Luego, decidan si las explicaciones que se dieron fueron convincentes o no.

Lectura: Una carta profesional

Antes de leer

3-41 Tu red de conexiones. Si tienes una red de conexiones personales y profesionales, tienes toda una comunidad de personas dispuestas a apoyarte. ¿Con qué virtudes y/o defectos del **Paso 1** estás de acuerdo?

PASO 1 Relaciona las virtudes de las redes de conexiones profesionales (por ejemplo, LinkedIn) con sus defectos.

VIRTUDES

1. Si subes tu currículo a Internet, está disponible en todo momento. _d_
2. Si eres tímido, es más fácil pedirle a alguien por Internet que se una a tu red profesional. _c_
3. Si eres activo en la red, la gente piensa en ti si surge una oportunidad. _b_
4. Si estás conectado con mucha gente, los otros ven que eres respetado por muchos. _a_
5. Si le escribes una recomendación pública a alguien, te va a recomendar a ti también. _e_

DEFECTOS

a. Huele a desesperación y egocentrismo estar conectado con muchísimas personas.
b. Los verdaderos profesionales están demasiado ocupados para leer lo que pones en Internet.
c. Los contactos hechos a través de Internet son superficiales y por eso no te ayudan.
d. Las empresas reciben miles de currículos. El contacto personal es lo que te destaca (*sets you apart*).
e. Las cartas de recomendación privadas son más honestas y por eso tienen mucho más peso.

PASO 2 ¿Qué tipo de trabajo quiere tener tu compañero/a? Pregúntaselo y basándote en su respuesta, ayúdale a determinar qué información debe poner en su perfil en una red de conexiones profesionales.

1. ¿Cómo debe ser la foto del perfil?
2. ¿Cuál debe ser la primera habilidad de su lista?
3. ¿De qué temas debe hablar en las actualizaciones de su estatus?
4. ¿Qué más debe hacer para destacarse en una red de conexiones profesionales?

Al leer

Estrategia al leer

Interpretar la mención de un contacto personal. Las cartas de presentación que mencionan un contacto personal se leen con más atención. Sin embargo, hay algunas reglas: es importante que la persona dé su permiso para mencionar su nombre y que el lector de la carta tenga una idea positiva de la persona que se menciona. Leer el nombre de un conocido en una carta saca a quien la escribe del anonimato.

3-42 ¿Cierta o falsa? Mientras vas leyendo la carta, indica si las siguientes oraciones son ciertas o falsas.

	CIERTA	FALSA
1. Susana conoce personalmente a la señora Roxana Vilariño Medina.	☐	☑
2. Susana conoce personalmente a Maggie Flynn.	☐	☑
3. Susana menciona a su contacto personal al principio y al final de la carta.	☑	☐
4. Susana conecta sus experiencias con los requisitos del puesto que solicita.	☑	☐
5. Susana ya trabajó en América del Sur.	☐	☑

Una carta profesional (Estados Unidos)

Sra. Roxana Vilariño Medina
Fundación Amistad
Avenida Abacay 7134
Bucaramanga, Colombia

Estimada° Sra. Vilariño Medina:

Dear

Maggie Flynn, coordinadora de voluntarios en la Fundación Amistad, se comunicó con mi profesora de español sobre su organización. Después de hablar con Maggie y leer sobre la misión de la Fundación Amistad, me gustaría solicitar el puesto° de coordinadora de voluntarios. Mis metas personales coinciden con las de su organización: interactuar con gente de otras partes del mundo, y trabajar a favor de la justicia social para todos.

apply for the position

Vivir fuera de Estados Unidos me encanta. Estudié en Granada, España, por cuatro meses y he trabajado en Honduras y en México. Para vivir y trabajar en el extranjero, la comunicación es esencial. En Honduras, construimos clínicas de salud para comunidades rurales. Fue importante mantener una buena comunicación en español para evitar afectar de manera negativa a las familias. Hace poco di una presentación en español en un simposio° en mi universidad sobre nuestras clases de aprendizaje en la comunidad. En las clases usamos materiales impresos° y un video (que hice yo) para informar al público y fomentar las relaciones con otras organizaciones en la comunidad. Por eso estoy segura de poder hacer lo que ustedes necesitan que haga la coordinadora de voluntarios: mantener la organización del programa, entrenar° a los voluntarios y crear relaciones con la gente de la comunidad.

symposium

printed

train

He tenido muchas experiencias de liderazgo° en la universidad. Mi mejor cualidad como líder es la habilidad de comunicarme y tener empatía con mucha gente. Esta habilidad es muy útil para el puesto de coordinadora de voluntarios porque puedo usarla para mantener las relaciones entre la Fundación y la comunidad local. En el verano del 2019, viajé a Tijuana, México, con un grupo para construir casas para dos familias. Aprendí mucho y ahora me gustaría ayudar a los participantes de los programas de la Fundación a llegar a conocer otras culturas, apreciar sus perspectivas y luchar por la justicia social.

leadership

Maggie Flynn habló muy bien de la Fundación y su trabajo con ustedes. Tengo la misma formación que ella —hice la carrera de español en la misma universidad, tomé los cursos de aprendizaje en la comunidad y estudié en el extranjero— y la misma pasión por trabajar en Latinoamérica. Quiero ayudar a aliviar las disparidades° entre las clases sociales. Espero poder ayudar a la Fundación Amistad a cumplir con sus metas también.

disparities

Esperando una respuesta de ustedes,

Susana Carrasco

Susana Carrasco
Universidad Central | 2013
Biología Molecular y Celular | Español
carrasco@email.com | 001.555.861.0833

Después de leer

3-43 **¿Le das el puesto de trabajo?** Evalúa la carta de presentación.

PASO 1 Indica si hay o no evidencia de estas características en la carta de Susana.

1. Sabe hablar bien el español. Sí / No
2. Sabe usar lenguajes informáticos. Sí / No
3. Escribe bien. Sí / No
4. Se comunica bien oralmente. Sí / No
5. Tiene experiencia con presupuestos. Sí / No
6. Trabaja bien en equipo. Sí / No
7. Trabaja bien en ambientes multiculturales. Sí / No

PASO 2 La gente de la Fundación Amistad no quiere tener los mismos problemas que tuvieron con la persona anterior. Algunas de las causas fueron:

- Estaba triste todo el tiempo porque echaba de menos a su familia y a su novio/a.
- Se quejaba de las condiciones de vida en una zona rural.
- Creó materiales completamente nuevos y acabó por sentirse agobiado/a.
- Reveló que había aceptado el puesto porque no había encontrado trabajo en una empresa de Nueva York.
- No trabajó bien en equipo ni aceptó las críticas constructivas de sus supervisores.

Usando la información de la carta, ¿crees que Susana les va a dar los mismos problemas? Justifica tus respuestas.

PASO 3 También solicitó la práctica un estudiante de negocios internacionales y estudios latinoamericanos en Harvard. Tiene notas perfectas e hizo una práctica en Buenos Aires el verano pasado. En parejas, uno/a aboga por (*argues for*) Susana y otro/a por el estudiante de Harvard.

3-44 **Por extensión.** Analicemos nuestras redes de ayuda.

PASO 1 Entrevista a tu pareja para saber si tiene a quién pedirle la siguiente ayuda.

¿Tiene quien…

1. le dé un préstamo de $1.000 para empezar un pequeño negocio o pagar una deuda?
2. lo/la aconseje sobre su carrera después de la universidad?
3. le escriba una carta de recomendación detallada y positiva?
4. lo/la ponga en contacto con un/a dueño/a o un/a gerente que le pueda dar un trabajo?
5. le revise sus materiales para la búsqueda de trabajo (el currículum, la carta de presentación, un portafolio, etc.)?
6. le dé otro apoyo? Explica: ______________________________

PASO 2 Ser parte de una red significa que tú también les ofreces tu ayuda a los demás. Explícale a tu pareja cómo ayudas a otros y cómo te gustaría poder ayudar en el futuro cuando tengas más experiencia o cuando tengas más éxito.

PASO 3 Escribe un párrafo en el que compares tu red de conexiones con la de tu pareja. Concluye con una oración sobre qué debes hacer para construir, mejorar o mantener tu red.

3-45 Tu comunidad de colegas. ¿Cómo pueden las empresas fomentar un sentido de comunidad entre sus empleados?

Interpersonal. Opinen sobre lo que hacen algunas empresas para crear un sentido de comunidad: formar equipos de vóleibol; festejar los cumpleaños de todos; ofrecer comida y bebidas gratis; darles a todos un bono modesto de fin de año. Luego ofrezcan otras ideas —buenas o malas— para unir a los colegas en una empresa.

Presentacional. Preparen un volante (*flyer*) detallado y atractivo para anunciar un evento —serio o absurdo— para crear un sentido de comunidad entre colegas. Todos los grupos presentan sus volantes y todos los estudiantes tienen que apuntarse para solo un evento. ¿Para cuál se apuntó la mayoría? ¿Hay algunos eventos a los que nadie se apuntó?

NOTE ON 3-45.
This activity mirrors the sequenced tasks of an Integrated Performance Assessment (IPA) and thus provides students with additional, low-stakes practice with spoken communication skills. After doing the reading and completing interpretative tasks about the text, students engage in interpersonal speaking. Finally, they create a visual to represent this understanding and share it with others through a presentational speaking task.

Competencia cultural

El mundo multicultural y los negocios

3-46 Entender tu propia cultura. Indica tus respuestas según la siguiente escala: 1 = me parece bien; 2 = no sé; 3 = me parece mal.

	1	2	3
1. Tu colega, una mujer, lleva a un cliente al aeropuerto en un auto de la empresa.	☐	☐	☐
2. Todo el equipo trabaja un sábado para acabar un proyecto importantísimo.	☐	☐	☐
3. Tus clientes no te miran a los ojos.	☐	☐	☐
4. Al recibir una tarjeta de presentación la guardas en el bolsillo de tu chaqueta.	☐	☐	☐
5. Llegas un poquito tarde a una cita.	☐	☐	☐
6. Recibes un regalo de un cliente potencial y no lo abres en ese momento.	☐	☐	☐

NOTE ON 3-46.
The following are examples of international contexts in which the above actions might differ from the majority of North Americans' cultural practices.

1. *En algunos países (por ejemplo, Arabia Saudí y Afganistán), el hecho que las mujeres conduzcan es un tema controversial.*
2. *Los judíos ortodoxos, por ejemplo, no pueden hacer ningún tipo de trabajo durante el sábado.*
3. *En algunas culturas indígenas de Centro América, no mirarle a los ojos a la otra persona es señal de respeto. En algunas partes del Medio Oriente, no mirarle a los ojos a una mujer es señal de respeto.*
4. *En Japón, hay que leer la tarjeta con cuidado y tenerla cerca para referirse a ella. También se ofrece la tarjeta con las dos manos.*
5. *En algunos países de África, por ejemplo, el concepto del tiempo es bastante fluido y esperar algunos minutos no es un insulto.*
6. *En Corea del Sur, por ejemplo, un regalo se recibe con las dos manos y no se abre delante de la persona que lo regaló.*

Estrategia cultural

Las situaciones anteriores son muy normales para ciertos grupos y ofensivas para otros. En los negocios tienes que desarrollar tus capacidades transculturales. Eso significa adquirir conocimientos sobre otros países —sus leyes, normas culturales, días festivos, etc.—, afinar (*fine-tune*) tu sensibilidad para entender las diferencias y respetar el punto de vista de los demás. Según las autoras Jeanette S. Martin y Lillian H. Chaney, hay cuatro "modelos" o formas de actuar ante las diferencias éticas entre culturas. En tu opinión, ¿qué beneficios o problemas ofrece cada uno de los siguientes modelos?

1. Comportarte según la ética del otro país.
2. Aplicar la ética de tu país a todas las situaciones en el otro país.
3. No actuar según las normas de ninguno de los países, sino según las necesidades de las dos empresas.
4. Tener una visión más amplia: ¿qué manera de proceder rinde lo mejor para nuestro mundo?

NOTE ON *ESTRATEGIA CULTURAL.*
Remind students that being ethical is more than simply not breaking the law; it is "doing what is right."

¿Lo sabías?

Algunos términos relacionados con los negocios cambian de país en país. Por ejemplo, en Uruguay se usa "adjunto" en vez de "anexo", "presupuesto" en vez de "cotización" y "contaduría" en vez de "departamento de finanzas". En otros casos, lo que varía es el significado del mismo término. Por ejemplo, "ahora" en España significa "en este mismo momento" mientras que "ahora" o "ahorita" en un país como México puede significar "un momento en el futuro" (o nunca).

Una fábrica en Argentina

Una reunión entre colegas internacionales para generar y explorar nuevas ideas

  **3-47 La competencia cultural en acción.** Para cada situación a continuación, indiquen cuál de los cuatro modelos de Martin y Chaney se ha seguido. Luego analicen los posibles resultados de cada decisión.

1. La empresa de ustedes está construyendo una sucursal (*branch office*) en otro país. La única manera de recibir los certificados necesarios es a través de pagos secretos y en efectivo a los burócratas. Ustedes no los pagan.
   ¿Qué modelo se ha seguido? 1, 2, 3, 4
2. Un cliente potencial muy importante ha venido a Estados Unidos a visitar la empresa de ustedes. Está prohibido fumar dentro del edificio. Él saca un cigarrillo y un encendedor para fumar. Ustedes no le dicen nada.
   ¿Qué modelo se ha seguido? 1, 2, 3, 4
3. La empresa los manda a ustedes a trabajar en una de sus fábricas en otro país. Por casualidad (*by chance*), descubren que los desperdicios tóxicos se echan al río sin ningún tratamiento especial. Cuando preguntan por qué, les dicen que no es ilegal. Ustedes prohíben esta práctica.
   ¿Qué modelo se ha seguido? 1, 2, 3, 4

Podcast

Los adolescentes y el biculturalismo (Estados Unidos)

Antes de escuchar

3-48 El biculturalismo y la salud. Indica si los términos a continuación se asocian con una conducta sana o con una conducta riesgosa (*risky*).

1. una autoestima alta — (Conducta sana) / Conducta riesgosa
2. sentimientos de desesperanza — Conducta sana / (Conducta riesgosa)
3. la agresión — Conducta sana / (Conducta riesgosa)
4. el abuso de drogas — Conducta sana / (Conducta riesgosa)
5. el abuso de alcohol — Conducta sana / (Conducta riesgosa)
6. el biculturalismo — (Conducta sana) / Conducta riesgosa

Al escuchar

Estrategia al escuchar

Buscar más información. Si no entiendes todo lo que oyes en un programa de audio, muchas veces hay instrucciones sobre cómo buscar más información sobre el tema. Esas fuentes te dan la oportunidad de aclarar lo que escuchaste. También te pueden presentar la información de manera visual: por escrito o en videos.

3-49 Las conductas sanas y riesgosas.

PASO 1 Empareja el principio de cada frase con su conclusión.

1. Los adolescentes biculturales pertenecen a... d
2. La aculturación consiste en… a
3. Es bueno mantener... b
4. Los padres inmigrantes enfrentan... c
5. El podcast identifica problemas y ofrece… f
6. El diálogo con los padres ayuda al hijo... e

a. ajustarse a una cultura nueva.
b. lazos con la cultura de origen.
c. desafíos particulares.
d. las dos culturas.
e. a tomar buenas decisiones.
f. consejos.

AUDIO SCRIPT FOR 3-49.
Los adolescentes latinos son más felices y saludables si sus familias adoptan ambas culturas

Este podcast es una presentación de los Centros para el Control y la Prevención de Enfermedades. CDC – gente, segura, saludable.

Los padres latinos que han inmigrado a los Estados Unidos enfrentan desafíos particulares al criar a sus hijos adolescentes en una nueva cultura y país. Sus hijos también enfrentan desafíos. Un estudio reciente realizado por los Centros para el Control y la Prevención de Enfermedades (CDC) y el proyecto sobre salud y aculturación latina de la Universidad de Carolina del Norte indica que los adolescentes que intentan por sí mismos adaptarse a la vida en los Estados Unidos, o que son ciudadanos estadounidenses de primera generación con padres originarios de una cultura distinta, enfrentan probablemente un riesgo más grande de tener problemas de salud y de incurrir en conductas riesgosas asociadas a la aculturación. La aculturación se define como la medida en que una persona se ajusta a una nueva cultura y la rapidez con que lo hace.

A la vez, los adolescentes latinos en los Estados Unidos que mantienen lazos con su cultura de origen, tienen más probabilidad de practicar conductas saludables que sus pares que no tienen esos vínculos. Los adolescentes latinos con una fuerte conciencia de su cultura familiar reportaron una autoestima más alta, menos problemas sociales y menos sentimientos de desesperanza, agresión y abuso de drogas o alcohol, según otro estudio de los CDC.

La buena noticia es que hay medidas que los padres latinos pueden tomar para respetar el país de origen de sus hijos y a la vez adaptarse a diversos aspectos de la cultura estadounidense, de forma que se hagan buenos conocedores de ambas culturas. Los investigadores del tema de la aculturación sugieren las siguientes medidas para ayudar a los adolescentes a estar seguros y saludables.

1. Buscar un equilibrio. Haga que su hijo comprenda cuáles son los aspectos valiosos de la cultura estadounidense y cuáles representan un conflicto con los valores personales de su familia para ayudar a que tomen decisiones saludables.
2. Pasar tiempo en familia. Los horarios de trabajo y la falta del apoyo de la familia extendida a menudo impiden que se pase más tiempo en familia. Durante periodos de adaptación cultural es muy importante la convivencia familiar.
3. Hablar con sus hijos. Hable con su hijo adolescente a medida que se vaya acostumbrando a la vida en los Estados Unidos y dialogue sobre las maneras de tomar buenas decisiones relacionadas con su salud y seguridad.
4. Escuchar a sus hijos. Cuando surjan diferencias de opinión, trate de escuchar y ser lo suficientemente flexible para entender lo que dice su hijo adolescente sobre cómo se hacen las cosas en esta nueva cultura y sobre la manera en que enfrenta dificultades y obtiene logros.

Para más información visite www.cdc.gov/spanish/especialesCDC.

Para obtener la información de salud más precisa, visite www.cdc.gov/espanol o llame a cualquier hora al 1-800-CDC-INFO, es decir 1-800-232-4636.

PASO 2 Para cada consejo del podcast, expliquen su importancia para los dos grupos de adolescentes. Al final, ofrezcan un consejo más.

MODELO: *Es importante para los adolescentes latinos porque…*
Es importante para cualquier adolescente porque…

1. Busquen un equilibrio entre los valores de la familia y los de la cultura dominante.
2. Pasen tiempo en familia.
3. Hablen con su hijo.
4. Escuchen a su hijo.
5. Otro consejo: ____________________

Después de escuchar

3-50 Entender mejor el biculturalismo.

PASO 1 Para buscar más información, selecciona la respuesta correcta.

1. La mejor frase para iniciar una búsqueda en Internet sobre este tema es __b__.
   a. la inmigración y la salud
   b. adolescentes biculturales y la salud
   c. actividades riesgosas
2. Para llegar a la página web de los CDC en español, hay que teclear __c__.
   a. triplew.cdc.gob.diagonal.spanish
   b. www.cdc.gob/spanish
   c. www.cdc.gov/spanish
3. Si uno prefiere hablar con una persona para buscar más información puede llamar al __b__.
   a. 1-800-223-4635
   b. 1-800-232-4636
   c. 1-800-232-4336
4. Las páginas web para mayor información que se ofrecen en este programa dan la impresión de ser fuentes __a__.
   a. fiables (*trustworthy*)
   b. no fiables
   c. falsas

PASO 2 Háblense para averiguar quiénes están de acuerdo con las siguientes afirmaciones. Luego decidan si son características del biculturalismo o no.

AFIRMACIÓN	NOMBRE(S)
1. Mis padres nacieron en otro país, pero yo me crié en este país.	____________
2. He vivido largos períodos de tiempo en dos países.	____________
3. He estudiado en el extranjero.	____________
4. Hablo dos idiomas.	____________
5. He vivido en una zona rural y también en una ciudad.	____________
6. He crecido con dos religiones diferentes.	____________

PARTE 3 ACTIVIDADES CULMINANTES

La interpretación cinematográfica

Recursos humanos: Conexiones complejas

Seleccionar

3-51 Sinópsis. Lee la sinópsis de estas dos obras cinematográficas. ¿Cuál te gustaría ver más y por qué? ¿Cuál de las descripciones te parece más lógica para un cortometraje relacionado con los recursos humanos?

a. Vemos de cerca cómo el sexismo y el poder se usa para juzgar y manipular a la gente en el ámbito laboral. Una secretaria presionada para salir en una cita con su jefe. Una mujer que solicita trabajo es juzgada por su apariencia física. Otra mujer amenaza el trabajo de un hombre. ¿Vencerá él o la igualdad de los géneros?

b. Cuando el propietario de un equipo de fútbol mexicano muere inesperadamente, sus dos hijos entran en conflicto para asumir el rol de nuevo presidente. El hijo, Chava, toma control enseguida, pero la hija, Isabel, está más dotada tanto para los negocios como para las relaciones humanas. Esta historia explora el poder, la rivalidad y su efecto entre todos: hermanos, miembros del equipo ejecutivo, entrenador y jugadores.

Poner *play*

e **3-52 Comprensión.** Indica a qué personaje del cortometraje se refiere cada frase.

1. Trabaja en recursos humanos.	El señor	La señora	**Los dos**
2. Desprecia a las mujeres.	**El señor**	La señora	Los dos
3. Es la persona encargada de reestructurar el personal.	El señor	**La señora**	Los dos
4. No fomenta un ambiente profesional.	**El señor**	La señora	Los dos
5. Necesita actualizar su currículo cuanto antes.	**El señor**	La señora	Los dos
6. Dice a la otra persona que necesita poner "un poquito de tu parte".	El señor	La señora	**Los dos**
7. Procura intimidar a la otra persona.	El señor	La señora	**Los dos**
8. Cometió un error grave.	**El señor**	La señora	Los dos

Compartir

3-53 Reacciones. Hablen sobre el cortometraje que han visto y compartan sus ideas.

Interpersonal. ¿Cómo se puede definir la actitud del entrevistador hacia las mujeres? ¿Cómo reacciona el hombre cuando las mujeres lo rechazan? ¿Piensan que el currículo debe incluir una foto? ¿Qué quiere decir el segundo hombre cuando le dice al entrevistador que la chica es "de las que te gustan"? En general, ¿cómo se debe decidir a quién ofrecer un trabajo?

Presentacional. Imagínense que ustedes van a entrevistar al hombre del cortometraje para un puesto en otra compañía. Escriban una lista de preguntas para saber sobre sus habilidades y su actitud hacia las mujeres. Presenten sus preguntas a todos. ¿Es posible detectar el sexismo en una entrevista de trabajo?

Recomendado para ti…

La segunda sinópsis de la actividad **3-51** es de la serie mexicano-estadounidense *Club de Cuervos (Crows).* Si te interesa, búscala y pon *play* de nuevo.

La expresión escrita

Escribir para crear conexiones

Muchas veces escribimos para relacionarnos con otras personas: para animarlas, entretenerlas, agradecerles algo, pedirles perdón o un favor, invitarlas a algo, clarificar un malentendido y otras cosas más. ¿Qué mensajes has escrito o recibido últimamente y cómo te han ayudado a mantener buenas relaciones con las personas que te rodean?

Antes de escribir

3-54 Conectarse con mensajes breves. Con pocas palabras se puede comunicar mucho.

PASO 1 Empareja los mensajes breves con su significado (*meaning*).

1. Un SMS: "Voy a llegar tarde". b
2. Una tarjeta: "¡Enhorabuena!" d
3. Escrito en el espejo: "Te quiero". f
4. En la página de un amigo en Internet: "Gracias por tu ayuda". a
5. Un papelito en la lonchera (*lunch box*) de tu pareja: "Lo siento". e
6. En la pizarra del salón de clase: "¡Suerte con el examen!" c

a. Me siento agradecido/a.
b. No quiero que te preocupes.
c. Quiero darles ánimo.
d. Me alegro por ti.
e. Espero que me perdones.
f. Estoy enamorado/a de ti.

PASO 2 Escoge uno de los mensajes anteriores y escribe otras palabras para expresar lo mismo.

PASO 3 Muéstrense sus mensajes nuevos y adivinen cuál de los significados del **Paso 1** se ha querido comunicar.

Al escribir

Estrategia al escribir

Escribir en un tono formal. Los mensajes de la actividad anterior se escribieron en un tono muy informal. En contextos académicos y profesionales tenemos que adaptar nuestra escritura para que sea formal. Escribir un correo electrónico como si fuera un mensaje de texto se ve muy mal. También queda mal si escribes cartas profesionales con una estructura y/o tono informal.

3-55 Un correo electrónico formal. Vas a escribirle un correo electrónico formal a uno/a de tus profesores. Necesitas pedirle una carta de recomendación para un trabajo en el mundo de los negocios.

PASO 1 Decide a quién le vas a pedir la carta. Debe ser alguien que te conozca personalmente y que pueda escribir cosas positivas sobre ti. Piensa también en las conexiones entre el curso y el trabajo que buscas. ¿Es pertinente el material que aprendiste?

PASO 2 Redacta primero un esquema (*outline*). Considera la siguiente estructura para organizar tus ideas, o usa tu propia estructura.

- Un saludo con el nombre de tu profesor/a y su título (Estimada Dra. Gómez, etc.).
- Un párrafo para recordarle quién eres, qué curso tomaste con él/ella y cuándo, tu nota final, el tema de un posible trabajo que hiciste para el curso y cualquier otra información pertinente.
- Un párrafo en el que le pidas la carta y le describas brevemente el trabajo que estás buscando.
- Un párrafo en el que le expliques por qué crees que él/ella es la persona indicada para escribirte una carta de recomendación. ¿Qué aprendiste e hiciste en su curso que se relaciona con el trabajo y/o con tus características positivas?
- Una oración para darle las gracias.
- Una despedida apropiada (Me despido con un cordial saludo, etc.).
- Tu nombre completo.

3-56 Tu correo electrónico formal.

PASO 1 Escribe el primer borrador de tu correo electrónico formal. No te olvides de tratar de usted a tu profesor/a. No olvides incluir todos los puntos de tu esquema de la actividad anterior, pero redacta los puntos en el orden que te parezca más natural.

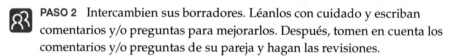

PASO 2 Intercambien sus borradores. Léanlos con cuidado y escriban comentarios y/o preguntas para mejorarlos. Después, tomen en cuenta los comentarios y/o preguntas de su pareja y hagan las revisiones.

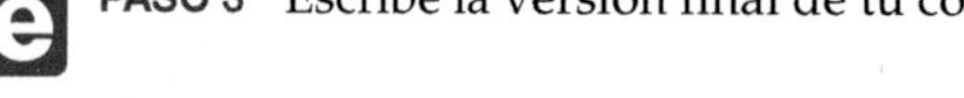

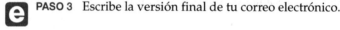

PASO 3 Escribe la versión final de tu correo electrónico.

Después de escribir

3-57 A reflexionar. Busca en Internet ejemplos de cartas de recomendación en español. ¿Puede tu profesor/a escribir cosas semejantes de ti? Si quieres salir de la universidad con buenas cartas de recomendación, ¿qué tienes que hacer para conseguirlas? Apunta tus ideas para compartirlas en clase.

La expresión oral

Hablar para crear conexiones

La comunicación oral también se usa para crear, mantener y reparar las relaciones entre las personas. ¿Cómo se comunica uno oralmente para mantener buenas relaciones con los demás?

Estrategia al hablar

Ser consciente del lenguaje corporal. Además de las palabras que pronuncias, las señales de tu cuerpo también comunican. Si quieres crear una conexión positiva con tus interlocutores en una presentación formal o en una simple conversación, ten en cuenta lo siguiente:

- La cabeza erguida (*erect*), el contacto visual y una sonrisa comunican seguridad personal.
- Las manos no deben moverse demasiado, ni muy poco.
- No des la espalda al público. En una conversación, inclínate un poco hacia la otra persona.
- Estate quieto/a cuando habla la otra persona. Para demostrar interés, no te muevas mucho ni te distraigas.
- Otras señales positivas en una conversación son: imitar la postura de la otra persona y asentir (*to nod*) ligeramente con la cabeza.

A. El habla interpersonal: Intercambios

3-58 Improvisar. Al realizar los siguientes *role-plays*, no se olviden del lenguaje corporal.

  **PASO 1** Túrnense para hacer cada papel en las dos situaciones.

IMPLEMENTATION OF 3-58, *PASO 1*. Have students switch pairs after each role-play, so that each student works with four different classmates over the course of the activity (i.e., a student plays *Persona A* in *Situación 1* with one partner, and then plays *Persona B* in *Situación 1* with a new partner). During *Paso 2*, choose volunteers who have not yet worked together during the activity, so that their role-play is spontaneous or unrehearsed. If assigning the activity for completion online using LiveChat, encourage students to play both roles in each situation with one classmate.

Situación 1	
Persona A: Eres un/a viejo/a amigo/a de la Persona B. Lo/La invitas a salir contigo esta noche. Insistes porque él/ella ha cambiado mucho desde que su novio/a lo/la dejó hace dos meses. Temes que esté deprimido/a. Has decidido que van a salir los/las dos esta noche, ¡a toda costa!	**Persona B:** Antes, salías mucho con la Persona A y tu novio/a. Ahora, salir con él/ella te trae recuerdos tristes de tu ex novio/a. También en los últimos meses has descubierto que prefieres hacer otras cosas, como leer, cocinar y estar con otro grupo de amigos. No quieres salir.

Situación 2	
Persona A: Trabajas en el departamento de ventas en una empresa de herramientas. Están por lanzar un nuevo producto: una sierra (*saw*) eléctrica. Hay un incremento en el número de mujeres que compran sierras eléctricas, pero la de tu empresa es demasiado pesada y difícil de usar para la mayoría de las mujeres. Quieres que los ingenieros la cambien para poder vender más.	**Persona B:** Eres ingeniero/a. Tu equipo trabajó dos años para diseñar una nueva sierra eléctrica. Está hecha con la tecnología más avanzada. Los componentes electrónicos se produjeron en China. Cambiarla ahora significaría perder el trabajo de diez ingenieros y tener que cambiar los acuerdos con la fábrica en China. Es una belleza de la ingeniería. No quieres cambiarla.

PASO 2 Ahora algunos voluntarios harán los *role-plays* con una nueva pareja delante de la clase. La clase va a analizar qué pasó durante cada interacción y qué lenguaje corporal usaron.

B. El habla de presentación: Una presentación de negocios

Antes de presentar

3-59 Hablar para crear conexiones. Vas a dar una presentación sobre una empresa. Puede ser una empresa de un país en el que se hable español o de uno en el que se hable inglés, la cual vende productos hispanos o vende productos a hispanohablantes.

PASO 1 Busca información sobre una empresa que te interese por el lugar donde se encuentra o por los productos que vende, o busca un sector específico que te atraiga. Si escoges una empresa que ya se vio durante este capítulo, no repitas la misma información. Busca información general y luego selecciona un producto específico en el que enfoques la mayor parte de la presentación.

PASO 2 Planea tu presentación sobre la empresa. Debe durar de cinco a siete minutos.

Al presentar

IMPLEMENTATION OF 3-60.
You may ask students to use LiveChat to record their presentation. To enable them to record themselves as a single participant, edit the activity preferences to allow for one minimum number of participants (the default is two).

e **3-60 Da tu presentación.** Practica la presentación antes de darla en clase o grabarla. Si tu instructor/a prefiere que la grabes, hazlo después de practicar. Presta atención al lenguaje corporal. ¿Mueves mucho las manos? ¿Miras tus diapositivas en vez de mirar al público? Utiliza el lenguaje corporal de manera efectiva para involucrar a tu público mientras hablas.

Después de presentar

3-61 ¡A votar! Después de escuchar todas las presentaciones, la clase va a votar por la empresa con los productos que más les interesen. ¿Son productos que pueden comprar en su comunidad? ¿O a través de Internet? ¿Piensa alguien comprar esos productos?

El servicio comunitario

Un mapa de los bienes de tu comunidad

Los mapas de los bienes de una comunidad (*community asset maps*) nos ayudan a visualizar sus elementos positivos. Tú y tus compañeros van a crear para la población hispanohablante local un mapa de los bienes de su comunidad en español.

3-62 Crear un mapa de bienes para hispanohablantes. Sigan estos pasos y luego creen el mapa.

NOTE ON 3-62. Encourage students to include as much information in their community assets maps as possible without getting overwhelmed. If their map is online, other items can be added to the map in the future.

PASO 1 Consulten un mapa para delinear los confines geográficos de la comunidad que van a describir. ¿Van a concentrarse en la zona universitaria? ¿Van a escoger un barrio específico, quizá donde vive un buen número de hispanohablantes?

PASO 2 Determinen qué bienes quieren poner en el mapa. Empiecen por decidir entre estas categorías: negocios, escuelas, museos, parques, clínicas u otra categoría. Luego, decidan si es buena idea seleccionar un tema más específico (negocios con proprietarios latinos, escuelas públicas, museos con obras de artistas latinos, abogados bilingües, etc.).

PASO 3 Pónganse de acuerdo sobre el tipo de información que van a incluir en el mapa final. Consideren estas posibilidades: texto escrito, fotos, videos, entrevistas, enlaces, materiales escaneados, etc. Decidan también si el mapa final va a ser virtual, en papel o en los dos formatos.

3-63 Reflexionar. Contesta las siguientes preguntas sobre tu experiencia con este proyecto de servicio para la comunidad.

1. **¿Qué?** Describe lo que contribuiste al mapa y cómo lo hiciste.
2. **¿Y qué?** ¿A qué conclusiones llegas sobre esa comunidad? ¿Faltan cosas importantes? ¿Sobran algunas cosas? Si vives en esa comunidad, ¿descubriste algo nuevo?
3. **¿Ahora qué?** ¿Cómo puede tu clase difundir el mapa? ¿Cómo pueden hacer una mercadotecnia eficaz del mapa para que la gente sepa que existe? Publíquenlo, incluyendo las mejores ideas de todos.

Es buena idea hacer un mapa con los negocios donde se habla español.

IMPLEMENTATION OF 3-63. One of the pillars of service learning is to follow up service projects with structured reflection activities. The questions/prompts provided in this activity are structured to cycle students through various stages of critical thinking—from a simple reporting back of the facts, to analysis, and finally, to a stage where they use information to create or do something or draw conclusions. These reflection prompts can be assigned as written homework, or alternatively, students can reflect on them orally in small groups in class.

Resumen de vocabulario

Parte 1: El ámbito personal

Personas y relaciones	*People and relationships*
la amistad	*friendship*
el consejo	*(piece of) advice*
la imagen	*image*
el/la novato/a	*freshman*
La tecnología	***Technology***
el correo electrónico, el email	*e-mail (message)*
el enlace	*link*
la etiqueta	*tag, label*
los medios sociales (de comunicación)	*social media*
el perfil	*profile*
la red (social)	*(social) network*
Otros sustantivos	***Other nouns***
la especialidad (de estudios)	*major (studies)*
el pedido, la petición	*request*
Verbos	***Verbs***
actualizar	*to update*
confiar (en)	*to trust (in), count on*
especializarse (en)	*to major (in), specialize (in)*
etiquetar	*to tag, label*
proyectar	*to project, plan*
Adjetivos	***Adjectives***
disponible	*available*
dispuesto/a	*willing*
duradero/a	*long-lasting*
sedentario/a	*sedentary*

Parte 2: El ámbito profesional

Los negocios	*Business*
el/la cliente/a	*client, customer*
la clientela	*clientele*
la cotización	*price quote*
las finanzas	*finance*
las ganancias	*profits*
la gerencia	*management*
la mercadotecnia	*marketing*
el/la propietario/a	*owner*
los recursos humanos	*human resources*
las ventas	*sales*
Otros sustantivos	***Other nouns***
la agenda	*agenda, appointment book*
el anexo	*(email) attachment*
la campaña	*campaign*
el desafío, el reto	*challenge*
el prejuicio	*prejudice*
Verbos	***Verbs***
apreciar	*to value, appreciate*
despreciar	*to despise, look down on*
estar dotado/a (de / para)	*to be endowed, equipped (with)*
estar encargado/a (de)	*to be in charge (of)*
fomentar	*to encourage, foster, promote*
involucrar	*to involve, entail*
lanzar	*to launch*
procurar	*to strive to*
repartir	*to distribute, divide*
Adjetivos	***Adjectives***
adjunto/a	*attached*
desafiante	*challenging*
Adverbios	***Adverbs***
ante todo	*first and foremost*
cuanto antes	*as soon as possible*

Capítulo 4
Conciencia social

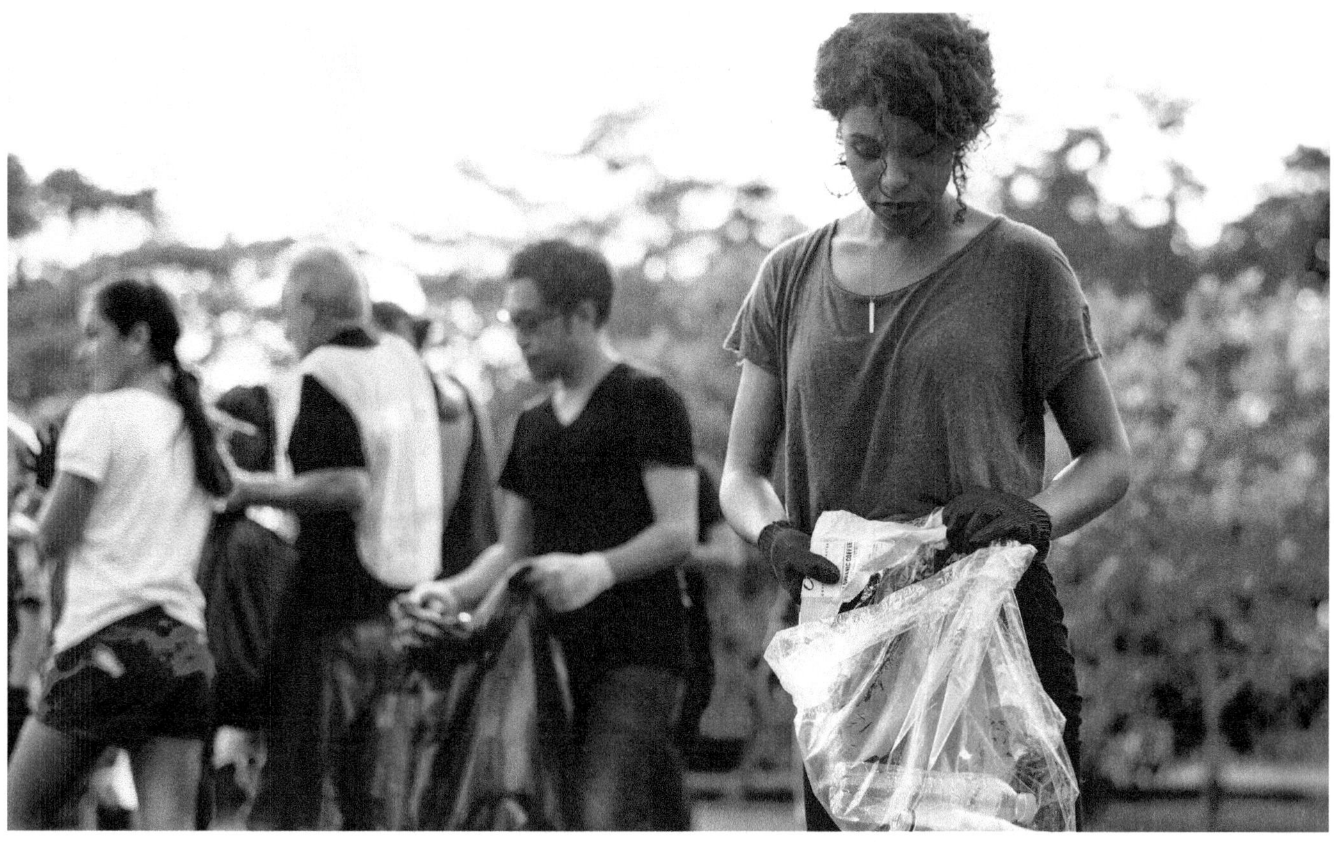

El servicio, tanto voluntario como profesional, contribuye al desarrollo de comunidades sanas y fuertes.

Meta comunicativa

Directiva: Influir en los demás

- Comunicarse para persuadir
- Abogar por causas y acciones solidarias
- Expresar que una entidad o una acción es desconocida
- Expresar acciones interdependientes

IMPLEMENTATION OF *OBJETIVOS DE APRENDIZAJE*. For each of the three main chapter sections, three to four learning objectives (LOs) have been provided to guide students and instructors. These LOs tie the main communicative goal and functions of the chapter to its thematic and cultural content. Review these with students upon starting and finishing each chapter. Ask students whether they have met each one and elicit examples.

Objetivos de aprendizaje

El ámbito personal: Analizar el compromiso cívico

4.1 Identificar algunas de las causas que le preocupan a la generación joven de hoy

4.2 Reflexionar sobre nuestros valores y perfiles como voluntarios

4.3 Explorar ejemplos de acciones solidarias

4.4 Entender la ética dentro del contexto de un voluntariado internacional

El ámbito profesional: Analizar carreras relacionadas con el servicio público

4.5 Hablar de algunas profesiones relacionadas con los servicios sociales en Estados Unidos, la ayuda humanitaria internacional y la política

4.6 Explorar ejemplos de acciones solidarias en las carreras de servicio público

4.7 Identificar las características, los retos y el valor de un proyecto vital

4.8 Saber reconocer lo positivo en todas las culturas

Actividades culminantes: Reflexionar, compartir y presentar

4.9 Hacer conexiones entre el ámbito personal y el ámbito profesional

4.10 Ver y analizar la solidaridad en un cotrometraje auténtico del mundo hispanohablante

4.11 Fomentar la educación y el bilingüismo en la comunidad

Explorando el tema

Pregunta: ¿Cómo puedo unirme a una causa digna de recibir ayuda?

Yadira Peña Mora

Recomiendo que busques algo relacionado con tus pasiones y pasatiempos. Así tus acciones *solidarias* serán naturales y fáciles de incorporar en tu vida. A mí me encanta el deporte y las causas que apoyo tienen que ver con eso. Por ejemplo, quería un póster de Rafael Nadal para mi habitación. Lo compré de la Fundación Rafa Nadal, porque parte del dinero se usa para financiar su causa: ofrecer programas de educación deportiva a niños y adolescentes socialmente desfavorecidos. A través de mi interés en los deportes, apoyo a niños marginados de todo el mundo. Además, me gusta *recaudar fondos* para el medio maratón de mi ciudad a favor de la lucha contra el cáncer. Por último, cuando compro tenis nuevos, doy los viejos a un programa que los recicla para hacer pistas de atletismo (*running tracks*). Los deportes son mi vida y mi causa.

Patricio Pellicer

Sugiero que tomes una clase de aprendizaje a través de servicio. Normalmente en clases de este tipo uno hace algún servicio voluntario relacionado con una materia académica. Tomo estas clases no solo porque me permiten maximizar mi tiempo y mis esfuerzos en mis estudios, sino también porque me *proporcionan* la oportunidad de ser solidario. Para mi clase de español, trabajé en una escuela dando clases particulares a estudiantes hispanohablantes. En mi clase de marketing, creamos una página en Facebook para una organización *sin fines de lucro* local. Mi experiencia favorita fue en mi clase de biología: analizamos el agua en un vecindario local, preparamos un informe, le presentamos los resultados al alcalde y le escribimos una carta al editor del periódico local. Me dio mucha satisfacción *abogar* por el medio ambiente y la salud pública.

Marisa Hernández

¡Hay que viajar! No hay nada como ir a otro lugar para cambiar tu perspectiva y construir un mundo mejor. Fui con mi familia a Costa Rica y pasamos una semana rescatando tortugas marinas (*rescuing sea turtles*). Estudié un semestre en España y además de tomar clases, hice un trabajo voluntario en una casa para personas mayores. Este tipo de servicio voluntario consiste en hacer actividades con los residentes, pero lo más importante, en mi opinión, es simplemente escucharlos y hacerles compañía. Pero no es necesario tener pasaporte para viajar y servir. Todos los años durante las vacaciones de primavera, cuando la mayoría de los estudiantes se va para la playa, yo me voy para Georgia a colaborar con un proyecto que informa a los trabajadores *itinerantes* de sus derechos. Esta experiencia me ha confirmado que sí quiero estudiar Derecho en el futuro.

4-1 Práctica con el contexto.

Estas expresiones están en letras itálicas en la lectura. Empárejalas con las definiciones.

1. solidario/a __d__
2. recaudar fondos __a__
3. proporcionar __f__
4. sin fines de lucro __e__
5. abogar __c__
6. itinerante __b__

a. obtener dinero
b. ambulante, que va de un lugar a otro
c. defender o trabajar a favor de
d. asociado/a a la causa u opinión de alguien
e. cuyo propósito no es ganar dinero
f. dar

4-2 Reflexiones sobre Yadira, Patricio y Marisa.

PASO 1 Indica si cada frase es cierta para Yadira (Y), Patricio (P) y/o Marisa (M). Apoya tus respuestas con información de la lectura.

Sus acciones solidarias tienen un impacto...

1. en su comunidad local. ______________
2. a nivel nacional. ______________
3. a nivel internacional. ______________
4. en el medio ambiente. ______________
5. en la educación o formación de otras personas. ______________
6. en la salud física o emocional de otras personas. ______________

ANSWERS TO 4-2, *PASO 1*.

1. Y, P (Y: recauda fondos para el medio maratón de su ciudad; recicla sus tenis; P: dio clases particulares a hispanohablantes; preparó una página en Facebook para una organización sin fines de lucro local; analizó el agua en un vecindario local).
2. Y, M (Y: recicla sus tenis; M: en Georgia, colabora con un proyecto que informa a los trabajadores itinerantes de sus derechos).
3. Y, M (Y: compró un póster de la Fundación Rafa Nadal; recicla sus tenis; M: viajó a Costa Rica para rescatar tortugas marinas; hizo un trabajo voluntario en una casa para ancianos en España; en Georgia, colabora con un proyecto que informa a los trabajadores itinerantes de sus derechos).
4. Y, P, M (Y: recicla sus tenis; P: analizó el agua en un vecindario local; M: viajó a Costa Rica para rescatar tortugas marinas).
5. Y, P, M (Y: compró un póster de la Fundación Rafa Nadal; P: dio clases particulares a hispanohablantes; M: en Georgia, colabora con un proyecto que informa a los trabajadores itinerantes de sus derechos).
6. Y, P, M (Y: compró un póster de la Fundación Rafa Nadal; recauda fondos para el medio maratón de su ciudad a favor de la lucha contra el cáncer; P: analizó el agua en un vecindario local; M: hizo un trabajo voluntario en una casa para ancianos en España; en Georgia, colabora con un proyecto que informa a los trabajadores itinerantes de sus derechos).

PASO 2 Conversen sobre las siguientes preguntas.

1. ¿Qué acciones solidarias de Yadira, Patricio y/o Marisa les interesan más a Uds.? ¿Por qué?
2. ¿Hay otras acciones solidarias que ustedes ya realizan o que les interesa realizar en el futuro? Expliquen sus respuestas.

PASO 3 Escribe tu propia respuesta a la pregunta inicial de la lectura anterior ("¿Cómo puedo unirme a una causa digna de recibir ayuda?") y preséntasela a la clase. Se votará por la respuesta...

- más factible (*feasible*).
- más idealista.
- más divertida.
- más difícil de implementar.
- más escéptica.
- más aventurera.

IMPLEMENTATION OF 4-2, *PASO 3*.
Have students complete *Paso 3* as homework. Perhaps collect the paragraphs for your own review before having students present or post them for classmates. As an alternative to voting, consider reading various paragraphs aloud to the class and have students guess the author.

Vocabulario

Abogar por...	*Advocate for...*
las poblaciones vulnerables / desfavorecidas	*vulnerable / disadvantaged populations*
los/las niños/as desplazados/as	*displaced children*
los/las trabajadores/as itinerantes	*migrant workers*
Causas	***Causes***
los derechos (humanos)	*(human) rights*
la protección del medio ambiente	*environmental protection*
la vivienda asequible	*affordable housing*
Organizaciones benéficas y actos caritativos	***Charitable organizations and acts***
el aprendizaje a través de servicio	*service learning*
el compromiso cívico	*civic engagement*
la organización no gubernamental (ONG)	*nongovernmental organization (NGO)*
la organización sin fines de lucro	*nonprofit organization*
Verbos	***Verbs***
comprometerse (con)	*to commit (to), engage (in)*
dar(le) clases particulares (a)	*to tutor*
hacer (un) trabajo / servicio voluntario	*to do volunteer work / service*
ofrecer clases de formación	*to offer training*
proporcionar	*to provide*
recaudar fondos	*to fundraise*
rechazar	*to reject*
unirse (a)	*to join (an organization, a cause)*
Adjetivos	***Adjectives***
apático/a	*apathetic*
marginado/a	*marginalized*
solidario/a	*supportive*

Para refrescar la memoria

la contaminación	*pollution*
fomentar	*to encourage, foster, promote*
mejor	*better*
mejorar	*to improve, make better*
las personas mayores	*the elderly, senior citizens*
reciclar (alumnio, plástico, vidrio)	*to recycle (aluminum, plastic, glass)*
los recursos	*resources*

NOTE ON *PARA REFRESCAR LA MEMORIA.* In each chapter, these expressions help students review beginner-level vocabulary used in the chapter. As the instructor, you can decide whether to test these expressions as active vocabulary.

En contexto

4-3 La solidaridad en el mundo hispano.

PASO 1 Asocia cada fundación u ONG con su logotipo.

FUNDACIÓN

1. La Fundación Pies Descalzos, de Shakira, proporciona educación a los niños desplazados de Colombia. __d__
2. La Fundación Selva Negra, de Maná, se dedica a la protección del medio ambiente. __e__
3. La Fundación Eva Longoria ayuda a jóvenes hispanas a prosperar con la educación y la preparación empresarial. __b__
4. La Fundación Familia López, de Jennifer López, ayuda a las madres a acceder a recursos médicos para sus hijos. __a__
5. Voto Latino, co-fundada por Rosario Dawson, es una organización cívica dedicada a fomentar el liderazgo de latinos en EE. UU. para lograr una democracia más representativa. __c__

LOGOTIPO

a. una madre con dos bebés
b. una flor rosada
c. las siglas (*acronym*) de la fundación y dos estrellas
d. la huella de un pie
e. una hoja verde

WARM-UP FOR 4-3, *PASO 1*.
Look for these logos on the Internet. Display them for students (e.g., using a laptop, doc cam, etc.) and have them connect the linguistic descriptions to the images in order to clarify meaning.

EXPANSION OF 4-3, *PASO 1*.
As a comprehension check, describe the famous people in the activity and have students say their names:

1. *¿Cómo se llama la cantante y actriz estadounidense de descendencia puertorriqueña? (Jennifer López)*
2. *¿Cómo se llama el grupo musical mexicano? (Maná)*
3. *¿Cómo se llama la actriz estadounidense de descendencia mexicana? (Eva Longoria)*
4. *¿Cómo se llama la actriz estadounidense de descendencia puertorriqueña y cubana? (Rosario Dawson)*
5. *¿Cómo se llama la cantautora colombiana? (Shakira)*

PASO 2 ¿Cuál es el orden de importancia (de 1 a 5) de las causas en el **Paso 1**? En grupos, comparen sus opiniones y completen las frases.

1. A nosotros nos importa(n) mucho…
2. No estamos de acuerdo en cuanto a la importancia de… porque…
3. Otra(s) causa(s) que nos importa(n) mucho, pero que no sale(n) en el **Paso 1,** es / son…

4-4 ¿Qué dificultades nos afectan?

PASO 1 ¿Qué término no se asocia con los otros?

1. **a.** el alto costo de la educación superior
   (b.) hacer un trabajo voluntario
   c. tener deudas
2. **a.** la discriminación
   (b.) la organización no gubernamental
   c. las poblaciones marginadas
3. **(a.)** dar clases particulares
   b. la contaminación
   c. la protección del medio ambiente
4. **a.** un desastre natural
   b. los niños desplazados
   (c.) rechazar
5. **(a.)** apático
   b. la falta de vivienda asequible
   c. el compromiso cívico
6. **a.** la inmigración
   (b.) proporcionar
   c. los trabajadores itinerantes

PASO 2 De los problemas sociales mencionados en el **Paso 1,** ¿cuáles les han afectado directamente a Uds. o a alguien que conocen? Para Uds., ¿forman parte de una realidad cercana o lejana estas dificultades? ¿Cuáles son los problemas sociales más urgentes según Uds.?

4-5 Ponerse de acuerdo.

PASO 1 Lee sobre tres actividades solidarias. ¿Cuál te interesa más y por qué?

1. Ayudar en la construcción de una casa de Hábitat para la Humanidad el sábado por la mañana, de nueve a doce. La casa queda a cinco millas del campus y es para una pareja con niños pequeños. Muchas personas hispanohablantes van a participar.

2. Bailar 24 horas —de sábado a domingo— en un maratón de danza organizado por tu universidad. Cada participante tiene que recaudar $250, y los fondos se reparten entre varias causas. Es una actividad benéfica en la que participan más de mil personas.

3. Ver una película en español —*Rosario Tijeras* (Emilio Maillé, México / Colombia)— y después escuchar una ponencia (*talk*) sobre las representaciones del narcotráfico en el cine. La entrada es gratis pero piden una donación de $5 para las víctimas de la violencia del narcotráfico.

IMPLEMENTATION OF 4-5, *PASO 2.* Write the three possible activities on the board (*Hábitat para la Humanidad, un maratón de danza, una película en español*) and ask the groups for a show of hands as to which one they chose. Then for each activity, ask those groups what conclusions they drew about themselves and tally these under each activity. Finally, draw an appropriate conclusion about the class—is it a varied group or a more homogeneous one regarding these volunteer activities?

PASO 2 Pónganse de acuerdo sobre una de las tres actividades para hacerla juntos. Después, indiquen las características que definan a su grupo y compartan el resultado con el resto de la clase.

Nos gustan las actividades…

- ☐ físicas.
- ☐ intelectuales.
- ☐ que requieren el uso del español.
- ☐ que no nos obligan a recaudar fondos.
- ☐ ¿otra característica?

4-6 Hablemos claro.

PASO 1 Entrevístense y apunten las respuestas de su compañero/a.

1. ¿Te consideras una persona solidaria? ¿Qué causa(s) apoyas? Describe tu nivel de compromiso cívico en una escala de 1 (apático/a) a 5 (muy comprometido/a). Usa ejemplos específicos para apoyar tu respuesta. Por ejemplo, ¿haces algún trabajo voluntario? ¿Cuánto tiempo le dedicas a la semana o al mes? ¿Donas sangre, dinero, artículos y/o comida?
2. ¿Qué opinas de las declaraciones públicas de solidaridad? ¿Influyen en tu opinión de una persona sus actividades y declaraciones solidarias? ¿Apoyas tú alguna causa públicamente? Por ejemplo, ¿publicas en Facebook tus opiniones? ¿Te pones camisetas con el lema (*slogan*) de alguna causa? ¿Qué no estás dispuesto/a a hacer nunca para ninguna causa?
3. ¿Cuál es el papel de la política en las causas sociales? ¿Crees que ciertas injusticias o problemas deben solucionarse sin la intervención del gobierno? ¿Hay alguna ley (*law*) en particular que quieres que se escriba, que se cambie o que se elimine? ¿A ti personalmente te gusta estar informado/a y/o hablar de política?

PASO 2 Escribe algunas oraciones sobre las semejanzas y/o diferencias entre tu compañero/a y tú, usando detalles específicos de la entrevista. Después, comparte tus ideas con él/ella. ¿Está de acuerdo contigo tu pareja? Prepárate para compartir los resultados con la clase.

Gramática

I. El modo (*mood*) subjuntivo (influencia, duda y emoción)

Mood refers to how an event or action is perceived. When Spanish speakers perceive an action to be factual or an objective reality, they use the *indicative mood*. However, when they perceive it subjectively, for instance, because it is outside their realm of knowledge or experience, they use the *subjunctive mood*.

Sé que la Fundación Pies Descalzos ayuda a niños desplazados en Colombia.	*I know (that) the Barefoot Foundation helps displaced children in Colombia.*
No creo que ayude a las personas mayores.	*I don't believe (that) it helps the elderly.*

IMPLEMENTATION OF *EL MODO SUBJUNTIVO.*

- Review the examples with students to help them process the concepts. For instance, in example 1, point out that *ayuda* is in the indicative mood, since the speaker considers the act of "helping" to be a fact. In example 2, point out that *ayude* is in the subjunctive mood, since the speaker has doubt about the act of "helping."
- Review the pronouns corresponding to the initial conjugations shown for the subjunctive.

A. Formación

The subjunctive mood in the present tense (or the *present subjunctive*) is based on **yo** forms of the present indicative. The **-o** ending is changed to **-e** for **-ar** verbs and to **-a** for **-er** and **-ir** verbs.

hablar → ***hablo:*** hable, hables, hable, hablemos, habléis, hablen
leer → ***leo:*** lea, leas, lea, leamos, leáis, lean
escribir → ***escribo:*** escriba, escribas, escriba, escribamos, escribáis, escriban

¡Ahora tú!

Complete 4-1 online to practice these concepts.

- Irregularities or spelling changes in the present indicative **yo** forms are maintained in the present subjunctive.

  tener → ***tengo:*** tenga, tengas, tenga, tengamos, tengáis, tengan
  conocer → ***conozco:*** conozca, conozcas, conozca, conozcamos, conozcáis, conozcan
  escoger → ***escojo:*** escoja, escojas, escoja, escojamos, escojáis, escojan

¡Ahora tú!

Complete 4-2 online to practice these concepts.

- Additional spelling changes occur in all forms of the present subjunctive of infinitives that end in **-car** (**c** → **qu**), **-gar** (**g** → **gu**), or **-zar** (**z** → **c**), in order to preserve the original pronunciation of these consonants.

  buscar → ***busco:*** busque, busques, busque, busquemos, busquéis, busquen
  llegar → ***llego:*** llegue, llegues, llegue, lleguemos, lleguéis, lleguen
  rechazar → ***rechazo:*** rechace, rechaces, rechace, rechacemos, rechacéis, rechacen

¡Ahora tú!

Complete 4-3 online to practice these concepts.

- In the present subjunctive, **-ar** and **-er** *stem-changing verbs* follow the same pattern as in the present indicative, where the **nosotros/as** and **vosotros/as** forms do not have a stem change.

  (e → ie) pensar → ***pienso:*** piense, pienses, piense, pensemos, penséis, piensen
  (o → ue) poder → ***puedo:*** pueda, puedas, pueda, podamos, podáis, puedan
  (u → ue) jugar[1] → ***juego:*** juegue, juegues, juegue, juguemos, juguéis, jueguen

¡Ahora tú!

Complete 4-4 online to practice these concepts.

IMPLEMENTATION OF *¡AHORA TÚ!*

Various *¡Ahora tú!* eText activities are provided for students within each grammar presentation. These are mini self-assessments that allow students to immediately practice the concept(s) presented in the bullet(s) and receive automatic feedback. Have students read the grammar presentations and complete the *¡Ahora tú!* activities online as homework, before doing the *En contexto* activities in class. The *¡Ahora tú!* activities thus serve to both break down content into manageable pieces and hold students accountable for reading and reviewing before class.

[1] **Jugar** is the only verb in Spanish with a **u** → **ue** stem-change in the present tense. Note also the spelling change **g** → **gu** in the subjunctive forms of this verb.

¡Ahora tú!

Complete 4-5 online to practice these concepts.

- In the present subjunctive, **-ir** *stem-changing verbs* follow the same pattern as in the present indicative, except for the **nosotros/as** and **vosotros/as** forms, which follow the stem change that occurs in the preterit **e → i, o → u.**

  (e → i, i)[2] **pedir →** ***pido:*** pida, pidas, pida, pidamos, pidáis, pidan
  (e → ie, i) preferir → ***prefiero:*** prefiera, prefieras, prefiera, prefiramos, prefiráis, prefieran
  (o → ue, u) dormir → ***duermo:*** duerma, duermas, duerma, durmamos, durmáis, duerman

- Six verbs have irregular forms in the present subjunctive, including those that do not end in **-o** in the **yo** form of the present indicative.

estar → *estoy*	esté, estés, esté, estemos, estéis, estén
dar → *doy*	dé[3], des, dé, demos, deis, den
ser → *soy*	sea, seas, sea, seamos, seáis, sean
ir → *voy*	vaya, vayas, vaya, vayamos, vayáis, vayan
saber → *sé*	sepa, sepas, sepa, sepamos, sepáis, sepan
haber → *hay*	haya, hayas, haya[4], hayamos, hayáis, hayan

B. Uso

In general, three conditions regarding *sentence structure* and *meaning* co-occur when the subjunctive mood is used in Spanish.

1. A sentence has at least *two clauses* (or verbs): a main (independent) clause and a subordinate (dependent) clause. A main clause can stand alone and form a complete thought, whereas a subordinate clause cannot. It commonly follows the conjunction **que,** which must be expressed in Spanish (whereas it is optional in English).

   Propongo varias soluciones. — *I propose various solutions.*
   Propongo que todos **protejamos** el medio ambiente. — *I propose (that) we all protect the environment.*

NOTE ON *CHANGE OF SUBJECT.* Among native speakers, it is becoming more common to use the subjunctive in a subordinate clause after *dudar* even when there is no change of subject (for example, *Dudo que (yo) vaya*), which is the reason for the inclusion of the qualifier "generally." Nonetheless, the generalization given should be sufficient to help students begin to grasp this difficult grammar point.

2. The two clauses have *different subjects.* When the subordinate clause does not show a change in subject, an infinitive generally is used in it.

   Quiero vivir en un mundo mejor. — *I want to live in a better world.*
   Pido que todos **trabajemos** juntos. — *I ask (that) we all work together.*

NOTE ON *MAIN CLAUSE EXPRESSIONS.* Some main clause expressions (or "trigger phrases") that express influence, doubt, or emotion are provided in this section. Trigger phrases that express unknown entities, unknown actions, or interdependent actions are presented in a later section of this chapter.

3. The main clause, or the conjunction that follows it, expresses *subjectivity,* such as influence, doubt, emotion, unknown entities, unknown actions, or interdependent actions. This subjectivity affects the mood used in the subordinate clause.

   Sé que el Cuerpo de Paz **es** una organización internacional eficaz. — *I know (that) the Peace Corps is an effective international organization.*
   Dudo que **tenga** un impacto negativo en las comunidades a las que sirve. — *I doubt (that) it has a negative impact on the communities served.*

---

[2] When two stem-change options are shown, the first one refers to the stem change in the present tense, and the second one refers to the stem change in the preterit and the gerund.

[3] The first- and third-person singular forms **dé** have a written accent mark to distinguish them from the preposition **de**.

[4] The third-person singular subjunctive form **haya** is the equivalent of indicative **hay.** Both express *there is* (followed by a singular noun) or *there are* (followed by a plural noun).

- Some main clause expressions that express *influence, doubt,* or *emotion* include the following:

Influence			
(no) es importante	*it's (not) important*	**(no) pedir (i, i)**	*to (not) ask*
(no) es necesario	*it's (not) necessary*	**(no) proponer**	*to (not) propose*
(no) es preferible	*it's (not) preferable*	**(no) querer (ie)**	*to (not) want*
(no) es urgente	*it's (not) urgent*	**(no) recomendar (ie)**	*to (not) recommend*
Doubt			
es dudoso	*it's doubtful*	**dudar (de)**	*to doubt*
no es cierto	*it's not true*	**no creer**	*to not believe*
(no) es (im)posible	*it's (not) (im)possible*	**no estar seguro/a (de)**	*to not be sure (of)*
(no) es (im)probable	*it's (not) (im)probable*	**no pensar (ie)**	*to not think*
Emotion			
es bueno	*it's good*	**(no) alegrarse (de)**	*to (not) be glad (about)*
es interesante	*it's interesting*	**(no) esperar**	*to (not) hope*
es una lástima	*it's a shame*	**lamentar**	*to regret*
es sorprendente	*it's surprising*	**temer**	*to fear*

Es importante que haya vivienda asequible para todos. — *It's important (that) there is affordable housing for all.*

Algunos dudan que esto sea posible. — *Some doubt (that) this is possible.*

Espero que encontremos soluciones factibles pronto. — *I hope (that) we find feasible solutions soon.*

- The subjunctive mood rarely appears in the main clause, except when it begins with **tal vez, quizá(s)**, or **ojalá (que)**.

Tal vez haga trabajo voluntario en algún país centroamericano. — *Perhaps I will do volunteer work in a Central American country.*

¡Ojalá (que) mi español sea suficiente! — *I hope (that) my Spanish will be sufficient!*

NOTE ON *EXPRESSIONS OF INFLUENCE.*
Additional expressions, to present as you deem useful: *(no) es aconsejable,* it's (not) advisable; *(no) es deseable,* it's (not) desirable; *(no) es indispensable,* it's (not) crucial; *(no) es preciso,* it's (not) necessary; *(no) es recomendable,* it's (not) advisable; *(no) aconsejar,* to (not) advise; *(no) decir (i, i),* to (not) tell; *(no) desear,* to (not) desire, want; *(no) esperar,* to (not) expect, hope; *(no) exigir,* to (not) demand; *(no) insistir (en),* to (not) insist (on); *(no) mandar,* to (not) order; *(no) necesitar,* to (not) need; *(no) pedir (i, i),* to (not) ask; *(no) permitir,* to (not) permit; *(no) prohibir,* to (no) prohibit; *(no) rogar (ue),* to (not) beg; *(no) sugerir (ie, i),* to (not) suggest.

NOTE ON *EXPRESSIONS OF DOUBT.*
Additional expressions of doubt, to present as you deem useful: *es difícil,* it's unlikely; *es incierto,* it's uncertain; *no es seguro,* it's not certain; *no es verdad,* it's not true; *negar (ie),* to deny.

NOTE ON *EXPRESSIONS OF EMOTION.*
Additional expressions of emotion, to present as you deem useful: *es malo,* it's bad; *es mejor,* it's better; *es raro,* it's odd; *es ridículo,* it's ridiculous; *es terrible,* it's terrible; *¡Qué bueno…!,* How nice…!; *¡Qué lástima…!,* What a shame…!; *¡Qué malo…!,* How awful…!; *(no) estar contento/a (de),* to (not) be happy (about); *tener (ie) miedo (de),* to be afraid (of); *dolerle (ue) (a uno),* to hurt (one); *enfadarle (a uno),* to anger (one); *enojarle (a uno),* to anger (one); *entristecerle (a uno),* to make (one) sad; *(no) gustarle (a uno),* to (not) please (one); *molestarle (a uno),* to bother, annoy (one); *ponerle contento (a uno),* to make (one) happy; *ponerle triste (a uno),* to make (one) sad; *preocuparle (a uno),* to worry (one); *sentir (ie, i),* to regret.

IMPLEMENTATION OF 4-7, *PASO 1.* Before students match the clauses, have them look for any forms in the subjunctive as an awareness-raising exercise and aid to their decision making.

En contexto

4-7 Valores y acciones. Nuestros valores tienen una relación estrecha con nuestras acciones.

PASO 1 Conecta las cláusulas para formar oraciones correctas y lógicas.

A. Juliana Sánchez Ramírez, estudiante de veintidós años, de Chicago, Illinois.

1. Me gusta __c__
2. Es necesario que __a__
3. Creo que __b__

a. nos mantengamos activos durante toda la vida.
b. es posible combinar la educación cultural con la física.
c. bailar salsa y merengue.

B. Martin Toles, abogado de treinta años, de Kalamazoo, Michigan.

4. Lamento que __d__
5. No dudo que __f__
6. Quiero __e__

d. no existan los mismos derechos para todos los ciudadanos.
e. vivir en una comunidad donde no haya discriminación.
f. una pareja homosexual debe disfrutar de los mismos beneficios que una pareja heterosexual.

C. Sally Stevens, programadora de veinticinco años, de Palo Alto, California.

7. Es importante __h__
8. Pienso que __g__
9. Es una lástima que __i__

g. la niñez es una etapa sagrada de la vida.
h. desarrollar una perspectiva global.
i. algunos niños vivan sin la seguridad de una familia estable.

PASO 2 Basándote en las declaraciones de cada individuo, ¿qué trabajo voluntario hace?

a. Juliana Sánchez Ramírez **b.** Martin Toles **c.** Sally Stevens

1. Pasa una semana al año en México trabajando en un orfanato asociado con su iglesia. __c__
2. Visita las escuelas públicas de su comunidad para dar clases de baile latino a los estudiantes. __a__
3. Ayuda a recaudar fondos para la Alianza para la Igualdad, una organización local que apoya los derechos de las personas homosexuales. __b__

PASO 3 Conversen brevemente sobre las ideas expresadas. ¿Se identifican Uds. con alguna de estas tres personas? ¿Con cuál(es)? ¿Por qué?

4-8 Pequeñas medidas. Es posible contribuir a grandes causas con pequeñas acciones diarias. Primero, completa cada oración usando la forma correcta del presente del subjuntivo del verbo indicado. Después, escribe la letra de la acción más lógica.

1. Es terrible que tantas personas ____mueran____ (morir) de cáncer. __c__
2. Es necesario que los hospitales ____tengan____ (tener) recursos abundantes. __f__
3. Es urgente que todo el mundo __se responsabilice__ (responsabilizarse) de nuestro planeta. __e__
4. Es preferible que todos nosotros ____apoyemos____ (apoyar) la agricultura local. __b__

5. Es importante que una comunidad no ___se olvide___ (olvidarse) de sus poblaciones vulnerables, como los discapacitados y los veteranos. ___a___
6. Es bueno que ___haya___ (haber) organizaciones para el beneficio y crecimiento personal de los jóvenes. ___d___

a. Dono mis artículos poco usados a *Goodwill.*
b. Compro productos frescos en un mercado de granjeros de mi comunidad.
c. En la oficina de correos, compro sellos que contribuyen a la investigación del cáncer de mama.
d. Compro galletas de las *Girl Scouts.*
e. Recojo papeles y basura que encuentro por la calle.
f. Dono sangre regularmente.

4-9 Tus ideas. ¿Qué causa te parece más importante o urgente?

NOTE ON 4-9.
Items in word banks appear in italics when they have been used in the model. Remind students that such items are still available for them to use, but that they cannot copy the models verbatim.

PASO 1 Escoge una de las causas de la lista o piensa en otra. Expresa tres ideas o valores acerca de esa causa. Usa varias expresiones impersonales: *es importante, es necesario,* etc. Después, escribe tres medidas que ya tomas, o que puedes tomar, para contribuir a esa causa.

- *la agricultura local*
- el reciclaje
- la conciencia sobre la diabetes
- los derechos humanos
- la libertad de expresión
- ¿otra causa?

MODELO: *La agricultura local. Tres valores: 1) es importante que comamos productos naturales y no procesados, 2) … , 3) … . Tres medidas: 1) elijo comer en restaurantes que usan ingredientes de granjas locales, 2) … , 3) …*

PASO 2 Formen grupos de personas interesadas en diferentes causas. Túrnense presentando sus causas, los valores asociados con ellas y las medidas que quieren tomar. Debido a los recursos limitados (de tiempo, energía y dinero), ustedes solo pueden apoyar **una** de las causas. ¿Cuál va a ser? ¿Por qué?

Gramática

II. Los mandatos de *nosotros*

A **nosotros** command is directed at two or more individuals, including the speaker. In English, a **nosotros** command begins with the expression *Let's* …

Donemos comida enlatada al banco de comida de nuestra iglesia.	***Let's donate*** *canned goods to the food bank at our church.*
Pidamos la ayuda de otros amigos.	***Let's ask*** *for help from other friends.*

Formación y uso

A **nosotros** command uses the **nosotros** form of the *present subjunctive* in a main clause. The following chart summarizes these forms.

Types of forms	Examples of nosotros commands		
Regular	hablemos	leamos	escribamos
Irregular **yo** form	tengamos	conozcamos	veamos
With a spelling change	busquemos	lleguemos	rechacemos
Without a stem-change	pensemos	recordemos	volvamos
With a stem-change	pidamos	sirvamos	durmamos
Other irregularities	demos	seamos	estemos

¡Ahora tú!

Complete 4-6 online to practice these concepts.

Pensemos positiva y creativamente.	*Let's think positively and creatively.*
No rechacemos a los desfavorecidos.	*Let's not reject the disadvantaged.*

- Only one **nosotros** command departs from the above patterns: the affirmative **nosotros** command of the verb **ir** is **vamos.** The negative command maintains the expected irregular present subjunctive form **no vayamos.**

Vamos al ayuntamiento a protestar.	*Let's go to city hall to protest.*
No vayamos enseguida. **Esperemos** un poco más.	*Let's not go right away. Let's wait a little longer.*

- As with all commands, object pronouns attach to the end of *affirmative* commands, which then require a written accent mark to retain their original stress. Object pronouns precede *negative* commands.

Ayudemos a las personas mayores.	*Let's help the elderly.*
Ayudémoslas.	*Let's help them.*
No rechacemos a los pobres.	*Let's not reject the poor.*
No los rechacemos.	*Let's not reject them.*

- When the pronoun **nos** or **se** is attached to the end of an *affirmative* **nosotros** *command,* the final **-s** is deleted from the verb form.

¡**Vámonos!**	*Let's go / leave!*
Donemos dinero a las víctimas.	*Let's donate money to the victims.*
Donémoselo.	*Let's donate it to them.*

En contexto

4-10 Trabajemos juntos.

PASO 1 En cada oración, identifica la forma infinitiva del verbo principal e indica si declara un hecho o si es un mandato de **nosotros.** Después, contesta la pregunta al final del **Paso 1** para sacar una conclusión.

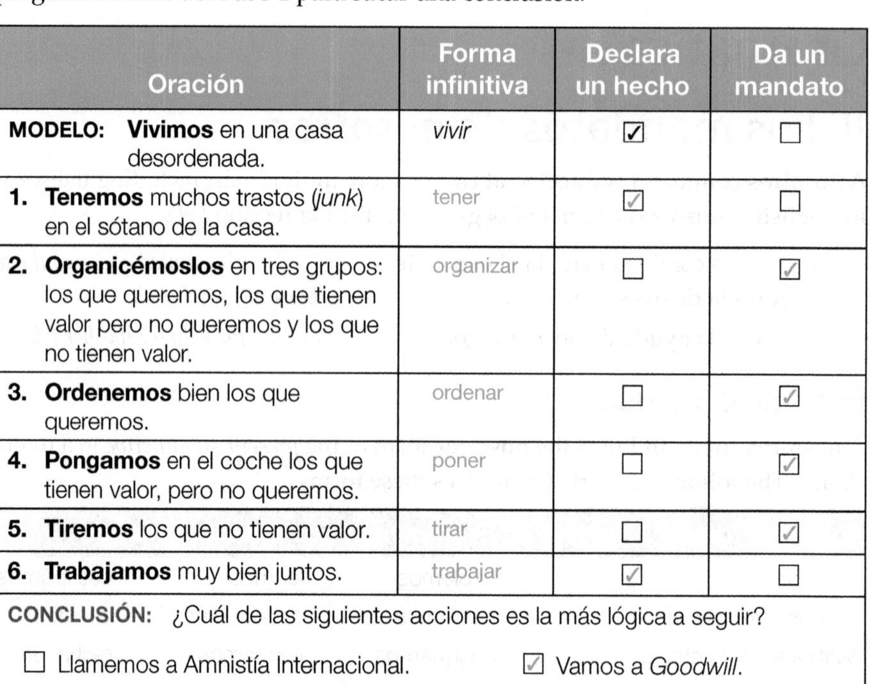

Oración	Forma infinitiva	Declara un hecho	Da un mandato
MODELO: Vivimos en una casa desordenada.	*vivir*	☑	☐
1. Tenemos muchos trastos (*junk*) en el sótano de la casa.	tener	☑	☐
2. Organicémoslos en tres grupos: los que queremos, los que tienen valor pero no queremos y los que no tienen valor.	organizar	☐	☑
3. Ordenemos bien los que queremos.	ordenar	☐	☑
4. Pongamos en el coche los que tienen valor, pero no queremos.	poner	☐	☑
5. Tiremos los que no tienen valor.	tirar	☐	☑
6. Trabajamos muy bien juntos.	trabajar	☑	☐

CONCLUSIÓN: ¿Cuál de las siguientes acciones es la más lógica a seguir?

☐ Llamemos a Amnistía Internacional. ☑ Vamos a *Goodwill*.

☐ Contactémonos con Médicos Sin Fronteras. ☐ Escribámosle a *Greenpeace*.

PASO 2 En grupos, compartan sus experiencias.

1. ¿Han tenido Uds. alguna experiencia semejante? Descríbanla.
2. ¿Cuáles son los beneficios y las desventajas de eliminar trastos de la casa?
3. ¿Cuáles son mayores, los beneficios o las desventajas?

4-11 Un proyecto entre amigos.

PASO 1 Escucha a un grupo de amigos que hablan sobre su proyecto. Indica si cada oración expresa un hecho o da un mandato.

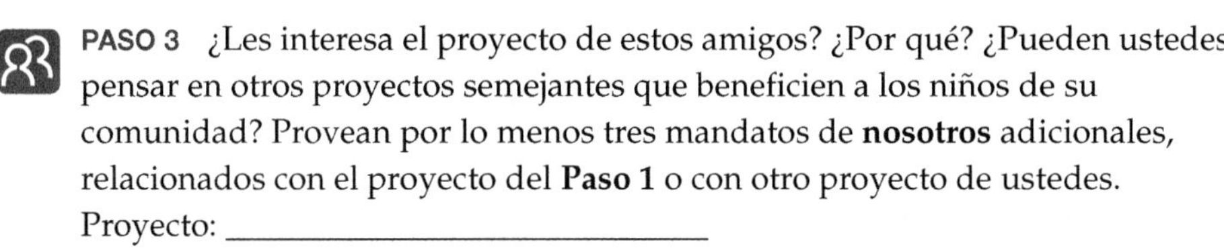

	EXPRESA UN HECHO	DA UN MANDATO		EXPRESA UN HECHO	DA UN MANDATO
1.	☑	☐	**5.**	☐	☑
2.	☑	☐	**6.**	☑	☐
3.	☑	☐	**7.**	☑	☐
4.	☐	☑	**8.**	☐	☑

PASO 2 ¿Qué saben de este grupo de amigos? ¿Qué planes tienen? Intercambien toda la información que recuerden.

PASO 3 ¿Les interesa el proyecto de estos amigos? ¿Por qué? ¿Pueden ustedes pensar en otros proyectos semejantes que beneficien a los niños de su comunidad? Provean por lo menos tres mandatos de **nosotros** adicionales, relacionados con el proyecto del **Paso 1** o con otro proyecto de ustedes.
Proyecto: ______________________________

AUDIO SCRIPT FOR 4-11, *PASO 1.*

1. Valoramos el bilingüismo.
2. Sabemos inglés y español.
3. Queremos mucho a los niños.
4. Hagamos libros bilingües, con imágenes y vocabulario básico en inglés y en español.
5. Donemos los libros a bibliotecas y escuelas locales.
6. Somos personas creativas y muy activas.
7. Disfrutamos de hacer trabajo voluntario.
8. No esperemos más; ¡los niños nos necesitan!

ANSWERS TO 4-11, *PASO 2.*

Answers will vary. Possible answers: *Son bilingües, creativos, muy activos y generosos. Van a crear y donarles libros bilingües a los niños.*

4-12 Un proyecto tuyo. ¿Qué te apasiona?

PASO 1 Escoge de la lista una causa que te apasione o añade una tuya. Después, piensa en un proyecto que puedas implementar con tus compañeros o amigos para contribuir a esa causa y provee una descripción breve del proyecto.

- *el medio ambiente*
- el ejercicio físico
- la agricultura
- la educación
- la justicia social
- los inmigrantes
- los animales
- los niños
- ¿otra causa?

MODELO: *Mi causa: el medio ambiente*
Mi proyecto: ayudar a cuidar los espacios naturales en mi comunidad

PASO 2 Ahora, escribe por lo menos tres mandatos de *nosotros* para convencer a tus amigos o familiares de que trabajen contigo en tu proyecto.

MODELO: *Dediquemos dos horas de los fines de semana a recoger basura de nuestras playas locales.*

PASO 3 Formen grupos y túrnense para presentar sus proyectos y sus sugerencias. Después, contesten las siguientes preguntas.

1. ¿En cuál(es) de los proyectos están dispuestos a participar?
2. ¿Cuál de los proyectos ha recibido el mayor apoyo del grupo? ¿Por qué?

4-13 ¡Pasémoslo bien! Formen grupos y escriban por lo menos tres mandatos de *nosotros* para algo que pueden hacer hoy en clase. Piensen en verbos que sean fáciles de representar con acciones o gestos (*gestures*). Luego presenten sus mandatos al resto de la clase y háganlos juntos.

MODELO: *¡Cantemos "La Bamba"!*

Lectura literaria

Sobre el autor

Alain Lawo-Sukam es poeta, novelista y profesor de español en EE. UU. Su país de origen es Camerún y habla bangwa, francés, español e inglés. *Te quiero, pueblo africano* es un poema del libro *Sueño con África*. Según el poeta, escribió los poemas en español, pero "la necesidad de comunicar[los] en diversas culturas impulsó la traducción al inglés y francés para que mis pensamientos se viertan en otros barcos y naveguen en los diversos ríos que desembocan en el mar de la vida". Lawo-Sukam ha publicado una novela en español, *Mange-Mil y sus historias de tierra caliente* con un protagonista policía en Camerún.

Antes de leer

4-14 ¿Cuánto sabes de África?

PASO 1 Indica si estas frases son de alguien que sabe muchos detalles o pocos detalles sobre África.

1. África es un continente grande en el hemisferio sur. — (Pocos detalles) / Mucho detalles
2. En el continente africano hay muchas personas y se hablan muchas lenguas. — (Pocos detalles) / Muchos detalles
3. El río Zambeze fluye por Zambia, Angola, Namibia, Botsuana, Zimbabue y Mozambique. — Pocos detalles / (Muchos detalles)
4. El Nilo es un gran río. — (Pocos detalles) / Muchos detalles
5. La Sanaga es un río en Camerún que desemboca en el océano Atlántico. — Pocos detalles / (Muchos detalles)
6. Las cataratas de Victoria son grandes y bellas. — (Pocos detalles) / Muchos detalles
7. Se habla español en Guinea Ecuatorial, un país pequeño gobernado por una dictadura militar. — Pocos detalles / (Muchos detalles)
8. La conga es un baile. — (Pocos detalles) / Muchos detalles

PASO 2 ¿Hay información del **Paso 1** que es nueva para Uds.? ¿Qué más saben de África? ¿Saben muchos detalles o pocos detalles sobre este continente? Escojan una de las frases con poco detalle, investíguenla para saber más y después compartan la información con la clase.

Al leer

Estrategia al leer

Identificar los detalles que apoyan una idea principal. Los detalles pueden adquirir una importancia especial en los textos literarios. A veces las ideas principales no se presentan de forma directa sino a través de ciertos detalles o elementos claves.

4-15 Práctica con los detalles. Mientras vas leyendo, fíjate bien en los detalles del poema e indica qué estrofa se asocia principalmente con los siguientes temas.

1. Las aguas de África son bellas. 1 / 2 / 3 / 4
2. La música y el baile africanos son esenciales. 1 / 2 / 3 / 4
3. Las materias primas de África son preciosas. 1 / 2 / 3 / 4
4. Su amor por el pueblo africano es una parte esencial del poeta. 1 / 2 / 3 / 4

Te quiero, pueblo africano, por Alain Lawo-Sukam (Camerún)

Te quiero, pueblo africano
eres el poema de mi corazón
el canto de mi alma.
Mi voz se fue a detener el tiempo
y estoy en la gloria
en tus aguas encantadoras.

La dulzura del Zambeze
la caricia del Nilo
el beso de la Sanaga
las cataratas de Victoria
son bendiciones sagradas
que inundan tu ser
de solemne resplandor.

La más refinada joya del mundo
no vale tu lindo rostro de sueño
y basta tu sonrisa de ébano
para cambiar de color mi mundo
secando el océano de mis lágrimas
floreciendo el jardín de mis penas.

Mi vida sin ti no tiene sustancia
mi música sin tu estribillo
es una conga sin ritmo
mi baile sin tu balafón°
es un paso sin sentido.

° *instrumento musical africano*

Después de leer

4-16 ¿Cierto o falso? Indica si estas frases sobre el poema son ciertas o falsas.

1. El poema ofrece un retrato detallado de la gente africana. Cierto / Falso
2. El poema ofrece un retrato de la gente afrolatina. Cierto / Falso
3. El poema se enfoca en la naturaleza y en el arte de África. Cierto / Falso
4. El poema profundiza en los problemas de África. Cierto / Falso
5. El poema explica las conexiones entre África y las Américas. Cierto / Falso
6. En la última estrofa, África se presenta como parte de la identidad del poeta. Cierto / Falso

4-17 Pueblo africano.

Interpersonal. La gran mayoría de los esclavos africanos que fueron forzados a cruzar el Atlántico llegaron a Latinoamérica. Ellos y sus descendientes afrolatinos son una parte importantísima de las culturas de Latinoamérica y de los latinos en EE. UU. En grupos pequeños, investiguen y hablen sobre afrolatinos famosos, incluyendo, pero no limitándose, a estas personas: Christina Milian, Soledad O'Brien, Lázaro Alonso, Roberto Clemente, Zoe Saldaña, Junot Díaz, Celia Cruz, Félix "Tito" Trinidad, Alex Rodríguez.

Presentacional. Investiguen un elemento específico del poema o de los afrolatinos que más les interesen. Preséntenle la información a la clase. Al final, cambien el título del poema para reflejar lo que han aprendido Uds. en las presentaciones: "Te ______, pueblo africano".

NOTE ON 4-17. This activity mirrors the sequenced tasks of an Integrated Performance Assessment (IPA) and thus provides students with additional, low-stakes practice with spoken communication skills. After doing the reading and completing interpretative tasks about the text, students engage in interpersonal speaking. Finally, they deepen their understanding of the topic through additional research and share it with others through a presentational speaking task.

Competencia cultural

El voluntariado internacional ético

e **4-18 La mejor forma de ayudar.** Determina si estas acciones durante un voluntariado internacional son problemáticas o éticas.

1. Antes de llegar al país donde vas a prestar servicio, estudias lo más posible su historia, la política actual, las normas culturales y la(s) lengua(s). problemática / (ética)
2. Te alojas con una familia y te adaptas a sus horarios, su dieta y sus costumbres. problemática / (ética)
3. La organización donde prestas servicio organiza una excursión para todos los voluntarios. No vas porque estás cansado/a. (problemática) / ética
4. Haces una caminata con un amigo y pintan sus iniciales en una roca grande. (problemática) / ética
5. Haces cosas que no te piden tus supervisores para poder poner actividades más "avanzadas" en tu currículum. (problemática) / ética
6. Pasas mucho tiempo escuchando y observando a la gente del lugar para entender su punto de vista. problemática / (ética)

¿Lo sabías?

A veces lo que se expresa en una sola palabra en inglés requiere más de una palabra en español, y viceversa. Por ejemplo, para decir el verbo "to volunteer" en español, hay que usar una de estas frases: hacer un trabajo voluntario, hacer voluntariado, prestar servicio, ser voluntario/a. El trabajo voluntario popular de "to tutor" es "brindar tutoría". Por otro lado, en español, el verbo "sentir" expresa de forma compacta "to be sorry about / for". ¿Cuáles son otros ejemplos de este fenómeno?

Estrategia cultural

La experiencia del voluntariado internacional debe ser positiva tanto para los voluntarios como para las comunidades donde prestan servicio. No siempre es así. Si los voluntarios para un proyecto para construir casas no saben nada de construcción, la calidad de las casas probablemente será mala. En vez de ser una solución, creará más problemas. También hay que evitar un entendimiento superficial de la pobreza. Frases típicas como "aprendí a apreciar más todo lo que tengo" son problemáticas. Los demás no existen para hacernos "crecer" como personas. Hay que examinar los sistemas que crean dinámicas en las que algunas personas son privilegiadas y otras no.

Un albañil (*mason*) hace servicio voluntario para Hábitat para la Humanidad en Asunción, Paraguay.

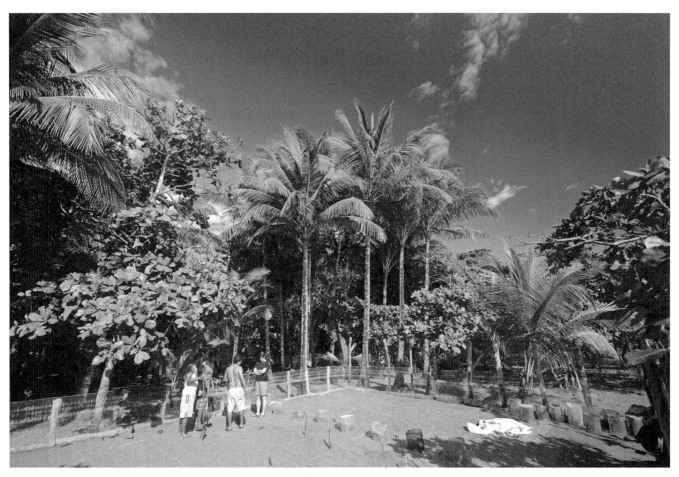

Varios voluntarios trabajan en un criadero (*hatchery*) de tortugas marinas en la Playa Matapalo, Costa Rica.

 **4-19 La competencia cultural en acción.** Analicen los problemas éticos que presentan estas situaciones.

1. Pasas todo un verano prestando servicio en un orfanato en un país centroamericano. Has llegado a querer a los niños y ellos a ti, pero tienes que volver a tu universidad para estudiar. Tienes que despedirte de ellos y quieres decirles que volverás, pero no sabes cuándo será posible exactamente. Conoces a la voluntaria nueva. Te explica que va a estar una semana en el orfanato y luego va a pasar dos semanas de vacaciones en un hotel en la playa.
2. Ustedes están prestando servicio en Perú. Deciden hacer una excursión un fin de semana a Vinicunca, la montaña de siete colores. Les atrae la aventura y quieren sacar fotos y subirlas a los medios sociales. Llegan al lugar sin saber que es una excursión bastante difícil, que tienen que pagar un pasaje y que es un lugar sagrado. Uno de Uds. se tuerce el tobillo y no pueden volver el lunes donde les esperan para prestar servicio.

Video cultural

Un luchador en todos los sentidos (México)

Antes de verlo

4-20 "Hay que respetar al peatón". El reportaje de Manuela trata de una solución sorprendente a los problemas de los peatones (*pedestrians*) en la Ciudad de México. ¿Es peligroso ser peatón en tu ciudad? ¿Hay zonas o cruces particularmente difíciles? ¿Es peligroso andar en bicicleta? ¿Qué otros problemas de seguridad existen en tu ciudad?

e **4-21 Vocabulario útil.** Las siguientes expresiones se usan en el video. Elige la definición más apropiada para cada una de ellas.

1. __f__ concienciar
2. __c__ disfrazarse
3. __e__ echarse para adelante
4. __a__ en apuros
5. __g__ infatigable
6. __d__ la lucha libre
7. __h__ el/la luchador/a
8. __b__ reprender

a. en peligro o en una situación difícil
b. corregir a alguien desaprobando lo que ha dicho o hecho
c. ponerse una máscara y/u otras prendas para no ser reconocido
d. deporte o espectáculo en el que dos personas combaten para derribarse
e. avanzar o recuperarse, a pesar de las dificultades
f. hacer que alguien sea consciente de algo
g. que no se cansa nunca
h. persona que pelea, sea por algo o como deporte

ANSWERS TO 4-22.
1. Las normas de tráfico no se respetan, y esto pone en peligro al peatón. No se siguen las reglas peatonales, los autos pasan rápido, las bicicletas pasan por donde no deben, etc.
2. Es un hombre vestido de luchador. Llama la atención sobre los problemas de los peatones. Habla con los conductores de autos y señala los peligros.
3. La mayoría de la gente acepta con buen humor sus instrucciones.
4. Los dos se dedican a la movilidad urbana sustentable. El Peatonito se viste de luchador, mientras que Jorge Cañas se viste normal.
5. La figura de un luchador es divertida, además de ser una figura cultural en México. *Answers will vary.*

IMPLEMENTATION OF 4-23.
For the in-class presentations, ask students to bring in photos of their introduction. Alternatively, have them complete this activity online using LiveChat.

Al verlo

4-22 ¿Comprendes? Contesta las siguientes preguntas y prepárate para compartir tus ideas con la clase.

1. Describe el problema social que investiga Manuela en su último reportaje. ¿Cuáles son los peligros que enfrentan los ciudadanos?
2. ¿Quién es el Peatonito? ¿A qué se dedica? ¿Cómo protege a los peatones?
3. ¿Cómo reacciona la gente ante la presencia de este superhéroe?
4. ¿Cómo son semejantes el Peatonito y Jorge Cañas? ¿Cómo son diferentes?
5. ¿Por qué crees que funciona bien la figura de un luchador? ¿Cómo reaccionaría la gente de tu ciudad si se encontrara con la figura del Peatonito por la calle?

Después de verlo

e  **4-23 ¡Luces, cámara, acción!** En parejas o grupos, seleccionen un tema social para el próximo reportaje en la serie de Manuela. Preparen el guion para la introducción del reportaje. Consideren estas técnicas para enganchar (*to hook*) al público: contar una anécdota, compartir datos, hacer preguntas o citar a un experto. Preséntenle su introducción a la clase. De los otros grupos, ¿qué introducción les parece la mejor? ¿Por qué?

PARTE 2 EL ÁMBITO PROFESIONAL

Vocabulario

Desafíos	***Challenges***
la hambruna	*famine*
la (in)estabilidad política	*political (in)stability*
el país en vías de desarrollo	*developing country*
Medidas	***Measures***
la ayuda humanitaria internacional	*international humanitarian aid*
el comunicado de prensa	*press release*
el empoderamiento	*empowerment*
el llamamiento (España), el llamado (Américas)	*appeal*
la petición de asilo	*request for asylum*
los servicios sociales	*social services*
Organizaciones	***Organizations***
la Organización de las Naciones Unidas (ONU)	*United Nations (UN)*
la sede (de una organización)	*headquarters (of an organization)*
el sindicato	*labor union*
Personas y cualidades	***People and qualities***
las dotes de mando	*leadership qualities*
el liderazgo	*leadership*
el/la refugiado/a	*refugee*
Verbos	***Verbs***
delegar	*to delegate*
desempeñar (un papel)	*to carry out, play (a role)*
intervenir (ie) (en un momento de crisis)	*to intervene (in a moment of crisis)*
llenar un formulario	*to fill out a form*
proveer (de)	*to provide, supply (with)*
Adjetivos	***Adjectives***
atrevido/a	*daring*
peligroso/a	*dangerous*

Para refrescar la memoria

la carrera (profesional)	*(professional) career*
la guerra	*war*
el hambre	*hunger*
involucrar	*to involve, entail*
mudarse	*to move (one's place of residence)*
repartir	*to distribute, divide*
el SIDA	*AIDS*

NOTE ON *PARA REFRESCAR LA MEMORIA.* In each chapter, these expressions help students review beginner-level vocabulary used in the chapter. As the instructor, you can decide whether to test these expressions as active vocabulary.

En contexto

4-24 Causas y carreras. Hay tres campos profesionales especialmente involucrados en el servicio público: los servicios sociales dentro de Estados Unidos, la ayuda humanitaria internacional y la política. ¿Cuánto sabes de lo que hace un/a profesional en estos campos?

IMPLEMENTATION OF 4-24, *PASO 1*. Consider asking students to do an Internet search to find job descriptions and/or openings in the NGOs mentioned in this activity: 2. *Cruz Roja* (American Red Cross), an emergency response organization; 5. *Comida sobre Ruedas* (Meals on Wheels), a hunger relief organization that helps senior citizens.

PASO 1 Asocia cada acción con el/la profesional que la desempeña.

1. Determina las leyes. c
2. Viaja a otro país en momentos de crisis, como la guerra, la hambruna o la inestabilidad política, como empleado/a de la Cruz Roja. b
3. Ayuda a determinar si alguien tiene derecho a recibir beneficios económicos en Estados Unidos (por ejemplo, estampillas para comida, ayuda financiera para el cuidado de sus hijos, etc.) y luego lo/la ayuda a solicitarlos. a
4. Coordina con gente de otro país la creación de una versión culturalmente apropiada de un programa que ha funcionado bien en Estados Unidos. b
5. Recauda fondos para *Meals on Wheels.* a
6. Decide cuánto dinero da el gobierno a las agencias sociales. c

a. un/a funcionario/a de servicios sociales en Estados Unidos
b. un/a trabajador/a de ayuda humanitaria internacional
c. un/a político/a

PASO 2 Ahora contesten las siguientes preguntas.

1. ¿Qué connotaciones tiene cada uno de estos tres campos profesionales para ustedes?
2. ¿Qué conexión tiene cada uno con el estudio del español o de otros idiomas?
3. ¿Les gustaría trabajar en uno de estos campos profesionales? ¿Cuál(es)? ¿Por qué?
4. ¿Qué cualidades y experiencias son necesarias para trabajar en estos campos? ¿Tienen ustedes ya las cualidades y experiencias necesarias? Si no, ¿cómo pueden desarrollarlas?

4-25 La ayuda humanitaria internacional. Trabajar en el campo de la ayuda humanitaria internacional puede ser peligroso.

PASO 1 Pon estas acciones en orden de menos (1) a más (5) peligrosa, según tu opinión.

1. ____ Inmediatamente después de un desastre natural, llegar y organizar las primeras ayudas.
2. ____ Comprometerte a dos años de trabajo para empezar un programa para mejorar la salud materna en un lugar con alta incidencia de SIDA.
3. ____ Mudarte a Europa para trabajar en la sede de una organización donde coordinas actividades de ayuda a otros países.
4. ____ Pasar tres meses al año en alta mar con una organización dedicada a la protección de los animales marinos.
5. ____ Trabajar en un campamento de refugiados, repartiendo raciones de comida y agua.

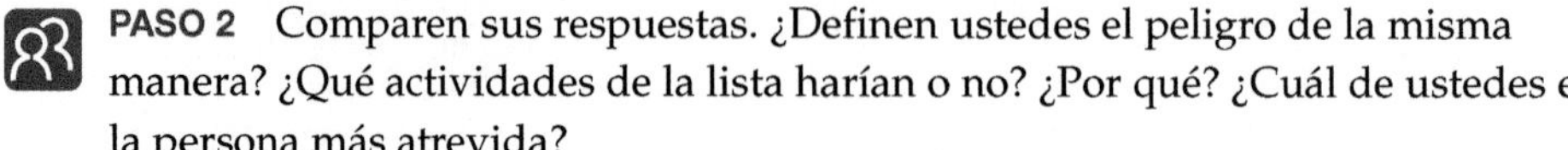

PASO 2 Comparen sus respuestas. ¿Definen ustedes el peligro de la misma manera? ¿Qué actividades de la lista harían o no? ¿Por qué? ¿Cuál de ustedes es la persona más atrevida?

4-26 Ponerse de acuerdo.

PASO 1 Vas a solicitar un trabajo que consideras ideal para ti. La empresa busca a alguien que trabaje bien en equipo, que hable español y que esté dispuesto a viajar al extranjero de vez en cuando. Necesitas solo una carta de recomendación y ahora tienes que decidir a cuál de las siguientes personas pedírsela. Elige a la mejor persona y prepárate para explicar por qué elegiste a esa persona y no a las otras dos.

1. *El entrenador de un equipo deportivo de la escuela secundaria.* Tu entrenador te conoce muy bien y sabes que te estima mucho. Demostrabas tus dotes de mando no solo en el campo deportivo sino también en otras situaciones. El equipo ganó casi todos los partidos y te dieron el premio al "buen espíritu deportivo". Al final de tu último año escolar, tu clase hizo un viaje a México y tu entrenador fue uno de los profesores acompañantes.
2. *Tu profesora de historia.* La clase que más te ha gustado en la universidad fue un curso de historia sobre la Unión Europea que tomaste el semestre pasado. Sacaste una A en el curso y escribiste tu trabajo final sobre la economía española actual. En tus investigaciones leíste mucho material en español y la profesora te escribió comentarios muy positivos en el trabajo. Nunca fuiste al despacho de la profesora durante sus horas de consulta y no sabes si te reconocerá.
3. *Tu profesor de español.* Tomaste un curso de español hace un año con un profesor que te cayó muy bien. Sacaste una B en gran parte porque faltaste a muchas clases y no entregabas la tarea. Cuando estabas en clase, participabas mucho. Le pediste una carta de recomendación para estudiar en el extranjero, pero luego decidiste que no querías estar tan lejos de tu familia.

PASO 2 Pónganse de acuerdo sobre quién es la mejor persona a la que pedir la carta. Después, escriban tres recomendaciones a los estudiantes de primer año sobre cómo conseguir buenas cartas de recomendación en su último año de universidad. Compartan su decisión y sus recomendaciones con el resto de la clase.

MODELO: *Recomendamos que el escritor de la carta te conozca muy bien.*

IMPLEMENTATION OF 4-26, *PASO 2*. Write the three professional fields on the board (*los servicios sociales, la ayuda humanitaria internacional, la política*). Start by asking for a show of hands of who thinks their partner would be best suited for *los servicios sociales*. Call on a student to provide his/her reasoning and then ask the partner whether he/she agrees with the assessment given. Continue in this fashion, calling on two to three students per professional field. Finally, draw an appropriate conclusion about the class—is it a varied group or a more homogeneous one regarding these professional fields? Also, in general, was there agreement between the partners about their assessments of one another?

4-27 Hablemos claro.

PASO 1 Lee las siguientes preguntas para una entrevista de trabajo en el servicio público y escoge la expresión que mejor completa cada pregunta.

comunicados de prensa	dotes de mando	liderazgo
desempeñar un papel	empoderamiento	sede

1. Necesitamos a alguien que motive y guíe a los otros empleados. ¿Cuál es tu filosofía de ___liderazgo___?
2. Para promocionar nuestros programas en los medios masivos, ¿eres capaz de escribir ___comunicados de prensa___?
3. ¿Cuál es tu nivel de compromiso con nuestra causa, el ___empoderamiento___ de la mujer?
4. ¿Prefieres trabajar en nuestra ___sede___ o en una de nuestras oficinas internacionales?
5. ¿Dirían tus jefes anteriores que tienes ___dotes de mando___?
6. ¿Cómo sabemos que estás listo/a para ___desempeñar un papel___ tan importante en nuestra organización?

PASO 2 En parejas, contesten las preguntas del **Paso 1** apoyando sus respuestas con ejemplos específicos.

Gramática

III. Los mandatos de *usted/ustedes* (formales)

A formal command may be directed at one person (singular) or a group of people (plural).

- In the singular, formal commands are used with an individual whom you address *formally* as **usted (Ud.),** as opposed to *informally* as **tú**.

Llene este formulario, por favor.	*Fill out this form, please.*
No tenga miedo de pedir mi ayuda.	*Don't be afraid to ask for my help.*

- In the plural, formal commands correspond to the pronoun **ustedes (Uds.)**.[5]

Llamen a varias agencias de servicios sociales.	*Call various social service agencies.*
Hagan una lista de los servicios que ofrecen.	*Make a list of the services (that) they offer.*

Formación y uso

¡Ahora tú!

Complete 4-7 online to practice these concepts.

IMPLEMENTATION OF *¡AHORA TÚ!*
Various *¡Ahora tú!* eText activities are provided for students within each grammar presentation. These are mini self-assessments that allow students to immediately practice the concept(s) presented in the bullet(s) and receive automatic feedback. Have students read the grammar presentations and complete the *¡Ahora tú!* activities online as homework, before doing the *En contexto* activities in class. The *¡Ahora tú!* activities thus serve to both break down content into manageable pieces and hold students accountable for reading and reviewing before class.

Formal commands use the *present subjunctive* form in a main clause. Refer to grammar point I in this chapter to review the forms. An example of each type of form is given in the chart below.

Types of forms	Examples of formal commands	
	Singular (*Ud.*)	Plural (*Uds.*)
Regular	hable	hablen
Irregular **yo** form	tenga	tengan
With a spelling change	busque	busquen
With a stem-change	pida	pidan
Other irregularities	**vaya**	**vayan**

Organicen un evento para recaudar fondos.	*Organize a fundraiser.*
No gasten más de $500 dólares.	*Don't spend more than $500 dollars.*

- The subject pronouns **usted (Ud.)** and **ustedes (Uds.)** may be used in formal commands to add emphasis. When used, the pronoun appears *after* the conjugated verb.

Tenga usted cuidado en su viaje.	*You be careful on your trip.*
No haga usted nada peligroso.	*Don't you do anything dangerous.*

- Object pronouns attach to the end of *affirmative* commands, which then require a written accent mark to retain their original stress. Object pronouns precede *negative* commands.

Contesten el teléfono en español.	*Answer the phone in Spanish.*
Contéstenlo en español.	*Answer it in Spanish.*
No lo contesten en español.	*Don't answer it in Spanish.*

---

[5] In Latin America, an **ustedes** command may be directed at a group of individuals addressed as **tú** or **usted** in the singular. In Spain, where **vosotros** is used to refer to *you, plural, informal,* a formal command with **ustedes** implies that at least one person in the group is addressed formally with **usted** in the singular.

En contexto

4-28 Llamamientos para apoyar causas.

PASO 1 Primero, señala el/los mandato(s) formal(es) en cada llamamiento. Después, selecciona la causa general para la que se busca apoyo.

a. los niños **b.** el medio ambiente **c.** la salud **d.** la inmigración **e.** la pobreza

1. Únase a nuestra causa. Amigos de la Tierra Internacional recibirá diez dólares por cada texto que se mande. __b__
2. Patrocine (*Sponsor*) un niño y cámbiele la vida. __a__
3. Autoexamínese para ganarle al cáncer de mama. __c__
4. Firme nuestra petición para darles el estatus de protegido temporal (*TPS*) a los guatemaltecos en Estados Unidos. __d__
5. Inscríbase y reciba información sobre los niños de comunidades en conflicto. __a__
6. Tome consciencia; el fumar mata. __c__
7. Ofrézcase como voluntario. Bríndeles tutoría a adultos que se están preparando para el examen de ciudadanía (*citizenship*) de Estados Unidos. __d__
8. Síganos en Twitter y entérese de cómo disminuir su huella de carbono. __b__
9. Colabore con nosotras: teja (*knit*) mantas para abrigar a los más necesitados. __e__
10. Suba una foto de su mejor momento de ecoturismo. __b__

NOTE ON 4-28, *PASO 1*. *Amigos de la Tierra Internacional* (Friends of the Earth International) is an international NGO that defines itself as the world's largest grassroots environmental network. It campaigns on today's most urgent environmental and social issues.

PASO 2 De los llamamientos expresados en el **Paso 1,** ¿cuáles…

1. requieren que se mande dinero? __1, 2__
2. se pueden cumplir desde la computadora? __2, 4, 5, 8, 10__
3. solamente se pueden hacer de manera no virtual? __3, 6, 7, 9__

PASO 3 Escojan el llamamiento que más le interese o motive a cada uno de ustedes a participar en la causa. Después, expliquen lo siguiente:

1. su interpretación del llamamiento
2. por qué les interesa o motiva a participar en la causa
3. los pasos que pueden seguir para contestar el llamamiento

4-29 ¿Descripción o mandato? Los sindicatos se preocupan por los derechos de sus miembros.

PASO 1 Indica si cada oración describe lo que hacen los sindicatos, o si es algo que los sindicatos les mandan hacer a sus miembros.

	DESCRIPCIÓN	MANDATO
MODELO: **Piensan** en el bienestar de los demás.	☑	☐
1. **Negocian** con el liderazgo de una organización.	☑	☐
2. **Asistan** a las reuniones.	☐	☑
3. **Expresan** sus opiniones durante las negociaciones.	☑	☐
4. **Renuevan** contratos.	☑	☐
5. **Reporten** casos de abuso.	☐	☑
6. **Infórmense** de sus derechos.	☐	☑
7. **No se olviden** de votar por el contrato.	☐	☑
8. **Denuncian** situaciones injustas o peligrosas.	☑	☐

PASO 2 Ahora piensen en las acciones que los miembros de un sindicato piden de sus líderes. Escriban cuatro mandatos para los líderes de un sindicato, procurando usar mandatos afirmativos y negativos, con y sin pronombres. Después, compartan sus ideas con la clase.

4-30 Un evento importante. El director de una ONG está en el proceso de organizar un evento muy importante para su organización. Ha preparado una lista de las tareas que se necesitan realizar y ahora las está delegando a sus voluntarios.

PASO 1 En cada oración, escribe la forma correcta del mandato formal (singular o plural) del verbo entre paréntesis.

MODELO: *Julia, escriba (escribir) un comunicado de prensa, por favor.*

1. Pedro y Alex, _vendan_ (vender) entradas a todas las personas que puedan.
2. Pedro, _contrate_ (contratar) a algunos músicos y a un proveedor de comida, por favor.
3. Julia y Ana, por favor _organicen_ (organizar) y _hagan_ (hacer) copias de un folleto con anécdotas positivas de los refugiados que llegaron este año y a quienes nuestro centro ha ayudado.
4. Todos, _recuerden_ (recordar) a los invitados que se aceptan también donaciones de dinero y artículos para el hogar para los recién llegados.
5. Ana, _prepare_ (preparar) un discurso breve pero convincente.
6. Pedro y Alex, durante el evento, por favor, _reciban_ (recibir) a la gente, _repartan_ (repartir) la comida, _sirvan_ (servir) las bebidas y luego _ayuden_ (ayudar) a limpiar el salón.

PASO 2 Ahora respondan a las siguientes preguntas para sacar conclusiones sobre esta organización.

1. ¿Qué prepara esta organización no gubernamental? una cena / un baile
2. ¿Cuál es su causa? la inmigración
3. ¿Cuál es la meta de estas actividades? recaudar fondos

Gramática

IV. El modo subjuntivo (lo desconocido y lo interdependiente)

A. El uso del subjuntivo con entidades desconocidas

Some Spanish verbs may be followed by a *noun* that is an *unknown entity.* When this entity is described by a clause (i.e., an *adjective clause,* rather than simply an adjective), the *subjunctive* mood is used. If the entity is known, the indicative mood is used.

Verbs commonly followed by unknown entities			
buscar	*to look for*	**no conocer**	*to not know / be familiar with*
necesitar	*to need*	**no ver**	*to not see*
		no hay	*there is / are no*

Busco voluntarios trilingües. — *I **am looking for** trilingual volunteers.*

Busco voluntarios que **hablen** inglés, español y quechua. — *I **am looking for** volunteers who **speak** English, Spanish, and Quechua.*

Busco a los voluntarios que **hablan** inglés, español y quechua. — *I **am looking for** the volunteers who **speak** English, Spanish, and Quechua.*

B. El uso del subjuntivo con acciones desconocidas

The following conjunctions may begin a subordinate (dependent) clause that expresses an *anticipated or unknown action.* In such cases, the *subjunctive mood* is used in that clause. If the action in the subordinate clause is *habitual* or *known,* however, the indicative mood is used.

Conjunctions that express...			
Anticipated actions		**Unknown actions**	
cuando	*when*	**aunque**	*although, even though*
en cuanto	*as soon as*	**donde**	*where, wherever*
tan pronto como	*as soon as*	**como**	*how(ever)*
mientras (que)	*as long as, while*	**de manera que**	*so that*
hasta que	*until*	**de modo que**	*so that*
después de que	*after*		
antes de que	*before*		

Anticipated or unknown actions (subjunctive):

Voy a donar mucho dinero a la Asociación Protectora de Animales cuando **pueda**.	*I am going to donate a lot of money to the Humane Society when I can.*
Cuando **pueda**, **voy a donar** mucho dinero a la Asociación Protectora de Animales.	*When I can, I am going to donate a lot of money to the Humane Society.*

Habitual or known actions (indicative):

Siempre **dono** mi cambio a la Asociación Protectora de Animales cuando **compro** en Petco.	*I always donate my change to the Humane Society when I shop at Petco.*
Cuando **compro** en Petco, siempre **dono** mi cambio a la Asociación Protectora de Animales.	*When I shop at Petco, I always donate my change to the Humane Society.*

- Given its meaning, the conjunction **antes de que** requires the subjunctive, unless there is no change of subject, in which case **que** is usually dropped and an infinitive is used after the preposition **de.**

Change of subject (subjunctive):

Voy a practicar español antes de que **trabajemos** en México.	*I am going to practice my Spanish before we work in Mexico.*
Antes de que **trabajemos** en México, **voy a practicar** español.	*Before we work in Mexico, I am going to practice my Spanish.*

No change of subject (infinitive):

Voy a practicar español antes de **trabajar** en México.	*I am going to practice my Spanish before working / I work in Mexico.*
Antes de **trabajar** en México, **voy a practicar** español.	*Before working / I work in Mexico, I am going to practice my Spanish.*

C. El uso del subjuntivo con acciones interdependientes

The following conjunctions begin a subordinate (dependent) clause that expresses a condition or purpose related to the main (independent) clause. After such conjunctions, the *subjunctive mood* is used. If there is no change of subject, however, an infinitive is usually used after the prepositions **de, sin,** or **para.**

Conjunctions that express...			
Conditions		**Purposes**	
a condición de que	*on condition that, provided that*	**a fin de que**	*so that, in order that*
con tal de que	*provided that*	**para que**	*so that, in order that*
en caso de que	*in case*		
a menos que	*unless*		
sin que	*without, unless*		

Change of subject (subjunctive):

Tiene que haber generosidad para que una sociedad funcione bien.	*There has to be generosity for a society to function well.*
Para que una sociedad funcione bien, tiene que haber generosidad.	*For a society to function well, there has to be generosity.*

No change of subject (infinitive):

Reciclo para proteger el medio ambiente.	*I recycle in order to protect the environment.*
Para proteger el medio ambiente, reciclo.	*In order to protect the environment, I recycle.*

En contexto

4-31 ¿Es así en el momento actual? Primero, señala los verbos conjugados en las siguientes oraciones. Después, indica si la oración se refiere a una entidad definida o existente, o si se refiere a algo inexistente **en el momento actual.**

En el momento actual...	EXISTE	NO EXISTE
MODELO: Buscamos voluntarios que puedan manejar.	☐	☑
1. Agradecemos el vehículo que donan los señores García.	☑	☐
2. Agradecemos cualquier vehículo que se done.	☐	☑
3. Necesitamos más voluntarios que ayuden durante la semana o los fines de semana.	☐	☑
4. Busco al voluntario que ayuda en la cocina los jueves por la tarde.	☑	☐
5. En Estados Unidos hay seis millones de personas mayores que pasan hambre.	☑	☐

CONCLUSIÓN: ¿A cuál de las siguientes organizaciones se refieren las oraciones?

☐ Sociedad Humanitaria Internacional ☑ Comidas sobre Ruedas

☐ UNICEF ☐ Médicos Sin Fronteras

4-32 ¿Existente o inexistente? Escucha las siguientes oraciones y presta atención a las formas verbales. Después, indica si la oración se refiere a una entidad definida o existente, o si se refiere a algo inexistente en el momento actual.

1.	existente	inexistente	**4.**	existente	inexistente
2.	existente	inexistente	**5.**	existente	inexistente
3.	existente	inexistente	**6.**	existente	inexistente

CONCLUSIÓN: ¿A qué organización se refieren las oraciones que escuchaste?

☐ Hábitat para la Humanidad ☐ *Greenpeace*
☑ Enseñar para América ☐ Cruz Roja

AUDIO SCRIPT FOR 4-32.
1. Queremos crear condiciones que sean equitativas para todos los niños.
2. Hay más de veinte mil recién graduados que tienen experiencia trabajando para nuestra organización.
3. Buscamos recién graduados que quieran enseñar por lo menos dos años.
4. Queremos entrenar a maestros que luchen por la igualdad educativa durante el resto de su carrera.
5. Ya conocemos a muchos maestros que se preocupan por la igualdad educativa.
6. Enseñamos en comunidades de Estados Unidos que tienen un alto nivel de pobreza.

4-33 Lo ideal.

PASO 1 Usa la forma correcta de los verbos entre paréntesis en el presente del subjuntivo. Después, indica si, en tu caso, la afirmación es verdad.

ANSWERS FOR 4-33, *PASO 1*. Answers to *¿Es verdad?* will vary.

	¿ES VERDAD? SÍ	NO
A. Quiero una carrera que…		
MODELO: tenga *(tener) un impacto positivo en la vida de los demás.*	☑	☐
1. involucre (involucrar) el uso del español.	☐	☐
2. implique (implicar) mucho riesgo (*risk*).	☐	☐
3. esté (estar) relacionada con una organización no gubernamental.	☐	☐
B. Busco un puesto de trabajo que…		
4. pague (pagar) por lo menos $40.000 dólares al año.	☐	☐
5. no me oblique (obligar) a trabajar con otras personas, porque soy una persona introvertida.	☐	☐
6. me permita (permitir) vivir en Latinoamérica.	☐	☐

PASO 2 En parejas, conversen brevemente sobre sus respuestas. ¿Qué tienen en común ustedes? ¿En qué se diferencian? Preparen un breve resumen o conclusión para la clase.

4-34 Mi trabajo. ¿Qué condiciones de trabajo tienes actualmente? ¿Qué condiciones de trabajo buscas en el futuro? Combina elementos de las tres listas para formar tres oraciones lógicas en español. Usa formas verbales correctas en presente del indicativo o del subjuntivo, según el contexto. Sigue los modelos.

buscar	una empresa / una ONG	contratar a más empleados/as
conocer	un/a jefe/a	ascender a sus empleados/as
necesitar	un puesto	tener buenos beneficios
querer	un contrato	atender bien a los clientes
tener	un salario	ser capaz / justo/a / honrado/a
	¿otro sustantivo?	¿otra cláusula adjetival?

A. Una oración sobre lo que tengo o conozco:

MODELO: *Tengo un jefe que es injusto y antipático.*

B. Una oración sobre lo que quiero o busco:

MODELO: *Quiero un jefe que sea justo y simpático.*

AUDIO SCRIPT FOR 4-35.

1. En cuanto recibimos donaciones, por ejemplo, de ropa o de electrodomésticos, las ordenamos en grupos.
2. Cuando los donantes piden un recibo de sus donaciones, se lo damos en seguida.
3. Cuando venga usted a comprar, va a encontrar muy buenos precios para artículos poco usados.
4. Aunque usted no encuentre nada que le guste en su primera visita, seguro que regresa otro día.
5. Ofrecemos entrenamiento y puestos de trabajo para personas con discapacidades físicas o mentales, por lo tanto tienen oportunidades laborales.
6. Pensamos emplear a dos personas más, tan pronto como sea posible.

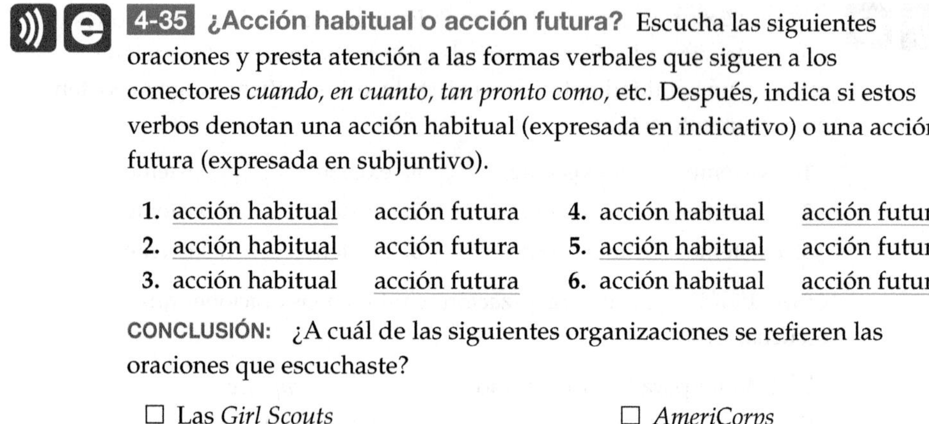

4-35 ¿Acción habitual o acción futura? Escucha las siguientes oraciones y presta atención a las formas verbales que siguen a los conectores *cuando, en cuanto, tan pronto como,* etc. Después, indica si estos verbos denotan una acción habitual (expresada en indicativo) o una acción futura (expresada en subjuntivo).

1.	acción habitual	acción futura	**4.**	acción habitual	acción futura
2.	acción habitual	acción futura	**5.**	acción habitual	acción futura
3.	acción habitual	acción futura	**6.**	acción habitual	acción futura

CONCLUSIÓN: ¿A cuál de las siguientes organizaciones se refieren las oraciones que escuchaste?

☐ Las *Girl Scouts*
☐ El Cuerpo de Paz
☐ *AmeriCorps*
☑ *Goodwill*

Lectura: Artículo periodístico

Antes de leer

4-36 ¿Qué es un proyecto vital? A algunas personas, la pasión por una causa les cambia la vida. Su causa se convierte en un "proyecto vital".

PASO 1 Para entender mejor este concepto, lee lo siguiente e indica si los ejemplos representan o no un proyecto vital.

		SÍ	NO
1.	Ruth Aguilera es profesora de filosofía. Este año participó en un medio maratón para ayudar a recaudar fondos para las investigaciones científicas sobre el cáncer. Lo hizo para honrar la memoria de una amiga de la infancia que se murió de leucemia.	☐	☑
2.	Jill Jones, estudiante de ingeniería, es vice presidenta del club estudiantil de Ingenieros sin Fronteras. Ha viajado dos veces a Uganda para excavar pozos de agua (*wells*) en zonas rurales. Quiere hacer un doctorado en ingeniería civil para mejorar la construcción de los pozos de agua.	☑	☐
3.	Miguel Sobral Alcalá sigue una dieta vegetariana para mantener su salud y la del medio ambiente. Trabaja en un huerto comunitario donde utilizan métodos orgánicos. Da clases sobre agricultura urbana y escribe un blog para compartir recetas vegetarianas con ingredientes naturales.	☑	☐

PASO 2 Según los ejemplos del **Paso 1,** ¿cómo se define un proyecto vital? Indiquen todas las características ciertas. ¿Pueden pensar en otras?

☑ Repercute en varios ámbitos de la vida.
☐ Es momentáneo.
☐ Afecta a un aspecto aislado de la vida.
☐ Es solitario y no afecta a los demás.
☑ Es solidario, con efectos positivos para los demás.
☑ Es duradero.
☐ ¿Otras características?

Al leer

Estrategia al leer

Utilizar elementos visuales para captar la idea principal. Al leer un periódico, dependemos mucho de los elementos visuales para captar primero la idea principal de un artículo y así decidir si queremos leer más detalles del texto. Estos elementos visuales suelen incluir el título, fotografías, dibujos, símbolos y/o el uso de distintos tipos de letra.

4-37 Práctica con los elementos visuales. A continuación se presenta un artículo sobre el proyecto vital de María Torres-Solanot, fotógrafa de Zaragoza, España. Mira el título, la foto y las frases en negrita en el artículo. ¿Cuál es el proyecto vital de María Torres-Solanot? ¿Qué información lo indica?

ANSWERS TO 4-37.
Answers will vary. Possible answers: *Darles clases de fotografía a niñas bolivianas abandonadas y denunciar el abandono infantil.*

4-38 Práctica con el contexto. Estas palabras están subrayadas en la lectura. Mientras vas leyendo, usa el contexto para emparejarlas con sus expresiones sinónimas.

1. retratar _d_ **a.** desarrollarse
2. gestarse _a_ **b.** generosa
3. gestión _e_ **c.** consigue, obtiene
4. recaba _c_ **d.** fotografiar
5. desinteresada _b_ **e.** administración
6. vertiente _f_ **f.** aspecto, faceta

La fotografía puede ayudar a cambiar el mundo, por Paula Figols (España y Bolivia)

Heraldo.es
Paula Figols, Zaragoza |
18/03/2012 a las 06:00
La fotógrafa zaragozana°
María Torres-Solanot dirige un proyecto de cooperación con niñas abandonadas en Bolivia.

En Bolivia, 30.000 niños han sido abandonados y viven en orfanatos°. Miles más malviven° en la calle sin ninguna protección social. **María Torres-Solanot, fotógrafa zaragozana**, cuenta los fríos datos mezclados con los cálidos° recuerdos de su experiencia en Sucre (Bolivia) dando clases de fotografía a niñas de dos orfanatos.

María Torres-Solanot (fotógrafa de HERALDO durante seis años y ahora fotoperiodista° 'freelance') ha dado un salto al otro lado de la cámara y ha creado **un proyecto de cooperación con niñas huérfanas en Sucre y de denuncia del abandono infantil°: Opencameras.** Todo empezó con un viaje en otoño del 2011. María se fue en octubre a dar clases de fotografía a niñas de dos orfanatos. La estancia prevista de un mes se prolongó casi tres y se ha acabado convirtiendo en su proyecto vital.

zaragozana: a person from Zaragoza
orfanatos: orphanages
malviven: scrape by
cálidos: warm
fotoperiodista: photojournalist
abandono infantil: child abandonment

"Fui con mi equipo fotográfico y un portátil°. Las niñas aprendieron a retratar el día a día en su hogar y a dar los primeros pasos en el manejo de la informática°. **La fotografía les servía para retratar su entorno, estimular su curiosidad y sus ganas° de aprender.** Son niñas que han pasado experiencias muy duras. Aun así, conservan una alegría increíble. Los hogares de acogida° hacen una labor muy importante", cuenta María.

"Conviviendo con ellas, cada día me iba involucrando° más y me acostaba pensando cómo podía ayudarlas", reflexiona. El proyecto de Opencameras empezó a gestarse en el día a día del centro de acogida Calor de Hogar de Sucre. "La fotografía y la informática ayudan a las niñas, les dan herramientas° para su futuro. **Y la fotografía sirve también para mostrar su realidad y concienciar° a la gente. La fotografía puede ayudar a cambiar el mundo",** afirma esta fotógrafa y cooperante.

laptop
computer skills
desire
orphanages
getting involved
tools
raise awareness

El proceso

María volvió a Zaragoza en Navidad y empezó a dar forma a su proyecto de Opencameras, que va en camino de convertirse en una ONG. Ella se está formando en cooperación y gestión de entidades sin ánimo de lucro°, mientras recaba apoyos y prepara su próximo viaje. **"He recibido la ayuda desinteresada de mucha gente",** cuenta agradecida. A principios de abril volverá a Sucre, cargada de cámaras y dispuesta a° continuar con la labor.

En un primer momento quiere proporcionar material escolar, fotográfico, informático, juegos y ropa a las niñas que conoció en el orfanato. María quiere continuar con las clases de fotografía e informática, y apoyar a las niñas para que puedan continuar con su educación. Después quiere ampliar el proyecto a otros centros de acogida.

Opencameras también tiene una vertiente de denuncia. "Quiero documentar las causas y consecuencias del abandono infantil, en Bolivia y en otros lugares. Sin formación y apoyo es muy difícil escapar del círculo de exclusión", reflexiona. Planea exposiciones, reportajes, clases…

Y a punto de partir de nuevo a Bolivia, recuerda su último día en Sucre, el pasado diciembre: **"Las niñas me pidieron que por favor no las olvidara".**

nonprofits
ready to

Después de leer

e **4-39 Entender la acción.** Indica si las oraciones describen las actividades de María Torres-Solanot en España, en Bolivia o si no se sabe.

	ESPAÑA	BOLIVIA	NO SE SABE
1. Da clases de fotografía en orfanatos.	☐	☑	☐
2. Se quedó más tiempo de lo planeado.	☐	☑	☐
3. Toma clases sobre cooperación y gestión de las ONG.	☑	☐	☐
4. Va a ampliar su proyecto contratando a dos fotógrafas más.	☐	☐	☑
5. Consigue materiales donados para las niñas huérfanas.	☑	☐	☐

4-40 Por extensión. En el proyecto vital de María Torres-Solanot, se utiliza la fotografía como terapia para las huérfanas. La expresión artística, ya sea por la fotografía o por otros medios, puede tener un impacto terapéutico en la vida de las personas que sufren física, psicológica o emocionalmente.

PASO 1 Empareja las expresiones artísticas con su impacto terapéutico más probable. Después, provee algún ejemplo adicional.

Expresión artística	Impacto terapéutico
1. A los niños con cáncer les ofrecen clases de dibujo y pintura en el hospital. __c__	**a.** En su papel, pueden decir y hacer cosas que no pueden o no quieren hacer en la vida real.
2. Se les recomienda a las personas que sufren de ansiedad que escuchen música clásica. __d__	**b.** Los movimientos rítmicos pueden ayudar con el equilibrio.
3. Como parte de la recuperación después de una operación de rodilla, se incorpora el baile. __b__	**c.** Pueden expresar sus emociones a través de imágenes y colores.
4. Se usa la escritura como parte del proceso de desintoxicación. __f__	**d.** Tiene un efecto calmante.
5. A las personas marginadas y en condiciones de pobreza se les enseña fotografía. __e__	**e.** Les permite poner en evidencia las condiciones de su entorno y compartirlas con otros.
6. Se monta una obra de teatro cuyos actores son pacientes de un programa para víctimas de abuso. __a__	**f.** Ayuda a examinar los pensamientos y a identificar metas.
7. ¿Otro ejemplo? Answers will vary.	

PASO 2 Ahora contesten las siguientes preguntas en parejas.

1. ¿Cuál de los ejemplos del **Paso 1** se refiere al artículo leído?
2. Según el artículo, ¿qué otros beneficios tienen las clases de fotografía para estas muchachas? ¿Y para María?
3. En su opinión, ¿tienen limitaciones las clases de fotografía en la vida de las huérfanas que se describen en el artículo? ¿Cuáles son?
4. ¿Cuáles son algunos ejemplos del papel terapéutico, o simplemente placentero (*pleasant*), de las artes en la vida de ustedes?

ANSWERS TO 4-40, *PASO 2*.
1. 5. 2. Answers will vary but may include the following: *Para las huérfanas, les sirve para estimular la curiosidad y las ganas de aprender y para mostrar su realidad y concienciar a la gente. Les da herramientas para su futuro. Les permite documentar las causas y consecuencias del abandono infantil, en Bolivia y en otros lugares. A María le ha dado un proyecto vital.* 3. Answers will vary. 4. Answers will vary.

4-41 Los proyectos vitales reconocidos y personales.

Interpersonal. Uds. acaban de leer sobre el proyecto vital de María Torres-Solanot. ¿Tienen ustedes un proyecto vital o conocen a alguien que tenga uno? En grupos pequeños, piensen en alguna persona famosa, en sus propios contactos personales o en Uds. mismos. Escojan a dos de estas personas y apunten por lo menos dos o tres maneras en que los proyectos vitales se manifiestan o se manifestaban en sus vidas. Consideren sus causas, sus acciones y los beneficios resultantes. Algunas personas famosas a considerar incluyen, pero no deben limitarse, a: César Chávez, Demi Lovato, Angelina Jolie, Rigoberta Menchú, Dr. Martin Luther King, Jr.

Presentacional. Escojan uno de los proyectos vitales del que han hablado en el paso anterior y busquen en Internet una foto que lo representa para compartir en algún medio social. Escriban una corta descripción para acompañar su actualización. Preséntensela a la clase. Entre todos los proyectos vitales presentados, ¿hay aspectos o causas en común?

IMPLEMENTATION OF 4-41.
In order for students to keep track of the information given in the presentations, either prepare a chart on the board and ask for a volunteer to take notes during the presentations, or provide students with a copy and ask them to take individual notes. Possible columns to include in the chart are: *presentadores; la persona; la causa; las acciones; los beneficios.*

NOTE ON 4-41.
This activity mirrors the sequenced tasks of an Integrated Performance Assessment (IPA) and thus provides students with additional, low-stakes practice with spoken communication skills. After doing the reading and completing interpretative tasks about the text, students engage in interpersonal speaking. Finally, they create a visual to represent their understanding and share it with others through a presentational speaking task.

Competencia cultural

Reconocer lo positivo en todas las culturas

 **4-42 Entender tu propia cultura.** ¿Cómo reaccionan ustedes frente a las críticas? Describan sus reacciones en las siguientes situaciones y después resúmanlas en una oración. Entre ustedes, ¿hay una reacción "cultural" única a las críticas o hay varias?

1. Escribes un informe con mucho esfuerzo, creatividad y pasión por el tema. Tu jefe/a te devuelve el trabajo y todos sus comentarios son sobre errores y problemas.
2. Delante de tus colegas, tu supervisor/a en el trabajo te riñe (*scolds*) por un error que cometiste. Aparte de ese error, eres un/a empleado/a ejemplar.
3. Tu compañero/a de trabajo es de otro país y nunca te critica personalmente, pero con frecuencia te dice algo negativo de la gente, de las costumbres, de la ciudad donde viven o de la política de tu país.

¿Lo sabías?

Las culturas varían de lugar a lugar y a través del tiempo. O sea, la cultura hispana no es ni homogénea ni estática. Hay grandes diferencias en la vida de alguien de un país andino y de otra persona que vive en España, por ejemplo. También se necesita información actual sobre los países. Si recibes una oferta de trabajo en Colombia, por ejemplo, no debes basar tu decisión en el estereotipo del país como violento. El gobierno y las Fuerzas Armadas Revolucionarias de Colombia (FARC) llegaron a un acuerdo de paz en el 2016.

Estrategia Cultural

No todas las culturas tratan la crítica de la misma manera pero en muchas la crítica es una parte integral de las conversaciones tanto profesionales como personales. En ciertas culturas, por ejemplo la mexicana, la crítica se hace de manera más suave o indirecta. Estés donde estés, siempre es buena idea reconocer lo bueno y lo malo, y combinar los comentarios positivos con los negativos. Ya sea en el ámbito profesional o el personal, fíjate en lo positivo de la cultura en la que te encuentras, no solamente en los problemas. Si no conoces los aspectos positivos, ¡pregúntales a tus amigos y colegas sobre las maravillas de la naturaleza, la comida, la música, el arte, sus creencias, etc.!

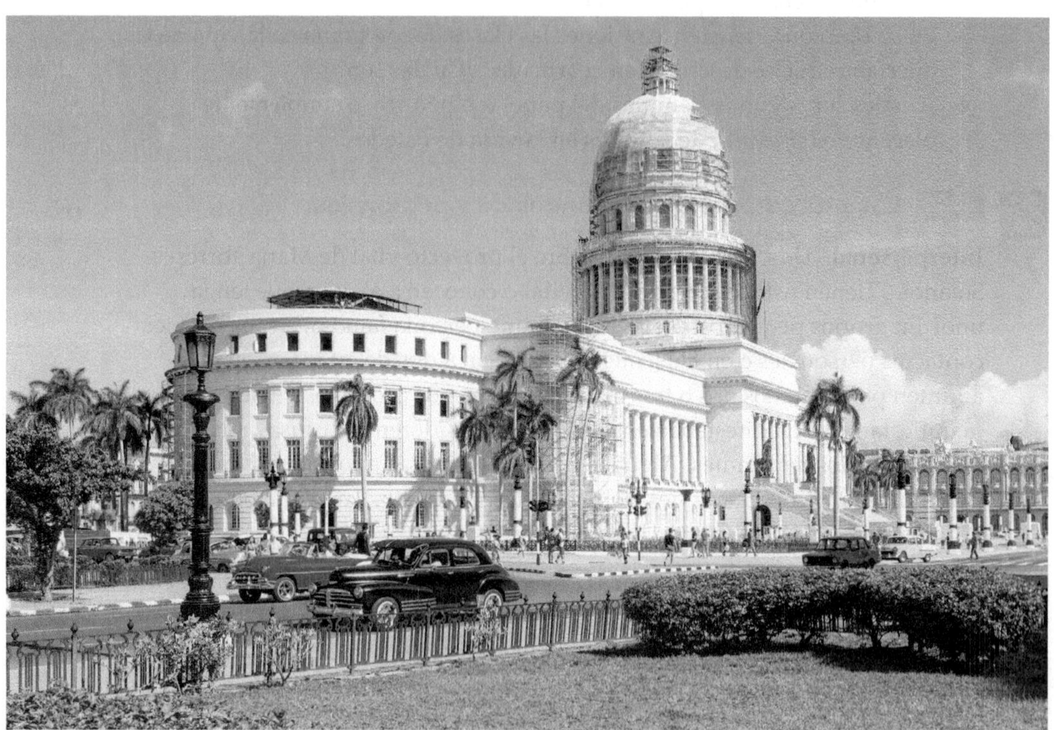

El edificio del Capitolio en la Habana, Cuba

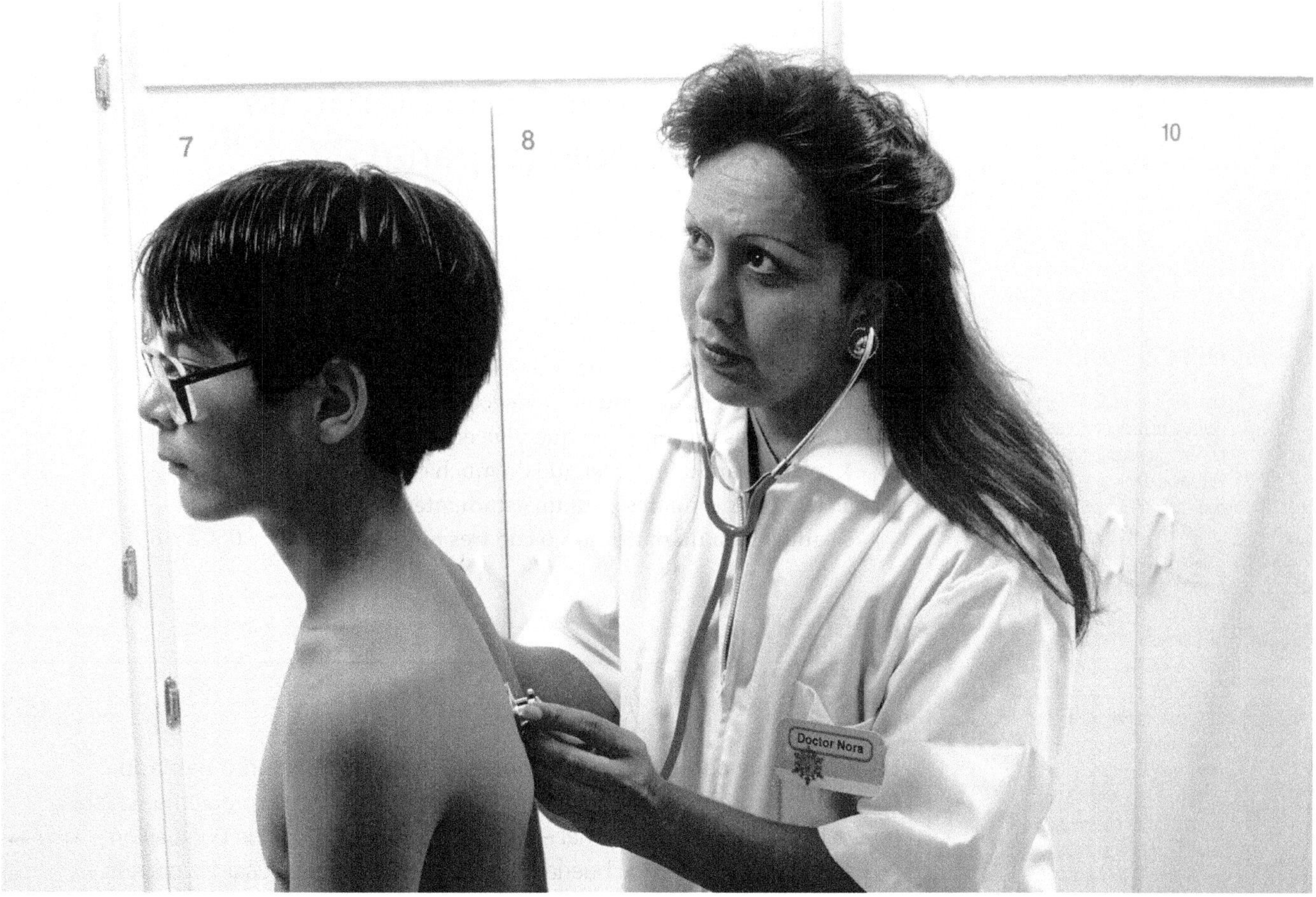

Una doctora cubana examina a un niño.

 **4-43 La competencia cultural en acción.** Selecciona un país de habla hispana y busca en Internet algunos datos sobre su cultura, incluyendo por lo menos un dato que te parece positivo y uno que te parece negativo. Después, prepara un párrafo que presente los dos.

MODELO: *Datos sobre Cuba:*

- *El 80% de la población cubana trabaja para el gobierno.*
- *Cuba tiene un sistema de salud únicamente público al que tienen acceso gratuito todos los cubanos.*
- *El gobierno les paga a todos sus empleados el mismo salario fijo, sea cual sea su profesión.*
- *La tasa de alfabetización* (literacy rate) *en Cuba es del 99,8% (2015).*

Los datos que me parecen negativos son ______ porque ______. Los datos que me parecen positivos son ______ porque ______.

IMPLEMENTATION OF 4-43.
This activity aims to encourage students not only to learn new facts about Spanish-speaking cultures, but also to evaluate their own interpretation of them as positive or negative. The facts offered in the *modelo* can be used for class discussion. Other facts about Cuba: *El gobierno vigila con cuidado cualquier disidencia* (dissent) *o protesta, sea por parte de la prensa o por los individuos. El sistema de salud público atrae a estudiantes de medicina de todo el mundo y les provee de una educación gratuita de seis años.* When evaluating facts as positive or negative, encourage students to dig deeper into their research. You may share that: *El gobierno cubano también manda a brigadas médicas a otros países. Por ejemplo, la brigada cubana fue una de las primeras en llegar a Pakistán en el 2005 para ayudar a las víctimas de un terrible terremoto.*

Podcast

El proyecto 333, por Sonia Martín en Solidaridades Radio (España)

Antes de escuchar

4-44 ¿Tenemos demasiadas cosas? Indica qué número de objetos te parece razonable en cada caso.

1. corbatas para un hombre de negocios 2 / (10) / 30
2. tacones para una mujer de negocios 1 / (5) / 30
3. bufandas para alguien que vive en una isla tropical (0) / 3 / 5
4. platos para una pareja que da muchas fiestas 4 / 6 / (20)
5. teléfonos celulares para un estudiante (1) / 2 / 5
6. autos para un matrimonio con tres niños 0 / (2) / 6

Al escuchar

Estrategia al escuchar

Usar pausas y cambios de turno para entender el discurso hablado (*spoken discourse*). Cuando escuchamos un podcast o un programa de radio, no existe ningún elemento visual —ni foto, ni texto, ni signos de puntuación— que nos ayude a entender. Una buena estrategia al escuchar es usar las pausas y cambios de turno (como si fueran comas y puntos) para clarificar la estructura del discurso y así comprender mejor las ideas principales expresadas.

4-45 Práctica con los cambios de turno. Escucha un fragmento del podcast.

PASO 1 Indica en qué orden se expresa cada idea principal. Presta atención al cambio de turnos y a las ideas principales expresadas durante cada turno.

1. Presentación del Proyecto 333. _1_
2. Información sobre la mujer que empezó el proyecto en España. _5_
3. Pregunta sobre quién inició el proyecto. _2_
4. La historia de quién empezó el proyecto y cómo. _3_
5. Explicación de las reglas exactas. _7_
6. Pregunta sobre cómo empezó el Proyecto 333 en España. _4_
7. Pregunta acerca de las reglas. _6_

PASO 2 Ahora contesten las siguientes preguntas sobre sus respuestas del **Paso 1.**

1. En general, ¿son breves o largos los turnos de Sonia en el podcast? ¿Y los de Patricia?
2. ¿Qué papel tiene Sonia en el discurso? ¿Y Patricia? ¿Aportan el mismo tipo y cantidad de información?
3. La información del podcast sugiere que el oyente (*listener*) tome una medida. ¿Qué medida es?

AUDIO SCRIPT FOR 4-45, *PASO 1.*

SONIA: . . .

PATRICIA: El proyecto 333, como he comentado antes, es un experimento que te anima a juzgar a fondo el contenido de tu armario. Durante tres meses los participantes se comprometen a utilizar solo 33 prendas de ropa. Un buen día para comenzar, por ejemplo, es el 1 de octubre pero bueno, tres meses pueden comenzar cualquier día. Podemos dejar que pase el otoño y comenzar en noviembre y terminar en febrero.

SONIA: Es una iniciativa curiosa, cuando menos, y seguro que tuvo alguien que la inició. ¿Sabes quién fue?

PATRICIA: Sí, todo esto empezó con una mujer estadounidense llamada Courtney Carver. Es madre, escritora, fotógrafa, minimalista y por si fuera poco, autora del blog *Be More with Less*, que traducido al castellano es “Sé más con menos cosas”. En su camino hacia una vida más simple esta mujer había oído hablar del “reto de las cien cosas”, que requiere que los participantes reduzcan sus pertenencias a 100 cosas o menos. Con casa y familia esto no le parecía del todo factible. Realmente si nosotros nos propusiéramos algo así, veríamos que es prácticamente imposible. Así que decidió hacer su propio reto, enfocándose tan solo en una parte de su día a día: el armario. Así es como nació el proyecto 333 en septiembre del año pasado. Lo que empezó como un reto personal pronto se convirtió en todo un fenómeno. Más y más gente decidió seguir el ejemplo de Courtney: reducir el contenido del armario durante tres meses a 33 prendas y accesorios incluidos. Se formó así una comunidad alrededor del proyecto y se creó incluso un grupo en Facebook y se intercambiaron experiencias e ideas en otra red social, en Twitter.

SONIA: ¿Y cómo llega hasta España?

PATRICIA: La primera edición española comenzó en enero de este año. Fue promovida por Valentina Thörner, una alemana afincada en España y muy conocida por su blog ValeDeOro.es, que se dedica principalmente al minimalismo, al ecologismo, a la sostenibilidad y al consumo responsable.

SONIA: Muy bien. ¿Y cuáles son las reglas?

(Continues on next page)

Después de escuchar

4-46 ¿Comprendiste bien las reglas del Proyecto 333?

PASO 1 Indica si las siguientes oraciones son ciertas o falsas.

	CIERTA	FALSA
1. Los participantes solamente pueden usar 33 prendas de ropa durante un período de tres meses.	☑	☐
2. Los accesorios tienen que incluirse dentro de las 33 prendas.	☑	☐
3. El pijama y la ropa de deporte cuentan.	☐	☑
4. Puedes guardar cinco prendas o accesorios adicionales, pero no los puedes usar a menos que dones o tires alguna de las 33 prendas que ya usas.	☐	☑
5. Está permitido intercambiar ropa con otros participantes.	☑	☐

PASO 2 ¿Para qué seguir tantas reglas raras? A continuación, lean los tres objetivos principales del Proyecto 333 y expliquen su conexión con las reglas.

1. aprender a priorizar
2. reconsiderar tu nivel personal de consumo
3. aprender a reconocer y distinguir la calidad de los objetos

4-47 Limita tu propio armario.

¿Te sería fácil o difícil participar en el Proyecto 333?

PASO 1 Piensa en tu propio armario y crea **dos listas:** una para las prendas y accesorios que guardarías y otra para los que donarías o tirarías.

PASO 2 Comparen sus listas y contesten las siguientes preguntas. Después, compartan sus respuestas con la clase.

1. ¿Qué tienen en común sus listas? ¿En qué se diferencian sus listas?
2. ¿Qué revelan sus listas sobre sus personalidades, actividades, valores, etc.?

ANSWERS TO 4-46, *PASO 2*.
Answers will vary, but may include the following: 1. *Para seleccionar 33 prendas, tienes que priorizar las más importantes y eliminar otras.* 2. *Por tres meses no vas a comprar ropa, eliminando el consumo de ese tipo.* 3. *Las prendas y accesorios de baja calidad quizá no duren los tres meses.*

PATRICIA: A ver, para empezar cada participante debe escoger las 33 prendas y accesorios para utilizarlos en los tres meses, incluyendo los zapatos que hay que tener en cuenta que cada uno, que cada par cuenta por uno. Así también tenemos que incluir las chaquetas y los abrigos. Quedan excluidos de la lista, por ejemplo, el pijama porque es para dormir, la ropa interior, la alianza o alguna otra joya de uso diario y la ropa del gimnasio porque es utilizada para hacer deporte. Aparte dan la oportunidad de escoger tres prendas o accesorios adicionales que serían, pues, el número 34 al número 36. Estas prendas se podrán añadir a las 33 si decides donar o tirar una de las cosas en tu lista. Están como de reserva. Entonces pasarán a ser parte de la lista de las 33. Además se puede intercambiar ropa con otros participantes del Proyecto 333. Para hacerlo puedes hacerte fan de la página de Facebook para ver quién puede estar interesado en esta idea.

SONIA: . . .

ANSWERS TO 4-45, *PASO 2*.

1. Los turnos de Sonia son muy breves, mientras que los de Patricia son largos.
2. Sonia es la presentadora del programa y como tal, le hace preguntas a Patricia para saber los detalles del Proyecto 333. Patricia, como invitada al programa, explica los detalles y habla mucho más que Sonia.
3. Sugier*e* que el oyente se una al Proyecto 333.

La interpretación cinematográfica

La boda: Apoyo sin fronteras

Seleccionar

4-48 Sinópsis. Lee la sinópsis de estas dos obras cinematográficas. ¿Cuál te gustaría ver más y por qué? ¿Cuál de las descripciones te parece más lógica para un cortometraje relacionado con una boda?

a. La protagonista es una joven colombiana de 17 años. Trabaja en una plantación de rosas en condiciones difíciles. Está embarazada y decide irse a Bogotá en busca de otras oportunidades. Se involucra en el negocio del narcotráfico como "mula", llevando drogas a Estados Unidos. Pronto debe decidir qué hacer para su futuro y el de su bebé.

b. La protagonista es cubana pero vive en Madrid. No gana mucho dinero pero está rodeada de varias personas solidarias. Hoy a las seis de la tarde se casa su hija y quiere que todo salga perfecto en su día especial. Sin embargo, se presentan varios desafíos que complican el día. ¿Llegará a la boda a tiempo?

Poner *play*

4-49 Comprensión. Empareja las acciones dentro de la historia.

1. [1:00–1:11] La jefa de Mirta espera que __e__.
2. [2:20–2:25] Alicia le ruega a Mirta que __c__.
3. [3:18–3:44] La dependienta no permite que __b__.
4. [3:54–5:35] Mirta le pide a Yolanda que __d__.
5. [7:40–8:10] Tere, la vecina, les avisa a Mirta y a Yolanda que __f__.
6. [9:12–10:28] Las amigas de Mirta desean que __a__.

a. se conecte con su hija Maire con éxito
b. Mirta se lleve el vestido porque le faltan dos pagos
c. le pida perdón a la jefa
d. le preste uno de los vestidos de su jefa
e. trabaje hoy y mañana por la tarde
f. no salgan de casa porque la policía está haciendo una redada (*roundup*)

Compartir

4-50 Reacciones. Hablen sobre el cortometraje que han visto.

Interpersonal. ¿Qué personajes se muestran solidarios con Mirta? ¿Cuáles no? ¿Cómo lo son o no, y por qué? ¿Les parece que Mirta y Yolanda son vulnerables y/o viven marginadas en Madrid? ¿Han experimentado Uds. la vida en el extranjero y/o alguna relación importante a larga distancia?

Presentacional. *La boda* trata de varias causas como la inmigración y los derechos de los trabajadores. Escojan una causa y hagan un cartel de llamamiento para que otros se unan a ella. Preséntenles su cartel a la clase.

Note on 4-50.
This activity mirrors the sequenced tasks of an Integrated Performance Assessment (IPA) and thus provides students with additional, low-stakes practice with spoken communication skills. After viewing the short film and completing an interpretative task about it, students engage in interpersonal speaking to deepen their understanding. Finally, they complete a brief project to represent this understanding and share it with others through a presentational speaking task.

Recomendado para ti…

La primera sinópsis de la actividad **4-48** es de la película colombiano-estadounidense *María, llena eres de gracia.* Si te interesa, búscala y pon *play* de nuevo.

La expresión escrita

Escribir para persuadir

La escritura persuasiva tiene como propósito convencer al lector para que adopte cierto punto de vista o tome cierta acción. Es un texto que ofrece y apoya una opinión concreta y que pone al autor en posición de líder. Como tal, es una de las formas de escritura más antiguas y usadas del mundo. El filósofo griego Aristóteles identificó los tres elementos que más influyen en los seres humanos y que todavía perduran:

- **Ethos:** establecer la credibilidad, mostrando un buen conocimiento del tema tratado.
- **Logos:** apelar a la razón (*reason*), usando evidencias para crear un buen equilibrio (*balance*) entre hechos, ejemplos y referencias.
- **Pathos:** apelar a las emociones, provocando empatía, compasión o miedo.

IMPLEMENTATION OF 4-51, *PASO 3.* Consider asking groups of students to create and present 10 "Españolretos" related to Spanish class. Ideas include "10 specific activities that an ideal student of Spanish does in class," or "10 specific activities outside of class that help build Spanish language skills," etc.

Antes de escribir

4-51 Incluir elementos visuales para persuadir. Los elementos visuales pueden aumentar el efecto del lenguaje.

PASO 1 Lean la información en la infografía. Apunten las acciones que ustedes ya hayan tomado y compárenlas.

1. ¿Qué actividades tienen en común?
2. ¿Quién es la persona que más cuida el planeta? ¿Y la que menos lo cuida?
3. ¿Qué acciones verdes importantes no aparecen en la infografía?

PASO 2 Aunque sencilla en su forma visual, esta infografía intenta persuadir a los lectores. Contesten las siguientes preguntas.

1. ¿Qué quieren los autores de la infografía que piense el lector? ¿Cómo lo consiguen?
2. ¿Qué quieren que sienta el lector? ¿Cómo lo consiguen?
3. ¿Qué quieren que haga el lector? ¿Cómo lo consiguen?

PASO 3 Elijan una causa y preparen una infografía. Decidan qué quieren que piense, sienta y haga el lector. Escriban algunos retos u objetivos relacionados con la causa y elijan o creen imágenes que contribuyan a su mensaje. Por último, preséntenle su infografía a la clase.

6 ecoretos
1 Me bañé en 5 minutos.
2 Compartí auto o usé bici.
3 Separé mis deshechos.
4 Usé pilas recargables.
5 Desconecté los aparatos tras usarlos.
6 Cambié los focos incandescentes por focos ahorradores.
¿Tu potencial impacto en solo 1 año?
AHORRAS LUZ
AHORRAS AGUA
REDUCES
SALVAS
1.345 kwh
54.750 lt
255 kg basura
1 árbol

ANSWERS TO 4-51, *PASO 2.*
1. Es importante y fácil conservar energía. / Answers will vary.
2. Ánimo para cambiar, satisfacción por los esfuerzos que ya está haciendo, etc. / Answers will vary.
3. Conservar energía. / Answers will vary, but might include the "rewards" at the end, etc.

Al escribir

Estrategia al escribir

Guiarse por otros textos como modelo. Cuando quieres producir por primera vez algún tipo de texto y no sabes cómo comenzar, una buena estrategia es buscar un modelo como guía o inspiración. Buscar y seguir un modelo no es plagio sino una estrategia efectiva y común para empezar a escribir. Es posible usar un modelo como punto de partida, pero después, tienes que expresarte con tus propias palabras e ideas.

4-52 Un mini ensayo persuasivo. Vas a escribir un mini ensayo persuasivo breve sobre alguna causa que te importe mucho.

PASO 1 Repasa los tres elementos de un ensayo persuasivo (**ethos, logos** y **pathos,** presentados al comienzo de esta sección) y lee varios modelos en Internet. Conéctate, por ejemplo, con la página de Fundación Hazloposible o de *Idealist*. Considera también tus resultados en las actividades **4-12** y **4-41** y el uso efectivo de elementos visuales para persuadir.

PASO 2 Escribe primero un esquema. Considera la siguiente estructura para organizar tus ideas, o usa tu propia estructura.

- La introducción: capta la atención de los lectores con humor, una historia, etc.
- Expone tu propósito, objetivo o reto.
- Establece la necesidad: ¿por qué es importante tu causa?; explica el problema y lo que puede pasar si no se toman medidas.
- Satisface la necesidad: ofrece una solución y refuta otras posibles soluciones o alternativas.
- La visualización: describe cómo será el futuro después de que se implemente tu solución.
- La conclusión: tu llamamiento a la acción; invita al lector a unirse a un grupo exclusivo.
- El cierre con alguna pregunta retórica: invita al lector a seguir reflexionando sobre el tema y la causa.

4-53 Tu mini ensayo persuasivo.

PASO 1 Escribe el primer borrador de tu mini ensayo persuasivo. Sigue tu esquema de la actividad previa punto por punto, pero redacta los puntos en el orden que te parezca más natural.

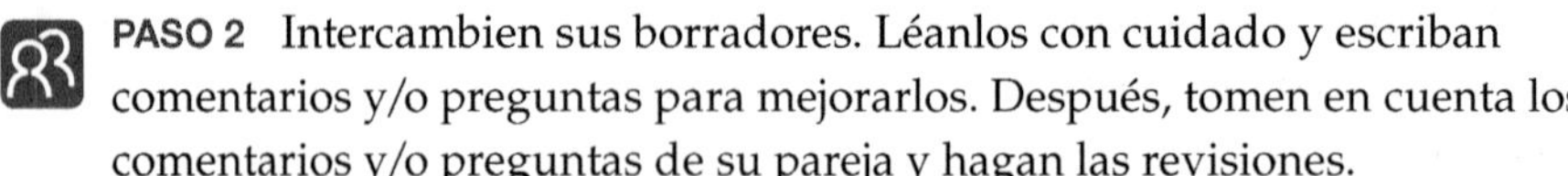

PASO 2 Intercambien sus borradores. Léanlos con cuidado y escriban comentarios y/o preguntas para mejorarlos. Después, tomen en cuenta los comentarios y/o preguntas de su pareja y hagan las revisiones.

PASO 3 Escribe la versión final de tu mini ensayo persuasivo.

Después de escribir

4-54 A compartir. Después de recibir las últimas correcciones y comentarios de tu profesor/a, investiga maneras de compartir tu mini ensayo persuasivo con un público mayor. Podría ser a través de tu página web personal o en Facebook. También podría ser en conexión con alguna organización de tu comunidad relacionada con el tema. Es posible que la organización agradezca tu ayuda para alcanzar a la población hispanohablante local, si no lo hace ya.

La expresión oral

Hablar para persuadir

Tanto el discurso persuasivo como el ensayo persuasivo tienen como propósito convencer al oyente para que adopte cierto punto de vista o tome cierta acción. La diferencia está en la transmisión. Al ser presentado oralmente, el discurso persuasivo tiene elementos visuales y de actuación mucho mayores. Por lo tanto, hay que tomar en cuenta los siguientes aspectos.

- **La comunicación verbal:** el ritmo y claridad del habla, la necesidad de repetir ideas clave, organizar el contenido de manera transparente y fácil de seguir.
- **La comunicación no verbal:** mantener contacto visual, usar gestos estratégicos para enfatizar ciertos puntos importantes, o sea, recurrir al lenguaje corporal en general.
- **La conexión con el público:** usar el sentido del humor, interactuar con el público, contar anécdotas personales.

Estrategia al hablar

Emplear correctamente el contacto visual. Se dice que es importante mirar a alguien a los ojos al hablarle. Pero, ¿en qué consiste exactamente el "buen" contacto visual?

- Mira a los ojos de manera sutil, no le claves los ojos (*stare*) a tu oyente.
- Pasa una oración entera mirando a una persona antes de proceder a otra persona, ¡y no bajes la vista hacia el final de una oración! El final es el momento más poderoso para mirar a los ojos.
- Al presentar a un grupo, incluye a todas las personas de manera aleatoria (*random*). Si alguien parece incómodo con tu mirada (por razones culturales o personales), no lo mires tanto pero tampoco lo ignores.

A. El habla interpersonal: Intercambios

4-55 Improvisar. Los siguientes *role-plays* proveen práctica con las habilidades de persuasión. Al realizarlos, no se olviden de las recomendaciones anteriores sobre el contacto visual.

PASO 1 Túrnense para representar cada papel en las dos situaciones.

Situación 1	
Persona A: Eres cajero/a (*cashier*) en *PetWorld*, una tienda que vende de todo para mascotas (*pets*). La empresa recauda fondos para la Asociación Protectora de Animales y otras fundaciones que ayudan a los animales. Se le exige a cada cajero/a que les pida a sus clientes una donación para esta causa, además de la compra de un calendario por $7 el cual contiene cupones para *PetWorld*.	**Persona B:** Eres dueño/a de dos gatos y un perro. También eres cliente fiel (*faithful*) de *PetWorld*. Eres una persona muy generosa y simpática. Tu esposo/a acaba de perder su trabajo y ahora viven de un solo sueldo.

Situación 2	
Persona A: Eres representante de *Big Brothers Big Sisters*, una ONG que ayuda a los niños desfavorecidos conectándolos con mentores voluntarios que desarrollan una relación personal positiva con ellos. Necesitas reclutar a más mentores para que pasen por lo menos tres días al mes con un/a niño/a. Sigues un proceso riguroso de selección para proteger los intereses de los niños.	**Persona B:** Eres soltero/a y sin hijos. Tienes buen trabajo y eres responsable, pero no tienes mucho tiempo libre. Trabajas de lunes a viernes de nueve a cinco y tienes que viajar a otras ciudades por lo menos un fin de semana al mes. Quieres contribuir de manera positiva a la vida de los jóvenes.

 **PASO 2** Ahora algunos voluntarios harán los *role-plays* con una nueva pareja delante de la clase. La clase va a analizar qué pasó durante cada interacción y qué estrategia(s) de persuasión y de contacto visual usaron.

B. El habla de presentación: Un discurso persuasivo

Antes de presentar

4-56 Hablar para persuadir. Prepara un discurso persuasivo para convencer a tu público para que apoye un proyecto específico que busca fondos para financiarse. Al final, vas a dar tu discurso persuasivo en clase.

PASO 1 El *crowdsourcing* (o financiamiento colectivo) es un fenómeno que aprovecha el gran alcance de Internet para buscar apoyo financiero para proyectos específicos. Existen portales de *crowdsourcing* para varias causas (por ejemplo: Kiva, Kickstarter, Ideame, Lánzanos). Visita estos portales y selecciona el proyecto que más te convenza. Después, contesta las siguientes preguntas.

1. ¿Cuál es el nombre del proyecto? ¿En qué portal de *crowdsourcing* lo encontraste?
2. ¿Con qué causa(s) está relacionado el proyecto?
3. ¿Por qué te convence el proyecto? ¿Usaron los creadores del proyecto los tres elementos de la persuasión (**ethos, logos** y **pathos**) presentados en la sección anterior?

PASO 2 Busca varios modelos de discursos persuasivos en Internet. Usa expresiones como *persuasive speaking* para explorar ejemplos en YouTube.

PASO 3 Planea tu propio discurso persuasivo. Debe durar de cinco a siete minutos. Toma en cuenta lo siguiente:

- la descripción del discurso persuasivo y los modelos que hayas visto.
- cómo vas a integrar los tres elementos de la persuasión (**ethos, logos** y **pathos**).
- los aspectos clave de la comunicación verbal, la no verbal y cómo conectar con la clase.

Al presentar

IMPLEMENTATION OF 4-57.
Depending on your class size and duration, you may need more than one class period to have students complete these presentations. As an alternative to in-class presentations, you may ask students to use LiveChat to record their presentation. To enable them to record themselves as a single participant, edit the activity preferences to allow for one minimum number of participants (the default is two). To facilitate viewing, create a list of student names along with their presentation topics, and ask students to jot down brief notes on each one as they watch.

 **4-57 Da tu discurso persuasivo.** Practica tu discurso persuasivo antes de darlo en clase o grabarlo. Presta atención al lenguaje corporal. ¿Mueves mucho las manos? ¿Miras tus diapositivas en vez de mirar al público? Utiliza el lenguaje corporal de manera efectiva para involucrar a tu público mientras hablas. Si tu instructor/a prefiere que grabes tu discurso, hazlo después de practicar.

Después de presentar

4-58 ¡A votar! Después de escuchar todos los discursos, la clase va a votar por el proyecto que más le haya convencido de ser digno de apoyo. ¿Qué proyecto tiene el mayor número de votos?

IMPLEMENTATION OF 4-58.
To facilitate voting, create a list of student names along with their presentation topics. Ask students to nominate the four to five presentations that they found to be the most convincing or persuasive. Then create small groups in class to discuss the virtues of each one. Ask each group to summarize their arguments and then call for the vote by asking for a show of hands for each nomination. Alternatively, have a secret ballot, where students jot down the name of one of the nominations to hand in. Tally the votes on the board to reveal the winner!

El servicio comunitario

La educación y el bilingüismo

Se propone a continuación un proyecto de servicio comunitario relacionado con la educación y el bilingüismo.

 **4-59 Crear un libro bilingüe hecho en casa para niños pequeños.** Una manera sencilla de ayudar a los niños pequeños y fomentar su bilingüismo en español y en inglés es crear un libro bilingüe hecho en casa (*homemade*). Generalmente, los libros de este tipo tienen en cada página una oración sencilla que aparece en los dos idiomas y un dibujo que corresponde con el significado de la oración. En parejas, van a crear un libro bilingüe hecho en casa.

El elefante gris tiene una trompa larga.
The grey elephant has a long trunk.

Una mamá lee con su hijo.

PASO 1 Escojan un tema para el libro, por ejemplo, "los animales". Debe ser apropiado para un/a niño/a de tres a cinco años. Creen contenido para unas diez páginas. Se puede crear a mano o en computadora. Escriban oraciones con versiones en los dos idiomas y dibujen o elijan ilustraciones apropiadas para ellas.

IMPLEMENTATION OF 4-59, *PASO 1*. There are many online tools and applications that students can use to create their bilingual books. One to consider is Storybird.

PASO 2 Combinen los elementos del libro. Pónganle un título y sus nombres en la portada (*cover*). Si se hace en computadora, impriman las páginas para crear un libro físico. Entréguenle su libro a su instructor/a.

PASO 3 Después, busquen organizaciones en su comunidad que tengan interés en su libro como donación.

IMPLEMENTATION OF 4-59, *PASO 3*. Organizations that might accept the books are clinics, daycares, migrant education programs, etc.

 **4-60 Reflexionar.** Contesta las siguientes preguntas sobre tu experiencia con el servicio comunitario.

1. **¿Qué?** Resume brevemente el contenido de tu libro bilingüe hecho en casa. Explica por qué crees que a un/a niño/a le va a gustar.
2. **¿Y qué?** ¿Qué importancia tiene la lectura para los niños?
3. **¿Ahora qué?** Prepara una lista de los lugares en tu comunidad donde los voluntarios puedan leer con los niños (por ejemplo, escuelas, bibliotecas u otras organizaciones). ¿Existen oportunidades para leer en español? ¿Tienes interés en hacer servicio voluntario de este tipo?

IMPLEMENTATION OF 4-60. One of the pillars of service learning is to follow up service projects with structured reflection activities. The questions / prompts provided in this activity are structured to cycle students through various stages of critical thinking, from a simple reporting back of the facts, to analysis, and finally, to a stage where they use information to create or do something or draw conclusions. These reflection prompts can be assigned as written homework, or alternatively, students can reflect on them orally in small groups in class.

Resumen de vocabulario

Parte 1: El ámbito personal

Abogar por...	*Advocate for...*
las poblaciones vulnerables / desfavorecidas	*vulnerable / disadvantaged populations*
los/las niños/as desplazados/as	*displaced children*
los/las trabajadores/as itinerantes	*migrant workers*
Causas	***Causes***
los derechos (humanos)	*(human) rights*
la protección del medio ambiente	*environmental protection*
la vivienda asequible	*affordable housing*
Organizaciones benéficas y actos caritativos	***Charitable organizations and acts***
el aprendizaje a través de servicio	*service learning*
el compromiso cívico	*civic engagement*
la organización no gubernamental (ONG)	*nongovernmental organization (NGO)*
la organización sin fines de lucro	*nonprofit organization*
Verbos	***Verbs***
comprometerse (con)	*to commit (to), engage (in)*
dar(le) clases particulares (a)	*to tutor*
hacer (un) trabajo / servicio voluntario	*to do volunteer work / service*
ofrecer clases de formación	*to offer training*
proporcionar	*to provide*
recaudar fondos	*to fundraise*
rechazar	*to reject*
unirse (a)	*to join (an organization, a cause)*
Adjetivos	***Adjectives***
apático/a	*apathetic*
marginado/a	*marginalized*
solidario/a	*supportive*

Parte 2: El ámbito profesional

Desafíos	*Challenges*
la hambruna	*famine*
la (in)estabilidad política	*political (in)stability*
el país en vías de desarrollo	*developing country*
Medidas	***Measures***
la ayuda humanitaria international	*internacional humanitarian aid*
el comunicado de prensa	*press release*
el empoderamiento	*empowerment*
el llamamiento (España), el llamado (Américas)	*appeal*
la petición de asilo	*request for asylum*
los servicios sociales	*social services*
Organizaciones	***Organizations***
la Organización de las Naciones Unidas (ONU)	*United Nations (UN)*
la sede (de una organización)	*headquarters (of an organization)*
el sindicato	*labor union*
Personas y cualidades	***People and qualities***
las dotes de mando	*leadership qualities*
el liderazgo	*leadership*
el/la refugiado/a	*refugee*
Verbos	***Verbs***
delegar	*to delegate*
desempeñar (un papel)	*to carry out, play (a role)*
intervenir (ie) (en un momento de crisis)	*to intervene (in a moment of crisis)*
llenar un formulario	*to fill out a form*
proveer (de)	*to provide, supply (with)*
Adjetivos	***Adjectives***
atrevido/a	*daring*
peligroso/a	*dangerous*

Capítulo 5
Creatividad en acción

La creatividad es un componente crítico de nuestras vidas personales y profesionales.

Meta comunicativa

Imaginativa: Explorar tu creatividad

- Comunicarse para crear e imaginar
- Reaccionar y responder a las obras creativas de los demás
- Escribir poesía, cuentos o guiones
- Contar un relato

IMPLEMENTATION OF *OBJETIVOS DE APRENDIZAJE.*
For each of the three main chapter sections, three to four learning objectives (LOs) have been provided to guide students and instructors. These LOs tie the main communicative goal and functions of the chapter to its thematic and cultural content. Review these with students upon starting and finishing each chapter. Ask students whether they have met each one and elicit examples.

Objetivos de aprendizaje

El ámbito personal: Analizar experiencias, preferencias y opiniones sobre la creatividad

5.1 Explorar nuestro ser creativo e imaginativo

5.2 Compartir preferencias y opiniones sobre la producción artística de otras personas

5.3 Reflexionar sobre el papel de la producción artística tanto en nuestras vidas como en la sociedad

5.4 Saber respetar el arte indígena

El ámbito profesional: Analizar la creatividad en varias carreras

5.5 Hablar de algunas profesiones estrechamente relacionadas con la creatividad: el entretenimiento, la escritura artística y las bellas artes

5.6 Explorar ejemplos de creatividad e imaginación en otras carreras

5.7 Identificar procesos, estrategias y ambientes de trabajo que fomentan la creatividad

5.8 Analizar el prejuicio de género en el contexto del trabajo y de la creatividad

Actividades culminantes: Reflexionar, compartir y presentar

5.9 Hacer conexiones entre el ámbito personal y el ámbito profesional

5.10 Ver y analizar la creatividad en acción en un cortometraje auténtico del mundo hispanohablante

5.11 Contribuir a la accesibilidad al arte en Internet

Explorando el tema

Pregunta: ¿Qué te inspira?

Citas *(quotations)* célebres que inspiran.

1. **"Cada uno de los cinco sentidos es filósofo".**

   Ramon Llull (1232–1315), filósofo mallorquín

2. "La diligencia es madre de la buena ventura y **la pereza**, su contrario, jamás llegó al término que pide un buen deseo".

   Miguel de Cervantes Saavedra (1547–1616), escritor español

3. "Hay mucho que saber y es poco el vivir y no se vive si no se sabe".

   Baltasar Gracián (1601–1658), escritor español

4. "Yo no estimo **tesoros** ni **riquezas**; y así, siempre me causa más contento poner riquezas en mi pensamiento que no mi pensamiento en las riquezas".

   Sor Juana Inés de la Cruz (1651–1695), religiosa y escritora novohispana (mexicana)

5. "La conciencia es el mejor y más imparcial **juez** que tiene **el hombre de bien**".

   José de San Martín (1778–1850), militar argentino, libertador de Argentina, Chile y Perú

6. "No se restaura el honor cometiendo una **villanía**".

   Manuel Tamayo y Baus (1829–1898), dramaturgo español

7. "Tiene el leopardo un abrigo
   En su monte seco y pardo:
   Yo tengo más que el leopardo,
   Porque tengo un buen amigo".

   José Martí (1853–1895), escritor, poeta, filósofo y político cubano

8. "La multitud, la masa anónima, no es nada por sí misma. La multitud será un instrumento de **barbarie** o de civilización según carezca o no del coeficiente de una alta dirección moral".

   José Enrique Rodó (1871–1917), escritor y político uruguayo

e **5-1 Práctica con el contexto.** Las siguientes palabras están en rojo en la lista anterior de citas. Empareja las palabras con las descripciones.

1. célebre __d__	a. persona que tiene autoridad para juzgar y sentenciar
2. los cinco sentidos __f__	b. ser humano justo y honesto
3. la pereza __i__	c. abundancia de bienes y cosas preciosas
4. los tesoros __h, c__	d. famoso/a, notable
5. las riquezas __c, h__	e. mal acto o conducta
6. el juez __a__	f. la vista, el oído, el olfato, el gusto y el tacto
7. el hombre de bien __b__	g. rusticidad, falta de cultura, crueldad
8. la villanía __e__	h. conjunto de dinero, valores u objetos preciosos
9. la barbarie __g__	i. negligencia, descuido o tardanza en las obligaciones

5-2 Citas célebres. La creatividad depende en parte de la inspiración.

PASO 1 Escribe las citas de la lectura anterior que sirven de inspiración en las siguientes situaciones. Hay varias respuestas correctas.

1. Antes de emprender (*embark upon*) una actividad difícil __1, 2, 3, 4, 5, 6, 7, 8__
2. Al sentirse desilusionado/a o deprimido/a __1, 2, 3, 4, 5, 6, 7, 8__
3. Cuando uno siente que no encaja (*fit in*) en la sociedad __2, 3, 4, 5, 6__
4. Al sentirse rebelde __1, 3, 4, 6__
5. Después de un fracaso (*failure*) __1, 2, 3, 4, 5, 6, 7__

PASO 2 Primero, comparen sus respuestas del **Paso 1.** Después, entrevístense con las siguientes preguntas.

1. ¿Qué cita de la lista te inspira más y por qué? ¿Qué cita no te inspira para nada y por qué?
2. ¿Qué cita te podría haber ayudado en algún momento del pasado y por qué?
3. ¿A quién(es) conoces que podría(n) inspirarse con alguna de estas citas y por qué?
4. ¿Qué otra(s) cita(s) te ha(n) servido de inspiración y por qué?

EXPANSION OF 5-2.
Have students create inspiring posters for the classroom or other places on campus. Students choose an image or take a photo and write an inspiring quote in Spanish.

PARTE 1 EL ÁMBITO PERSONAL

Vocabulario

Sustantivos	*Nouns*
el/la camarógrafo/a	*cameraman/woman*
el/la caricaturista	*cartoonist*
el/la cineasta	*filmmaker*
la creatividad	*creativity*
el/la dramaturgo/a	*playwright*
la imaginación	*imagination*
la inspiración	*inspiration*
Verbos	***Verbs***
componer	*to compose*
emprender	*to undertake, embark (up)on*
ensayar	*to rehearse*
esbozar	*to sketch, outline*
filmar, rodar (ue)	*to film*
predecir (i, i)	*to predict*
Adjetivos	***Adjectives***
creativo/a	*creative*
imaginario/a	*imaginary*
imaginativo/a	*imaginative*
inspirado/a	*inspired*

Para refrescar la memoria

a lo mejor, quizá(s), tal vez	*perhaps*
las (bellas) artes	*(fine) arts*
el consejo	*piece of advice*
el cuadro, la pintura	*picture, painting*

NOTE ON *PARA REFRESCAR LA MEMORIA.* In each chapter, these expressions help students review beginner-level vocabulary used in the chapter. As the instructor, you can decide whether to test these expressions as active vocabulary.

En contexto

El camarógrafo filma al actor en su primera película.

5-3 Asociaciones. Asocia cada verbo con la acción correspondiente.

1. predecir __b__
2. componer __e__
3. ensayar __d__
4. rodar __a__
5. esbozar __c__
6. emprender __f__

a. una película
b. el futuro
c. un dibujo
d. una obra teatral
e. una obra musical
f. un gran proyecto

5-4 Las obras creativas. Empareja los elementos de las tres columnas y forma ocho oraciones.

1. El dramaturgo	interpreta	películas
2. La directora	compone	cómics
3. El músico	diseña	sinfonías
4. La bailarina	filma	cuadros
5. El pintor	baila	papeles
6. La modista	pinta	bachatas
7. El actor	escribe	prendas
8. La caricaturista	dibuja	obras de teatro

ANSWERS TO 5-4.
1. El dramaturgo, escribe, obras de teatro
2. La directora, filma, películas
3. El músico, compone, sinfonías
4. La bailarina, baila, bachatas
5. El pintor, pinta, cuadros
6. La modista, diseña, prendas
7. El actor, interpreta, papeles
8. La caricaturista, dibuja, cómics

5-5 La educación y las artes. Los estudios demuestran que las artes mejoran el aprendizaje.

PASO 1 Pregúntales a tus compañeros de clase si participaron en las siguientes actividades cuando asistían a la escuela secundaria. OJO: Solo puedes hacerle una pregunta a cada persona.

Actividad	Nombre de tu compañero/a
1. la banda o la orquesta	
2. el coro (*chorus*)	
3. el teatro	
4. el periódico o el anuario (*yearbook*)	
5. las clases de arte	
6. las clases de escritura creativa	

PASO 2 En momentos de crisis económica, los programas de arte de las escuelas públicas tienden a cancelarse. Entrevisten a un/a compañero/a que haya participado en una de las actividades del **Paso 1** para saber qué habilidades y/o características personales esa actividad le ayudó a desarrollar y cómo. Preparen argumentos para evitar que se elimine(n) su(s) actividad(es) preferida(s).

5-6 Ponerse de acuerdo.

PASO 1 Lee sobre estos tres conjuntos musicales y escucha su música en Internet si es posible. ¿A cuál te gustaría más ver en vivo?

1. *Bajofondo.* Conjunto de músicos argentinos y uruguayos. Este grupo musical ha sido pionero en lo que se llama "electrotango", una combinación del tango con la música electrónica. Otros conjuntos del mismo género incluyen Calavera Acid Tango y Tangothic.
2. *Diamante eléctrico.* Un grupo musical de Colombia. Con una campaña exitosa en Kickstarter, lograron salir con su primer disco en el 2014. Describen su música como rock crudo con matices de blues.
3. *Danay Suárez.* Cantante cubana que combina ritmos caribeños con el jazz y el hip hop. Ha cantado en el Kennedy Center y fue nominada en cuatro categorías de los Latin GRAMMY en el 2017, incluyendo la categoría de Mejor Artista Revelación.

PASO 2 Pónganse de acuerdo sobre cuál de los tres conjuntos van a ver en vivo. Luego, júntense con otro grupo de la clase que decidió ver otro conjunto. Intenten convencerles de que cambien de idea y que los acompañen al concierto que ustedes escogieron.

5-7 Hablemos claro.

PASO 1 Entrevístense y apunten las respuestas de su compañero/a.

1. ¿Qué obras de arte hay en tu casa y qué función tienen? ¿Qué artistas o estilos artísticos te gustan más? ¿Qué piensas de los museos de arte y por qué? ¿Qué sabes y/o qué opinas de los siguientes pintores latinos famosos: El Greco, Pablo Picasso, Fernando Botero, Diego Rivera, Frida Kahlo?
2. ¿Te gusta la literatura? ¿Alguna vez has quedado profundamente impresionado/a después de leer una novela, un cuento o un poema, escrito en inglés o en español? Describe lo que sentiste. En tu opinión, ¿qué función tiene la literatura en la educación? ¿Por qué se incluye la literatura en el aprendizaje del español?
3. ¿Con qué frecuencia vas al cine y por qué? ¿Cuáles son tus películas favoritas y por qué? ¿Qué has aprendido de otros países u otras culturas a través del cine? Explícalo con ejemplos concretos. ¿Sabes qué influencias recibe la gente de tu país y tu cultura a través del cine?

PASO 2 Considerando la información del **Paso 1,** ¿qué opinión o actitud crees que tiene tu compañero/a sobre la importancia de la producción artística en la sociedad? Escribe tus ideas. Después, compártelas con él/ella. ¿Está de acuerdo contigo tu pareja? Prepárate para compartir tus ideas con la clase.

Gramática

I. Los mandatos de *tú*

A **tú** command is an order or suggestion directed at an individual whom you address informally as **tú,** as opposed to formally as **usted (Ud.).** Recall that **tú** typically is used to address a friend, someone close to you, or someone your own age.

¡**No vayas** sin mí! **Espérame**, por favor. — *Don't go without me! Wait for me, please.*

Formación y uso

Tú commands have different forms in the affirmative and negative. Affirmative ***tú*** commands use the third-person singular forms of the present indicative, while negative ***tú*** commands use the second-person singular forms of the present subjunctive.

Infinitive	Affirmative		Negative	
bailar	bail**a**	*dance*	no bail**es**	*don't dance*
beber	beb**e**	*drink*	no beb**as**	*don't drink*
escribir	escrib**e**	*write*	no escrib**as**	*don't write*

- Some common verbs have irregular affirmative **tú** commands.

Infinitive	Irregular affirmative		Infinitive	Irregular affirmative	
venir	**ven**	*come*	hacer	**haz**	*do, make*
tener	**ten**	*have*	decir	**di**	*say, tell*
poner	**pon**	*put*	ir	**ve**	*go, leave*
salir	**sal**	*go out*	ser	**sé**	*be*

Ten paciencia. **Sé** honesto. **Di** la verdad. — *Have patience. Be honest. Tell the truth.*

- Recall from Chapter 4 that many verbs are irregular in the present subjunctive. These same irregular forms appear in negative **tú** commands.

Types of present subjunctive forms	Infinitive	Negative	
Regular	hablar	no habl**es**	*don't speak*
Irregular **yo** form	venir	no ven**gas**	*don't come*
With a spelling change	tocar	no to**ques**	*don't touch*
With a stem-change	pensar	no p**ie**nses	*don't think*
Other irregularities	ir	no **vayas**	*don't go*

No vayas con él y **no** lo **pienses** más. — *Don't go* with him and *don't think* more of it.

¡Ahora tú!

Complete 5-1 online to practice these concepts.

IMPLEMENTATION OF *¡AHORA TÚ!*
Various *¡Ahora tú!* eText activities are provided for students within each grammar presentation. These are mini self-assessments that allow students to immediately practice the concept(s) presented in the bullet(s) and receive automatic feedback. Have students read the grammar presentations and complete the *¡Ahora tú!* activities online as homework, before doing the *En contexto* activities in class. The *¡Ahora tú!* activities thus serve to both break down content into manageable pieces and hold students accountable for reading and reviewing before class.

¡Ahora tú!

Complete 5-2 online to practice these concepts.

¡Ahora tú!

Complete 5-3 online to practice these concepts.

- As with all commands, object pronouns attach to the end of affirmative commands, which then require a written accent mark to retain their original stress. Object pronouns directly precede the verb in negative commands.

Contesta el teléfono en español.	*Answer the phone in Spanish.*
Contéstalo en español.	*Answer it in Spanish.*
No le mandes la carta.	*Don't send the letter to him.*
No se la mandes.	*Don't send it to him.*

En contexto

Esta estudiante organiza sus ideas para la escritura usando notas adhesivas en la ventana.

5-8 Estrategias para la escritura. Una carrera universitaria requiere que el/la alumno/a produzca varios tipos de escritura, desde un ensayo o informe hasta un poema o cuento breve. ¿Qué estrategias fomentan este proceso creativo?

PASO 1 Para cada mandato de **tú,** identifica la forma infinitiva del verbo.

Estrategia	Infinitivo
1. **Esboza** tus ideas primero.	esbozar
2. **Sé** perfeccionista.	ser
3. **Escribe** según un orden secuencial estricto, desde la introducción hasta la conclusión.	escribir
4. **No busques** modelos.	buscar
5. **Dúchate** con agua caliente para aclarar los pensamientos.	ducharse
6. **No descanses** para reflexionar.	descansar
7. **Bebe** mucho café.	beber
8. **No te permitas** hacer revisiones de lo escrito.	permitir(se)
9. **Ve** a caminar o a correr.	ir
10. **Escucha** música clásica.	escuchar

PASO 2 Ahora decide cuáles de las estrategias del **Paso 1** son buenas y cuáles son malas, según tu opinión y tu experiencia personal. Cambia los mandatos de las estrategias malas para que sean buenas.

PASO 3 Comparen sus respuestas del **Paso 2.** ¿Son semejantes o diferentes? ¿De qué manera(s)? En conclusión, ¿piensan que las estrategias para fomentar la creatividad son más universales o individuales? Expliquen su respuesta.

5-9 Proyectos creativos. Varios amigos tuyos están matriculados en cursos que requieren algún tipo de proyecto creativo. Como eres una persona creativa, te piden consejos.

PASO 1 Provee el mandato de **tú** de los verbos entre paréntesis y después indica a qué proyecto corresponden.

Un/a amigo/a tiene que…

a. escribir un poema breve en español.
b. cantar una pieza musical.
c. pintar un cuadro de la naturaleza.
d. diseñar un aparato nuevo.
e. crear una pieza breve de baile.

1. __Usa__ (usar) colores vívidos. No __te preocupes__ (preocuparse) por los detalles, sino por la impresión general. __c__
2. __Repite__ (repetir) movimientos que hacemos diariamente. No __la hagas__ (hacerla) demasiado complicada. __e__
3. __Cuenta__ (contar) bien las sílabas. Que no __haya__ (haber) más de ocho por verso. __a__
4. __Elige__ (elegir) una canción de acuerdo con tus capacidades. ¡No __te pongas__ (ponerse) demasiado nervioso/a porque esto afectará tu voz! __b__
5. __Haz__ (hacer) algo para usar en la vida diaria. No __inventes__ (inventar) nada que no sea práctico. __d__

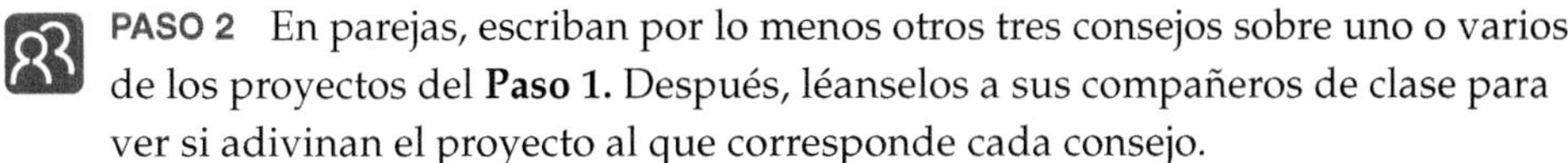

PASO 2 En parejas, escriban por lo menos otros tres consejos sobre uno o varios de los proyectos del **Paso 1.** Después, léanselos a sus compañeros de clase para ver si adivinan el proyecto al que corresponde cada consejo.

5-10 Soluciones creativas para problemas típicos. Un/a amigo/a suyo/a tiene varios problemas típicos.

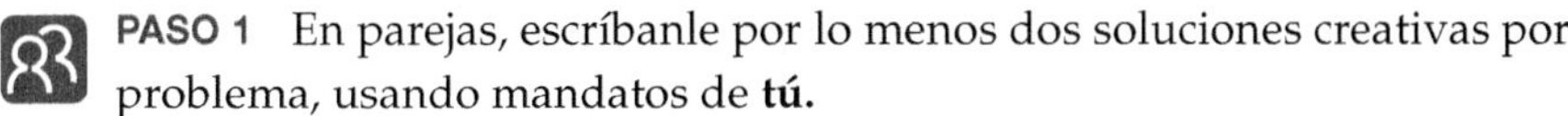

PASO 1 En parejas, escríbanle por lo menos dos soluciones creativas por problema, usando mandatos de **tú.**

1. Tengo una habitación desordenada y sucia.
2. Me es difícil levantarme temprano para mi clase de las ocho de la mañana.
3. Tengo dificultades al organizar mis materiales de clase.
4. No tengo dinero para pagar la matrícula universitaria.
5. Tengo un/a novio/a que algunas veces no me trata con respeto.
6. ¿Otro problema? ________

PASO 2 Júntense con otra pareja para compartir sus ideas. Para cada problema, escojan la solución más creativa para presentársela a la clase.

5-11 ¿Quién ofrece los mejores consejos? Saber ofrecer buenos consejos es un arte.

PASO 1 Primero, escribe un problema personal (verdadero o inventado) y ponle tu nombre.

PASO 2 Formen un círculo de cuatro a cinco personas. Pásenle su hoja a la persona que tienen a la derecha. Lean el problema que recibieron y escriban un consejo. Sigan pasando las hojas hacia la derecha, hasta que cada persona del grupo haya escrito un consejo para cada problema.

PASO 3 Lee los consejos que te dieron tus compañeros y dales un puntaje del mejor consejo (= 1 punto) al peor consejo (= 4 o 5 puntos, según el número de consejos). Comparte con la clase los consejos que te dieron, tus opiniones y puntajes. ¿Quién en el grupo tiene el menor número de puntos al final? ¡Esa persona es la ganadora!

Gramática

II. El tiempo futuro, el tiempo condicional y la expresión de probabilidad

The future tense and the conditional tense show similar patterns in Spanish. They are formed in similar ways and have the same irregular stems for the same verbs. They also convey similar meanings: *future* (whether in reference to the present or the past, respectively) and *probability* (in the present or the past, respectively). The conditional tense also expresses *hypotheticals.*

Pienso que hoy **escribiré**.	*I think (that) I* ***will write*** *today.*
Pensaba que hoy **escribiría** (y lo hice / pero no lo hice).	*I thought (that) I* ***would write*** *today (and I did / but I didn't).*
Hoy Pablo no se siente inspirado. **Estará** cansado.	*Pablo doesn't feel inspired today. He* ***is probably*** *tired.*
Ayer Pablo no se sentía inspirado. **Estaría** cansado.	*Pablo didn't feel inspired yesterday. He* ***was probably*** *tired.*
Con más tiempo libre, **escribiría** más.	*With more free time, I* ***would write*** *more.*

A. El tiempo futuro: formación y uso

The future tense in Spanish is formed with one set of endings for all **-ar**, **-er**, and **-ir** verbs. These endings all require a written accent mark, except for the **nosotros/as** forms. For regular verbs, the endings attach directly to the infinitive.

hablar: hablar**é**, hablar**ás**, hablar**á**, hablar**emos**, hablar**éis**, hablar**án**

leer: leer**é**, leer**ás**, leer**á**, leer**emos**, leer**éis**, leer**án**

escribir: escribir**é**, escribir**ás**, escribir**á**, escribir**emos**, escribir**éis**, escribir**án**

¡Ahora tú!

Complete 5-4 online to practice these concepts.

- Various common verbs are irregular in the future tense. Most verbs derived from these also are irregular. For these irregulars, the endings are added to an altered stem, according to three different patterns.

1. The stem is shortened.		
decir → *dir-*	diré, dirás, dirá, diremos, diréis, dirán	
hacer → *har-*	haré, harás, hará, haremos, haréis, harán	
2. The stem loses the final -e-.		
caber → *cabr-*	cabré, cabrás, cabrá, cabremos, cabréis, cabrán	
haber → *habr-*	habré, habrás, habrá, habremos, habréis, habrán	
saber → *sabr-*: sabré, …	poder → *podr-*: podré, …	querer → *querr-*: querré, …
3. The stem loses the final -e- or -i-, which is replaced by -d-.		
tener → *tendr-*	tendré, tendrás, tendrá, tendremos, tendréis, tendrán	
poner → *pondr-*	pondré, pondrás, pondrá, pondremos, pondréis, pondrán	
valer → *valdr-*: valdré, …	salir → *saldr-*: saldré, …	venir → *vendr-*: vendré, …

- The reference point for the future tense is the present moment, or the moment of speech. The future tense expresses an action that will occur later, after the present moment.

  Son las cinco. A las seis **haré** la cena. *It's five. At six I* ***will make*** *dinner.*

- Nevertheless, in Spanish, this *meaning of future* is most commonly expressed with the simple present tense or with **ir a** + *infinitive,* with **ir** conjugated in the present tense. These structures convey greater certainty by the speaker, whereas the future tense conveys less certainty.

  Son las cinco. A las seis **hago** la cena. *It's five. At six I* ***will make*** *dinner.*

  Son las cinco. A las seis **voy a hacer** la cena. *It's five. At six I* ***am going to make*** *dinner.*

- The future tense in Spanish commonly is used to express *probability* or *conjecture in the present,* which is equivalent in English to meanings such as probably, must, may, might, I wonder, etc.

  ¿Cuántos años tiene el profesor? No sé, **tendrá** unos cincuenta. *How old is the professor? I don't know, he* ***is probably (must be)*** *around fifty.*

  ¿Qué es ese ruido? **Será** el viento. *What is that noise? It* ***is probably (might be)*** *the wind.*

B. El tiempo condicional: formación y uso

The conditional tense in Spanish is formed with one set of endings for all **-ar, -er,** and **-ir** verbs. These endings all require a written accent mark. For regular verbs, the endings attach directly to the infinitive, just as they do for the future tense.

hablar: hablaría, hablarías, hablaría, hablaríamos, hablaríais, hablarían

leer: leería, leerías, leería, leeríamos, leeríais, leerían

escribir: escribiría, escribirías, escribiría, escribiríamos, escribiríais, escribirían

¡Ahora tú!

Complete 5-5 online to practice these concepts.

¡Ahora tú!

Complete 5-6 online to practice these concepts.

¡Ahora tú!

Complete 5-7 online to practice these concepts.

- The same verbs that are irregular in the future tense are also irregular in the conditional tense. The same altered stems are used for these irregular forms.

1. The stem is shortened.		
decir → *dir-*	diría, dirías, diría, diríamos, diríais, dirían	
hacer → *har-*	haría, harías, haría, haríamos, haríais, harían	
2. The stem loses the final -e-.		
caber → *cabr-*	cabría, cabrías, cabría, cabríamos, cabríais, cabrían	
haber → *habr-*	habría, habrías, habría, habríamos, habríais, habrían	
saber → *sabr-*: sabría, …	poder → *podr-*: podría, …	querer → *querr-*: querría, …
3. The stem loses the final -e- or -i-, which is replaced by -d-.		
tener → *tendr-*	tendría, tendrías, tendría, tendríamos, tendríais, tendrían	
poner → *pondr-*	pondría, pondrías, pondría, pondríamos, pondríais, pondrían	
valer → *valdr-*: valdría, …	salir → *saldr-*: saldría, …	venir → *vendr-*: vendría, …

- The reference point for the conditional tense is a moment in the past. The conditional tense expresses an action *after* that moment in the past.

A las cinco dije que haría la cena a las seis, pero no la hice.	*At five I said (that) I would make dinner at six, but I didn't.*

- Nevertheless, in Spanish, the meaning of *the future of a past moment* also is expressed with **ir a** + *infinitive*, with **ir** conjugated in the imperfect.

A las cinco dije que iba a hacer la cena a las seis, pero no la hice.	*At five I said (that) I was going to make dinner at six, but I didn't.*

- Given the above, the conditional tense is also used in Spanish to express *probability* or *conjecture in the past.*

¿Cuántos años tenía el profesor cuando se murió? No sé, tendría unos cincuenta.	*How old was the professor when he died? I don't know, he was probably around fifty.*
¿Qué fue ese ruido anoche? Sería el viento.	*What was that noise last night? It was probably the wind.*

- The conditional tense is used in Spanish to *hypothesize,* in other words, to imagine ideas or possibilities not currently part of the speaker's reality.

Con treinta mil dólares, dejaría mi trabajo por un año y escribiría una novela.	*With thirty thousand dollars, I would leave my job for a year and I would write a novel.*

En contexto

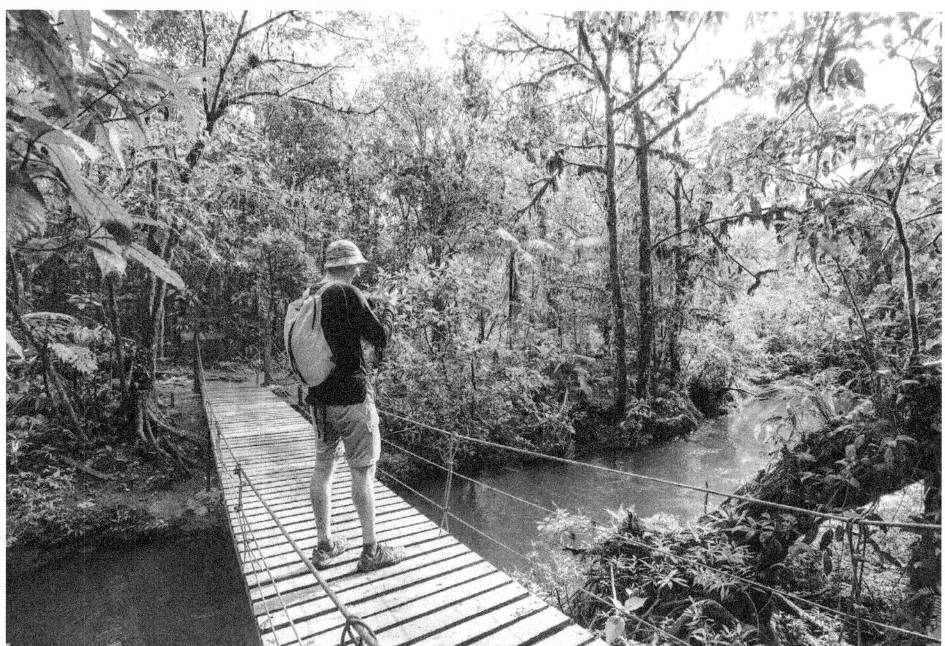

Para los amantes de la naturaleza, Costa Rica es un destino ideal para estudiar y/o viajar. Sus bosques pluviales sostienen un alto nivel de biodiversidad única en el mundo.

5-12 ¿Qué pasará en los próximos tres años?

e **PASO 1** Usa la forma correcta de los verbos entre paréntesis en el **tiempo futuro.**

1. Yo ___estudiaré___ (estudiar) en un país de habla hispana.
2. Yo ___terminaré___ (terminar) un proyecto creativo.
3. Yo ___me graduaré___ (graduarse) de la universidad.
4. Mi pareja y yo ___nos casaremos___ (casarse).
5. Yo ___haré___ (hacer) un viaje a algún lugar que no conozca.
6. Mi familia y yo ___nos reuniremos___ (reunirse) para celebrar algún acontecimiento.

PASO 2 ¿Crees que las predicciones sobre tu futuro en el **Paso 1** pasarán? ¿Qué otras predicciones puedes hacer sobre tu futuro? Piensa en los detalles y/o razones de tus respuestas.

PASO 3 Comparen sus respuestas y pregúntense sobre los detalles y/o las razones, usando preguntas como las que aparecen a continuación. ¿Qué tienen en común ustedes? Prepárense para compartir sus ideas con la clase.

- ¿Dónde/Qué/Por qué (no) **estudiarás**…?
- ¿Qué tipo de proyecto **terminarás**?
- ¿Cuándo/Con qué especialidad/Por qué (no) **te graduarás**…?
- ¿Dónde/Cuándo/Por qué (no) **se casarán** ustedes?
- ¿Adónde/Con quién(es)/Por qué (no) **harás** el viaje?
- ¿Dónde/Para qué acontecimiento/Por qué (no) **se reunirán** ustedes?
- ¿Otra(s) pregunta(s)?

5-13 Las ideas de la niñez. Durante la niñez, tenemos sueños e ideas sobre el futuro que no siempre se relacionan con la realidad.

PASO 1 Usa la forma correcta de los verbos entre paréntesis en el **tiempo condicional.**

Yo pensaba que…

1. ___sería___ (ser) un/a bailarín/a profesional.
2. siempre ___tendría___ (tener) los veranos para jugar.
3. mis padres ___vivirían___ (vivir) para siempre.
4. ___haría___ (hacer) deportes competitivos durante el resto de mi vida.
5. mis hermanos y yo ___saldríamos___ (salir) en algún programa de televisión para niños.
6. siempre ___podría___ (poder) comer mucha azúcar sin consecuencias negativas.

PASO 2 En tu caso, ¿es cierta o falsa cada afirmación del **Paso 1**? Si alguna afirmación es falsa para ti, cámbiala para que sea cierta.

PASO 3 Comparen sus respuestas. ¿Qué respuestas ciertas tienen en común? ¿Cómo han cambiado las respuestas falsas en el **Paso 2**? Prepárense para compartir con la clase algún dato nuevo que hayan aprendido sobre los compañeros de su grupo.

5-14 Mucha imaginación. Están de viaje y se alojan en un hotel antiguo en el centro histórico de la ciudad. ¿Cómo se explican los fenómenos extraños que van ocurriendo?

PASO 1 En parejas, usando la imaginación, escriban por lo menos una explicación posible para cada fenómeno extraño. Acuérdense de (*Remember to*) usar **el tiempo futuro** para hacer conjeturas (*conjectures*) sobre el presente y el **tiempo condicional** para hacer conjeturas sobre el pasado.

Hoy…	Y ayer…
1. hay ruidos (*noises*) extraños.	**4.** se apagaron las luces varias veces.
2. la ropa que estaba colgada (*hung*) en el armario está en el suelo.	**5.** la pantalla (*screen*) de la televisión fluctuaba.
3. los cuadros en las paredes están al revés.	**6.** corría agua del grifo del lavabo (*sink faucet*) cuando regresamos a la habitación.

PASO 2 Júntense con otra pareja y léanse sus conjeturas. ¿Cuáles les parecen las más lógicas? ¿Y las más creativas? ¿Se alojarían ustedes en este mismo hotel de nuevo? Prepárense para compartir sus mejores ideas con la clase.

Lectura literaria

Sobre el autor

Miguel de Unamuno (1864–1936) es uno de los escritores y filósofos españoles más conocidos. Pertenece a la Generación del 98, una generación de artistas españoles que reaccionaron ante la derrota de España en la guerra hispano-estadounidense en Cuba y la pérdida de sus últimas colonias. Sus escritos reflejan un gran amor por España y también una fuerte crítica. En su novela *Niebla* (1914), el autor juega con las características tradicionales de la novela e inventa la palabra "*nivola*" para abrir un espacio nuevo a su creatividad. En el fragmento que vas a leer, Unamuno es tanto un personaje de la novela como su autor. Augusto, el protagonista de la novela, se sienta delante de Unamuno para hablar con su "autor".

Antes de leer

5-15 Los personajes literarios.

PASO 1 Empareja los personajes con los autores que los crearon.

1. __d__ Don Quijote	**a.** Emily Brontë
2. __f__ Romeo y Julieta	**b.** Arthur Conan Doyle
3. __b__ Sherlock Holmes	**c.** Mark Twain
4. __a__ Heathcliff	**d.** Miguel de Cervantes
5. __c__ Tom Sawyer	**e.** Robert Louis Stevenson
6. __e__ El doctor Jekyll y míster Hyde	**f.** William Shakespeare

PASO 2 Lean la siguiente lista y piensen en ejemplos específicos para cada categoría.

1. novelas con secuelas (*sequels*)
2. series televisivas basadas en un personaje de otra serie televisiva
3. actores que se asocian siempre con un papel que interpretaron

Al leer

Estrategia al leer

Prestar atención a la caracterización de los personajes. Los mejores personajes literarios son seres complejos con caracteres bien desarrollados y a veces contradictorios. La caracterización permite que el aspecto físico, las palabras, las acciones y los pensamientos del personaje revelen su personalidad. Por ejemplo, si el lector observa a través de la novela que el personaje siempre dice la verdad aunque le cueste, y piensa mal de otros personajes que mienten, la honestidad es una parte de su carácter.

e **5-16 Práctica con la caracterización.** Empareja las siguientes citas de la obra con lo que revelan del carácter del personaje.

1. Unamuno: "…le dije con la más dulce de mis voces…" _c_
2. Unamuno: "…mi retrato al óleo que preside a mis libros…" _a_
3. Augusto: "…mirándome con una sonrisa en los ojos…" _f_
4. Augusto: "mire usted bien, don Miguel…" _b_
5. Unamuno: "…le interrumpí…" _e_
6. Unamuno: "¡No, eso no! ¡Eso no! —le dije vivamente—." _d_

a. Unamuno es rico, importante y culto.
b. Augusto tiene que demostrarle respeto a Unamuno.
c. Unamuno quiere manipular a Augusto.
d. A Unamuno no le gusta que Augusto no respete su autoridad.
e. Unamuno cree que sus palabras son más importantes que las de Augusto.
f. Augusto quiere jugar con Unamuno y quitarle la confianza.

Niebla (fragmento), por Miguel de Unamuno (España)

—Pues bien: la verdad es, querido Augusto —le dije con la más dulce de mis voces—, que no puedes matarte porque no estás vivo, ni tampoco muerto, porque no existes…

—¿Cómo que no existo? —exclamó.

—No, no existes más que como ente° de ficción: no eres, pobre Augusto, más que un producto de mi fantasía y de las de aquellos de mis lectores que lean el relato que de tus fingidas° venturas y malandanzas° he escrito yo; tú no eres más que un personaje de novela, o de *nivola*, o como quieras llamarle. Ya sabes, pues, tu secreto.

Al oír esto quedóse el pobre hombre mirándome un rato con una de esas miradas perforadoras que parecen atravesar la mira e ir más allá, miró luego un momento a mi retrato° al óleo° que preside a mis libros, le volvió el color y el aliento, fue recobrándose, se hizo dueño de sí, apoyó los codos en mi camilla, a que estaba arrimado° frente a mí, y, la cara en las palmas de las manos y mirándome con una sonrisa en los ojos, me dijo lentamente:

—Mire usted bien, don Miguel…, no sea que esté usted equivocado y que ocurra precisamente todo lo contrario de lo que usted se cree y me dice.

—Y ¿qué es lo contrario? —le pregunté, alarmado de verle recobrar vida propia.

—No sea, mi querido don Miguel —añadió—, que sea usted y no yo el ente de ficción, el que no existe en realidad, ni vivo ni muerto… No sea que usted no pase de ser un pretexto para que mi historia llegue al mundo…

—¡Eso más faltaba! —exclamé algo molesto.

—No se exalte° usted así, señor de Unamuno —me replicó—, tenga calma. Usted ha manifestado dudas sobre mi existencia…

—Dudas, no —le interrumpí—; certeza absoluta de que tú no existes fuera de mi producción novelesca.

—Bueno, pues no se incomode tanto si yo a mi vez dudo de la existencia de usted y no de la mía propia. Vamos a cuentas: ¿no ha sido usted el que no una, sino varias veces, ha dicho que don Quijote y Sancho son no ya tan reales, sino más reales que Cervantes?

—No puedo negarlo, pero mi sentido al decir eso era…

—Bueno, dejémonos de esos sentires y vamos a otra cosa. Cuando un hombre dormido e inerte en la cama sueña algo, ¿qué es lo que más existe: él como conciencia que sueña, o su sueño?

—¿Y si sueña que existe él mismo, el soñador? —le repliqué a mi vez.

ente: being
fingidas / malandanzas: made-up / misfortunes
retrato: portrait
óleo: oil painting
arrimado: leaning
No se exalte: Don't get upset

—En ese caso, amigo don Miguel, le pregunto yo a mi vez: ¿de qué manera existe él, como soñador que se sueña, o como soñado por sí mismo? Y fíjese, además, en que al admitir esta discusión conmigo me reconoce ya existencia independiente de sí.

—¡No, eso no! ¡Eso no! —le dije vivamente—. Yo necesito discutir, sin discusión no vivo y sin contradicción, y cuando no hay fuera de mí quien me discuta y contradiga, invento dentro de mí quien lo haga. Mis monólogos son diálogos.

—Y acaso los diálogos que usted forje no sean más que monólogos...

—Puede ser. Pero te digo y repito que tú no existes fuera de mí...

—Y yo vuelvo a insinuarle a usted la idea de que es usted el que no existe fuera de mí y de los demás personajes a quienes usted cree haber inventado. Seguro estoy de que serían de mi opinión don Avito Carrascal y el gran don Fulgencio...

—No mientes a ese...

—Bueno, basta; no le moteje usted. Y vamos a ver, ¿qué opina usted de mi suicidio?

—Pues opino que como tú no existes más que en mi fantasía, te lo repito, y como no debes ni puedes hacer sino lo que a mí me dé la gana, y como no me da la real gana de que te suicides, no te suicidarás. ¡Lo dicho!

Después de leer

5-17 La acción y la caracterización. Pon estos eventos en el orden en que ocurren en el fragmento que acabas de leer.

1. __5__ Augusto le pregunta a Unamuno qué opina de su intención de suicidarse.
2. __2__ Augusto se espanta pero pronto recupera su confianza.
3. __3__ Augusto le dice a Unamuno que él (Unamuno) también puede ser un ser ficticio.
4. __1__ Unamuno le dice a Augusto que él (Augusto) es un personaje en una novela, nada más.
5. __6__ Unamuno le dice a Augusto que no puede suicidarse porque él (Unamuno) no quiere que lo haga.
6. __4__ Unamuno explica que inventa personajes para poder tener con quién discutir.

5-18 Analizar los elementos literarios.

Interpersonal. En grupos pequeños, conversen sobre estas preguntas y otros temas en el texto literario. Si pudieran conversar con un personaje ficticio, ¿con quién hablarían? ¿Con qué autor/a les gustaría hablar y de qué? El "fanfic" es ficción escrita por los aficionados (*fans*). Por ejemplo, el fanfic de *Star Trek* sitúa a los personajes originales en historias nuevas. ¿Por qué creen que la gente escribe y lee fanfic? ¿De qué libro, película o serie televisiva escribirían ustedes?

Presentacional. Escriban el nombre de un/a escritor/a y sus obras o el nombre de un personaje y el título de la obra en que sale. Luego, preparen una lista de cinco preguntas o comentarios que les gustaría hacerle en una conversación. Compartan sus listas con los otros grupos y añadan Uds. una pregunta o comentario en la lista de otro grupo.

EXPANSION OF 5-18.
Following are some additional questions that you can use with students to analyze the literary text.

1. *¿Qué paralelos hay entre un hombre dentro del sueño de otro hombre y un personaje literario y el autor? Otro gran escritor español, Pedro Calderón de la Barca, escribió una obra de teatro titulada La vida es sueño. ¿Qué significa eso? ¿Qué otras obras creativas conocen que tratan de las conexiones entre los sueños, la vida y la muerte?*
2. *Unamuno dice que "sin discusión no vivo y sin contradicción". ¿Cuál es el límite entre una conversación y una discusión? ¿A ustedes les gusta discutir? ¿Qué piensan de un hombre a quien le gusta discutir? ¿Y de una mujer? ¿Qué hacen cuando no están de acuerdo con lo que dicen sus profesores?*
3. *Algunos ven a Augusto como un desdoblamiento del autor; es decir, como la proyección de una parte interior de Unamuno. ¿En qué se parecen los dos personajes? En este fragmento hay una lucha por el control: primero Unamuno tiene control, luego Augusto le hace perder la calma, y al final Unamuno gana el control de nuevo. Si Augusto es un desdoblamiento de Unamuno, ¿qué representa esta lucha? ¿En qué situaciones hablan consigo mismos ustedes? ¿Por qué?*

NOTE ON 5-18.
This activity mirrors the sequenced tasks of an Integrated Performance Assessment (IPA) and thus provides students with additional, low-stakes practice with spoken communication skills. After doing the reading and completing interpretative tasks about the text, students engage in interpersonal speaking. Finally, they create a visual (a list) to represent this understanding and share it with others through a presentational speaking task.

Competencia cultural

Respetar el arte indígena

 **5-19 Entender tu propia cultura.** Empareja los objetos con lo que simbolizan.

1. el Museo de Arte Moderno de Nueva York d
2. las tumbas de los primeros presidentes de Estados Unidos b
3. el vestido de novia de tu madre u otro objeto especial de ella a
4. las prendas especiales de tu infancia, por ejemplo, tus primeros escarpines (*booties*) c

a. Son símbolos de la historia de la familia.
b. Son símbolos de la historia de la nación.
c. Son símbolos de tu historia personal.
d. Son símbolos del arte y la cultura del mundo.

Pregunta: ¿A qué precio venderías estos objetos? Answers will vary.

NOTE ON *ESTRATEGIA CULTURAL*. You can mention these other ethical problems with cultural artifacts: 1. *Grecia opina que el Museo Británico debe devolver las estatuas del Partenón.* 2. *Durante la guerra de Estados Unidos en Iraq, se saquearon muchos museos y se vendieron sus piezas y obras.*

Estrategia cultural

A pocas personas les gustaría que otros compraran obras de su cultura y su historia, pero muchas piezas sacras de los indígenas se han usurpado. Al comprar arte indígena considera al menos dos cosas: (**1**) la fuente (¿es una representación auténtica de algo que esa comunidad quiere vender?) y (**2**) el significado (¿tiene algún uso sagrado o especial para esa comunidad?). Debemos apoyar a los artistas indígenas, pero con ética.

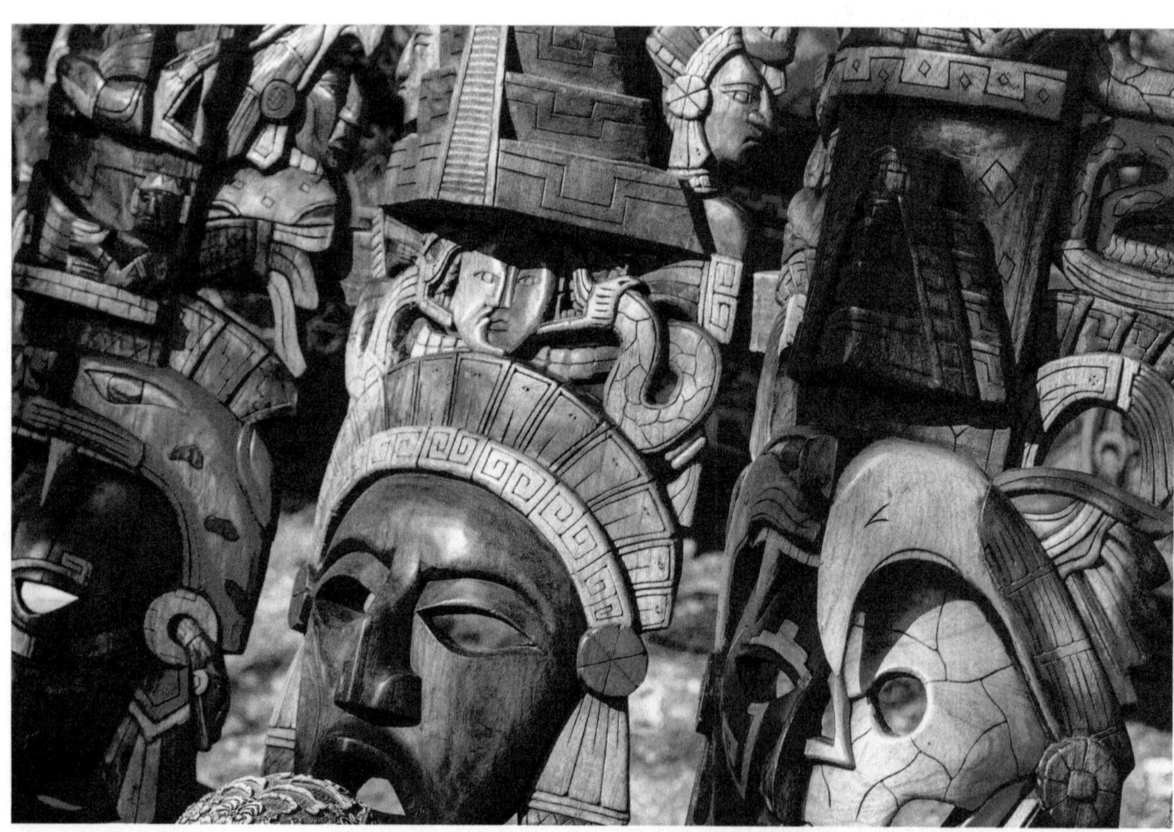

En pequeños mercados cerca de Chichén Itzá se venden máscaras hechas de madera.

Los coloridos tejidos creados por mujeres del pueblo aymara son creaciones auténticas y sumamente hermosas.

NOTE ON *THE AYMARA*.

Share with students that the Aymara are a large South American group living in the central Andes Altiplano (plateau) in Peru and Bolivia, with smaller numbers in Argentina and Chile.

 **5-20 La competencia cultural en acción.** En cada situación, describan qué se debe hacer.

1. Ustedes están de vacaciones en México. En un mercado, una persona vende artesanías indígenas a un precio muchísimo más bajo que las demás. ¿Qué preguntas deben hacerse a Uds. mismos? ¿Qué preguntas deben hacerle al vendedor?
2. Ustedes son actores famosos que quieren hacer un viaje para escapar del ruido y descansar. Aprecian la sensibilidad cultural y les importa su reputación. Un amigo les contó sobre un centro turístico en Latinoamérica que ofrece programas de relajamiento basados en las prácticas de varias comunidades indígenas locales. ¿Cómo saben si es culturalmente adecuado (*appropriate*) o no lo que hace el centro turístico? ¿Cuáles son los riesgos para Uds. si no lo es?

¿Lo sabías?

En algunos mercados de artesanías, es común regatear para llegar a un precio aceptable para el vendedor y el comprador. Pero no se regatea en todos los lugares, así que es necesario observar cómo se comporta la gente y hacer preguntas. De todas maneras, no se trata de "ganar" y hacer perder al vendedor; pueden ganar los dos.

EXPANSION OF 5-20.

An additional situation for students to analyze is the following: *Ustedes son los encargados de organizar una visita de dos semanas para estudiantes de su universidad a una zona indígena de Latinoamérica. ¿Cómo deben proceder para asegurarse de que la experiencia sea culturalmente adecuada?*

POSSIBLE ANSWERS TO 5-20.

Some possible answers include the following: 1. *Debemos preguntarnos/preguntarle al vendedor: ¿De dónde viene el objeto? ¿Está hecho a mano? ¿Es auténtico? ¿Es sagrado? ¿Se beneficia la comunidad indígena de su venta? ¿Se le ha robado el objeto a la comunidad indígena?* 2. *Debemos preguntarnos/preguntarle al centro: ¿Son sagradas las prácticas usadas en el centro? ¿Están involucradas las comunidades indígenas de alguna manera? ¿Hay beneficios para ellas? Si subimos fotos o videos de nosotros en el centro, ¿nos podría dañar la reputación o la imagen pública?*

Video cultural

El arte callejero convierte la ciudad en galería (Costa Rica)

Antes de verlo

5-21 "¡Recién volví de Costa Rica!" Este reportaje de Manuela es el resultado de un viaje que hizo a Costa Rica. ¿En qué piensas cuando piensas en Costa Rica? ¿Qué sabes del arte y de los pintores costarricenses? Si pudieras hacer un viaje a cualquier país hispanohablante para hacer un reportaje, ¿a qué país irías y por qué?

e **5-22 Vocabulario útil.** Las siguientes expresiones se usan en el video. Elige la definición más apropiada para cada una de ellas.

1. __d__ el arte callejero	**a.** la vitalidad
2. __g__ desapercibido/a	**b.** una tela preparada para pintar sobre ella
3. __a__ la efervescencia	**c.** tener la sensación de que hablan de ti
4. __f__ el/la grafitero/a	**d.** producción artística que existe en la calle
5. __b__ el lienzo	**e.** la audacia, el atrevimiento
6. __e__ la osadía	**f.** persona que produce grafiti
7. __c__ sentirse (ie, i) aludido/a	**g.** no observado/a o visto/a

Al verlo

5-23 ¿Comprendes? Contesta las siguientes preguntas.

1. ¿Qué opinan los estudiantes de la Universidad de San José sobre el arte callejero?
2. ¿En qué consiste el proyecto "De mi barrio a tu barrio"?
3. ¿Cómo interpretaron los políticos la imagen del mono? ¿Cómo interpreta el artista la imagen de Mickey Mouse?
4. ¿Por qué les gusta a estos artistas hacer arte callejero?
5. ¿Qué pinturas murales del reportaje te llaman más la atención?

ANSWERS TO 5-23.
1. *Opinan que es importante porque defiende expresiones u opiniones sobre algún tema, comunica protestas sociales y le da vida y color a la ciudad.* 2. *Es un proyecto en el que artistas de diferentes países pintaron murales en las calles de San José durante una semana.* 3. *Pensaron que el mono en saco y corbata fue una representación de ellos. Para el artista, la estatua indígena representa un país pequeño y las orejas de Mickey Mouse representan la dominación por un país grande.* 4. *Les gusta hacer arte callejero porque les da a todas las personas acceso al arte y le da vida y color a la ciudad.* 5. Answers will vary.

Después de verlo

5-24 ¡Luces, cámara, acción! Para los cineastas, el primer paso es crear un guion gráfico (*storyboard*), o sea, una serie de dibujos de escenas individuales. Seleccionen ustedes un tema asociado con la creatividad y planeen un breve reportaje con un guion gráfico de por lo menos cuatro escenas. Prepárense para presentarle su guion gráfico a la clase.

IMPLEMENTATION OF 5-24.
For the in-class presentations, ask students to bring in their storyboards. Alternatively, have them complete this activity online using LiveChat.

PARTE 2 EL ÁMBITO PROFESIONAL

Vocabulario

Sustantivos	***Nouns***
la ambigüedad	*ambiguity*
el/la diseñador/a	*designer*
el/la emprendedor/a, el/la empresario/a	*entrepreneur*
el emprendimiento	*entrepreneurship*
la innovación	*innovation*
la osadía	*audacity, daring, boldness*
la perseverancia	*perseverance*
el presupuesto	*budget*
la propuesta	*proposal*
el riesgo	*risk*
Verbos	***Verbs***
entretener (ie)	*to entertain*
innovar	*to innovate*
lidiar (con)	*to deal (with)*
otorgar	*to award, grant*
promocionar	*to promote*
Adjetivos	***Adjectives***
emprendedor/a	*entrepreneurial*

Para refrescar la memoria

el/la aficionado/a	*fan*
comportarse	*to behave*
crear	*to create*
el entretenimiento	*entertainment*
inventar	*to invent*
el mercado	*market*
la mercadotecnia	*marketing*
el/la pintor/a	*painter*
la reseña	*(critical) review*
el/la usuario/a	*user, client*

NOTE ON *PARA REFRESCAR LA MEMORIA.* In each chapter, these expressions help students review beginner-level vocabulary used in the chapter. As the instructor, you can decide whether to test these expressions as active vocabulary.

En contexto

5-25 Se buscan profesionales creativos. Selecciona la palabra más lógica para este anuncio de trabajo.

ambigüedad	osadía	presupuesto
entretener	perseverancia	promocionar

Somos una agencia de mercadotecnia. Se buscan diseñadores con...

1. la __osadía__ artística para proyectos fuera de lo común;
2. la __perseverancia__ necesaria para completar grandes proyectos;
3. ideas ilimitadas con un __presupuesto__ limitado;
4. sentido del humor para __entretener__ al usuario;
5. confianza frente a un ambiente de cambio constante y __ambigüedad__;
6. y sobre todo la capacidad de __promocionar__ los productos de nuestros clientes.

Un diseñador crea protésis para lograr efectos cinematográficos especiales.

5-26 Las profesiones creativas.

PASO 1 De la siguiente lista de profesiones, escojan la que en su opinión requiere más creatividad o menos creatividad. Luego compartan su respuesta con la clase y expliquen por qué escogieron esa profesión.

agente de publicidad	diseñador/a industrial	modista
chef	fotógrafo/a	peluquero/a
diseñador/a de videojuegos	maquillador/a	periodista
diseñador/a gráfico/a	modelo	pinchadiscos (*DJ*)

PASO 2 Julio es un joven de veintitrés años apasionado por la escritura. Estudió Literatura Inglesa en la universidad y tomó cursos de escritura creativa. Desde que se graduó, trabaja en un café durante el día y por la noche escribe cuentos y novelas. Gana poco y no tiene suficiente dinero para pagar el alquiler (*rent*). Sus padres son propietarios de una tienda de aparatos electrónicos y quieren que trabaje con ellos. ¿Qué le aconsejarían a Julio?

5-27 El diseño. El *design thinking* (pensamiento de diseño) es un proceso creativo que ha llegado a ser muy popular. Lee los pasos del *design thinking* y ponlos en orden cronológico.

1. __5__ **Evaluación.** Volver al usuario y pedirle que use los prototipos para evaluarlos. El/La diseñador/a mejora el prototipo y el producto final según las explicaciones y sugerencias del usuario.
2. __3__ **Ideas.** Crear una gran cantidad de ideas sobre el proyecto y los problemas que contiene. Todas las ideas son válidas en este paso.
3. __1__ **Empatía.** Ponerte en el lugar de la persona que va a usar el producto o servicio para dar prioridad absoluta a la experiencia del usuario.
4. __2__ **Definición.** Definir y limitar el proyecto basándote en los problemas del usuario que descubriste en el primer paso.
5. __4__ **Prototipos.** Tomar las ideas del paso previo y convertirlas en algo concreto pero simple. Este paso te permite experimentar.

5-28 Ponerse de acuerdo.

PASO 1 Elige el invento que haya tenido más impacto en nuestra sociedad. Prepárate para explicar tu elección.

1. *La imprenta de Gutenberg.* Antes de la segunda mitad del siglo XV, los libros los hacían los monjes (*monks*). Era un proceso manual que incluía las letras y las imágenes. Eran libros carísimos y leídos por muy pocas personas. En 1450 Johannes Gutenberg inventó la imprenta, un método mecánico de imprimir que permitía producir libros en mucho menos tiempo y a un precio muchísimo menor. La imprenta hizo llegar la información, el entretenimiento y las artes a muchas más personas.
2. *La computadora personal.* Las primeras computadoras eran enormes y se usaban para fines comerciales o de investigación. Al reducirse el tamaño de las computadoras personales, la gente ya podía tener una en casa y ponerla en su escritorio. En unas cuantas décadas, los avances tecnológicos y la producción en masa han permitido que las computadoras personales sean más potentes y menos caras. En el 2015, el 86,8 por ciento de las casas en Estados Unidos tenía computadora.
3. *La penicilina.* El científico escocés Alexander Fleming descubrió la penicilina en 1928. En el desorden de su laboratorio, estudió un hongo que se formó sobre un cultivo que tenía en una placa de Petri. El científico se dio cuenta de que la penicilina tenía efectos antibacterianos, pero no patentó su descubrimiento con el propósito de que se desarrollara y utilizara para combatir las enfermedades comunes pero mortales en aquel entonces. La penicilina ha salvado más vidas que ningún otro medicamento en la historia.

PASO 2 Pónganse de acuerdo sobre cuál de estos tres inventos ha sido el más importante para la sociedad. Comuníquenle su elección y sus conclusiones al resto de la clase. ¿Cuál es la opinión de la mayoría? ¿Qué otros inventos han sido muy importantes también?

5-29 Hablemos claro.

PASO 1 Entrevístense y apunten las respuestas de su compañero/a.

1. ¿Piensas trabajar en el campo de las bellas artes? ¿En cuál? ¿Por qué es atractiva la vida artística? ¿Qué retos asocias con la vida artística? ¿Qué artistas te inspiran profesionalmente? ¿Cómo facilita Internet la vida profesional de los artistas?
2. ¿Qué opinas de la relación entre los artistas y la publicidad (por ejemplo, los actores que salen en anuncios, los músicos que permiten el uso de su música, etc.)? ¿Qué anuncios de televisión te parecen creativos? ¿Y malos? En tu opinión, ¿crees que la publicidad creativa incita a comprar?
3. Las siguientes son características de las personas creativas: curiosidad intelectual, tolerancia para la ambigüedad, perseverancia, capacidad de manejar un gran número de ideas relacionadas entre sí, sensibilidad, osadía, motivación intrínseca. ¿Tienes tú todas o algunas de estas características?

PASO 2 Escribe unas líneas sobre las semejanzas y/o diferencias entre tu compañero/a y tú, usando detalles específicos de la entrevista. Después, comparte tus ideas con él/ella. ¿Está de acuerdo contigo tu pareja? Prepárate para compartir los resultados con la clase.

Gramática

III. El imperfecto de subjuntivo y la secuencia de tiempos

Recall from Chapter 4 that in Spanish the subjunctive mood is used in a subordinate clause to express events that are outside the speaker's realm of knowledge or experience. As you learned in Chapter 4, when the timeframe for these events is the present, the *present subjunctive* is used. When the timeframe is the past, however, the *past subjunctive* (or *imperfect subjunctive*) must be used.

No creo que sea buena idea. — *I don't think (that) it is a good idea.*
No creía que fuera buena idea. — *I didn't think (that) it was a good idea.*

A. El imperfecto de subjuntivo: formación

¡Ahora tú!

Complete 5-8 online to practice these concepts.

IMPLEMENTATION OF *¡AHORA TÚ!*
Various *¡Ahora tú!* eText activities are provided for students within each grammar presentation. These are mini self-assessments that allow students to immediately practice the concept(s) presented in the bullet(s) and receive automatic feedback. Have students read the grammar presentations and complete the *¡Ahora tú!* activities online as homework, before doing the *En contexto* activities in class. The *¡Ahora tú!* activities thus serve to both break down content into manageable pieces and hold students accountable for reading and reviewing before class.

All past subjunctive forms are based on **ellos** forms of the preterit. Refer back to Chapter 2 to review these preterit forms. The third-person plural ending **-ron** is dropped and replaced by the past subjunctive ending **-ra.**[1] All **nosotros/as** forms of the past subjunctive require a written accent mark.

hablar → ***hablaron***: hablara, hablaras, hablara, habláramos, hablarais, hablaran
comer → ***comieron***: comiera, comieras, comiera, comiéramos, comierais, comieran
vivir → ***vivieron***: viviera, vivieras, viviera, viviéramos, vivierais, vivieran

- Any irregularities in the **ellos** forms of the preterit also appear in the past subjunctive. Recall from Chapter 2 that these irregularities include the following:
  a. When the stem of an **-er** or **-ir** verb ends in a vowel, **-ieron** becomes **-yeron** in the preterit. This same change appears in the past subjunctive.
  leer → ***leyeron***: leyera, leyeras, leyera, leyéramos, leyerais, leyeran
  b. **-ir** verbs with a stem-change in the preterit (**e** → **i**, **o** → **u**) have the same stem-change in the past subjunctive.
  pedir → ***pidieron***: pidiera, pidieras, pidiera, pidiéramos, pidierais, pidieran
  morir → ***murieron***: muriera, murieras, muriera, muriéramos, murierais, murieran

¡Ahora tú!

Complete 5-9 online to practice these concepts.

- Verbs with irregular or "strong" stems in the preterit show these same stems in the past subjunctive.
  haber[2] → ***hubieron***: hubiera, hubieras, hubiera, hubiéramos, hubierais, hubieran
  hacer → ***hicieron***: hiciera, hicieras, hiciera, hiciéramos, hicierais, hicieran
  tener → ***tuvieron***: tuviera, tuvieras, tuviera, tuviéramos, tuvierais, tuvieran
  ser → ***fueron***: fuera, fueras, fuera, fuéramos, fuerais, fueran
  decir → ***dijeron***: dijera, dijeras, dijera, dijéramos, dijerais, dijeran

---

[1] An alternative past subjunctive ending is **-se: hablase, hablases, hablase, hablásemos, hablaseis, hablasen.** The **-se** ending tends to be more formal and literary than **-ra** and is used more commonly in Spain than elsewhere.

[2] In the past subjunctive, the full paradigm of **haber** is used, as will be practiced in Chapter 6.

B. El imperfecto de subjuntivo: uso

You learned in Chapter 4 that in Spanish the subjunctive mood is used in a subordinate clause dependent on a main clause that: (1) typically has a *different subject*, and (2) expresses *subjectivity* (influence, doubt, emotion, unknown entities, unknown events, or interdependent events). This subjectivity requires the use of the subjunctive mood in the subordinate clause.

El editor **esperaba** que el autor **escribiera** otra buena novela.	*The editor hoped (that) the author would write another good novel.*
El autor **buscaba** un tema que le **inspirara**.	*The author searched for a topic that would inspire / inspired him.*
A fin de que el autor **empezara a escribir** algo, el editor le **dio** un pago adelantado.	*So that the author would begin to write something, the editor gave him an advance payment.*

C. La secuencia de tiempos

In Spanish, a *sequence of tenses* (or *agreement of tenses*) generally applies, where two related clauses must be in the same timeframe, whether in the present / future or the past. For example, when the timeframe for a main clause that triggers the subjunctive is the present tense, the future tense, or a command, the subordinate clause requires the *present subjunctive.* When the main clause timeframe is the past tense, whether in the preterit or the imperfect, the subordinate clause requires the *past subjunctive.*

Present subjuntive:

La jefa **pide** que **asistas**.	*The boss requests that you attend.*
La jefa **pedirá** que **asistas**.	*The boss will request that you attend.*
Dile a tu colega que **asista**.	*Tell your colleague that s/he (must) attend.*

Past subjuntive:

La jefa **pidió** que **asistieras**.	*The boss requested that you attend.*
La jefa **pedía** que **asistieras**.	*The boss used to request that you attend.*

- The past subjunctive is always used after the expression **como si** (*as if, as though*).

¡Mi colega actúa como si **fuera** jefe!	*My colleague acts as if he were boss!*

- The past subjunctive rarely appears in a main clause, except when this begins with **ojalá (que)** (*I wish, if only*).

¡Ojalá (que) **tuviéramos** algunas ideas!	*I wish (that) / If only we had some ideas!*

- A few verbs (**querer, poder, deber**) are used in the past subjunctive in a main clause to make polite requests or statements.

Quisiéramos dos entradas para el concierto, por favor.	*We would like two tickets for the concert, please.*
¿**Pudieras** ayudarme?	*Could / Would you help me?*
Debieras seguir tu instinto.	*You should follow your instincts.*

En contexto

Mujeres y hombres estudian y trabajan en la ingeniería.

5-30 Las profesiones de los hijos. Es inevitable que los padres piensen en las profesiones futuras de sus hijos, pero las ideas típicas de los padres del pasado son diferentes de las del presente.

PASO 1 Escoge las dos claúsulas subordinadas de la lista que puedan completar cada oración, respetando la secuencia de tiempos.

1. Hace unos cincuenta años, los padres **creían que**… _c_, _g_
2. Hace unos cincuenta años, los padres **querían que**… _b_, _e_
3. Hoy en día, los padres **creen que**… _d_, _f_
4. Hoy en día, los padres **quieren que**… _a_, _h_

a. sus hijos **sean** médicos, abogados, ingenieros o ejecutivos empresariales.
b. sus hijos varones (*male*) **obtuvieran** un puesto de trabajo estable y respetable.
c. sus hijas **no necesitaban** una educación universitaria.
d. todos sus hijos, varones y mujeres, **se beneficiarán** de una educación superior.
e. sus hijas **se casaran** después de la escuela secundaria.
f. sus hijos **no deben empezar** a tener una familia a la edad de veinte años.
g. sus hijos **trabajarían** para la misma empresa durante toda su vida laboral.
h. todos sus hijos **se sientan** felices y realizados en su vida profesional.

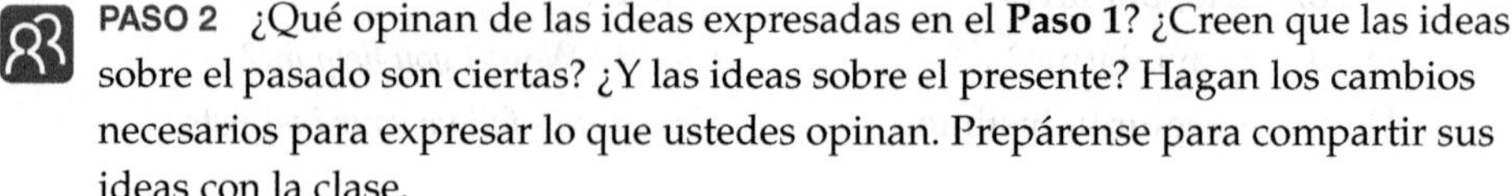

PASO 2 ¿Qué opinan de las ideas expresadas en el **Paso 1**? ¿Creen que las ideas sobre el pasado son ciertas? ¿Y las ideas sobre el presente? Hagan los cambios necesarios para expresar lo que ustedes opinan. Prepárense para compartir sus ideas con la clase.

  **5-31 El jefe de Cristina.** Escucha una serie de cláusulas subordinadas sobre el jefe que tenía Cristina en su último puesto de trabajo. Presta especial atención a las formas verbales e indica qué cláusula principal se necesita al comienzo de cada una de ellas.

AUDIO SCRIPT FOR 5-31.
1. …que bebíamos demasiado café.
2. …que lleváramos ropa informal los viernes.
3. …que trabajáramos desde casa.
4. …que hiciéramos llamadas personales en el trabajo.
5. …que conversábamos demasiado por los pasillos.
6. …que pidiéramos más de dos semanas de vacaciones al año.

1. __a__	**a.** Mi jefe creía…
2. __b__	**b.** Mi jefe no quería…
3. __b__	
4. __b__	
5. __a__	
6. __b__	

CONCLUSIÓN: ¿Qué afirmación(es) a continuación es/son cierta(s) sobre esta empleada?

☑ Trabajaba en un ambiente tradicional.
☑ Tenía un jefe serio e inflexible.
☐ Trabajaba en una oficina sin compañeros.
☐ Se sentía libre en su trabajo.

5-32 Start-Up Chile y Art Sumo. Según Juan Andrés Fontaine, el exministro de Economía de Chile, la innovación nos permite cambiar el mundo tanto o más que la revolución. Esta idea inspiró el programa Start-Up Chile y unas doscientas empresas nuevas. Hoy día se crean unas doscientas cincuenta empresas más anualmente.

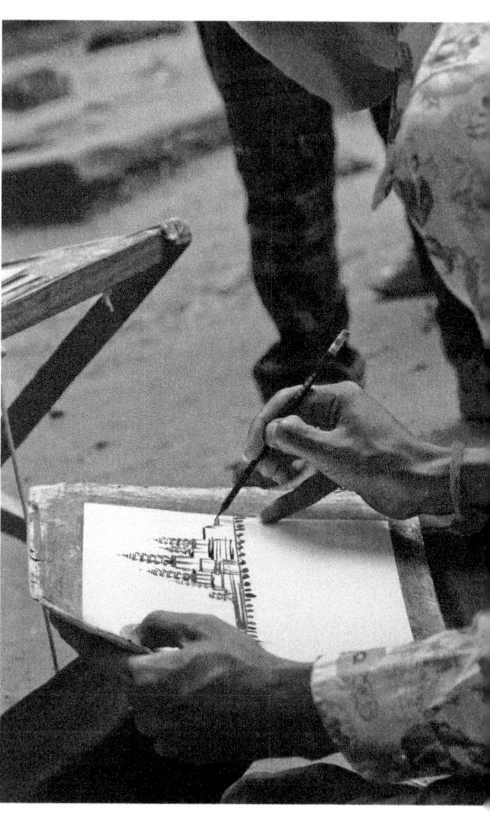

 **PASO 1** Completa cada oración con el imperfecto de subjuntivo o con el infinitivo del verbo entre paréntesis.

A. En el 2010, el gobierno de Chile creó el programa Start-Up Chile para extranjeros, **a fin de que** la población chilena…

1. __desarrollara__ (desarrollar) una perspectiva más global, como país geográficamente aislado.
2. __se volviera__ (volverse) menos adversa al riesgo económico.
3. __entrara__ (entrar) en contacto con emprendedores de todo el mundo.

B. Con un presupuesto de cuatro millones de dólares durante cuatro años, Start-Up Chile empezó a otorgar capital a solicitantes (*applicants*) internacionales **a condición de que** ellos…

4. __vivieran__ (vivir) en Chile por un mínimo de seis meses.
5. __dieran__ (dar) presentaciones relacionadas con su industria.
6. __contrataran__ (contratar) personal local.

C. Un solicitante exitoso fue el ingeniero Naysawn Naderi, quien dejó su puesto de trabajo en Microsoft para lanzar Art Sumo a través de Start-Up Chile. Naderi **deseaba**…

7. __apoyar__ (apoyar) a pintores talentosos pero desconocidos de países en vías de desarrollo.
8. que estos pintores __tuvieran__ (tener) un foro en Internet donde exhibir y posiblemente vender sus pinturas en el mercado internacional.
9. que los aficionados del arte en todo el mundo __pudieran__ (poder) ver las pinturas y comprarlas a precios razonables.

PASO 2 Conversen sobre los siguientes temas.

1. Según el gobierno de Chile, la meta final de Start-Up Chile es convertir al país en el centro de innovación y emprendimiento de América Latina. ¿Creen que es posible mejorar el nivel de creatividad e innovación de una población con una iniciativa económica y cultural de este tipo? Expliquen sus respuestas.
2. Ahora existen varios programas semejantes: Start-up América, Start-up Gran Bretaña, Start-up Grecia y Start-up Italia. ¿Mandarían una propuesta a Start-up Chile u otro programa? ¿A cuál? ¿Por qué? ¿En qué consistiría la propuesta?

5-33 Siempre de manera creativa.

PASO 1 Imaginen el caso de un/a colega ultra creativo/a que trabaja en un entorno de trabajo común y corriente. Escriban por lo menos tres oraciones para describir sus acciones, usando verbos diferentes seguidos de **como si.** Algunas ideas aparecen a continuación.

- *vestirse*
- cantar por los pasillos
- comportarse
- decorar (su oficina, etc.)
- hablar (con sus colegas, el/la jefe/a, los clientes, etc.)
- ¿...?

MODELO: *Nuestro/a colega se viste* ***como si*** *viviera en la década de los 80.*

PASO 2 Ahora júntense con otra pareja y escuchen sus oraciones. Después de cada oración, respondan: "¡Quisiera verlo!" o "No quisiera verlo". Después, contesten: ¿En qué se basaron ustedes para escribir sus oraciones, en la imaginación, o en la experiencia? ¿Conocen a alguien como la persona descrita en el **Paso 1**?

Gramática

IV. Las cláusulas con *si* para expresar situaciones habituales, probables o hipotéticas

An *"if" clause* begins with the word **si** (*if*) and states a condition. As a dependent clause, it must be paired with an independent or *resultant clause* to form a complete sentence, regardless of which clause is ordered first. There are three types of situations conveyed by "if" clauses using simple tenses: habitual, probable, or hypothetical (or improbable, contrary-to-fact).

Si **me siento** cansado, **doy** un paseo.	*If (When) I* ***feel*** *tired, I* ***take*** *a walk.*
Doy un paseo si **me siento** cansado.	*I* ***take*** *a walk if (when) I* ***feel*** *tired.*
Si **me siento** cansado mañana, **voy a dar / daré** un paseo.	*If I* ***feel*** *tired tomorrow, I* ***am going to / will take*** *a walk.*
Voy a dar / Daré un paseo si **me siento** cansado mañana.	*I* ***am going to / will take*** *a walk if I* ***feel*** *tired tomorrow.*
Si **me sintiera** cansado, **daría** un paseo.	*If I* ***felt*** *tired, I* ***would take*** *a walk.*
Daría un paseo si **me sintiera** cansado.	*I* ***would take*** *a walk if I* ***felt*** *tired.*

Formación y uso

In Spanish, an "if" clause and a resultant clause together must respect the sequence of tenses described and illustrated by the examples above.

- To express a *habitual* condition and result, whether in the present or the past timeframe, the *indicative* is used in both the "if" clause and the resultant clause.

Si **escucho** música, **trabajo** mejor.	*If (When) I **listen** to music, I **work** better.*
Si **tenía** tiempo, **iba** a conciertos de jazz.	*If (When) I **had** time, I **went** to jazz concerts.*

- To express a *probable* (or possible) condition and result (in other words, a situation that may or can still occur) again, the *indicative* is used in both the "if" clause (in the present tense) and the resultant clause (in the present tense, future tense, or command form).[3]

Si **escucho** música, **voy a trabajar** / **trabajaré** mejor.	*If I **listen** to music, I **am going to** / **will work** better.*
Si la música **está** demasiado alta, por favor, **dímelo**.	*If the music **is** too loud, please **tell me**.*

- To express a *hypothetical* (or improbable) condition and result (i.e., a situation that is contrary to fact or most likely will or would not occur), the *past subjunctive* is used in the "if" clause and the *conditional tense* is used in the resultant clause.

Si **trabajara** para esa empresa, **haría** proyectos más interesantes.	*If I **worked** for that company, I **would do** more interesting projects.*
Si **fuéramos** millonarios, no **tendríamos que trabajar**.	*If we **were** millionaires, we **wouldn't have to work**.*

¡Ahora tú!

Complete 5-10 online to practice these concepts.

En contexto

5-34 Javier Santamaría, joven pintor colombiano. Javier Santamaría fue uno de los artistas cuyas pinturas aparecieron en Art Sumo hace unos años. Primero, decide qué cláusula es apropiada y lógica para completar cada oración. Después, indica si la oración expresa una situación **habitual (H), probable (P)** o **improbable (I),** según la perspectiva de Javier.

	H	P	I
1. Si **tengo** tiempo, …_c_	☑	☐	☐
2. Si mis pinturas **se venden** a través de Internet, …_d_	☑	☐	☐
3. Si Art Sumo **quiere mostrar** otras pinturas mías en el futuro, …_a_	☐	☑	☐
4. Si **pudiera ganar** suficiente dinero como pintor, …_e_	☐	☐	☑
5. Si mis pinturas **llegaran a ser** reconocidas a nivel internacional, …_f_	☐	☐	☑
6. Si **no tuviera** tanta imaginación, …_b_	☐	☐	☑

a. **consideraré** la oferta seriamente.
b. mi arte **no sería** posible.
c. **pinto** todos los días.
d. **me pongo** contento.
e. **no tendría que hacer** otro tipo de trabajo.
f. las **vendería** a precios mucho más altos de doscientos dólares.

CONCLUSIÓN: ¿Qué afirmación(es) a continuación es/son cierta(s) sobre Javier?

☑ Es una persona imaginativa.
☑ Es un pintor apasionado.
☐ Se gana la vida solo pintando.
☑ Tiene un espíritu emprendedor.

---

[3] In Mexico and a few other Latin American countries, the present subjunctive may be used in an "if" clause: No sé si **vaya**. (*I don't know **if / whether s/he is going**.*)

AUDIO SCRIPT FOR 5-35.

1. Si me siento inspirada, escribo unas cinco páginas al día.
2. Escribiría varias horas al día si no tuviera que trabajar en una oficina.
3. Si tengo suerte, algún día conseguiré un contrato con una casa editorial.
4. Si me dan un contrato, estaré muy emocionada.
5. Sería un sueño si después hicieran una película basada en mi novela.
6. Si pudiera, viajaría por todo el mundo como forma de inspiración.

5-35 ¿Habitual, probable o improbable? Escucha las siguientes oraciones de una persona creativa y préstales especial atención a sus formas verbales. Después, indica si la oración se refiere a una situación **habitual (H)**, **probable (P)** o **improbable (I)**.

1. __H__ **3.** __P__ **5.** __I__

2. __I__ **4.** __P__ **6.** __I__

CONCLUSIÓN: ¿Qué afirmación(es) a continuación es/son cierta(s) sobre esta persona?

- ☐ Es ahora una novelista profesional.
- ☐ Es arquitecta de una gran empresa.
- ☑ Le gustaría ser una novelista profesional.
- ☐ Es actriz y viaja mucho.

¿Representan todas las películas una forma artística?

5-36 Dos críticos de cine. Raúl y su colega trabajan de críticos de cine en Los Ángeles.

PASO 1 En cada oración, usa la forma correcta del verbo entre paréntesis, en el presente de indicativo o el imperfecto de subjuntivo, según el contexto.

MODELO: Si *vas* al cine esta tarde, yo iré contigo.
Si *fueras* al cine esta tarde, yo iría contigo.

1. Si yo ___puedo___ (poder) ir al cine esta tarde, te llamaré a las dos.
2. Si tú ___prefieres___ (preferir), vamos a ver otra película después.
3. Si nosotros ___quisiéramos___ (querer), podríamos contactar al director de la película para pedirle una entrevista.
4. Si (nosotros) lo ___conociéramos___ (conocer), sería aún más fácil.
5. Si el director no ___fuera___ (ser) tan famoso, estaría más disponible.
6. Si la película no ___es___ (ser) buena, me sorprenderá mucho.

PASO 2 ¿Qué opinan ustedes de la profesión de crítico de cine? ¿Leen las reseñas antes de ver una película? ¿Leen las de algún/a crítico/a en particular? ¿Normalmente están de acuerdo con las reseñas? ¿Es una profesión que les interesaría ejercer? ¿Por qué? Prepárense para compartir sus ideas con la clase.

5-37 Situaciones profesionales. ¿Qué harás o harías en varias situaciones profesionales?

PASO 1 Completa las oraciones, usando el presente de indicativo, el imperfecto de subjuntivo, el futuro o el condicional, según el contexto.

MODELO: Si yo pudiera trabajar con cualquier artista famoso/a, *trabajaría con Shakira.*

1. Yo me sentiré realizado/a profesionalmente si…
2. Si la creatividad no es un aspecto importante de mi trabajo, …
3. Si yo fuera artista y no ganara suficiente dinero, …
4. Si yo fuera un/a artista famoso/a y exitoso/a, …
5. Yo dejaría mi trabajo si…
6. Yo cambiaría de carrera si…

PASO 2 Compartan sus respuestas del **Paso 1.** ¿Tienen algunas ideas en común? ¿Y diferentes? Prepárense para compartir los resultados con la clase.

Lectura: Autobiografía

Antes de leer

NOTE ON 5-38, *PASO 1*.
After students read the article, make sure to bring them back to 5-38, *Paso 1*. Ask, "¿En cuáles de estos campos participa Luis, el científico entrevistado?" The answer is "¡En todos!" Then state, "Como todo ser humano, Luis usa tanto la lógica como la creatividad en su vida profesional y personal".

5-38 Maneras de pensar.

PASO 1 Decide qué manera de pensar se asocia más con estas profesiones.

1. los biólogos — la lógica / la creatividad
2. los fotógrafos — la lógica / la creatividad
3. los músicos — la lógica / la creatividad
4. los matemáticos — la lógica / la creatividad
5. los físicos — la lógica / la creatividad

PASO 2 ¿Cómo representa la cultura popular a los científicos? Piensen en los personajes de científicos de algunas películas o series televisivas y describan su personalidad.

Al leer

Estrategia al leer

Descifrar la información científica. Al leer un texto difícil, podemos procesar la información desde más de un ángulo. Primero, busca las definiciones de las palabras desconocidas. Luego, intenta dividir la información de oraciones largas en partes más cortas. Por último, piensa con qué exactitud necesitas entender la información. Si tienes que saberla para un examen o para hacer un experimento, tienes que entenderla muy bien. Si solo necesitas tener una idea general, puedes tener un entendimiento menos detallado.

ANSWERS TO 5-39.
1. Answers will vary.
2. *No*
3. Answers will vary.
4. *Sí*
5. *Sí*
6. Answers will vary, but might include ideas about the length of the sentence, the number of clauses, the lack of familiarity of the reader with this kind of science, etc.

5-39 Práctica con la información científica.

Lee la siguiente oración y después contesta las preguntas: "Con estos equipos podemos generar imágenes, identificar de dónde proviene y cómo cambia esta luz, y asociar esos cambios con efectos estructurales o dinámicos en las membranas celulares".

	SÍ	NO
1. ¿Es fácil de entender esta oración?	☐	☐
2. Echa un vistazo al título, los subtítulos y la foto del texto que vas a leer. ¿Tiene el texto el propósito de que el lector entienda completamente el contenido científico?	☐	☐
3. ¿Hay palabras científicas muy difíciles en la oración?	☐	☐
4. ¿Es una oración compleja, con varias cláusulas subordinadas?	☐	☐
5. Lee la siguiente oración: "Con estos equipos sacamos imágenes en las que la luz nos permite entender mejor las membranas celulares". ¿Es un buen resumen de las ideas centrales de la oración original?	☐	☐
6. En tu opinión, ¿en qué consiste la dificultad de la oración original?	☐	☐

5-40 Práctica con el vocabulario. Las siguientes palabras están en negrita en el artículo. Empareja cada palabra con su definición o sinónimo.

1. ubicado/a __e__
2. mudarse __d__
3. la licenciatura __b__
4. la investigación __f__
5. el entorno __a__
6. la organela __c__

a. las cosas alrededor de algo
b. el título que uno recibe al completar los estudios universitarios
c. una unidad especializada dentro de una célula
d. cambiar de lugar (de casa, de ciudad, etc.)
e. localizado/a
f. el proceso de estudiar algo a profundidad

La emisión de luz creativa (Argentina)

Luis Bagatolli: ciudadano global

Mi nombre es Luis Alberto Bagatolli. Nací en Río Cuarto, una pequeña ciudad **ubicada** al sur de la provincia de Córdoba. Terminados mis estudios en la escuela secundaria en Río Cuarto, **me mudé** a Córdoba, la capital, para realizar mis estudios superiores en la Universidad Nacional de Córdoba. Allí completé mi **licenciatura** en Química y obtuve además un doctorado° en esa especialidad. Actualmente vivo en Dinamarca, en una ciudad llamada Odense. Esta ciudad queda en la isla de Fionia, aproximadamente a 150 km de Copenhague. En esta ciudad nació Hans Christian Andersen, el autor de "La sirenita"°, "El patito feo"° y otros cuentos infantiles.

Ph.D.

The Little Mermaid / The Ugly Duckling

El doctor Luis Bagatolli: profesor e investigador

Mi trabajo de **investigación** se focaliza en las propiedades físico-químicas de membranas biológicas. Estamos muy interesados en saber cómo estas estructuras, que definen los límites de la célula con su **entorno** (o bien el límite de una determinada **organela** dentro de la célula) trabajan durante el ciclo de vida celular. Por ejemplo, estas estructuras regulan el paso de nutrientes y productos de secreción además de funcionar como sensores, identificando estímulos relevantes para la respuesta celular. Nuestra estrategia experimental se basa en un fenómeno natural llamado fluorescencia, que es la emisión de luz desde un tipo particular de moléculas que llamamos fluoróforos. Esta luz es sensible° al ambiente físico-químico donde se encuentran estos fluoróforos, de manera que podemos usarlos como sensores. Esta metodología se aplica en microscopios. Con estos equipos podemos generar imágenes, identificar de donde proviene y como cambia esta luz, y asociar esos cambios con efectos estructurales o dinámicos en las membranas celulares.

sensitive

Luis Bagatolli: artista de imágenes científicas

Tener la posibilidad de asomarse° al mundo microscópico es una experiencia única. Es tal vez difícil definir precisamente lo que me genera a mí en particular. Pero, descubrir por ejemplo cómo un objeto muta° a otras estructuras al mirarlo con un microscopio es definitivamente fascinante. Todo ese universo de formas fue la fuente de inspiración para generar esas imágenes y además presentarlas con sus dos caras: el interés científico por un lado, y la visión artística por otro.

peek into

changes

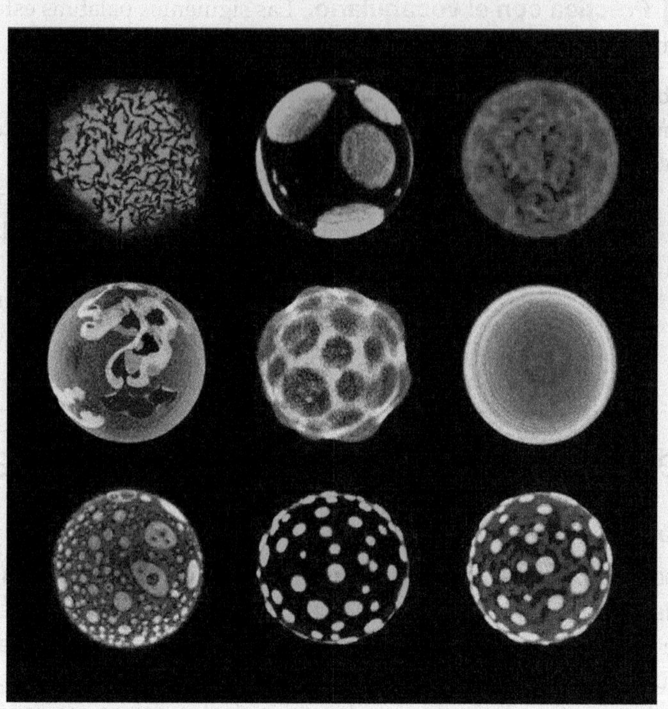

"Esferas" ("*Spheres*"), una de las imágenes de Luis Bagatolli que presenta la conexión entre la belleza artística y la investigación científica.

Luis Bagatolli: músico y miembro de conjuntos musicales

Toco la guitarra (eléctrica y acústica) y el bajo°. La experiencia de tocar música con otras personas es extremadamente interesante, divertida y muy movilizante, sobre todo cuando hay conexión. Esa conexión es algo primitivo, un sentimiento de trance casi tribal, diría. Había tocado en grupos en mis tiempos adolescentes y recientemente pude volver a experimentarlo nuevamente. La experiencia ha sido increíble. No entiendo como pude alejarme° de ello por tanto tiempo.

bass

stay away from

Luis Bagatolli: la creatividad multifacética

¿Que si creo que ser científico es una actividad creativa, artística? Sí, claro que lo es. No veo diferencias entre estas dos actividades. En mi experiencia lo que se moviliza es exactamente lo mismo. La creatividad es el elemento central.

Después de leer

EXPANSION OF 5-41. Students can see more of Dr. Bagatolli's images by searching for <Luis Bagatolli fluorescence> or <Luis Bagatolli membranes>.

5-41 Entender las actividades del Dr. Luis Bagatolli.

PASO 1 Indica a qué parte de la vida creativa de Luis Bagatolli se refieren las siguientes oraciones. Selecciona todas las respuestas que apliquen.

	CIENCIA	IMÁGENES	MÚSICA
1. Toca instrumentos.	☐	☐	☑
2. Se enfoca en las membranas celulares.	☑	☑	☐
3. Utiliza microscopios.	☑	☑	☐
4. Es una actividad que realiza con otros.	☑	☐	☑
5. Utiliza la luz.	☑	☑	☐

PASO 2 Según la información del texto, ¿creen ustedes que el Dr. Bagatolli enseña bien en la universidad? Expliquen sus respuestas.

5-42 Actitudes hacia la ciencia. Van a hacer una encuesta entre sus compañeros para saber cuál es la actitud de la mayoría hacia las ciencias y por qué.

PASO 1 En pequeños grupos formulen preguntas sobre sus actitudes hacia las ciencias. Deben formular una pregunta para cada miembro de su grupo.

MODELO: *¿Qué clases de ciencias has tomado?*

PASO 2 Circula por el salón de clase y hazle tu pregunta al mayor número de personas posible durante el tiempo indicado por tu profesor/a.

PASO 3 Vuelvan a su grupo original, presenten las respuestas y analícenlas. Después, completen las siguientes oraciones.

1. Nuestra encuesta revela que…
2. Una actitud positiva hacia las ciencias parece depender de…
3. Una actitud negativa hacia las ciencias parece depender de…
4. Para que los jóvenes se interesen en las ciencias, sugerimos que…

NOTE ON 5-43, *PASO 1*.
An English mnemonic device to remember the sequence of colors of the rainbow is the made-up name "Roy G. Biv": red, orange, yellow, green, blue, indigo, and violet.

5-43 Los experimentos.

PASO 1 El Dr. Bagatolli estudia la luz y la fluorescencia en sus experimentos. Mira la imagen del arcoiris y pon los colores en orden del exterior (1) al interior (7).

1. __3__ amarillo
2. __2__ anaranjado
3. __5__ azul
4. __6__ índigo
5. __1__ rojo
6. __4__ verde
7. __7__ violeta

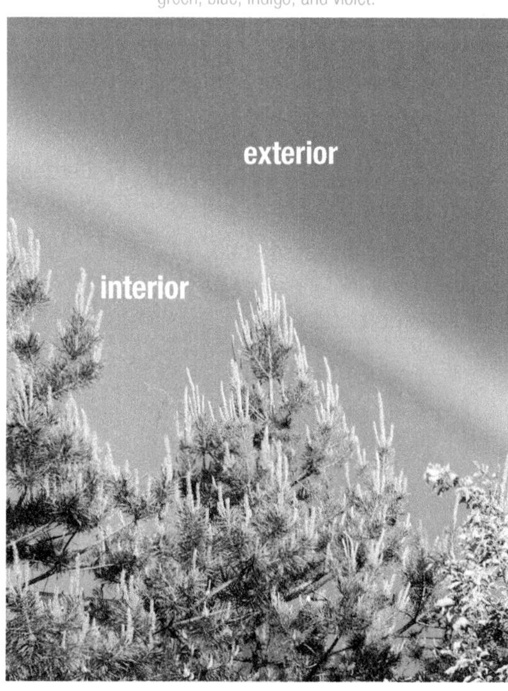

PASO 2 Los experimentos científicos parten de preguntas. Empareja la pregunta con el concepto científico. ¿Qué conceptos científicos conoces?

1. ¿Por qué se caen las cosas? __c__
2. ¿Cómo vuelan los pájaros? __a__
3. ¿Por qué hay agua en el exterior del vaso? __e__
4. ¿Cómo cambia el jugo de uva a vino? __b__
5. ¿Por qué existen elementos sólidos, gases y líquidos? __d__

a. la aerodinámica
b. la fermentación
c. la gravedad
d. los estados de la materia
e. la condensación

EXPANSION OF 5-43, *PASO 2*.
If you have science-savvy students, consider having them work in pairs to write their own questions in Spanish and then quiz other pairs.

5-44 Problemas y soluciones.

Interpersonal. Hablen de las cuestiones y los problemas más importantes de nuestro tiempo, según Uds. Identifiquen problemas científicos, humanísticos, sociales, políticos, económicos, medicinales, etc. ¿Qué puede conseguir —o no conseguir— el pensamiento científico para entender y resolver estos problemas?

Presentacional. Seleccionen una de las cuestiones o problemas que han identificado. Presenten una lista de por lo menos tres medidas que se deben tomar para intentar solucionar el problema. Piensen en soluciones a gran escala y medidas más pequeñas que la gente puede implementar a escala individual. Después de su presentación, los otros de la clase deben añadir por lo menos una medida más.

NOTE ON 5-44.
This activity mirrors the sequenced tasks of an Integrated Performance Assessment (IPA) and thus provides students with additional, low-stakes practice with spoken communication skills. After doing the reading and completing interpretative tasks about the text, students engage in interpersonal speaking. Finally, they create a list to represent their understanding and share it with others through a presentational speaking task.

Competencia cultural

Analizar el prejuicio de género

NOTE ON *¿LO SABÍAS?*
The topic of gender offers an opportunity to discuss with students how cultural perspectives are not static. You can discuss with them how ideas about gender roles and sexuality have changed in the U.S. over the decades. Now, as we learn more about transgender people, our cultural attitudes on gender itself are shifting. However you decide to approach this topic, the focus is on how cultural competence requires us to examine how our own culture shapes our beliefs, sometimes closing us off to other ways of seeing the world we live in.

¿Lo sabías?

Otras culturas ofrecen una perspectiva más amplia y flexible hacia los géneros. Por ejemplo, existe el término "muxe" en la cultura zapoteca en México, el cual representa una alternativa al binario de mujer u hombre.

e **5-45 Entender tu propia cultura.** Empareja las siguientes oraciones oídas en una agencia de diseño gráfico con el prejuicio de género (*gender bias*) que ilustran.

1. "Julia no vino a la reunión de hoy. Será que su niño está enfermo". _b_
2. "Seleccionaron el diseño gráfico de Yadira porque es la favorita del jefe". _d_
3. "Será mejor que Natalia le haga la presentación al cliente. Es atractiva y siempre viste bien". _c_
4. "A Gloria no le podemos asignar ese proyecto. Es demasiado técnico. Asignémoselo a Pablo". _a_

a. Las mujeres tienen menos aptitud técnica que los hombres.
b. La maternidad no es compatible con el trabajo profesional fuera de la casa.
c. El aspecto físico de las mujeres es más importante que sus capacidades y sus cualificaciones.
d. El éxito de las mujeres se debe a la suerte o a factores externos.

Estrategia cultural

La desigualdad de género es un problema global muy serio que afecta la salud y el nivel económico de toda la familia. Además, en el trabajo y la política, las mujeres ocupan muy pocos de los puestos de más prestigio y remuneración. El machismo no es un problema solamente en los países hispanos. Para luchar por la igualdad de las mujeres es importante examinar nuestras ideas y acciones con detenimiento.

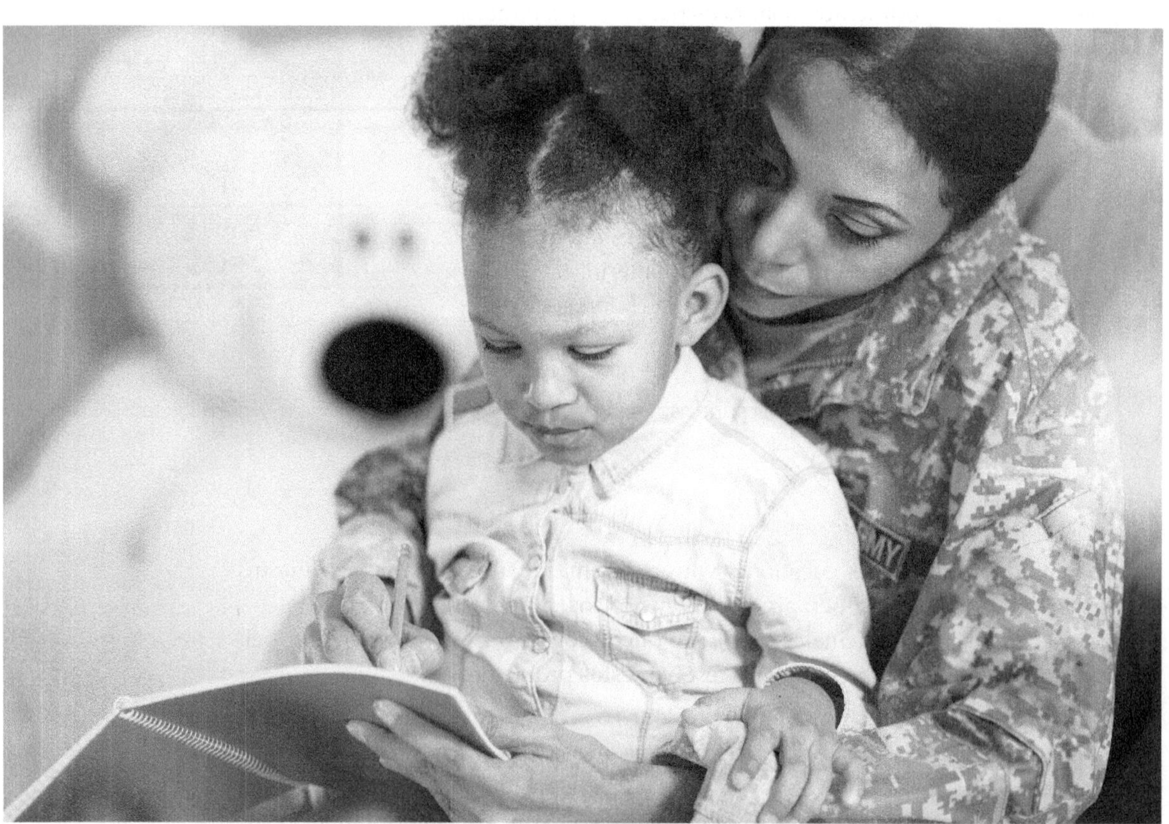

Muchas mujeres combinan la profesión militar con ser madre.

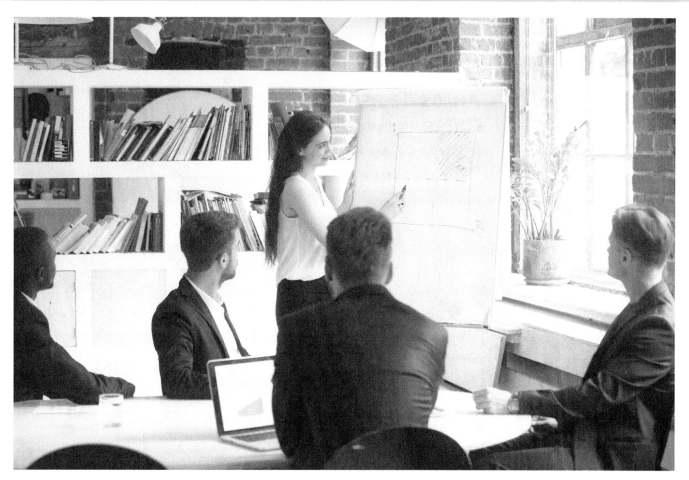

Aunque las mujeres representan el 50% de la población mundial, representan mucho menos de ese porcentaje en varios ambientes profesionales.

 **5-46 La competencia cultural en acción.** Lean sobre el siguiente malentendido y contesten la pregunta al final.

Situación. La asignación temporal en Costa Rica de una maestra joven de inglés. Esta maestra estadounidense da clases durante el día y vive en la casa de una señora costarricense.

Pregunta de la señora. "¿A qué hora va a estar usted en la casa hoy por la tarde?"

Pensamientos de la señora. La muchacha suele salir a cenar, sin avisar. ¿No le gusta lo que le preparo? El joven maestro del semestre pasado se quejó porque le daba mucho arroz con frijoles; no quiero que el programa deje de mandarme inquilinos (*boarders*). Si compro ingredientes especiales y no aparece la muchacha, perderé comida y dinero. Y si no va a cenar conmigo, puedo usar ese tiempo para hacer un trabajito, un vestido que una señora quiere que le cosa.

Respuesta de la maestra. "No sé".

Pensamientos de la maestra. ¡Qué pesada! Me trata como si fuera una niña. Llevo dos años trabajando después de graduarme de la universidad, haciendo lo que quiero y cuando quiero. No soporto la actitud hacia las mujeres en esta cultura. ¡Soy mujer y libre! Esta señora solo piensa en la casa y la comida y quiere que yo también esté pensando en esas cosas. Pues no. He venido aquí para trabajar y aprender: voy a dar mis clases y luego voy a salir para conocer a gente tica.

Solución de la administradora del programa de intercambio escolar. ¿Qué debe decirles a las dos mujeres para resolver el problema?

PRESENTATION TIP FOR 5-46.
Invite students to consider how the young professional woman in this scenario makes assumptions about the *señora* she lives with, and vice versa. Does she understand the woman's economic role in the family? Does she understand how the woman has to make decisions about how to use her time to meet her many obligations? Is the woman taking on a mothering role, or is she being assigned one?

Podcast

Episodio 252, por Nivel Escondido (Puerto Rico)

Antes de escuchar

5-47 ¿Cuánto sabes del *gaming*?

e **PASO 1** Escoge el nombre de cada objeto indicado en las imágenes.

los auriculares	los botones	la jugadora	el videojuego
el botón direccional	la consola	la palanca de mando	

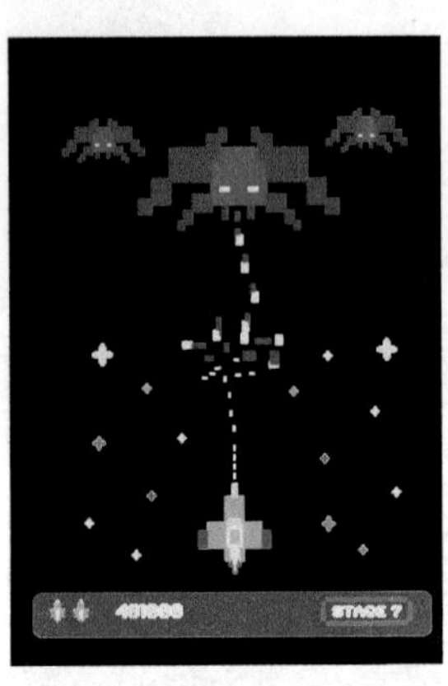

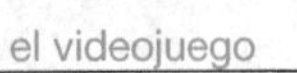

el videojuego

la jugadora

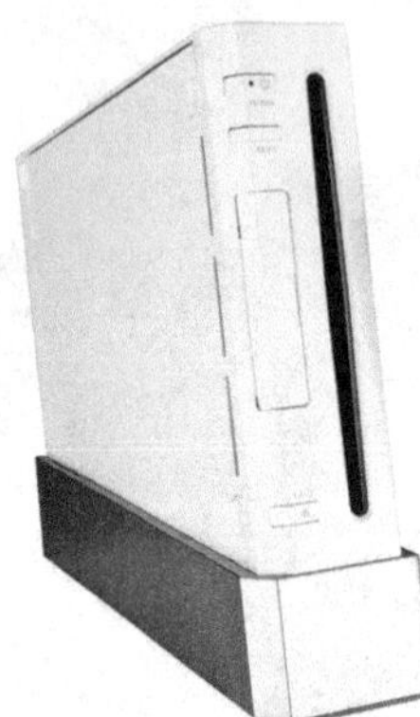

la consola

los auriculares

el botón direccional

los botones

la palanca de mando

PASO 2 Completa las siguientes oraciones con tus ideas sobre el *gaming*. Prepárate para compartir tus ideas con la clase.

1. [Me gustan / No me gustan] los videojuegos porque _____.
2. El gaming [es / no es] un problema porque _____.
3. Cuando pienso en los *gamers* pienso en _____.
4. El videojuego que más me gusta es ______ porque _____.
5. Lo divertido de los juegos de rol multijugador en línea es _____.

Al escuchar

Estrategia al escuchar

Entender la jerga. Un experto suele usar mucha jerga técnica cuando habla del asunto que conoce detalladamente. En vez de perderte en los términos específicos que no sabes, intenta entender la lógica de las oraciones o los párrafos. Por ejemplo, si describen los materiales necesarios para hacer una actividad, probablemente los términos específicos sean nombres de herramientas. Por otro lado, si explica cómo se hace algo es posible que los términos específicos sean verbos. Recuerda que un podcast se puede escuchar las veces que sean necesarias para entender la jerga.

 **5-48 Práctica con la jerga.**

 **PASO 1** Lee la siguiente cita del podcast y después selecciona las respuestas adecuadas para cada pregunta. “Esta consola, verdad, que salió el 3 de marzo del 2017 ha dado mucho de qué hablar, desde la inseguridad de los compradores a que no iba a haber casi juegos, que Nintendo pues iba a hacer otro, que esto era un Wii U glorificado. Probablemente entienden de que, no. De que no. El Switch ha venido, ha venido con fuerza”.

1. ¿Qué tipo de información contiene esta cita?
   a. los materiales que hay que usar
   b. cómo hacer algo
   c. la evaluación de un producto
2. ¿Qué palabras de la cita son de la jerga del *gaming*?
   a. esta consola
   b. la inseguridad
   c. un Wii U glorificado
   d. entienden
3. ¿En qué consiste la información de esta cita?
   a. Las inseguridades de los compradores eran justificadas.
   b. Las inseguridades de los compradores no eran justificadas.
4. ¿Qué palabra no pertenece con las otras?
   a. consola
   b. juegos
   c. Wii U
   d. Switch

PASO 2 Haz una lista de la jerga en inglés asociada con una actividad que sabes hacer muy bien. Pregúntales a algunos de tus compañeros si saben esas palabras. ¡Verás que a veces ni siquiera sabemos la jerga de nuestra lengua materna!

AUDIO SCRIPT FOR 5-48.
Episodio 252, Nivel Escondido
¿Saben a cuál videojuego pertenece la siguiente melodía? [...música...] Vamos entonces a las noticias más relevantes para esta semana. De las todas, he escogido las tres que más me gustaron. Y realmente vamos a comenzar con una que rompió la Internet esta semana. Y es que se estuvo anunciando que el Nintendo Switch se ha convertido en la consola de venta más rápida en la historia de los Estados Unidos. Esto de una fuente de ventas internas de la compañía. Así que inclusive la información dice que Nintendo Switch ha vencido en ventas al Wii original que todos saben que el original vendió sumamente brutal en los Estados Unidos. Esta consola, verdad, que salió el 3 de marzo del 2017 ha dado mucho de qué hablar desde la inseguridad de los compradores a que no iba a haber casi juegos, que Nintendo pues iba a hacer otro, que esto era un Wii U glorificado. Probablemente entiendan de que, no. De que no. El Switch ha venido, ha venido con fuerza. Tiene una tremenda alineación de juego, entre ellos, verdad, Legend of Zelda: Breath of the Wild y Super Mario Odyssey, que han recibido tremendos reviews. Y inclusive Legend of Zelda: Breath of the Wild fue el, el juego del año en los Game Awards. Así que de verdad que Nintendo está con mucha fuerza. Y para que tengan una idea de cuántas unidades ha vendido Nintendo hasta la fecha, en Estados Unidos llevan un estimado de 4.8 millones de unidades solamente en los Estados Unidos. ¡Woo, eso es muchos Nintendo Switch! Y los que se siguen vendiendo, porque la popularidad de la consola, pues, sigue atrapando a más y más jugadores. Así que de verdad gente que esas son tremendas noticias para el Nintendo Switch.

Después de escuchar

 **5-49 El podcast de un *gamer.*** Escucha el podcast. Indica si estas ideas se presentaron en el podcast o no.

1. Se presenta una noticia del mundo del *gaming* de esta semana. Sí / No
2. La noticia es sobre un videojuego nuevo. Sí / No
3. Se vendieron muchísimas consolas Nintendo Switch. Sí / No
4. Se habla de las ventas de Nintendo Switch en Puerto Rico. Sí / No
5. Se mencionan dos videojuegos específicos. Sí / No
6. El podcast es una crítica de Nintendo Switch. Sí / No

 **5-50 Los YouTubers.** Además de los podcasts sobre los videojuegos, hay muchos canales en YouTube dedicados a este tema.

PASO 1 Miren los videos de algunos YouTubers hispanohablantes que hablan de los videojuegos. ¿De qué hablan? ¿Cómo hablan? ¿Qué muestran en la pantalla mientras hablan? ¿Qué piensan Uds. de estos YouTubers? ¿De qué otros temas hablan los YouTubers famosos en español?

PASO 2 Ustedes van a “crear” un canal de YouTube para presentarles a los otros en la clase. Sigan esta lista para preparar su presentación. Al final, todos deben indicar a qué canal(es) seguirán.

- El tema central de su canal
- El nombre de su canal
- Los nombres de los primeros tres videos de su canal
- El guion para la introducción de uno de sus videos
- Un dibujo de lo que se ve en la pantalla mientras hablan

PARTE 3 ACTIVIDADES CULMINANTES

La interpretación cinematográfica

Cuesta abajo: Imaginación sin límites

Seleccionar

5-51 Sinópsis. Lee la sinópsis de estas dos obras cinematográficas. ¿Cuál te gustaría ver más y por qué? ¿Cuál de las descripciones te parece más lógica para un cortometraje relacionado con ir "cuesta abajo" (*downhill*)?

a. Henry Forero es un niño de doce años que vive en un barrio en la cima (*peak*) de una montaña cerca de Bogotá. A Henry le gusta la velocidad y quiere participar en carreras de bicicleta con los otros niños del barrio. Su papá no tiene el dinero para comprarle una bicicleta, pero le construye un carro de madera que a Henry le cambia la vida.

b. Un accidente de carro conecta tres historias de manera irreversible en la Ciudad de México. Octavio vive con su hermano y la mujer de él, Susanna. Octavio y Susanna acaban enamorados y quieren huir. Daniel decide dejar a su familia para estar con Valeria, una modelo que sufre la pérdida de una extremidad. Y El Chivo, un hombre sin hogar, desea ver a su hija después de muchos años.

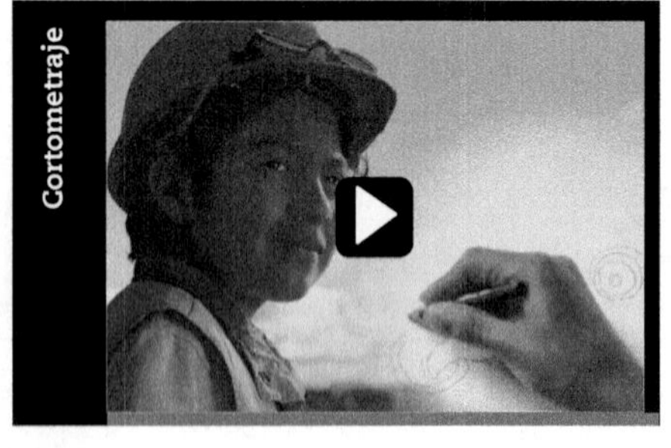

Poner *play*

5-52 Comprensión. Mira el cortometraje *Cuesta abajo* y empareja las acciones dentro de la historia.

1. [0:25–0:36] Según Henry, su historia de innovación empezó cuando __b__.
2. [1:15–1:25] Henry le pidió a Beto que __e__.
3. [1:26–1:40] El papá de Henry le sugirió que __a__.
4. [2:02–2:13] Henry le añadió unos cauchos (*rubber bands*) al carro para que __g__.
5. [2:48–2:59] Según el papá, si el carro subiera la cuesta además de bajarla, __c__.
6. [5:28–5:57] Cuando Beto aceptó hacer una carrera contra Henry, __f__.
7. [6:28–7:41] Henry tuvo éxito porque __d__.

a. corriera con un carro hecho a mano por él
b. la entrevistadora era niña
c. les cambiaría la vida a todos
d. no creía en la derrota (*defeat*) y tenía mucho apoyo familiar
e. le prestara su bicicleta para la próxima carrera
f. no sabía que sería cuesta arriba (*uphill*)
g. las balineras (*ball bearings*) rodaran más rápido

Compartir

NOTE ON 5-53.
This activity mirrors the sequenced tasks of an Integrated Performance Assessment (IPA) and thus provides students with additional, low-stakes practice with spoken communication skills. After viewing the short film and completing an interpretative task about it, students engage in interpersonal speaking to deepen their understanding. Finally, they complete a brief project to represent this understanding and share it with others through a presentational speaking task.

5-53 Reacciones. Compartan sus ideas sobre el cortometraje.

Interpersonal. ¿Qué desafíos enfrentó Henry de niño? ¿Qué hizo Henry para superar esos desafíos? ¿Cómo lo ayudó su familia? (¿Se dieron cuenta Uds. de que la entrevistadora es su hermana Sarita?) Piensen en algún desafío que han superado. ¿Usaron su creatividad o su imaginación? ¿Recibieron apoyo?

Presentacional. En el cortometraje, Henry dice: "… demostramos que en un negocio donde se pensaba que todo estaba inventado aún había mucho por innovar". Piensen Uds. en algún negocio que conozcan bien o que usen con frecuencia. ¿Qué innovación se les ocurre para mejorarlo? Hagan una representación visual de su idea y preséntensela a los otros grupos.

Recomendado para ti…

La segunda sinópsis de la actividad **5-51** es de la película mexicana *Amores Perros*. Si te interesa, búscala y pon *play* de nuevo.

La expresión escrita

Escribir para crear e imaginar

La escritura creativa, ya sea de ficción o no, le permite al/a la autor/a explorar su creatividad e imaginación. Incluye varios géneros dentro de la literatura, en especial, la novela, el cuento y la poesía, así como la escritura dramática para el teatro, el cine o la televisión. En su definición más amplia, la escritura creativa se interpreta como la creación de toda composición escrita original y surge de la necesidad humana de expresarse, recordar y hacer recordar ideas y/o experiencias significativas.

Antes de escribir

5-54 Crear poemas colectivos en verso libre. El verso libre es una forma de poesía sin pautas de rima y metro. Sin embargo, puede contener ciertos elementos (por ejemplo, el uso de comas o de palabras y/o frases repetidas) para darle al poema un sentido de estructura.

PASO 1 Escribe el comienzo del primer verso, a saber: *Yo caminaría una milla...* Termina la frase a tu manera.

PASO 2 Formen un círculo de cinco o seis personas. Pásenle su hoja a la persona que tienen a la derecha. Lean el primer verso de ese poema y escriban el segundo verso. Sigan pasando las hojas hacia la derecha, hasta que cada persona del grupo haya escrito un verso de cada poema.

PASO 3 Ahora lee el poema colectivo que tú empezaste. Haz correcciones y/o cambios como creas necesario. Si quieres, escribe un último verso para concluir el poema colectivo. Después, escucha los diversos poemas de varios voluntarios y piensa en las siguientes preguntas, para contestar al final de las presentaciones.

1. Todos los poemas colectivos comenzaron de la misma manera. Cuando están terminados, ¿son semejantes o diferentes los poemas? ¿Por qué crees que es así?
2. Todos los poemas colectivos están escritos en verso libre. En tu opinión, ¿parecen poemas? ¿Por qué?
3. ¿Hay elementos que se repiten dentro de cada poema? Aparte del comienzo semejante, ¿hay elementos que se repiten a lo largo de todos los poemas?

Al escribir

Estrategia al escribir

"Apagar" tu juez interno. Todos tenemos "un juez interno" que monitorea, edita y/o juzga la escritura o el trabajo en general. Este juez interno desempeña un papel importante en la revisión de la escritura. Sin embargo, durante el proceso de creación, puede afectar de manera negativa la imaginación y el flujo de ideas creativas. Intenta apagar o suprimir tus pensamientos críticos a la hora de escribir con creatividad.

5-55 Un relato breve. Un relato breve es un pasaje creativo corto que comunica un cierto tono (*mood*), y se enfoca en un momento, escenario, objeto o personaje. Algunos ejemplos son los poemas, los blogs, las entradas de diarios personales, las descripciones y los monólogos. Vas a escribir un relato breve sobre algo de interés personal que te inspire la imaginación y la creatividad. Redacta primero un esquema. A continuación se ofrecen algunas sugerencias para ayudarte a comenzar.

- Empieza con una sola palabra; luego apunta otras palabras asociadas que te pasen por la mente.
- Escoge una palabra o una selección de ellas como tema central.
- Escoge el formato más apropiado según tu tema o simplemente tu preferencia (por ejemplo, un poema, un blog, etc.).
- Escribe tu relato breve, ¡con tu "juez interno" apagado!

5-56 Tu relato breve.

PASO 1 Escribe el primer borrador de tu relato breve. Sigue tu esquema de la actividad previa punto por punto, pero redacta las partes en el orden que te parezca más natural.

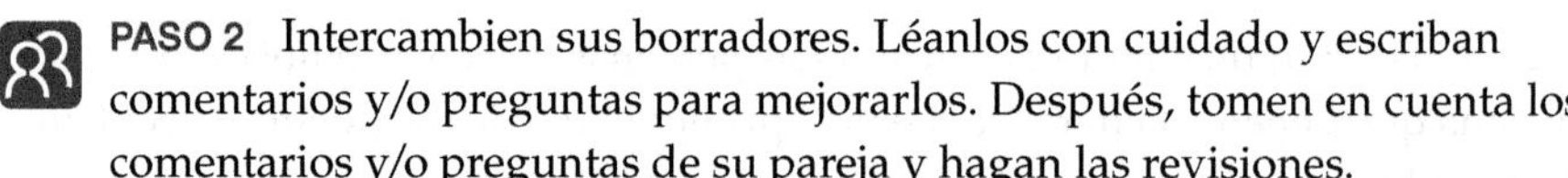

PASO 2 Intercambien sus borradores. Léanlos con cuidado y escriban comentarios y/o preguntas para mejorarlos. Después, tomen en cuenta los comentarios y/o preguntas de su pareja y hagan las revisiones.

PASO 3 Escribe la versión final de tu relato breve.

Después de escribir

5-57 A compartir. Después de recibir las últimas correcciones y comentarios de tu profesor/a, investiga maneras de compartir tu relato breve con un público más amplio. Podría ser a través de tu propia página web, por Facebook o por algún foro relacionado con tu clase de español.

La expresión oral

Hablar para crear e imaginar

Tanto el habla creativa como la escritura creativa tienen como propósito el explorar y expresar la creatividad y la imaginación. La diferencia está en la transmisión. Al hablar de manera creativa, hay un énfasis en el tono creado por el/la hablante. Puede ser un tono serio, cómico, irónico, optimista, didáctico, etc. El habla creativa pinta una imagen clara e interesante de un lugar, persona, objeto o evento para captar y mantener la atención del/de la oyente.

Estrategia al hablar

Ser consciente del tono. El tono es la actitud o estado mental y/o emotivo del/de la hablante. El tono se comunica de manera tanto física (el enfoque del Capítulo 3) como verbal. La selección y uso de detalles, descripciones y emociones, igual que la evaluación y juicios del/de la hablante, contribuyen a establecer el tono de manera verbal. Para "pintar con palabras" de manera efectiva, es importante usar muchos sustantivos concretos (versus abstractos) y verbos de acción (versus de enlace), los cuales ayudan al cerebro humano a visualizar más fácilmente.

IMPLEMENTATION OF 5-58, *PASO 1.* Have students switch pairs after each role-play, so that each student works with four different classmates over the course of the activity (i.e., a student plays *Persona A* in *Situación 1* with one partner, and then plays *Persona B* in *Situación 1* with a new partner). During *Paso 2*, choose volunteers who have not yet worked together during the activity, so that their role-play is spontaneous or unrehearsed. If assigning the activity for completion online using LiveChat, encourage students to play both roles in each situation with one classmate.

A. El habla interpersonal: Intercambios

5-58 Improvisar. Al realizar los siguientes *role-plays,* no se olviden de las ideas sobre el tono verbal.

  **PASO 1** Túrnense para representar cada papel en las dos situaciones.

Situación 1	
Persona A: Anoche saliste en una cita y pasaron varias cosas cómicas y raras. Ahora estás con la persona B, un/a buen/a amigo/a tuyo/a, conversando en un café. Sabes que él/ella no salió anoche. Pregúntale lo que hizo en casa y pídele detalles.	**Persona B:** Anoche no tuviste nada que hacer y además estabas muy cansado/a. Por eso decidiste quedarte en casa viendo una película, la cual te gustó mucho. Ahora estás con la persona A, un/a buen/a amigo/a tuyo/a, conversando en un café. Sabes que él/ella salió en una cita anoche. Pregúntale sobre la experiencia y pídele detalles sobre todo lo que pasó.

Situación 2	
Persona A: Trabajas para una empresa que promociona las giras de conciertos de varios grupos musicales latinos. Se aproxima una gira para la que tu compañero/a de trabajo pidió una gran cantidad de camisetas (*T-shirts*) y encima, se imprimieron con información y fechas incorrectas. Te reúnes ahora con tu compañero/a de trabajo para hacer una lluvia de ideas y crear un plan concreto de acción para lidiar con la situación.	**Persona B:** Eres el/la compañero/a de trabajo de la persona A. Te sientes molesto/a porque tu colega nunca te pidió que revisaras el diseño de las camisetas para la próxima gira de unos clientes y ahora hay errores en la información impresa. Te reúnes ahora con tu compañero/a de trabajo para hacer una lluvia de ideas y crear un plan concreto de acción para lidiar con la situación.

PASO 2 Ahora algunos voluntarios harán los *role-plays* con una pareja nueva, delante de la clase. La clase va a analizar qué pasó durante cada interacción, qué tono se estableció y cómo se estableció.

B. El habla de presentación: Un relato oral

Antes de presentar

5-59 Hablar para crear y entretener. Vas a contar un relato oral en clase. Los relatos orales tienen una larga tradición. Los hay de ficción o de no ficción. Mantienen vivas las historias nacionales, familiares y personales, muchas veces enseñan moralejas y son la base de nuestro entretenimiento. Típicamente son narraciones creativas que incluyen un inicio, el desarrollo de una acción central, un conflicto, un clímax y un desenlace. También suelen contener mucha repetición y exageración para que sean memorables.

PASO 1 Desde 1997 el arte de contar relatos orales personales verdaderos y sin apuntes ha vuelto a ganar mucho interés en varias ciudades de Estados Unidos, con la ciudad de Nueva York a la cabecera a través de la organización sin fines de lucro *The Moth*. Es posible escuchar relatos orales por podcast, en YouTube y durante *The Moth Radio Hour* en varias emisoras de la Radio Pública Nacional (en inglés, *NPR*). Busca y escucha en Internet ejemplos de relatos orales.

PASO 2 Planea tu propio relato oral. Puede ser verdadero o no. Debe ser breve y durar de tres a cinco minutos. Usa fichas (*index cards*) con apuntes como referencia pero no leas oraciones enteras directamente de ellas. Toma en cuenta lo siguiente y practícalo antes de presentar tu relato.

- El tipo de tono que quieres crear en el relato y cómo lo vas a crear.
- El inicio del relato, en el que estableces los personajes y el escenario (el lugar y el tiempo).
- El desarrollo de la acción, con algún conflicto, problema o complicación.
- El clímax de la situación, seguido del desenlace o resolución.

Al presentar

IMPLEMENTATION OF 5-60.
Depending on your class size and duration, you may need more than one class period to have students complete these presentations. To facilitate voting, create a list of student names along with their presentation topics, and ask students to jot down brief notes on each one as they watch.

You may ask students to use LiveChat to record their presentation. To enable them to record themselves as a single participant, edit the activity preferences to allow for one minimum number of participants (the default is two).

e **5-60 Da tu relato oral.** Practica tu relato oral antes de darlo en clase o grabarlo. Presta atención al tono. ¿Qué actitud o estado mental y/o emotivo quieres transmitir? Utiliza el tono de manera efectiva para involucrar a tu público mientras hablas. Si tu instructor/a prefiere que grabes tu discurso, hazlo después de practicar.

Después de presentar

5-61 ¡A votar! Después de escuchar los relatos orales, la clase va a votar por el que le haya parecido: (1) el más creativo y (2) el que más merezca recordarse. ¿Qué relato tiene el mayor número de votos en cada categoría?

IMPLEMENTATION OF 5-61.
To facilitate voting, create a list of student names along with their story titles. Ask students to nominate the four to five presentations that they found to be the most creative and the most memorable. Then create small groups in class to discuss the virtues of each one. Ask each group to summarize their thoughts, and then call for the vote by asking for a show of hands for each nomination. Alternatively, have a secret ballot, where students jot down the name of one of the nominations to hand in. Tally the votes on the board to reveal the winner!

El servicio comunitario

La accesibilidad al arte en Internet

5-62 ¿Es accesible a todos el arte en Internet? Las personas ciegas o con baja visión usan programas que leen la información que aparece en la pantalla. Pero esos programas solamente leen palabras; no pueden "leer" imágenes.

PASO 1 Busquen en Internet la impactante pintura *Guernica*, de Pablo Picasso. Cada persona del grupo debe escribir una descripción de una sección del cuadro. Luego junten sus descripciones para tener una descripción lógica y completa. Añadan otra información que le permitiría entender la totalidad del cuadro a una persona ciega o con baja visión. Un grupo presentará su descripción. Los demás grupos le darán sugerencias basándose en sus descripciones para tener una sola descripción con lo mejor de todas.

PASO 2 Publiquen su descripción en Internet para que este cuadro sea accesible a todos. Sigan los siguientes pasos.

- Hagan una entrada en un blog ya existente o creen una página web nueva.
- Suban una copia de la imagen.
- Escriban un título para la imagen con el nombre del cuadro, el pintor y el año.
- Copien y peguen su descripción en el lugar del texto alternativo (*alt text*) para la imagen. (Busquen en Internet cómo añadir el texto alternativo en el programa que estén usando.)

5-63 Reflexionar. Contesta las siguientes preguntas sobre tu experiencia con el servicio comunitario.

1. **¿Qué?** ¿Cuál es la importancia del arte visual en la vida de los seres humanos? ¿Por qué es importante lo que acaban Uds. de publicar? ¿Es fácil describir con palabras una obra de arte?
2. **¿Y qué?** Piensa en otras obras de arte que te gustaría describir en texto alternativo. ¿En qué se debe basar la selección de las obras? ¿Deben ser de artistas latinos? ¿Deben ser de artistas del estado donde viven? ¿Qué otros criterios son posibles?
3. **¿Ahora qué?** Busca información sobre las agencias que posiblemente trabajan con personas ciegas hispanohablantes e infórmales sobre tu proyecto. Busca información en Internet sobre los museos y galerías de arte de tu universidad. ¿Incluyen sus imágenes texto alternativo? ¿Podrías proveerles un texto alternativo?

IMPLEMENTATION OF 5-63.
One of the pillars of service learning is to follow up service projects with structured reflection activities. The questions/prompts provided in this activity are structured to cycle students through various stages of critical thinking — from a simple reporting back of the facts, to analysis, and finally, to a stage where they use information to create or do something or draw conclusions. These reflection prompts can be assigned as written homework, or alternatively, students can reflect on them orally in small groups in class.

Resumen de vocabulario

Parte 1: El ámbito personal

Sustantivos	Nouns
el/la camarógrafo/a	*cameraman/woman*
el/la caricaturista	*cartoonist*
el/la cineasta	*filmmaker*
la creatividad	*creativity*
el/la dramaturgo/a	*playwright*
la imaginación	*imagination*
la inspiración	*inspiration*
Verbos	***Verbs***
componer	*to compose*
emprender	*to undertake, embark (up)on*
ensayar	*to rehearse*
esbozar	*to sketch, outline*
filmar, rodar (ue)	*to film*
predecir (i, i)	*to predict*
Adjetivos	***Adjectives***
creativo/a	*creative*
imaginario/a	*imaginary*
imaginativo/a	*imaginative*
inspirado/a	*inspired*

Parte 2: El ámbito profesional

Sustantivos	Nouns
la ambigüedad	*ambiguity*
el/la diseñador/a	*designer*
el/la emprendedor/a, el/la empresario/a	*entrepreneur*
el emprendimiento	*entrepreneurship*
la innovación	*innovation*
la osadía	*audacity, daring, boldness*
la perseverancia	*perseverance*
el presupuesto	*budget*
la propuesta	*proposal*
el riesgo	*risk*
Verbos	***Verbs***
entretener (ie)	*to entertain*
innovar	*to innovate*
lidiar (con)	*to deal (with)*
otorgar	*to award, grant*
promocionar	*to promote*
Adjetivos	***Adjectives***
emprendedor/a	*entrepreneurial*

IMPLEMENTATION OF *OBJETIVOS DE APRENDIZAJE*.
For each of the three main sections of a *Día a día* chapter (*El ámbito personal, El ámbito profesional, Las actividades culminantes*), three to four learning objectives (LOs) or purposes have been provided to guide both students and instructors. These learning objectives tie the main communicative goal and functions of the chapter to its thematic and cultural content. Review these LOs with students upon beginning a chapter, and then return to them once finishing it. Ask students to note whether they have met each one and elicit a few examples, ideas, and/or opinions stemming from the chapter.

Capítulo 6
Aprendizaje de por vida

¿Cómo se sigue aprendiendo en la vida personal y profesional más allá de los estudios formales?

Meta comunicativa

Analítica: Analizar y evaluar

- Comunicarse para dar un análisis
- Comunicarse para evaluar
- Relatar acontecimientos completados antes que otros
- Expresar situaciones hipotéticas

Objetivos de aprendizaje

El ámbito personal: Analizar experiencias, preferencias y opiniones sobre el aprendizaje

6.1 Reflexionar sobre los beneficios de aprender un segundo idioma
6.2 Compartir experiencias y opiniones sobre los estudios universitarios
6.3 Explorar tu actitud hacia la filosofía del aprendizaje de por vida
6.4 Saber desarrollar tu competencia global

El ámbito profesional: Analizar el aprendizaje en varias carreras

6.5 Hablar de algunas profesiones estrechamente relacionadas con la educación y el aprendizaje de por vida
6.6 Explorar ejemplos de crecimiento contínuo en otras carreras
6.7 Identificar procesos, estrategias y ambientes de trabajo que fomentan el crecimiento contínuo
6.8 Saber abogar por las familias hispanohablantes

Actividades culminantes: Reflexionar, compartir y presentar

6.9 Hacer conexiones entre el ámbito personal y el ámbito profesional
6.10 Ver y analizar el aprendizaje de por vida en un cortometraje auténtico del mundo hispanohablante
6.11 Contribuir a las escuelas de tu comunidad

NOTE ON *EXPLORANDO EL TEMA*.
These research results and more can be found at the website of the American Council on the Teaching of Foreign Languages (ACTFL).

Explorando el tema

Pregunta: ¿Por qué aprender un segundo idioma?

Los estudios demuestran que aprender un segundo idioma tiene numerosos beneficios.

- Se asocia con mejores *resultados* en los exámenes ACT y SAT.
- Se asocia con notas más altas en la universidad.
- *Aumenta* la concentración y la capacidad de ignorar distracciones.
- Aumenta la habilidad de resolver problemas.
- Mejora la memoria.
- En las ciencias, *facilita* la tarea de *desarrollar* hipótesis.
- Le ayuda a uno a entender mejor su idioma materno.
- Resulta en una actitud más positiva hacia los hablantes nativos de ese idioma.
- *Retrasa* los síntomas de Alzheimer.

¿Cuántas palabras escritas en la pizarra reconoces?

e **6-1 Práctica con el contexto.** Las siguientes palabras están en letras itálicas en la lista anterior. Empareja las palabras con las descripciones.

1. el resultado __e__	**a.** crecer, dar mayor extensión a algo
2. aumentar __a__	**b.** posponer, no avanzar
3. facilitar __d__	**c.** exponer o discutir con orden y amplitud
4. desarrollar __c__	**d.** hacer fácil o posible la ejecución de algo
5. retrasar __b__	**e.** el efecto o la consecuencia de algo

6-2 Beneficios de estudiar un segundo idioma.

PASO 1 Consideren las siguientes preguntas: ¿Qué beneficios presentados en la lista anterior han experimentado ustedes? ¿Qué otros beneficios han notado?

PASO 2 Seleccionen dos conceptos o dos actividades de la lista a continuación. Describan de qué manera los beneficia el estudio de un segundo idioma. Después, preséntenle sus ideas a la clase. ¿En qué conceptos o actividades se enfocó la mayoría? ¿Por qué?

- la autoestima
- la comunicación
- la tolerancia para los errores
- la empatía
- las relaciones interpersonales
- el empleo
- los viajes
- ¿otro?

PASO 3 ¿Cómo aprendió un segundo idioma su profesor/a y cómo le ha beneficiado? Preparen tres preguntas específicas para su profesor/a. Después de escuchar sus respuestas, indiquen qué tienen ustedes en común con él/ella.

6-3 Meta desafiante. Los beneficios de aprender un segundo idioma son muchos, pero no es una meta fácil de alcanzar. Piensa en tus experiencias con el aprendizaje del español y completa la siguiente carta breve enviada a un/a estudiante principiante para animarlo/a y guiarlo/a.

IMPLEMENTATION OF 6-3.
Consider having students write their letters on paper and then deliver them to a beginning-level Spanish class.

Estimado/a estudiante principiante de español:

Te animo a que sigas con el español porque ________.

Según mis experiencias, deberías ________, pero no deberías ________.

Estudiar español vale la pena porque ________.

Un saludo muy cordial de un/a estudiante de español del nivel [intermedio / avanzado],

[Tu firma] ________

Vocabulario

Sustantivos	Nouns
la autoestima	*self-esteem*
el cinismo	*cynicism*
la empatía	*empathy*
el fracaso	*failure*
la meta	*goal*
el refrán	*saying, proverb*
Verbos	***Verbs***
animar	*to encourage*
cometer un error	*to make a mistake*
desarrollar	*to develop*
recuperar(se)	*to recover, retrieve*
sobresalir	*to stand out, excel*
trasnochar	*to pull an all-nighter, stay up all night*
Adjetivos	***Adjectives***
enriquecedor/a	*enriching*
principiante	*beginner*
sobresaliente	*outstanding, brilliant*

Para refrescar la memoria

actual	*current, present (-day)*
alguna vez	*ever, at some time*
avanzado/a	*advanced*
desafiante	*challenging*
el éxito	*success*
el intercambio	*exchange*
intermedio/a	*intermediate*

NOTE ON *PARA REFRESCAR LA MEMORIA*. In each chapter, these expressions help students review beginner-level vocabulary used in the chapter. As the instructor, you can decide whether to test these expressions as active vocabulary.

En contexto

6-4 La inteligencia emocional. A continuación se presentan cinco facetas de la inteligencia emocional, un aspecto importante del desarrollo personal.

PASO 1 Indica la situación que **no** ejemplifica cada faceta.

1. **Autoconocimiento emocional:** Reconocer y entender tus emociones.
   - **a.** Estás distraído/a y lo atribuyes al estrés en tu vida.
   - **b.** Sabes que si lees las noticias te invade un sentimiento de cinismo.
   - **c.** Estás triste pero no sabes por qué.
2. **Autocontrol emocional:** Poder controlar tus emociones.
   - **a.** Después de un fracaso, escuchas música para tranquilizarte.
   - **b.** Estás nervioso/a en una entrevista y hablas mucho y rapidísimo.
   - **c.** Cometes un error y sientes vergüenza, pero reflexionas y ves que no es tan grave el error.
3. **Automotivación:** Usar tus emociones para motivarte.
   - **a.** Estableces metas para tu vida.
   - **b.** Hablando contigo mismo/a, te animas con frases positivas.
   - **c.** Hablando contigo mismo/a, dices que eres un fracaso y un inútil.
4. **Reconocimiento de las emociones de los demás:** Interpretar las emociones de otros.
   - **a.** Tu colega está llorando y le hablas de lo que hay que terminar ese día en el trabajo.
   - **b.** Sientes empatía.
   - **c.** Tu amigo/a sale poco y crees que se debe a su baja autoestima.
5. **Relaciones interpersonales:** Llevarte bien con otros.
   - **a.** Le felicitas a tu hermano/a cuando sobresale en sus estudios.
   - **b.** Con un/a colega difícil desarrollas una relación amistosa, pero con cierta distancia.
   - **c.** Te peleas con tu primo/a y la relación nunca se recupera.

PASO 2 ¿Qué facetas de la inteligencia emocional consideras que ya tienes bien desarrolladas? Provee un ejemplo de tu vida para cada una de ellas. ¿Qué facetas necesitas desarrollar más? Provee ideas sobre lo que puedes hacer o pensar diferente para mejorar esa(s) faceta(s).

PASO 3 En grupos pequeños, compartan sus respuestas del **Paso 2.** ¿Tienen Uds. algo en común? ¿Han aprendido algo nuevo de esta actividad? Prepáranse para compartir sus ideas con la clase.

6-5 ¿Cómo y qué aprendemos?

PASO 1 Se puede aprender mucho en Internet. Asocia cada situación con los términos de búsqueda (*search terms*) más lógicos.

1. No quieres usar tu auto para ir a tus clases. ___ d
2. Necesitas trasnochar antes de un examen. ___ f
3. Has cometido muchos errores en tus clases. ___ b
4. No entiendes la frase, "el mundo es un pañuelo". ___ a
5. Quieres aprender una lengua nueva. ___ e
6. Buscas trabajo para el verano. ___ c

- **a.** refranes populares español
- **b.** recuperarse del fracaso
- **c.** cómo sobresalir en una entrevista
- **d.** reparar bici cadena llantas
- **e.** árabe para principiantes
- **f.** cantidad peligrosa cafeína

PASO 2 También se aprende mucho en la universidad. Hazles las siguientes preguntas a varios compañeros de clase.

Durante tus estudios universitarios, ¿qué has aprendido sobre…

1. la historia?
2. las ciencias?
3. otras culturas?
4. un tema actual e importante?
5. cómo se estudia de manera efectiva?
6. cómo se escribe bien?
7. tus profesores?
8. ti mismo/a?

6-6 Tus cursos de este semestre.

PASO 1 Entrevístense sobre qué cursos toman este semestre y en qué orden los ponen (1 = el nivel más alto, etc.), según los distintos criterios a continuación. Expliquen sus respuestas.

Cursos	Nivel de dificultad	Nivel de interés estimulado	Número de estudiantes	¿Otro criterio?
1.				
2.				
etc.				

PASO 2 Escribe algunas conclusiones sobre las preferencias académicas de tu pareja. Tu profesor/a recogerá las conclusiones, pero leerá solo las de uno/a de ustedes. Después, los demás compañeros adivinarán a cuál de ustedes se refieren.

1. A mi pareja le gusta(n) ________ y no le gusta(n) ________.
2. El curso con menos estudiantes es también el curso ________.
3. Su nivel de interés en los cursos parece depender de ________ porque ________.
4. Creo que la mejor especialidad de estudios para mi pareja es ________ porque ________.
5. Otro dato sobre mi pareja es (que) ________.

Estudiantes universitarios en Argentina

IMPLEMENTATION OF 6-7, *PASO 1.* Ask students to look up a few simple phrases in Portuguese on the Internet; this will show that learning Spanish opens the door to other Romance languages. Have students visit the website of the American Association of Teachers of Spanish and Portuguese (AATSP) to read reasons why both Spanish and Portuguese are important languages to know.

6-7 Ponerse de acuerdo.

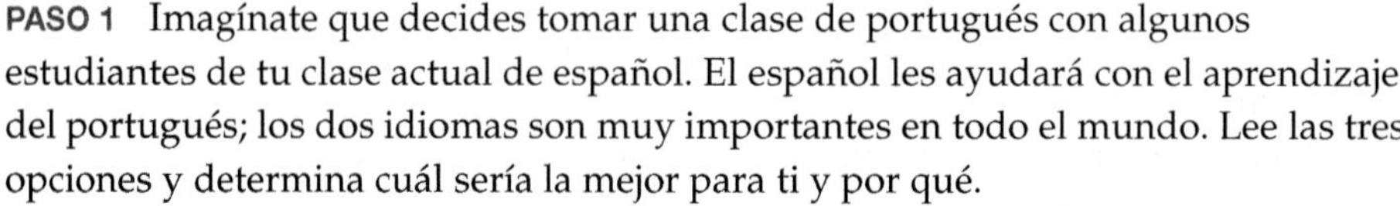

PASO 1 Imagínate que decides tomar una clase de portugués con algunos estudiantes de tu clase actual de español. El español les ayudará con el aprendizaje del portugués; los dos idiomas son muy importantes en todo el mundo. Lee las tres opciones y determina cuál sería la mejor para ti y por qué.

1. *Un curso intensivo de verano.* El curso se ofrece en una universidad cerca de tu ciudad o de tu pueblo. Dura cuatro semanas y las clases son desde las nueve de la mañana hasta las once, y luego desde las doce hasta las dos, de lunes a viernes. Hay programas gratis de tutoría (con un/a profesor/a) y de intercambios (sesiones de conversación con hablantes nativos/as de portugués). Si asistes a las actividades extracurriculares (charlas, clases de cocina, cine, etc.), te dan crédito extra.
2. *Un curso híbrido.* Es un curso de dieciséis semanas durante el semestre habitual de tu universidad. Asistes a clases de cincuenta minutos dos días a la semana para recibir la instrucción de un/a profesor/a y hacer actividades interactivas con tus compañeros. Dedicas dos horas cada semana a las actividades en Internet (videos, lecturas, ejercicios de gramática, etc.). Recibes tus resultados de los ejercicios en Internet inmediatamente y tienes tres oportunidades para mejorar tu nota.
3. *Tomar un MOOC.*[1] Es un curso básico ofrecido por una universidad muy famosa. Consiste en videos del/de la profesor/a que está dictando las clases, ejercicios corregidos automáticamente, salones de chat y una amplísima lista de recursos. Hay dos mil personas matriculadas en el curso y toda la instrucción se realiza por Internet. Tienes libertad total con el horario y el lugar: solo necesitas una computadora e Internet.

[1] El acrónimo MOOC (*Massive Open Online Course*) se usa también en español, aunque el curso también tiene nombres en español, por ejemplo, Curso Abierto en Línea a Gran Escala (CALGE) y Cursos en Línea Masivos y Abiertos.

PASO 2 Pónganse de acuerdo sobre cuál de los tres cursos van a tomar. Presenten su elección y expliquen sus razones. ¿Cuál es la preferencia de la mayoría de la clase y por qué?

Saber hablar español y portugués le permite a uno comunicarse con millones de personas en el mundo.

6-8 Hablemos claro.

PASO 1 Entrevístense y apunten las respuestas de su compañero/a.

1. ¿Qué has aprendido en un curso académico que no podrías haber aprendido de otra manera? ¿Qué curso(s) te gustaría tomar pero no se ofrece(n) en la universidad? Si tuvieras que enseñar un curso ofrecido por la universidad, ¿cuál sería y por qué? ¿Qué has aprendido por Internet? ¿Qué has aprendido a través de aplicaciones en tu télefono celular o tu tableta?
2. ¿Qué se aprende de las experiencias de la vida que no se puede aprender en un curso y viceversa? ¿Cuáles son algunas de las lecciones más importantes que la vida te ha enseñado? ¿Qué te han enseñado tus padres? ¿Tus hermanos/as? ¿Otros parientes? ¿Y tus amigos/as? ¿Qué has aprendido de figuras famosas o históricas?
3. ¿Cuáles han sido algunos de tus éxitos en la vida y qué has aprendido de ellos? ¿Qué fracasos has sufrido y qué has aprendido de ellos? ¿Cuáles han sido algunas humillaciones que han tenido que enfrentar figuras famosas o históricas y cómo se han recuperado? ¿Cómo te recuperas después de haber cometido un error? ¿Qué pasa cuando cometes un error en español?

PASO 2 Escribe unas oraciones para explicar qué curso (académico o no académico) podría enseñar tu compañero/a, por qué y cómo lo podría enseñar. Después, comparte tus ideas con él/ella. ¿Está de acuerdo contigo tu pareja? Prepárate para compartir los resultados con la clase.

Gramática

I. Los participios pasados con *ser* (la voz pasiva) y *estar* (una condición resultante)

A past participle is a verb form that typically appears after the verbs *to be* (**ser** and **estar**) and *to have* (**haber**). This grammar section focuses on *to be + past participle,* whereas the rest of Chapter 6 will focus on *to have + past participle.*

In English, regular past participles end in *-ed* (e.g., *closed, decided, prepared*) or *-en* (e.g., *spoken, eaten*). English also has various irregular past participles (e.g., *sold, drunk, swum*). The following examples illustrate two different nuances in meaning with *to be + past participle.*

*The bookstore **was closed** by the owner.*	(an action expressed in the passive voice)
*The bookstore **was closed** when I arrived.*	(the state or condition resulting from a prior action)

In Spanish, these nuances are contrasted by the two verbs for *to be*: **ser** is used to form the passive voice, and **estar** is used to express a state or condition resulting from a prior action.

La librería **fue cerrada** por el propietario.	(an action expressed in the passive voice)
La librería **estaba cerrada** cuando llegué.	(the state or condition resulting from a prior action)

A. Formación

When used with past participles, **ser** and **estar** may be conjugated in any tense (i.e., present, past, or future). In the past tense, **ser** is most commonly used in the *preterit* for the passive voice, and **estar** usually requires the *imperfect* for a resultant state or condition.

	Present	Past (*Preterit or Imperfect*)
ser	soy, eres, es, somos, sois, son	fui, fuiste, fue, fuimos, fuisteis, fueron
estar	estoy, estás, está, estamos, estáis, están	estaba, estabas, estaba, estábamos, estabais, estaban

Ese edificio **fue diseñado** por Gaudí.	*That building **was designed** by Gaudí.*
El gran salón **estaba decorado** de rojo.	*The great hall **was decorated** in red.*

- The past participles of **-ar** verbs add **-ado** to the stem, while the regular past participles of **-er** and **-ir** verbs add **-ido** to the stem.

  hablar: habl**ado** *spoken* **vender:** vend**ido** *sold* **decidir:** decid**ido** *decided*

- When the stem of an **-er** or **-ir** verb ends in a vowel other than **u**, a written accent mark appears on the past participle ending **-ído.**

  caer: ca**ído** *fallen* **creer:** cre**ído** *believed* **oír:** o**ído** *heard*
  traer: tra**ído** *brought* **leer:** le**ído** *read* BUT **construir:** constru**ido** *built*

- Some common **-er** and **-ir** verbs have irregular past participles.[2] Note that these typically end in **-cho** or **-to,** or less commonly **-so.**

decir: dicho *said*	**ver:** visto *seen*	**morir:** muerto *dead*
hacer: hecho *done*	**poner:** puesto *placed*	**abrir:** abierto *open, opened*
escribir: escrito *written*	**volver:** vuelto *returned*	**cubrir:** cubierto *covered*
freír: frito *fried*	**resolver:** resuelto *resolved*	**imprimir:** impreso *printed*
romper: roto *broken*		

- When used with **ser** and **estar,** a past participle functions as an *adjective.* Like any adjective, it must agree in number (singular or plural) and gender (masculine or feminine) with the noun that it modifies. Since both **ser** and **estar** are linking verbs that essentially mean "equals," they may be omitted and the past participle may modify the noun directly.

La cena **está preparada.**	*Dinner is served / ready.*
Las mesas **están puestas** con porcelana fina.	*The tables are set with fine china.*
El plato principal **fue preparado** por el aprendiz del chef.	*The main course was prepared by the chef's apprentice.*
Los postres **fueron hechos** por el chef mismo.	*The desserts were made by the chef himself.*
¡Los postres (que **son**) **hechos** por este chef siempre están muy ricos!	*The desserts (that are) made by this chef are always very delicious!*

¡Ahora tú!

Complete 6-1 online to practice these concepts.

IMPLEMENTATION OF *¡AHORA TÚ!*
Various *¡Ahora tú!* eText activities are provided for students within each grammar presentation. These are mini self-assessments that allow students to immediately practice the concept(s) presented in the bullet(s) and receive automatic feedback. Have students read the grammar presentations and complete the *¡Ahora tú!* activities online as homework, before doing the *En contexto* activities in class. The *¡Ahora tú!* activities thus serve to both break down content into manageable pieces and hold students accountable for reading and reviewing before class.

B. Uso: *ser* y la voz pasiva

Spanish uses **ser** + *past participle* (+ **por** + *agent*) to express an action in the passive voice (**la voz pasiva**), which is the opposite of the active voice (**la voz activa**). With the active voice, the *performer or agent* of the action is the *subject* of the sentence, and the *recipient or patient* of the action is the *direct object.*

El chef prepara **los postres.** — *The chef prepares the desserts.*
↓ ↓
(agent = subject) (patient = direct object)

With the passive voice, on the other hand, the *recipient or patient* of the action is the *subject* of the sentence, and the *performer or agent* is the *object of the preposition* ***by*** (**por**).

Los postres son preparados por **el chef.** — *The desserts are prepared by the chef.*
↓ ↓
(patient = subject) (agent= object of *por*)

- You learned in Chapter 3 that passive **se** (**el *se* pasivo**) is a verb construction in Spanish that is different from the passive voice and is more commonly used. With the passive voice, the performer or agent of the action is known and is usually stated after **por.** With passive **se,** however, the performer or agent of the action is unimportant, unspecified, and/or perhaps even unknown to the speaker.

Se preparan **los postres** aquí. — *The desserts are prepared here.* (The performer or agent of the action is unimportant or unknown.)
↓
(patient = subject)

[2] A few verbs have two past participles, one that is regular and one that is irregular (e.g., **freír:** fre**ído,** fri**to; imprimir:** imprim**ido,** impre**so**).

C. Uso: *estar* y una condición resultante

Spanish uses **estar** + *past participle* to express a state or condition *resulting from* a prior action. The focus is on the recipient or patient and how a previous action has affected it. A performer or agent is never expressed, and the prepositional phrase **por** + *agent* is never used.

Los postres están preparados, pero los invitados todavía no están aquí. — *The desserts are prepared / ready, but the guests are not here yet.*

(patient = subject)

En contexto

6-9 En una clase de cocina. Saber cocinar puede ser una prioridad o no, pero muchos lo consideran una habilidad importante en la vida. A continuación se describe una clase de cocina en particular.

PASO 1 Empareja cada oración con el dibujo que mejor la represente.

a. 

b. 

c. 

d. 

e. 

f. 

En una clase de cocina, a menudo el examen final consiste en dar una cena formal.

1. El menú **es planeado** por la clase. _d_
2. Los platos **son preparados** por todos los alumnos. _f_
3. Los platos **son evaluados** por el instructor. _a_

La cena ya está a punto de empezar y todo está listo.

4. Los muebles **están arreglados** como en un restaurante. _e_
5. Las mesas **están puestas** para una cena formal. _c_
6. Los platos **están preparados** y calientes. _b_

PASO 2 Entrevístense usando las siguientes preguntas. Prepárense para compartir sus respuestas con la clase.

1. ¿Sabes cocinar bien? ¿Qué platos prefieres preparar? ¿Qué platos no te gusta preparar?
2. ¿Es importante saber cocinar? ¿Crees que cambiará tu opinión en el futuro?
3. ¿Tienes alguna experiencia con clases de cocina? ¿Te interesa tomar clases de cocina ahora o en el futuro? ¿Por qué?

6-10 Creaciones clave. Entender la historia del ser humano y sus creaciones clave nos da una idea más amplia de quiénes somos.

PASO 1 Escribe el participio pasado de cada verbo entre paréntesis y el nombre del individuo o el grupo creador después de **por.** Una lista de nombres aparece a continuación.

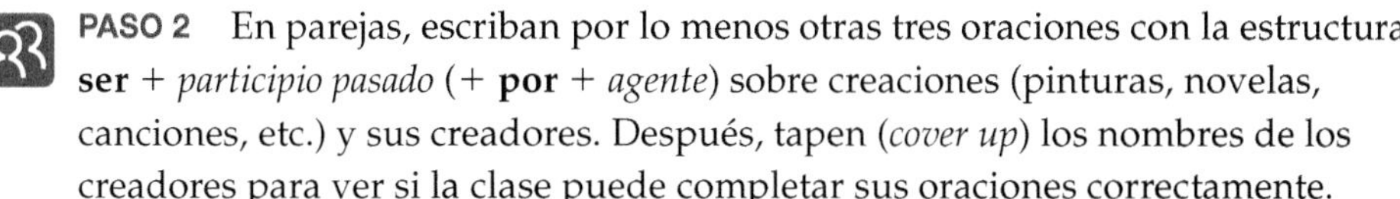

Borges	Cervantes	García Márquez	los mayas	Neruda
Botero	Dalí	Gaudí	los árabes	Picasso

1. La ciudad de Chichén Itzá fue construida (construir) por los mayas, una civilización mesoamericana, en el siglo VI.
2. El primer tomo de *Don Quijote,* la primera novela moderna, fue escrito (escribir) por Cervantes, un autor español, en 1605.
3. La Sagrada Familia, una famosa basílica católica, fue diseñada (diseñar) por Gaudí, un arquitecto catalán, en 1883. Todavía no está terminada (terminar).
4. La enorme pintura *Guernica* fue completada (completar) por Picasso, un artista cubista español, en 1937.
5. La obra *Cien años de soledad,* la cual refleja el estilo del realismo mágico, fue escrita (escribir) por García Márquez, un novelista colombiano, en 1967.

PASO 2 En parejas, escriban por lo menos otras tres oraciones con la estructura **ser** + *participio pasado* (+ **por** + *agente*) sobre creaciones (pinturas, novelas, canciones, etc.) y sus creadores. Después, tapen (*cover up*) los nombres de los creadores para ver si la clase puede completar sus oraciones correctamente.

MODELO: *El cuadro* Nighthawks *fue pintado por el estadounidense Edward Hopper.*

Una de las detalladas torres de la Sagrada Familia en Barcelona (España).

El Caracol, parte de las impresionantes ruinas en Chichén Itzá (México), sirvió como observatorio. Es un verdadero ejemplo no solo de la arquitectura maya sino de su civilización avanzada.

ANSWERS TO 6-11, *PASO 1.*

1. perdido → **tiempo;** correspondido → **amar**; Si la persona a quien amas no te ama, es una pérdida de tiempo para ti.
2. acompañado → **cualquier individuo**; Es mejor no estar con nadie que estar con alguien que no es bueno para ti.
3. abierto → **cajón**; honrado → **cualquier individuo**; Si hay dinero no vigilado, será una tentación tomarlo incluso para una persona muy honesta.
4. cerrada → **boca**; Si no hablas, no puedes decir nada que no debas.
5. pedido → **consejo**; oído → **consejo**; Si das consejos a alguien que no te los ha pedido, es probable que no los acepte.
6. acabada → **comida**; terminada → **amistad**; Hay individuos que solo son amigos si reciben algún beneficio de ti, como la comida.

6-11 Los refranes en español. Los refranes son muy populares en el mundo hispanohablante. A continuación se presentan algunos refranes con participios pasados.

PASO 1 En cada refrán, identifiquen el(los) participio(s) pasado(s) e indiquen qué modifica cada uno. Después, analicen el significado del refrán y compartan sus ideas con la clase.

1. Amar es tiempo perdido, si no es correspondido.
2. Más vale estar solo que mal acompañado.
3. Cuando está abierto el cajón, el más honrado es ladrón.
4. En boca cerrada, no entran moscas.
5. Consejo no pedido, consejo mal oído.
6. Comida acabada, amistad terminada.

PASO 2 Júntense con otra pareja para hablar más sobre el significado de los refranes del **Paso 1.** ¿Están de acuerdo con todos los refranes? ¿Expresan verdades sobre la vida o simplemente cinismo?

Gramática

II. El presente perfecto de indicativo y de subjuntivo

The current and subsequent grammar sections in Chapter 6 focus on *perfect tenses* in Spanish, all of which mark an action as *completed* and are based on the compound construction *to have* (**haber**) + *past participle.* It is called *compound* (versus *simple*) because it has two parts: the auxiliary or helping verb *to have* (**haber**) and a past participle formed from a content verb.

The *present perfect,* in particular, refers to an action completed *before* the present moment, defined as the moment of speech. The present perfect differs from the preterit / imperfect in that the action expressed continues to have relevance or some bearing on the present.[3]

He completado el curso y ahora estoy listo para el siguiente paso.	*I have completed the course and now am ready for the next step.*
Completé el curso y **seguí** con el siguiente paso.	*I completed the course and continued with the next step.*

A. Formación

With the present perfect, the auxiliary verb **haber** is conjugated in the present tense. The *present indicative* forms of **haber** are: **he, has, ha, hemos, habéis, han.**

Hemos aprendido mucho este semestre.	*We have learned a lot this semester.*
Este semestre **ha sido** una buena experiencia.	*This semester has been a good experience.*

- Recall that in Spanish, the past participles of **-ar** verbs add **-ado** to the stem (e.g., **hablado** *spoken*), while the regular past participles of **-er** and **-ir** verbs add **-ido** to the stem (e.g., **vendido** *sold*, **decidido** *decided*). Refer back to the previous grammar section to review the formation of irregular past participles in Spanish.
- When used with **haber,** a past participle functions as part of a compound verb and has only one form ending with **-o.** In other words, the past participle is not an adjective in the perfect tenses and thus does not vary in number or gender.

¡Ahora tú!

Complete 6-2 online to practice these concepts.

[3] In some Spanish-speaking countries, such as Mexico, the preterit and the imperfect are used much more frequently than the present perfect, which in turn is used frequently in Spain.

- In *to have* (**haber**) + *past participle* constructions, object pronouns and **no** are placed directly before the conjugated form of **haber.** Unlike English, no words intervene between **haber** and the subsequent past participle.

  He leído varias novelas este verano. — *I have read various novels this summer.*

  Las **he leído** en español; **no** las **he leído** en inglés. — *I have read them in Spanish; I have not (haven't) read them in English.*

- The verb **tener** cannot be used as an auxiliary in the perfect tenses in Spanish in place of **haber.** Whereas **haber** is an auxiliary verb, **tener** is a content verb meaning *to have* or *to own* in the sense of possession.

  Tengo varias novelas de Isabel Allende. — *I have / own various novels by Isabel Allende.*

  Las **he tenido** durante años. — *I have had / owned them for years.*

- When the present perfect tense is used in a subordinate clause that requires the subjunctive, the *present perfect subjunctive* is required. The *present subjunctive* forms of **haber** are: **haya, hayas, haya, hayamos, hayáis, hayan.**

  Yo creo que **hemos aprendido** mucho. — *I think (that) we have learned a lot.*

  Mi compañero/a no cree que **hayamos aprendido** nada. — *My classmate doesn't think (that) we have learned anything.*

¡Ahora tú!

Complete 6-3 online to practice these concepts.

B. Uso

The following graph illustrates the relationships among the various verb forms covered thus far in this textbook. The time line indicates two major time frames: the present and the past; and the upper and lower divisions indicate two moods: the indicative and the subjunctive. Examples appear in italics above (indicative) and below (subjunctive) the names of the specific tenses in each time frame.

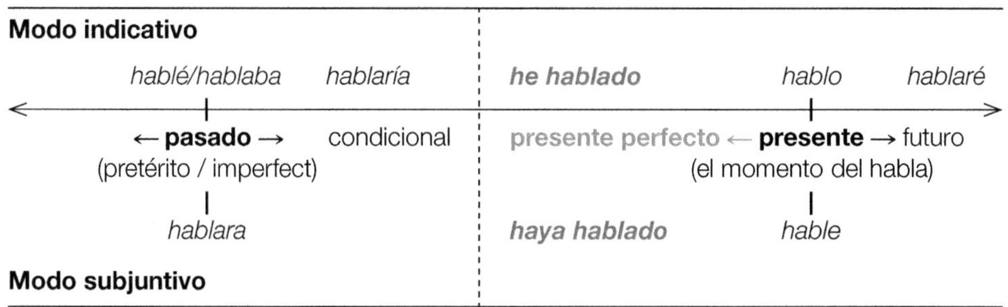

- As shown, the present perfect (in orange) is used to express an action completed *before* the present moment (=the moment of speech). It is anchored in the *present time frame* (i.e., the right-hand side of the graph). Given the sequence of tenses in Spanish explained in Chapter 5, when the time frame for a main clause is the present, the subordinate clause generally requires a form in the present time frame as well. In the first example below, the main verb **dudo** is paired with the present perfect subjunctive **haya entendido** to express a prior action in the subordinate clause, since these forms both belong to the present time frame. In the second example, the use of the past subjunctive **entendiera** in the subordinate clause is possible because the main verb **dudaba** is in the past time frame.

  Time frame: Present — Dudo que **haya entendido.** — *I doubt (that) he (has) understood.*

  Time frame: Past — Dudaba **que entendiera.** — *I doubted (that) he understood.*

- In the examples below, the main verb **(no) creo** is paired with the simple present **(entiende, entienda)** when the action in the subordinate clause occurs at the *same time* or *after* the main verb. The main verb **(no) creo** is paired with the present perfect **(ha entendido, haya entendido)** when the action in the subordinate clause occurs *before* the main verb.

Action at the same time or after the main verb:

No creo que **entienda**.	*I don't think (that) he **understands / will understand**.*

Action before the main verb:

Creo que **ha entendido**.	*I think (that) he **(has) understood**.*
No creo que **haya entendido**.	*I don't think (that) he **(has) understood**.*

En contexto

6-12 Hasta ahora en mi vida. ¿Sigues la filosofía del aprendizaje de por vida?

PASO 1 Empareja cada expresión verbal con la frase que la termine de manera más lógica y gramatical.

1. He viajado __d__.
2. He visitado __a__.
3. He creado __e__.
4. He aprendido a __b__.
5. He nadado __g__.
6. He actuado __c__.
7. He sobresalido __f__.

a. (casi) todos los museos de la ciudad donde vivo
b. bailar flamenco
c. en una obra de teatro
d. a otro país
e. una pieza original (una pintura, una canción, un poema, un video, etc.)
f. en mi clase de español
g. en los oceános Atlántico y Pacífico

PASO 2 Ahora anota todas las actividades del **Paso 1** que has hecho hasta este momento y provee más detalles. Cambia las actividades que no has hecho para reflejar otras que sí has hecho.

MODELO: ***He viajado*** *a otro país.* ***He viajado*** *a México y a Francia.*
No he aprendido *a bailar flamenco.* ***He aprendido*** *a montar a caballo.*

PASO 3 Intercambien sus respuestas del **Paso 2** y háganse varias preguntas para pedir más detalles y conocerse mejor. Prepárense para compartir algunos detalles con la clase.

MODELO: *Veo que* ***has hecho*** *un viaje a México. ¿Cuándo y con quiénes lo* ***has hecho****?*
Veo que ***no has aprendido*** *a bailar flamenco. ¿Te interesa tomar una clase en el futuro? ¿Por qué?*
Veo que ***has aprendido*** *a montar a caballo. ¿Dónde* ***has aprendido*** *a hacerlo? ¿Es difícil?*

La playa Querepare en el Parque Nacional Península de Paria en Venezuela está en el mar Caribe, en el océano Atlántico.

6-13 Hasta ahora en la universidad. ¿Qué experiencias han tenido hasta ahora en la universidad?

PASO 1 Entrevístense sobre los siguientes temas. Empiecen sus preguntas con **¿Alguna vez...?** seguido por el presente perfecto (**haber** + *past participle*) de los verbos en las frases a continuación. Sigan el modelo y proporcionen detalles sobre sus experiencias.

MODELO: E1: *¿Alguna vez **has tomado** una clase por Internet?*
E2: *Sí, **he tomado** una clase de educación en línea…*

1. tomar una clase por Internet
2. participar en alguna actividad política
3. discutir con alguien sobre religión
4. trasnochar para estudiar
5. trasnochar en una fiesta
6. asistir a un espectáculo deportivo
7. participar en una competencia
8. hacer una excursión a otra universidad
9. recibir una multa (*fine*) (de estacionamiento, etc.)
10. ¿…?

PASO 2 Escribe por lo menos tres oraciones en las que compares tus experiencias universitarias hasta ahora con las de tu compañero/a del **Paso 1.** Prepárate para compartir tus ideas con la clase. Al final, toda la clase sacará conclusiones generales.

MODELO: *Los dos **hemos trasnochado** para estudiar, pero mi compañero/a **ha trasnochado** muchas veces y yo solo lo **he hecho** una vez.*

CONCLUSIÓN: ¿Qué afirmación(es) a continuación es / son cierta(s) sobre sus experiencias universitarias?

Hemos tenido experiencias…

☐ más o menos semejantes.	☐ difíciles.	☐ cómicas.	☐ aburridas.
☐ muy distintas.	☐ enriquecedoras.	☐ divertidas.	☐ ¿…?

El flamenco, baile conocido por su gran intensidad emocional, fue declarado Patrimonio Cultural Inmaterial de la Humanidad (*Intangible Cultural Heritage of Humanity*) por la UNESCO en el 2010.

6-14 Sobresaliente. Es muy raro que en el sistema educativo español un estudiante saque notas perfectas. Un chico español, David Alonso, casi lo hizo.

PASO 1 Primero, escribe el participio pasado de los verbos entre paréntesis. Después, basándote en la forma verbal dada para el verbo auxiliar **haber,** indica si las oraciones expresan algo que se cree (**Creo que...**) o una duda que se tiene (**Dudo que...**) acerca de las experiencias de David.

	CREO QUE...	DUDO QUE...
1. **ha** __estudiado__ (estudiar) filosofía.	☑	☐
2. **se ha** __interesado__ (interesar) en neurociencia.	☑	☐
3. **haya** __leído__ (leer) cómics.	☐	☑
4. **haya** __pasado__ (pasar) tiempo en Twitter.	☐	☑
5. **ha** __dedicado__ (dedicar) muchas horas a sus estudios.	☑	☐
6. **haya** __salido__ (salir) con amigos los fines de semana.	☐	☑
7. **haya** __ido__ (ir) mucho al cine.	☐	☑
8. **haya** __jugado__ (jugar) videojuegos.	☐	☑

PASO 2 ¿Están de acuerdo con las oraciones del **Paso 1**? ¿Representan la verdad o simplemente un estereotipo de los estudiantes sobresalientes? Expliquen sus respuestas.

PASO 3 Escuchen unas declaraciones hechas por David Alonso. Basándote en ellas, determinen si por lo general, las oraciones del **Paso 1** dan una imagen cierta o falsa de él. Después, cambien las oraciones falsas para que sean ciertas, usando la cláusula principal **Sabemos que...**

AUDIO SCRIPT FOR 6-14, *PASO 3.*
"...en Twitter me han hecho muchas bromas. Mira, si te das la vuelta verás mi rincón de cómics. Me encantan, sobre todo *Watchmen.* ...creo que el videojuego es un arte. A mí me gusta ir al cine, a la sala de cine, quiero decir. El olor a palomitas, los tráilers, es un ritual. No soy insoportable. Salgo casi todos los fines de semana. Estudio, sí, pero no me queda otra. ...me gusta el tema de la neurociencia. La filosofía sirve para relativizar los puntos de vista actuales, comparándolos con el pasado".

ANSWERS TO 6-14, *PASO 3.*
Por lo general, dan una imagen falsa. Sabemos que...
3. ha leído cómics
4. ha pasado tiempo en Twitter
6. ha salido con amigos los fines de semana
7. ha ido mucho al cine
8. ha jugado videojuegos

6-15 La verdad. ¿Quién es más capaz de averiguar (*figure out*) la verdad, tus compañeros o tú?

PASO 1 Escribe tres oraciones (verdaderas y/o falsas) con el presente perfecto (**haber** + *past participle*) sobre experiencias de tu vida y/o sobre la de tu familia o tus amigos/as.

MODELO: *(1) Mi familia y yo* ***hemos vivido*** *en diez casas diferentes. (2)* ***He viajado*** *a México varias veces con mi novio/a. (3) ...*

PASO 2 Túrnense para leer sus oraciones en voz alta. Háganse preguntas para pedir más información y digan si creen que la oración es verdadera (**Creo que has...**) o falsa (**No creo que hayas...**). ¡La persona que adivine más oraciones de acuerdo a la realidad, gana!

Lectura literaria

Sobre el autor

Santiago García-Castañón (Avilés, España, 1959–) es poeta y profesor de español en la Universidad de Western Carolina en Estados Unidos. Algunos poemas suyos se parecen mucho a los de los poetas clásicos españoles y siguen reglas formales de versos y estrofas. Otras veces García-Castañón utiliza el verso libre. Toda su poesía se distingue tanto por su lenguaje claro y culto como por sus imágenes íntimas y sorprendentes.

Antes de leer

6-16 Los símiles. ¿A qué se puede comparar el aprender otro idioma?

PASO 1 Empareja el símil con la explicación más lógica.
Aprender otro idioma es como…

1. amar a alguien porque... f
2. visitar otro mundo porque... b
3. pintar un cuadro porque... e
4. volver a ser niño porque... a
5. ser cirujano (*surgeon*) porque... c
6. ser acróbata porque… d

- **a.** tienes que comunicarte con frases simples.
- **b.** te ofrece una perspectiva nueva.
- **c.** la gramática requiere precisión.
- **d.** tienes que lanzarte a la comunicación sin red de seguridad.
- **e.** combinas elementos (vocabulario, gramática, etc.) para crear algo bello.
- **f.** llegas a un conocimiento íntimo del lenguaje.

PASO 2 Échale un vistazo al poema. ¿Qué símil del **Paso 1** comunica mejor el mensaje del poema? ¿Qué palabras o frases te llevan a esa conclusión?

Al leer

Estrategia al leer

El placer de las palabras. La lógica de la poesía es múltiple y por eso es importante leerla más de una vez. Por una parte, puedes leer los versos para seguir el hilo de las frases e intentar entender el mensaje del poema. Por otra parte, puedes simplemente disfrutar de las palabras, las imágenes, los sonidos, el ritmo, las sorpresas, etc. Lee este poema por lo menos dos veces para entender tanto la verdad que cuenta como el arte con el que la cuenta.

6-17 Encontrar el sentido. Selecciona la respuesta más lógica a cada pregunta.

1. ¿Cuál es una interpretación posible de la primera oración (versos 1-6)?
   - **a.** Aprender una lengua es difícil.
   - **b.** El poeta necesita una lengua nueva para expresar su amor.
   - **c.** Su amada habla otra lengua.
2. ¿Cuál es una interpretación posible de la quinta oración (versos 18-22)?
   - **a.** Llegar a entender a su amada es como aprender una lengua nueva.
   - **b.** La amada no quiere hablar con el poeta.
   - **c.** Amar a esta mujer es demasiado trabajo para el poeta.
3. ¿Cuál es una interpretación posible del último verso?
   - **a.** Cuando amas a alguien, no puedes hablar.
   - **b.** "Amor" es la palabra más importante de todas.
   - **c.** Su amada se fue.
4. ¿A qué parte del cuerpo **no** se refiere en el poema?
   - **a.** el pelo **b.** los brazos **c.** la boca
5. ¿Qué comunican estos verbos: Inventar, Hallar, Buscarte?
   - **a.** Es un amor nuevo que el poeta está descubriendo.
   - **b.** Su amor por ella está desapareciendo.
   - **c.** El poeta está perdido.
6. Al leer los versos 11 y 12 en voz alta, ¿qué se nota?
   - **a.** Las palabras al final de cada verso riman.
   - **b.** El ritmo es muy rápido.
   - **c.** Se repiten los sonidos fuertes [ks] correspondientes a la letra "x".

Lección de gramática, por Santiago García-Castañón (España)

Inventar un lenguaje que se parezca a ti,
con sintagmas° iguales a tus ojos,
un idioma en que los adjetivos
sean remedo fiel° de tus cabellos
y los verbos no sean conjugables
a menos que concuerden con tus labios.
Hallar° un nuevo código lingüístico
en que el sujeto sea singular
y las preposiciones sean índices
funcionales de tu piel matutina°.
Proveerme de un léxico° que alcance
a expresar los axiomas° más complejos
y volver a inventar declinaciones°
que terminen igual que tus sonrisa.
Buscarte cada día en el glosario°
de amorosos pronombres personales
donde apareces tú junto a la ese.
Este será mi próximo proyecto,
descifrar° los misterios que se ocultan
en la fonética° de tus caderas,
probar su punto de articulación
y hacerlo palatal° cuando las beso.
Solo pretendo esto: darte vida,
construirte en la magia del idioma
con el que me sorprendes cuando dices
amor, y no hacen falta más vocablos°.

sintagmas: syntagms (linguistic units)
remedo fiel: a faithful rendering
Hallar: to discover
matutina: morning
léxico: lexicon, vocabulary
axiomas: truths
declinaciones: declensions, inflections
glosario: glossary
descifrar: to decipher
fonética: phonetics
palatal: tongue placement at or near the hard palate
vocablos: words

Después de leer

6-18 ¿Amor o desamor? Indica si estos momentos de creatividad se asocian con el amor o con el desamor (*heartbreak*).

	Amor	Desamor
1. Este poema de Santiago García-Castañón retrata los encuentros amorosos de una pareja.	X	
2. Cuando Pablo Picasso estaba pintando su cuadro famoso *Las señoritas de Aviñón*, su amada y modelo rompió con el artista.		X
3. Frida Kahlo pintó su cuadro *Autorretrato con pelo corto* después de su separación de Diego Rivera.		X
4. La letra de *Me enamoré* de Shakira cuenta su encuentro con Gerard Piqué, con quien luego se casó.	X	
5. Maná tiene una canción llamada *Labios compartidos*. La letra compara a la amada con un colibrí (*hummingbird*) que se va y luego vuelve, pero el cantante no quiere labios compartidos.		X
6. La novela *La tía Julia y el escribidor* de Mario Vargas Llosa fue inspirada por su relación y su matrimonio con Julia Urquidi.	X	

6-19 Los títulos.

Interpersonal. ¿Qué canciones de amor o de desamor les gustan a ustedes? ¿Qué otras obras creativas celebran el amor? ¿Qué obras presentan un retrato del amor como algo más complicado y difícil? ¿Qué historias de amor o de desamor detrás de una obra creativa conocen ustedes?

Presentacional. El poema de Santiago García-Castañón tiene un título que no menciona el amor. Preparen uno o dos títulos posibles para el poema que aludan de manera más directa al amor. Presenten el(los) título(s) y una explicación para cada uno. Los otros estudiantes votarán por el mejor título alternativo.

NOTE ON 6-19.
This activity mirrors the sequenced tasks of an Integrated Performance Assessment (IPA) and thus provides students with additional, low-stakes practice with spoken communication skills. After doing the reading and completing interpretative tasks about the text, students engage in interpersonal speaking. Finally, they use language to create something that represents this understanding and share it with others through a presentational speaking task.

Competencia cultural

Desarrollar tu competencia global

IMPLEMENTATION OF 6-20.
You can find additional questions that test global competence by searching for the sequence of terms "global perspectives inventory."

6-20 Entender tu propia cultura. Indica si las reacciones siguientes son señales de la competencia global.

	Sí	No
1. Al notar diferencias culturales, siempre piensas que tu cultura es mejor.		X
2. Piensas que siempre es fácil determinar lo correcto y lo incorrecto cuando interactúas con otras culturas.		X
3. Rara vez cuestionas lo que te han enseñado sobre el mundo.		X
4. Entiendes lo que hay detrás de los conflictos y guerras entre naciones.	X	
5. Te gusta cuando la gente de otras culturas señala diferencias entre nuestras culturas.	X	
6. Con frecuencia interactúas con gente de otros países.	X	

¿Lo sabías?

El gentilicio es el nombre que se le da a las personas que son de un lugar específico. Por ejemplo, las personas de Costa Rica son costarricenses, pero de manera informal se les llama "ticos". El apodo para los guatemaltecos es "chapines", para los puertorriqueños es "boricuas" y para los hondureños es "catrachos".

Estrategia cultural

En un mundo cada vez más globalizado, es necesario que haya más personas con una competencia global desarrollada. Aprender idiomas y estudiar en el extranjero despiertan la sensibilidad para captar las diferencias culturales. Pero la competencia global es más que conocer datos y hechos; hay que tener una mente abierta y curiosa hacia otras perspectivas y prácticas culturales. Los ciudadanos globales están informados sobre asuntos internacionales y valoran perspectivas múltiples.

6-21 Competencia cultural en acción. Lean las siguientes características de una persona con competencia global y den ejemplos específicos de sus propias experiencias personales. Al final, determinen qué nivel de competencia global tienen ustedes: bajo, medio o alto.

1. Reconoce su propia cultura y la influencia que ejerce en sus perspectivas y prácticas.
2. Demuestra empatía hacia los puntos de vista de personas de otras culturas.
3. Entiende que la cultura es compleja y que depende de factores históricos, políticos, etc.
4. Tiene una mente abierta hacia nuevas ideas y es capaz de cambiar su forma de pensar.
5. Acepta que en un conflicto entre naciones o individuos hay múltiples interpretaciones válidas de un mismo acontecimiento; sabe que no existe necesariamente una única interpretación.

e **6-22 Los países hispanohablantes.** ¿Puedes nombrar todos los países donde se habla español y sus capitales?

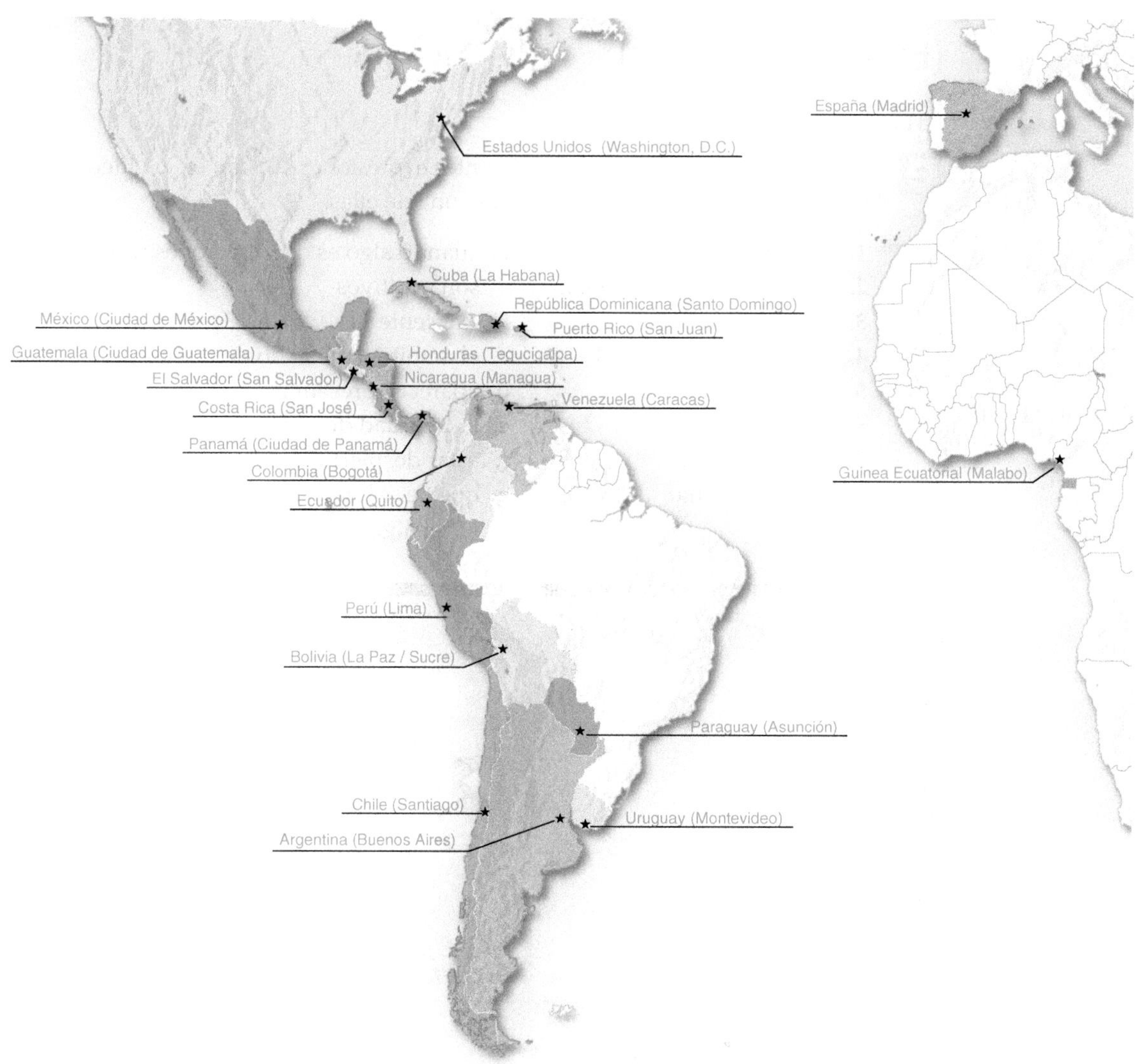

¿Cómo contribuye el conocimiento geográfico a la competencia global?

Video cultural

Ser bilingüe te abre muchas puertas (Estados Unidos)

Antes de verlo

6-22 Vocabulario útil. Las siguientes expresiones se usan en el video. Elige la definición más apropiada para cada una de ellas.

1. _g_ afortunado/a
2. _d_ asomarse a (la ventana)
3. _a_ merecer la pena
4. _c_ el mundo laboral
5. _e_ el presupuesto
6. _b_ sobresaliente
7. _h_ superarse
8. _f_ trasnochar

a. cuando algo es difícil pero los resultados son positivos
b. excelente
c. el ámbito o mercado de trabajo
d. aparecer, presentarse
e. la cantidad de dinero que se puede gastar
f. estar despierto/a toda la noche
g. que tiene buena suerte
h. hacer algo mejor de lo que pensabas

Al verlo

6-23 ¿Comprendes? Contesta las siguientes preguntas y prepárate para compartir tus ideas con la clase.

1. ¿Por qué lleva Adrián muchos días en casa?
2. ¿Cómo aprendieron dos idiomas las estudiantes universitarias (Stephania, Minerva, Susi y Alma)?
3. ¿Qué ventajas de ser bilingüe se mencionan en el reportaje? ¿Estás de acuerdo con todas? ¿Hay otras ventajas que no se hayan mencionado?
4. Minerva dice que saber dos idiomas te ayuda a entender a otras personas y te da otra perspectiva distinta. Usando tus propias palabras, explica lo que quiere decir.
5. ¿Crees que forman un buen equipo profesional estos tres amigos? Explica. ¿Qué desafíos pueden tener?

ANSWERS TO 6-23.
1. Adrián está trabajando en un reportaje. Ha cometido un error y por eso ha tenido que comenzar de nuevo. 2. De pequeñas, aprendieron español con la familia e inglés en la escuela. 3. Hay más oportunidades de trabajo y para ayudar a los profesores, te abre las puertas al mundo entero, te ayuda a entender a los demás y puedes ir a trabajar a otros países. *Answers will vary.* 4. *Answers will vary.* 5. *Answers will vary.*

Después de verlo

6-24 ¡Listos, cámara, acción! Ahora escriban un breve reportaje sobre sus experiencias con el aprendizaje del español. En el reportaje describan sus clases de español, su uso del idioma fuera de clase, sus motivos para estudiarlo, las ventajas de hablar español en la región donde viven y cualquier otra información que les parezca importante. Preséntenle su reportaje a la clase.

IMPLEMENTATION OF 6-24.
For the in-class presentations, ask students to bring in photos that illustrate their experiences. Alternatively, have them complete this activity online using LiveChat.

PARTE 2 EL ÁMBITO PROFESIONAL

Vocabulario

Sustantivos	Nouns
el acoso (sexual)	*bullying, (sexual) harassment*
el/la entrenador/a	*coach, trainer*
la matrícula	*tuition*
Verbos	***Verbs***
calificar	*to grade*
corregir (i, i)	*to correct*
dictar / impartir clases	*to teach / give class(es)*
inscribir(se) (en), matricular(se) (en)	*to enroll (in), register / sign up (for)*
jubilarse	*to retire*
recopilar	*to gather, collect*
reembolsar	*to reimburse*
Adjetivos	***Adjectives***
didáctico/a	*didactic, teaching*

Para refrescar la memoria

los deberes, la tarea	*homework*
el/la director/a (de la escuela)	*(school) principal*
enseñar	*to teach*
la escuela primaria, el colegio	*elementary / grade school*
la escuela secundaria, el instituto, el bachillerato	*high school*
el hito	*milestone*
el/la maestro/a	*grade / high school teacher*
la nota, la calificación	*grade*
el personal	*personnel, staff*
el salón de clase, el aula (*España*)	*classroom*
ya	*already, now*

NOTE ON *PARA REFRESCAR LA MEMORIA.* In each chapter, these expressions help students review beginner-level vocabulary used in the chapter. As the instructor, you can decide whether to test these expressions as active vocabulary.

En contexto

6-25 La trayectoria de un/a maestro/a de español. Pone en orden cronológico los siguientes hitos en la vida de un/a maestro/a de español.

1. __4__ Se gradúa.
2. __6__ Se jubila.
3. __3__ En la universidad, imparte clases de español bajo la supervisión de un/a maestro/a.
4. __1__ En la universidad, decide inscribirse en un programa de estudios para maestros de español.
5. __2__ En la universidad, se matricula en clases de didáctica.
6. __5__ Consigue un trabajo, dicta clases, corrige los deberes de los estudiantes y los califica.

6-26 El personal de una escuela.

PASO 1 En una escuela, ¿quién suele solucionar los siguientes problemas?

1. Hay un alumno que, en una de sus clases académicas, se separa de los demás y no participa.
   a. el entrenador **b.** el secretario **(c.)** el maestro
2. Un grupo de padres quiere parar el acoso en los autobuses.
   (a.) la directora **b.** la entrenadora **c.** la maestra
3. Una alumna falta a la escuela con frecuencia.
   a. el secretario **b.** el maestro **(c.)** el director
4. Un alumno no entrega uno de sus deberes.
   a. la directora **(b.)** la maestra **c.** la asistente social
5. Hay que distribuirles a las familias los formularios nuevos requeridos por el Estado.
   a. el director **(b.)** el secretario **c.** el entrenador
6. Dos hermanos llegan a la escuela en invierno sin abrigo ni guantes.
   (a.) la asistente social **b.** la secretaria **c.** la entrenadora
7. Un grupo de amigos fuma dentro de la escuela, a escondidas.
   a. el maestro **(b.)** el director **c.** el secretario
8. Una alumna del equipo de voleibol no aprobó la clase de biología.
   (a.) la entrenadora **b.** la asistente social **c.** la secretaria

PASO 2 El ambiente de una escuela depende de la administración, los maestros y los alumnos en conjunto. ¿Qué grupos se marginan o son vulnerables en las escuelas? ¿Qué se puede hacer para crear un ambiente seguro y agradable para esos grupos?

6-27 Ponerse de acuerdo.

PASO 1 Lee las tres opciones que está considerando para el verano el señor Davis, un maestro de español. En tu opinión, ¿cuál de las opciones es la mejor y por qué?

1. *Tomar un curso con un experto en enseñanza con tecnología.* Un reconocido profesor ofrece un curso en línea sobre la enseñanza de segundos idiomas utilizando los últimos avances tecnológicos. Se trata de un curso intensivo de tres semanas, pero le permitiría al señor Davis estar en casa con sus hijos mientras su esposa trabaja. La escuela le pagaría toda la matrícula del curso.

2. *Asistir a un congreso en Panamá.* El señor Davis es miembro de una organización profesional para maestros de español y portugués. Este año el congreso anual, de cuatro días de duración, va a realizarse en la Ciudad de Panamá y le daría la posibilidad de obtener materiales didácticos nuevos, relacionarse con colegas y participar en una excursión para conocer las culturas panameñas. La escuela le reembolsaría sus gastos por un monto de hasta $500 dólares.
3. *Visitar a un amigo en Puerto Cabello, Venezuela.* El señor Davis estudió un semestre en Caracas, capital de Venezuela, cuando era estudiante universitario. Se hizo muy amigo de un venezolano, Raúl Bravo Carrasco, quien se casa y se muda a Puerto Cabello este verano. Raúl invitó a muchos amigos a la boda, pero solo puede ir el señor Davis. Este podría volver a ver a su amigo y el país que tanto ama, y quedarse gratis en el viejo apartamento de Raúl por un mes.

PASO 2 Pónganse de acuerdo sobre la mejor opción para el señor Davis. Después, completen las siguientes oraciones.

> Pensamos que para ser buen maestro de español, se necesita ________ y no se necesita ________. Por eso hemos decidido que el señor Davis debe ________. Sus alumnos se beneficiarían más de ________ porque ________.

6-28 Hablemos claro.

PASO 1 Entrevístense y apunten las respuestas de su compañero/a.

1. ¿Qué importancia tienen las notas que uno saca en un curso? En tu opinión, ¿cómo deberían determinar las notas los maestros? Comenta sobre la vez que sacaste una nota más alta de la que esperabas o viceversa.
2. Explica tu opinión sobre las diferencias culturales en los sistemas educativos: en algunos países, por ejemplo, hay clases los sábados; las notas se leen en voz alta enfrente de toda la clase; no hay equipos deportivos en las escuelas; hay un examen oral de selectividad al final de la escuela secundaria que determina las oportunidades que tienen los estudiantes para seguir estudios universitarios.
3. En tu opinión, ¿qué características personales necesitan tener los maestros en general? ¿Y los maestros del kínder y de la escuela primaria? ¿Y los de la escuela secundaria? ¿Qué características necesitan tener los directores de escuelas? ¿Y los entrenadores de equipos deportivos?

PASO 2 Escribe unas oraciones en las que expliques qué trabajo en el ámbito de la educación sería mejor para tu compañero/a y por qué. Después, comparte tus ideas con él/ella. ¿Está de acuerdo contigo tu pareja? Prepárate para compartir los resultados con la clase.

Gramática

III. El pasado perfecto (el pluscuamperfecto) de indicativo y de subjuntivo

The *past perfect* (or *pluperfect*) tense uses the compound construction *to have* (**haber**) + *past participle* to refer to an action completed *before* another action in the past. Recall that the *present perfect*, on the other hand, refers to an action completed before the *present moment*.

He enseñado en esta universidad desde el 2001.	*I have taught at this university since 2001.*
Antes de enseñar aquí, había enseñado en varias universidades.	*Before teaching here, I had taught at various other universities.*

A. Formación

With the past perfect tense, the auxiliary verb **haber** is conjugated in the imperfect. The *imperfect indicative* forms of **haber** are: **había, habías, había, habíamos, habíais, habían.**

Cuando llegó el estudiante, la clase ya había empezado.	*When the student arrived, class had already begun.*
Además, la profesora ya había explicado el formato del próximo examen.	*In addition, the professor had already explained the format of the next exam.*

- Recall that in Spanish the past participles of **-ar** verbs add **-ado** to the stem, while the regular past participles of **-er** and **-ir** verbs add **-ido** to the stem. Refer back to the first grammar section in this chapter to review the formation of irregular past participles in Spanish.
- Recall that when used with **haber,** a past participle functions as part of a compound verb and has only one form ending with **-o.**
- Recall also that in **haber** + *past participle* constructions, object pronouns and **no** are placed directly before the conjugated form of **haber.** Unlike in English, no words such as **ya** (*already*) may intervene between **haber** and the subsequent past participle.

Antes de empezar la universidad, yo ya había estudiado español.	*Before starting college, I had already studied Spanish.*
Sin embargo, no lo había practicado con hablantes nativos.	*However, I had not (hadn't) practiced it with native speakers.*

- When the past perfect tense is used in a subordinate clause that requires the subjunctive, the *past perfect subjunctive* is required. The *past subjunctive* forms of **haber** are: **hubiera, hubieras, hubiera, hubiéramos, hubierais, hubieran.**[4]

El profesor pensaba que su curso había sido un éxito.	*The professor thought (that) his course had been a success.*
No pensaba que nadie hubiera hecho trampas.	*He didn't think (that) anyone had cheated.*

¡Ahora tú!

Complete 6-4 online to practice these concepts.

¡Ahora tú!

Complete 6-5 online to practice these concepts.

IMPLEMENTATION OF *¡AHORA TÚ!*

Various *¡Ahora tú!* eText activities are provided for students within each grammar presentation. These are mini self-assessments that allow students to immediately practice the concept(s) presented in the bullet(s) and receive automatic feedback. Have students read the grammar presentations and complete the *¡Ahora tú!* activities online as homework, before doing the *En contexto* activities in class. The *¡Ahora tú!* activities thus serve to both break down content into manageable pieces and hold students accountable for reading and reviewing before class.

[4] The past subjunctive forms of **haber** were also presented in Chapter 5. The alternative past subjunctive ending **-se** renders more literary forms: **hubiese, hubieses, hubiese, hubiésemos, hubieseis, hubiesen.**

B. Uso

The following graph illustrates the relationships among the various verb forms covered thus far. The time line indicates two major time frames: the present and the past. The upper and lower divisions indicate two moods: the indicative and the subjunctive. Examples appear in italics above (indicative) and below (subjunctive) the names of the specific tenses in each time frame.

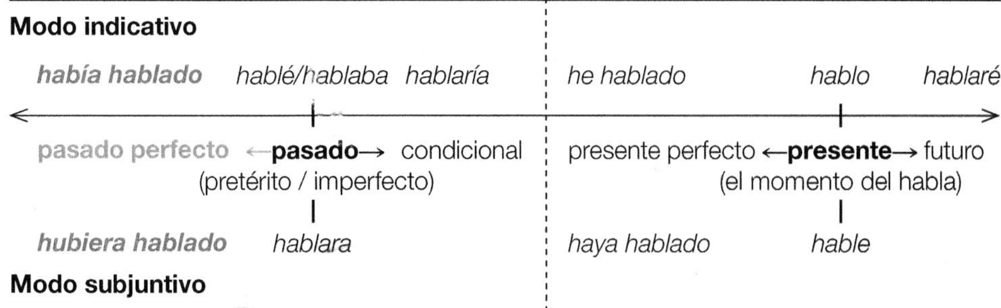

- As shown, the past perfect is used to express an action completed *before* another moment in the past. It is anchored in the *past time frame* (i.e., the left-hand side of the graph). Given the sequence of tenses in Spanish explained in Chapter 5, when the time frame for a main clause is the past, the subordinate clause generally requires a form in the past time frame as well.

Time frame: Present	**Creo** que **ha enseñado** antes.	*I* ***think*** *(that) he* ***(has) taught*** *before.*
Time frame: Past	**Creía** que **había enseñado** antes.	*I* ***thought*** *(that) he* ***had taught*** *before.*

- In the examples below, the main verb **(no) creía** is paired with the simple past **(venía, viniera)** when the action in the subordinate clause occurs at the *same time* or *after* the main verb. The main verb **(no) creía** is paired with the past perfect **(había llegado, hubiera llegado)** when the action in the subordinate clause occurs *before* the main verb.

Action at the same time or after the main verb:

Creía que **venía.**	*I* ***thought*** *(that) he* ***was coming / would come.***
No creía que **viniera.**	*I* ***didn't think*** *(that) he* ***was coming / would come.***

Action before the main verb:

Creía que **había llegado.**	*I* ***thought*** *(that) he* ***had arrived.***
No creía que **hubiera llegado.**	*I* ***didn't think*** *(that) he* ***had arrived.***

- The past perfect subjunctive is used in a main clause after **ojalá** to express a hypothetical situation in the past (i.e., one contrary-to-fact).

Ojalá **hubiera estudiado** más.	*I wish (that) I* ***had studied*** *more.*
Ojalá **hubiéramos ido** hoy a clase.	*If only we* ***had gone*** *to class today.*

IMPLEMENTATION OF 6-29. Consider adding your own, more personalized items (e.g., #8-10) to **Paso 1. Paso 2** may be reviewed with students in a variety of ways, depending on the amount of time you have. Minimally, review the true / false items, stating whether each one is true or false for you. Also consider demonstrating some or all of the items. For example, show photos of yourself at your university or in Latin America, Spain, etc.

En contexto

6-29 ¿Conoces bien a tu profesor/a de español?

PASO 1 Indica si cada una de las siguientes oraciones sobre tu profesor/a de español es cierta o falsa. Escribe una oración original sobre él/ella también.

Antes de dar clases en esta universidad, nuestro/a profesor/a de español…

	CIERTO	FALSO
1. **había estudiado** español en la escuela secundaria.	☐	☐
2. **había sido** estudiante en esta misma universidad.	☐	☐
3. **había obtenido** un título universitario en otra disciplina no relacionada con los idiomas.	☐	☐
4. **había vivido** en un país de habla hispana.	☐	☐
5. **había impartido** clases de español en otra escuela o universidad.	☐	☐
6. **había viajado** por Latinoamérica.	☐	☐
7. **había trabajado** en otro campo profesional.	☐	☐
8. **había** ________ .	☐	☐

PASO 2 Con toda la clase, repasen sus respuestas con su profesor/a de español. ¿Cuántas de sus respuestas de *cierto / falso* son correctas?

CONCLUSIÓN: Contesta la pregunta original, "¿Conoces bien a tu profesor/a de español?", seleccionando la(s) afirmación(es) más apropiada(s).

☐ Sí, lo/la conozco bien.

☐ No, no lo/la conozco bien.

☐ Lo/La conozco más o menos.

☐ Lo/La conozco mejor después de hacer esta actividad.

6-30 Carreras relacionadas con la universidad.

Mario es estudiante universitario de educación y le apasiona el aprendizaje. En el futuro quiere trabajar en la universidad, pero no sabe si quiere dictar clases. Entrevistó a varios profesionales, para entender mejor las experiencias que habían tenido antes de sus puestos actuales. A continuación da su informe.

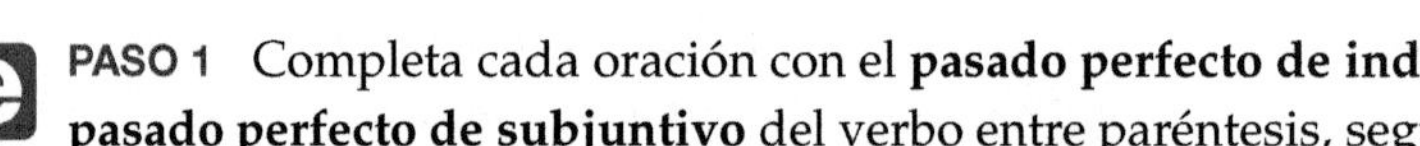

PASO 1 Completa cada oración con el **pasado perfecto de indicativo** o el **pasado perfecto de subjuntivo** del verbo entre paréntesis, según el caso.

1. Yo sabía que muchos profesores ___habían hecho___ (hacer) un doctorado, pero no esperaba que algunos nunca antes ___hubieran impartido___ (impartir) clases.
2. No dudaba que el técnico de software educativo ___había estudiado___ (estudiar) informática. Me pareció bueno que él además ___hubiera tomado___ (tomar) algunos cursos de pedagogía.
3. Creía que el conservador (*curator*) del museo universitario ___había completado___ (completar) una maestría en historia del arte, pero me fue difícil creer que él ___hubiera tenido___ (tener) que saber también leyes y mercadotecnia.
4. Pensaba que la locutora de la Radio Pública Nacional ___se había titulado___ (titularse) en comunicaciones, y sabía que ella también ___había escrito___ (escribir) para el periódico local.
5. No pensaba que los bibliotecarios ___hubieran necesitado___ (necesitar) una maestría como mínimo, y me sorprendió que ellos ___se hubieran enfocado___ (enfocarse) en varios temas, desde planear lecciones hasta entender la tecnología y el acceso equitativo a los recursos.

La graduación no debe ser el final del aprendizaje.

PASO 2 Conversen sobre las ideas del **Paso 1.** ¿Qué creían ustedes que habían hecho estos profesionales para prepararse? ¿Qué no creían que hubieran hecho? ¿Les interesa ejercer alguna de estas profesiones? ¿Por qué?

6-31 Tus propias experiencias. ¿Qué experiencias habías tenido o no antes de varios hitos educativos en tu vida?

PASO 1 Completa las oraciones con información verdadera, usando el **pasado perfecto de indicativo.**

1. Cuando terminé la escuela primaria, yo ya ___________.
2. Cuando terminé la escuela primaria, yo nunca ___________.
3. Antes de graduarme de la escuela secundaria, yo ya ___________.
4. Antes de graduarme de la escuela secundaria, yo nunca ___________.
5. Cuando empecé los estudios universitarios, yo ya ___________.
6. Cuando empecé los estudios universitarios, yo nunca ___________.

PASO 2 Túrnense para leer sus oraciones en voz alta. Después, en grupo, escriban dos oraciones, una sobre alguna semejanza y otra sobre alguna diferencia entre todos ustedes. Prepárense para compartir sus oraciones con la clase.

MODELO: *Antes de graduarnos de la escuela secundaria, todos **habíamos aprendido** a conducir. Al empezar los estudios universitarios, uno de nosotros **había hecho** un viaje internacional, pero los otros solo **habían hecho** viajes nacionales.*

Gramática

IV. El futuro perfecto, el condicional perfecto y más sobre las cláusulas con *si*

The *future perfect* tense and the *conditional perfect* tense both use the compound construction *to have* (**haber**) + *past participle.* Both of these tenses express an action that occurs *before* some moment in the future, whether that moment is the future of the present (the *future perfect* tense) or the future of the past (the *conditional perfect* tense).

Creo que para el viernes **habré completado** el proyecto.	*I **think** that by Friday I **will have completed** the project.*
Creía que para el viernes **habría completado** el proyecto.	*I **thought** that by Friday I **would have completed** the project.*

A. Formación

With the future perfect tense, the auxiliary verb **haber** is conjugated in the future. The future forms of **haber** are: **habré, habrás, habrá, habremos, habréis, habrán.**

Para abril **habré trabajado** aquí por diez años.	*By April I **will have worked** here for ten years.*
En diez años más, **me habré jubilado.**	*In ten more years, I **will have retired.***

With the conditional perfect tense, the auxiliary verb **haber** is conjugated in the conditional. The conditional forms of **haber** are: **habría, habrías, habría, habríamos, habríais, habrían.**

Pensaba que en la actualidad, ya **me habría jubilado**, pero no es el caso.	*I **thought** that by now, I already **would have retired**, but that's not the case.*

- Recall that in Spanish, the past participles of **-ar** verbs add **-ado** to the stem, while the regular past participles of **-er** and **-ir** verbs add **-ido** to the stem. Refer back to the first grammar section in this chapter to review the formation of irregular past participles in Spanish.

¡Ahora tú!

Complete 6-6 online to practice these concepts.

- Recall that when used with **haber,** a past participle functions as part of a compound verb and has only one form ending with **-o.**
- Recall also that in **haber** + *past participle* constructions, object pronouns and **no** are placed directly before the conjugated form of **haber.** Unlike in English, no words intervene between **haber** and the subsequent past participle.

Pensaba que en la actualidad, yo ya lo **habría conseguido** todo.	*I* ***thought*** *that by now, I already* ***would have achieved*** *it all.*

B. Uso

The following graph illustrates the relationships among the various verb forms covered thus far. The time line indicates two major time frames: the present and the past; and the upper and lower divisions indicate two moods: the indicative and the subjunctive. Examples appear in italics above (indicative) and below (subjunctive) the names of the specific tenses in each time frame.

Modo indicativo

había hablado	*hablé / hablaba*	*hablaría*	***habría hablado***	*he hablado*	*hablo*	*hablaré*	***habré hablado***
pasado perfecto	←**pasado**→ (pretérito / imperfecto)	condicional	**condicional ←X perfecto**	presente perfecto	←**presente**→ (el momento del habla)	futuro	**futuro ←X perfecto**
hubiera hablado	*hablara*			*haya hablado*	*hable*		

Modo subjuntivo

- As shown, the future perfect is used to express an action completed *before* another moment in the future. This other moment in the future is marked with an X, since there is no verb form to express it (instead, it is marked with nouns such as *Friday, April, 2010, now,* etc.). The future perfect is anchored in the *present time frame* (i.e., the right-hand side of the graph).

Habrán calificado los exámenes para el miércoles.	*They* ***will have graded*** *the exams by Wednesday.*

- The conditional perfect is used to express an action completed *before* a future moment in the past. The future moment in the past is marked with an X, since there is no verb form to express it. The conditional perfect is anchored in the *past time frame* (i.e., the left-hand side of the graph).

El hombre pensaba que para la edad de 28, **habría terminado** su doctorado.	*The man thought that by the age of 28, he* ***would have finished*** *his doctorate.*

¡Ahora tú!

Complete 6-7 online to practice these concepts.

- The conditional perfect is also used to express hypothetical situations in the past. Recall from Chapter 5 that to express hypothetical situations in the *present,* the simple past subjunctive is used in an *if* clause, combined with the simple conditional in the resultant clause, as shown in the first example below. When the perfect equivalents are used (i.e., the past perfect subjunctive in the *if* clause and the conditional perfect in the resultant clause), a past meaning is assigned to the hypothetical situation, thus making it an irreversible one.

Si **trabajara** más, **ganaría** más dinero.	*If I* ***worked*** *more, I* ***would earn*** *more money.*
Si **hubiera trabajado** más, **habría ganado** más dinero.	*If I* ***had worked*** *more, I* ***would have earned*** *more money.*

En contexto

6-32 Regreso al pasado y vistas al futuro. Maripaz ha sido una maestra de historia en la escuela secundaria durante muchos años y pronto se va a jubilar. Decide qué forma de **haber** es la más apropriada y lógica para completar las oraciones de su narración.

> Para cuando me jubile, yo (1) (**habré** / **habría**) **impartido** clases de historia durante treinta y cinco años. Me (2) (**habré** / **habría**) **quedado** por cinco años más, pero el director de la escuela me ofreció un buen incentivo para jubilarme antes. Me siento muy satisfecha con mi carrera. Sin embargo, si hubiera nacido en la época de hoy, con más oportunidades de trabajo para las mujeres, (3) (**habré** / **habría**) **aspirado** a ser arqueóloga. Siendo arqueóloga, (4) (**habré** / **habría**) **investigado** las civilaciones antiguas de varias culturas, como los mayas o los egipcios (*Egyptians*). Se sigue notando mi pasión por la historia, ¿verdad? ¿Mis planes de cara al futuro? Seguro que después de varios años de jubilación, (5) (**habré** / **habría**) **hecho** algunos cursos en línea y (6) (**habré** / **habría**) **viajado** a México a visitar Chichén Itzá y Tulum. Hay tanto que aprender y ver en esta vida. ¡Tengo muchas ganas de emprender esta etapa nueva!

6-33 Una vida plena. ¿Qué te imaginas que habrás aprendido y hecho antes de varios hitos importantes en tu futuro? ¿Habrás tenido una vida plena (*full*)?

PASO 1 Completa cada oración con tus propias ideas. Algunos casos requieren además un participio pasado, para completar el **futuro perfecto.**

A. Antes de terminar mis estudios universitarios, ...

1. habré hecho ________ [número de cursos o créditos].
2. habré aprendido a ________ [infinitivo].
3. habré ________ [participio pasado]...

B. Antes de jubilarme, ...

4. habré aprendido a ________ [infinitivo].
5. habré comprado ________.
6. habré ________ [participio pasado]...

C. Antes de cumplir ochenta años, ...

7. habré aprendido a ________ [infinitivo].
8. habré visto ________.
9. habré ________ [participio pasado]...

PASO 2 Túrnense para leer sus oraciones en voz alta. Después, completen las siguientes oraciones. Prepárense para compartirlas con la clase.

> Habremos aprendido mucho: a ________, a ________ y a ________ [infinitivos].
>
> Habremos visto ________. También habremos ________ [participio pasado]...
>
> Al final, habremos tenido una vida ________ [adjetivo(s)].

Vista de una iguana marina en las islas Galápagos de Ecuador, donde el joven naturalista Charles Darwin estudió el origen de las especies.

6-34 Eventos históricos clave a través de los siglos. ¿Qué habría ocurrido a nivel mundial en otras circunstancias?

PASO 1 Decide qué cláusula es apropiada y lógica para completar cada oración.

1. Si la universidad de Bolonia no **se hubiera fundado** en 1088, __d__.
2. Si Cristóbal Colón no **hubiera logrado** cruzar el océano Atlántico en 1492, __e__.
3. Si la Armada Invencible de España no **hubiera sido** derrotada en su avance contra Inglaterra en 1588, __b__.
4. Si Charles Darwin nunca **hubiera participado** en la expedición de la nave *HMS Beagle* por el océano Atlántico, de 1831 a 1836, __a__.
5. Si el Dr. Martin Luther King, Jr. no **hubiera pronunciado** su famoso discurso "Yo tengo un sueño" en 1963, __c__.

a. no **habría desarrollado** su teoría de la evolución por selección natural.
b. la reina Isabel I **habría sido** destronada y la historia de Inglaterra **habría sido** muy distinta.
c. la marcha en Washington no **habría tenido** el mismo impacto y la lucha por los derechos civiles en Estados Unidos **se habría demorado** (*delayed*) aún más.
d. muchas otras, como la de Salamanca de España en 1218, no **se habrían abierto** después siguiendo su modelo de "universidad" como una comunidad de profesores y estudiantes.
e. las distintas potencias de la civilización europea no **se habrían expandido** por el continente americano.

PASO 2 Si estos y tantos otros eventos históricos clave no hubieran ocurrido, ¿cómo habría sido el mundo? Escriban por lo menos tres oraciones semejantes a las del **Paso 1,** usando el **pasado perfecto de subjuntivo** en la cláusula con **si** y el **condicional perfecto** en la cláusula independiente. Prepárense para compartir sus oraciones con la clase.

6-35 ¿Qué habría ocurrido en otras circunstancias?

PASO 1 Completa las oraciones con tus propias ideas, usando el **condicional perfecto.** Las ideas pueden ser sobre ti, tu familia, tus amigos/as, etc.

MODELO: *Si **hubiera sido** menos tímida en la escuela secundaria, yo **habría actuado** en una obra de teatro.*

1. Si **hubiera sido** más / menos ________ [adjetivo] de pequeño/a(s), ________.
2. Si **hubiera sido** más / menos ________ [adjetivo] en la escuela secundaria, ________.
3. Si **hubiera sabido** lo que sé ahora, ________.
4. Con más dinero, ________.
5. Con más tiempo, ________.

PASO 2 Túrnense para leer en voz alta sus oraciones del **Paso 1.** Después, escojan por lo menos dos de las oraciones de su compañero/a y entrevístense para saber más. Háganse preguntas como las siguientes y/u otras. Prepárense para compartir algunas ideas con la clase.

1. ¿Por qué crees que habría ocurrido de otra manera?
2. ¿Habría sido un resultado mejor, peor o igual que el resultado que se dio en realidad?
3. ¿Qué opinas de hacer conjeturas (*conjectures*) acerca de "lo que habría ocurrido"? ¿Te parece un ejercicio beneficioso o no? ¿Por qué?

Lectura: Página web en Internet

Antes de leer

6-36 ¿En qué lugar?

PASO 1 Indica el lugar en el que **no** se suele realizar cada actividad.

1. ver una exposición de arte
   a. la biblioteca **b.** la academia de baile **c.** el museo
2. escuchar a un autor hablar de su libro más reciente
   a. la librería **b.** la biblioteca **c.** la clínica
3. asistir a una presentación sobre la historia europea
   a. la universidad **b.** la biblioteca **c.** la sala de conciertos
4. escuchar un concierto
   a. la librería **b.** la sala de conciertos **c.** la universidad
5. pedir prestado un libro
   a. la biblioteca **b.** la librería **c.** la universidad
6. armar (*to put together*) rompecabezas infantiles
   a. la guardería **b.** la academia de baile **c.** la biblioteca
7. tomar un capuchino
   a. la clínica **b.** el café **c.** la librería
8. aprender un baile específico
   a. la academia de baile **b.** la universidad **c.** la librería

PASO 2 Todas las actividades del **Paso 1** se ofrecen en algunas bibliotecas. Lean las siguientes entradas de la agenda cultural de una biblioteca nacional. Entrevístense para saber su nivel de interés (mucho, poco o nada) en cada evento y por qué les interesa o no.

1. *Diseñando el arte de un videojuego.* Pablo Vargas, diseñador y productor de videojuegos, explica la importancia de la ilustración en el desarrollo de los videojuegos.
2. *Psicoanálisis y filosofía política.* Mesa redonda sobre la actualidad de la relación entre filosofía, política y psicoanálisis.
3. *Taller de teatro.* Vicente Ortiz expone sus ideas sobre la creatividad en el actor y su lenguaje escénico.
4. *Biblioteca de jazz.* Ciclo de agrupaciones formadas por los estudiantes avanzados de la carrera de jazz que interpretan obras de Ellington, Armstrong, Basie y otros de los arreglistas (*composers*) más importantes del género.
5. *Cine mudo con piano.* Un grupo de compositoras e intérpretes musicaliza en vivo grandes películas del cine mudo (*silent*).

Al leer

Estrategia al leer

Leer en Internet. Leer una pantalla es diferente de leer un texto impreso. En Internet, mucha información es dinámica y eso nos obliga a tomar decisiones contínuamente. ¿Desplazar (*scroll*) hacia abajo para seguir leyendo? ¿Hacer clic en un enlace? ¿Escribir un comentario sobre lo que leíste? ¿Avanzar por una galería de imágenes? ¿Cambiar a otra pestaña (*tab*)? ¿Leer el mensaje que te acaba de llegar? Hay que tener siempre presente la razón original por la cual estás leyendo. Si es para investigar, profundizar y aprender, no hay que distraerse. Si es para entretenerse, ¡haz clic cuantas veces quieras!

e **6-37 Práctica con la información en la pantalla.** A continuación se presenta la portada de la página web de una biblioteca nacional, representativa de las varias bibliotecas nacionales que existen en el mundo hispanohablante. Mientras vas leyendo, indica si el lector puede o no tomar las siguientes decisiones.

	SÍ	NO
1. Avanzar por una serie de imágenes.	☑	☐
2. Hacer una búsqueda de información específica.	☑	☐
3. Ignorar algunos temas y enfocarse en otros.	☑	☐
4. Ver un video.	☑	☐
5. Hacer clic en un enlace.	☑	☐
6. Escribir un comentario.	☐	☑

Portada virtual de una biblioteca nacional (Varios países)

Después de leer

6-38 ¿Qué se puede hacer en esta biblioteca nacional?

PASO 1 Empareja la información en el portal de la biblioteca con los siguientes intereses.

Una persona interesada en...

1. actividades para este fin de semana. __f__	**a.** Fondo fotográfico
2. música. __c__	**b.** La sección "Hoy en la biblioteca"
3. fotografía. __a__	**c.** Fondo de partituras
4. leer desde su computadora. __e__	**d.** Programas de radio
5. escuchar obras leídas por sus escritores. __d__	**e.** Fondo textual
6. actividades educativas para sus hijos. __b__	**f.** El calendario

PASO 2 ¿Qué les interesa a ustedes buscar o investigar en la portada virtual de esta biblioteca nacional? ¿Por qué? ¿Son semejantes sus respuestas?

EXPANSION OF 6-38, *PASO 2*. During class or as homework, ask students to choose one topic of interest to them and research it on the website of a Spanish-speaking country's national library, using the search terms "biblioteca nacional de + [país]".

6-39 Investigaciones en la biblioteca.

EXPANSION OF 6-39. During class or as homework, ask students to research one of their questions on the website of a Spanish-speaking country's national library.

Interpersonal. Hablen sobre sus experiencias e ideas sobre las bibliotecas. De niños, ¿iban a la biblioteca con frecuencia? ¿Qué actividades se ofrecen en la biblioteca de su pueblo o ciudad? ¿Con qué frecuencia usan la biblioteca de la universidad? ¿Prefieren ir a la biblioteca o usar su portal virtual? ¿Para qué clases y qué tipo de proyectos necesitan usar la biblioteca? Si Uds. pudieran programar una semana de actividades para adolescentes en la biblioteca, ¿qué actividades ofrecerían y por qué?

Presentacional. Para cada categoría del Sistema de Clasificación Decimal Dewey (CDD), formulen una pregunta específica que les interese y sobre la que podrían investigar en la biblioteca. Preséntenles sus preguntas a sus compañeros de clase. Luego pregúntenles si saben ya las respuestas a algunas de sus preguntas.

MODELO: *¿Cuáles son las creencias de los budistas? (200)*

000 - Ciencia de computadoras
100 - Filosofía y psicología
200 - Religión, teología
300 - Ciencias sociales
400 - Lenguas
500 - Ciencias
600 - Tecnología
700 - Artes y recreación
800 - Literatura
900 - Historia y geografía

¿Lo sabías?

Los estudiantes paraguayos necesitan estudiar el guaraní, lengua indígena con estatus oficial en el país. Y en Bolivia todos los estudiantes tienen que estudiar una lengua indígena y aprender material relacionado con las culturas indígenas. Las metas son reforzar las comunidades indígenas, fortalecer las relaciones entre las diferentes culturas y dejar de privilegiar a la cultura "occidental".

NOTE ON *ESTRATEGIA CULTURAL*. This raises some difficult issues. Translators should translate into their first language, not their second language. Interpreting requires high levels of training and oral proficiency, and teachers aren't trained to be social workers.

Competencia cultural

Abogar por las familias hispanohablantes

e **6-40 Entender tu propia cultura.** Indica cuáles son actividades oficiales de un/a maestro/a de español.

	SÍ	NO
1. Corregir los ensayos de sus estudiantes.	☑	☐
2. Hacer exámenes que reflejen el material presentado.	☑	☐
3. Traducir al español la página web de la escuela.	☐	☑
4. Servir de intérprete durante las conferencias entre maestros y padres.	☐	☑
5. Planear las actividades de cada clase.	☑	☐
6. Acompañar a los padres hispanohablantes de un estudiante a una clínica.	☐	☑

Estrategia cultural

Los maestros de español son profesionales en la enseñanza del idioma. No obstante, la investigadora Soria Colomer encontró que muchos maestros de español se ven obligados a trabajar de traductores, intérpretes y asistentes sociales cuando son los únicos hispanohablantes que trabajan en una escuela. Es decir, los maestros de español llegan a ser muchas veces un puente entre el personal de la escuela y las familias hispanohablantes.

Nunca es demasiado pronto para aprender un segundo idioma.

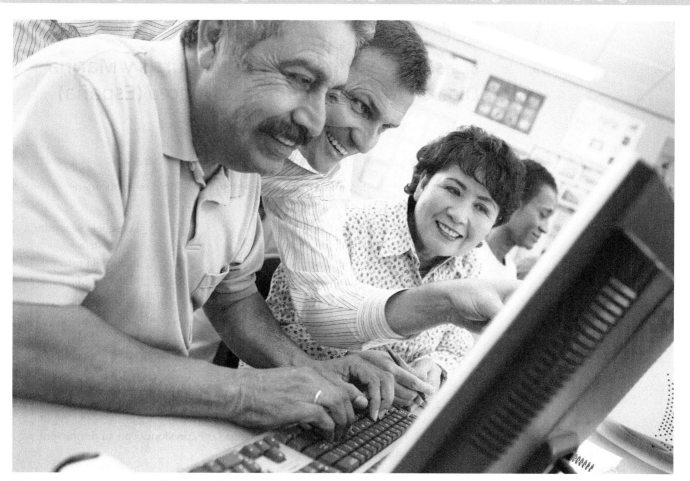

Nunca es demasiado tarde para adquirir habilidades nuevas.

 **6-41 La competencia cultural en acción.** En cada situación, describan los problemas que noten y den algunas posibles soluciones.

1. Los estudiantes de español realizan una actividad sobre nutrición, en la cual el señor Thompson ha invertido mucho tiempo. El director de la escuela toca a la puerta y le pide al señor Thompson que sirva de intérprete durante una conferencia entre la maestra de biología y unos padres hispanohablantes. El señor Thompson conoce a los padres porque su hijo es también alumno suyo. La maestra de biología les dice que su hijo no va a aprobar el curso y que parece tener problemas de aprendizaje. En la clase del señor Thompson, el estudiante sobresale en todo.
2. En su evaluación anual, el director de la escuela ha evaluado el trabajo del señor Thompson como bueno pero no excelente. Tampoco le ha subido el sueldo. Al maestro le sorprende que en su evaluación, el director haya mencionado solamente su trabajo con las clases de español. No mencionó sus traducciones del folleto semanal para los padres, ni las muchas veces que sirvió de intérprete ni el trabajo que ha hecho con una familia para ayudarle a solicitar una beca universitaria para su hija.

Podcast

El sistema educativo, por Ben Curtis y Marina Diez en *Notes in Spanish, Advanced* (España)

Antes de escuchar

6-42 ¿Cómo es el sistema educativo de Estados Unidos?

PASO 1 Pon estos componentes del sistema educativo estadounidense en orden cronológico, del 1 al 8.

1. __2__ el kindergarten
2. __6__ la universidad
3. __3__ la escuela primaria o elemental
4. __1__ la guardería
5. __5__ la escuela secundaria
6. __7__ la maestría
7. __4__ la escuela intermedia
8. __8__ el doctorado

PASO 2 Entrevístense y den ejemplos específicos para cada una de las siguientes situaciones. ¿En qué se parecen sus experiencias? ¿En qué se diferencian?

¿Cuándo te sentiste o te has sentido…

1. feliz en la guardería?
2. triste en la escuela primaria?
3. apoyado/a en la escuela secundaria?
4. estresado/a en la universidad?

6-43 Aclarar vocabulario. Empareja las expresiones con su definición correspondiente.

1. el Magisterio de Inglés __c__
2. ejercer una profesión __a__
3. infantil __d__
4. la oposición __f__
5. la Comunidad Autónoma __b__
6. la etapa __e__

a. trabajar como profesional
b. una entidad territorial, similar a un estado de Estados Unidos
c. la carrera de pedagogía, en este caso, para enseñar inglés
d. adjetivo relacionado con los bebés y niños pequeños
e. la fase o el período
f. el proceso estatal para seleccionar y emplear a los solicitantes a un puesto de trabajo público en España

Al escuchar

Estrategia al escuchar

Utilizar tu conocimiento previo. Escucha una descripción del sistema educativo español. Aunque no sepas nada de este tema específico, sí sabes mucho del sistema educativo de tu propio país. A partir de ese conocimiento, puedes anticipar el hecho de que haya escuelas distintas para jóvenes de diferentes edades. Ahora se trata de notar los términos que se usan para describir esas escuelas y sus variaciones culturales.

AUDIO SCRIPT FOR 6-44, *PASO 2*.

MARINA: Hola y bienvenidos a *Notes in Spanish, Advanced*. Hoy estoy aquí con Ben Curtis, como siempre, y con mi hermana Marta. Hola, Marta.

MARTA: Hola.

MARINA: Y bueno yo soy Marina Diez. Hoy estamos en un jardín y por eso podéis oír ruidos de fondo. Como…

BEN: …un coche, por ejemplo, de vez en cuando, pero…

MARINA: …tocando el pito.

BEN: …pero se está muy bien aquí en el jardín, ¿verdad?

MARINA: Sí.

BEN: ¿Y de qué vamos a hablar hoy con tu hermana?

MARINA: Pues, hoy os vamos a hablar del sistema educativo español. ¿Vale? Entonces mi hermana que, bueno, pues está estudiando Magisterio de Inglés, está estudiando para ser profesora de inglés, pues es quien mejor nos puede hablar sobre este tema.

BEN: Claro. Y bueno, Marta, explícanos, para empezar, qué es lo que estás haciendo ahora. ¿Qué es el Magisterio de Inglés?

MARTA: Magisterio de Inglés es el título universitario que necesitas conseguir para poder ejercer la profesión de profesor en un colegio público o privado.

MARINA: ¿Y para…y para qué edad? O sea, ¿qué edad vas a enseñar?

MARTA: Pues es desde los cinco años hasta los doce, aunque hay otro tipo de Magisterio que se llama Magisterio Infantil que es de los tres años a los cinco.

BEN: Pero bueno, a ver, estás estudiando ahora en la universidad. ¿Y desde ahí entras directamente en el trabajo, como profesora?

MARTA: Depende a qué tipo de colegio quieras acceder. Para un colegio privado no necesitarías hacer nada más, simplemente enviar el currículum y pasar por un proceso de selección. Para un colegio público, sin embargo, tienes que hacer una oposición. En este caso se hace por… según las Comunidades Autónomas que hay en España. Y se ofertan un número determinado de plazas y se trata de conseguir una de ellas para tener un puesto fijo en la enseñanza pública.

6-44 Práctica con el conocimiento previo.

PASO 1 Indica a qué tipo de escuela se refiere cada cita del podcast que aparece a continuación.

a. a la escuela secundaria
b. a la escuela primaria
c. a la guardería
d. al kindergarten

1. "Desde los cuatro meses… hasta los tres… hasta los dos años". _c_
2. "Y a partir de tres, cuatro, ya se empezaría…" _d_
3. "A partir de ahí, de los cinco años a los doce se hace…" _b_
4. "Después de eso se pasa a…" _a_

PASO 2 Ahora escucha el podcast. Mientras vas escuchando, apunta todas las expresiones o ideas que puedas para completar las oraciones del **Paso 1.**

Después de escuchar

6-45 ¿Lo comprendiste todo?

PASO 1 Selecciona la respuesta que completa de manera correcta cada oración.

1. Marta es estudiante _c_.
   a. en un colegio
   b. en un instituto
   c. en la universidad
2. Marta quiere enseñar inglés a estudiantes _c_.
   a. de la universidad
   b. de la guardería
   c. del colegio
3. La educación obligatoria en España empieza _b_ que la educación obligatoria en Estados Unidos.
   a. a la misma edad
   b. a una edad más temprana
   c. a una edad más tardía
4. La escuela secundaria en Estados Unidos corresponde más o menos _a_.
   a. al instituto **b.** al colegio **c.** a la guardería
5. El instituto consiste en _b_.
   a. una etapa **b.** dos etapas **c.** tres etapas
6. Un "senior" en Estados Unidos corresponde más o menos a un estudiante español de _c_.
   a. sexto de primaria
   b. cuarto de la ESO
   c. segundo de bachillerato
7. "La selectividad" corresponde más o menos _a_.
   a. a los exámenes ACT y SAT
   b. al examen final de una clase
   c. a una carta de recomendación
8. Las universidades españolas aceptan estudiantes según _c_.
   a. su nota en la selectividad
   b. sus notas en el instituto y sus actividades extracurriculares
   c. la combinación de su nota en la selectividad y las notas en el instituto

PASO 2 Preparen una lista de las semejanzas y diferencias entre el sistema educativo español y el de su país.

BEN: Muy bien. …Has hablado mucho de coles públicos y no sé qué, pero yo me pierdo totalmente. ¿Qué es un cole, qué, bueno…en qué edad va uno al cole, por ejemplo?
MARTA: Vale. Pues, tenemos varias etapas en la enseñanza… en la educación española. Entonces, normalmente los niños comienzan en la guardería a pesar de que no es una etapa obligatoria. Se trata más bien de que los padres puedan trabajar mientras los niños están ahí. Y empiezan a adquirir habilidades como el juego, o habilidades motoras, de las manos, pero en realidad todavía no se aprenden matemáticas o lengua.
BEN: ¿Y con qué edad, entonces, la guardería?
MARTA: Desde los cuatro meses, por ejemplo, nuestra sobrina Irene empezó con esa edad, hasta los tres… hasta los dos años. Y a partir de los…dos, tres años… a partir de tres, cuatro, ya se empezaría infantil. Que esa etapa ya sí es obligatoria.
BEN: Vale. ¿Y esa entonces de tres a cuatro años hasta…?
MARTA: Tres y cuatro se llama educación infantil. Y ya se hace en un colegio. Y es obligatorio. Es un ciclo de dos años. A partir de ahí, de los cinco años a los doce se hace… de los cinco a los doce, eso es… se hace la educación primaria, también en los colegios. Y hay primero de primaria, segundo de primaria, así, hasta sexto de primaria.
BEN: Vale. Entonces eso es el cole.
MARTA: El colegio o el cole.
BEN: Vale. ¿Y después?
MARTA: Después de eso se pasa a un instituto, en caso de que se estudie en un colegio público, si es privado se le sigue llamando colegio, y a su vez en los institutos hay otras dos etapas, la enseñanza secundaria obligatoria o ESO, también se le llama así, que va de los doce hasta los dieciséis. Y son cuatro cursos: primero de la ESO, segundo de la ESO, etc. Y luego estarían los dos últimos años, que se les llama bachillerato: primero de bachillerato y segundo de bachillerato.
MARINA: ¿Y después?
MARTA: Y después se llegaría a la universidad. Pero para acceder a la universidad pública, y a la privada en principio también, se ha de pasar una prueba que se llama selectividad. Y en función a la nota que se saque, y se hace una media de esta nota con la del colegio, optas a unas carreras u otras, porque hay una nota de corte.
BEN: Por eso me…
MARINA: Te pierdes.
BEN: Me pierdo tanto.
MARINA: Hombre, porque el sistema es distinto que en Inglaterra…

PARTE 3 ACTIVIDADES CULMINANTES

La interpretación cinematográfica

Vida nueva: Lecciones perpetuas

Seleccionar

6-46 Sinópsis. Lee la sinópsis de estas dos obras cinematográficas. ¿Cuál te gustaría ver más y por qué? ¿Cuál de las descripciones te parece más lógica para un cortometraje relacionado con finales y comienzos?

a. Marcos y Juan son dos estafadores (*swindlers*) argentinos que colaboran para llevar a cabo una estafa de muchísimo dinero. La estafa se complica cada vez más, y las mentiras y las verdades se confunden. El amor y los sueños son cuestiones prácticas y filosóficas en esta película que ha ganado muchos premios.

b. Doña Elena y don Camilo son mayores de edad y vecinos que viven solos. Hoy los dos se están preparando para la Nochevieja y para las visitas de sus parientes. Ellos y sus familiares coinciden en la calle, en la escalera y en los balcones, surgiendo posibilidades para dejar atrás lo viejo y emprender lo nuevo.

Poner *play*

6-47 Comprensión. Mira el cortometraje *Vida nueva* y pon estos momentos en orden cronológico.

1. __6__ Hacen la cuenta atrás, un brindis y luego se saludan desde el balcón.
2. __1__ Don Camilo desayuna, escucha la radio y le dice a su mascota: "¿Dónde vas vos tan apurado?"
3. __2__ Don Camilo le explica a Juan que se fue la luz porque quiso poner luces en su árbol de Navidad.
4. __4__ La mamá de Pablo le dice que suba las escaleras despacio, pero él llega corriendo al apartamento de su abuela.
5. __5__ Anita viste a su abuelo y le habla de los sentimientos que tiene él por doña Elena.
6. __3__ Doña Elena pone la mesa con mucho cuidado y con un servicio (*tableware*) muy elegante.

Compartir

6-48 Reacciones. Compartan sus ideas sobre el cortometraje.

Interpersonal. El arte cinematográfico nos ayuda a estudiar al ser humano. ¿Qué detalles de este cortometraje revelan los caracteres de los personajes? Por ejemplo, las ojeras (*dark circles under her eyes*) de Matilde y su enfado reflejan su ansiedad por la situación con su esposo. Expliquen lo que revela cada momento mencionado en la actividad **6-47** sobre el carácter de cada personaje.

Presentacional. Seleccionen un personaje del cortometraje y propongan una resolución de año nuevo, y un plan para realizarla, relevante y significativo para él o ella. Preséntenle la resolución y el plan a la clase y los otros grupos adivinarán qué personaje es.

Recomendado para ti…

La primera sinópsis en la actividad **6-46** es de la película argentina *Nueve Reinas*. Si te interesa, búscala y pon *play* de nuevo.

La expresión escrita

Escribir para analizar y evaluar

La escritura analítica se enfoca en hechos (*facts*), no en opiniones, y le permite al lector identificar, entender e interpretar de manera clara los hechos relacionados con un tema. Esta escritura presenta siempre una tesis con razones apoyadas por evidencia relevante y fiable (*reliable*), y considera varias fuentes de información, prioridades que compiten e información contradictoria, para llegar al mejor análisis e interpretación posibles.

Antes de escribir

6-49 Analizar y evaluar un sitio web escrito en español. Hoy en día, Internet representa la manera más rápida de buscar información sobre un tema. Pero, ya que todo el mundo puede crear páginas de Internet, ¿cómo se sabe si esa información es fiable? Es importante saber analizar y evaluar sitios web, incluso antes de proceder a analizar la información que contienen. Hay varios criterios que se usan para hacer estos análisis y evaluaciones. Tres de los más importantes son la exactitud (*accuracy*), la autoridad y la objetividad. ¿Qué tipo de evidencia se busca al respecto?

- La exactitud: el nombre del/de la autor/a de la información, su organización o institución y su dirección y/o teléfono.
- La autoridad: las cualificaciones del/de la autor/a y un dominio preferido (.edu, .gov, .org, .net).
- La objetividad: el propósito del sitio web y el público al que se dirige.

PASO 1 Primero, piensa en algún tema de interés personal. Después, busca y elige un sitio web escrito en español sobre ese tema y contesta las siguientes preguntas.

1. ¿Qué tema general trata el sitio web y cuál es su dirección en Internet (URL)?
2. ¿Aparece en el sitio web el nombre del/de la autor/a de la información y su institución u organización? ¿Se incluye alguna manera de contactarlo/la? Apunta estos datos.
3. ¿Se incluye información sobre el/la autor/a y/o sus credenciales? ¿Cuál es el dominio del sitio web? Apunta estos datos.
4. ¿Por qué se ha creado el sitio web? ¿Para quién(es) se ha creado el sitio web? ¿Es su objetivo informar o simplemente vender o promocionar algo?
5. Basándote en tus respuestas previas sobre la exactitud, la autoridad y la objetividad del sitio web, ¿cómo lo evaluarías? ¿Contiene información fiable o cuestionable?
6. En tu opinión, ¿es importante que la información en los sitios web sea fiable? ¿Hay casos o temas para los que la fiabilidad sea especialmente importante? ¿Y poco importante?

PASO 2 En parejas, compartan sus respuestas del **Paso 1.** ¿Están de acuerdo sobre la última pregunta? ¿Fue fácil o difícil encontrar sitios web fiables sobre sus temas de interés?

Al escribir

Estrategia al escribir

Tener objetividad al analizar hechos. La escritura analítica necesita basarse en hechos y no en las opiniones ni en los prejuicios (*biases*) del/de la autor/a. Antes de escribir, hay que preguntarse:, ¿puedo o no apoyar esta idea con hechos y evidencia? ¿Qué datos o referencias proporcionan esta evidencia? Si la respuesta es que no, es probable que la idea se base principalmente en una opinión. Hay que dejarse llevar por los hechos, y no por las opiniones, en un análisis académico.

6-50 Un mini ensayo analítico. Vas a escribir un mini ensayo analítico sobre **uno** de los seis temas relacionados con el aprendizaje y la educación presentados a continuación.

- La educación formal tiende a restringir la mente y el espíritu en vez de liberarlos.
- El gobierno debe ofrecerle educación universitaria gratuita a todo estudiante admitido en una universidad que no tenga los fondos para pagar la matrícula.
- Un sistema educativo tiene la obligación de disuadir a los estudiantes de elegir especialidades en las que tienen poca probabilidad de tener éxito.
- Algunas personas creen que al elegir su especialidad, los estudiantes universitarios deben tomar en cuenta solamente su talento y sus intereses. Otras piensan que los estudiantes deben basarse solamente en las oportunidades profesionales que existen en el mundo laboral.
- Las universidades deben obligar a todo estudiante a tomar una variedad de cursos fuera de su propia especialidad.
- Las universidades deben obligar a todo estudiante a pasar por lo menos un semestre estudiando en un país extranjero.

PASO 1 Elige el tema que te parezca más interesante. Después, busca otro/a compañero/a que haya elegido el mismo tema que tú.

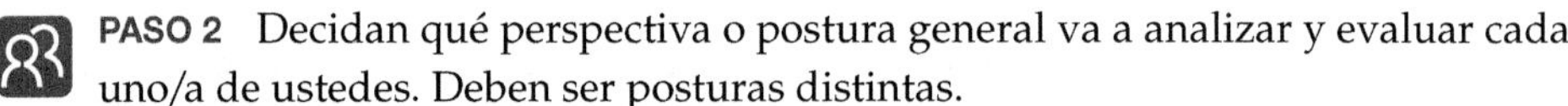

PASO 2 Decidan qué perspectiva o postura general va a analizar y evaluar cada uno/a de ustedes. Deben ser posturas distintas.

PASO 3 Analiza y evalúa tu perspectiva del tema, considerando sus complejidades. Redacta primero un esquema. A continuación se ofrecen algunas sugerencias para ayudarte a comenzar.

- Desarrolla una tesis o argumento con razones apoyadas por ejemplos y evidencia fiables.
- Cita tus fuentes de información.
- Presenta una evaluación y conclusión final sobre esa perspectiva.
- Incluye una lista de referencias al final, siguiendo el estilo del MLA.

6-51 Tu mini ensayo analítico.

PASO 1 Escribe el primer borrador de tu mini ensayo analítico. Sigue tu esquema de la actividad previa, pero redacta las partes en el orden que te parezca más natural. Escribe de manera sencilla, concisa, directa y objetiva.

PASO 2 Con un/a nuevo/a compañero/a, intercambien sus borradores. Léanlos con cuidado y escriban comentarios y/o preguntas para mejorarlos. Después, tomen en cuenta los comentarios y/o preguntas de su pareja y hagan las revisiones.

PASO 3 Escribe la versión final de tu mini ensayo analítico.

Después de escribir

6-52 A compartir. Después de recibir las últimas correcciones y comentarios de tu profesor/a, presenta el análisis y evaluación de tu perspectiva sobre tu tema en la siguiente sección de este capítulo.

La expresión oral

Hablar para analizar y evaluar

Tanto el discurso analítico como la escritura analítica tienen como propósito presentar, interpretar y evaluar hechos relacionados con algún tema. La diferencia está en la transmisión. Al hablar de manera analítica, hay un énfasis en la comunicación concisa, directa y objetiva. La tesis, las razones y la evidencia deben ser claramente presentadas y reconocibles dentro de la estructura de la presentación.

Estrategia al hablar

Usar transiciones verbales y repetición. Las transiciones verbales son palabras o frases breves que sirven para enfatizar las ideas principales y la organización de un discurso. Un ejemplo común son las enumeraciones: "Voy a presentar tres razones: A, B y C. Primero, A… La segunda razón es B… Ahora hablaré de la tercera razón, C… Resumiendo, las tres razones de mi postura son A, B y C. En conclusión, …" Las transiciones verbales y la repetición crean una estructura cíclica que ayuda al público a seguir y a recordar los argumentos dados. Hay que planear ambas de antemano para usarlas de manera coherente y efectiva.

A. El habla interpersonal: Intercambios

6-53 Improvisar. Al realizar los siguientes *role-plays,* no se olviden de las ideas sobre el uso de transiciones verbales y repetición.

PASO 1 Túrnense para representar cada papel en las dos situaciones.

Situación 1	
Persona A: Eres estudiante universitario/a y tus notas en el curso de historia latinoamericana son muy bajas. Estás en la mitad del semestre y te quedan dos pruebas, un trabajo escrito de quince páginas y el examen final. ¡Necesitas un/a tutor/a ahora mismo para no suspender! Quieres un/a tutor/a experto/a pero no puedes pagar mucho. Habla con la Persona B para determinar si será o no buen/a tutor/a para ti.	**Persona B:** Tu especialidad de estudios en la universidad es historia y sacaste una A en el curso de historia latinoamericana. Nunca le has brindado tutoría a nadie. Necesitas más dinero urgentemente. Convence a la Persona A para que te emplee como tutor/a. Explícale cómo le vas a ayudar y justifica tus precios altos.

Situación 2	
Persona A: Eres maestro/a de español en una escuela secundaria. La Persona B es estudiante tuyo/a y sobresale en todo: es el/la estudiante ideal. Te ha dicho que no piensa seguir estudiando después de graduarse. Tú quieres convencerlo/la para que asista a la universidad.	**Persona B:** Siempre has estudiado mucho y has sacado buenas notas. Te has cansado de tanta presión y de tener que ser siempre perfecto/a. Ahora no quieres asistir a la universidad. Además, tus padres no tienen dinero para pagar la matrícula. Prefieres buscar un trabajo después de graduarte de la escuela secundaria. Convence a tu maestro/a de que tu decisión es la mejor para ti.

PASO 2 Ahora algunos voluntarios harán los *role-plays* con una nueva pareja delante de la clase. La clase va a analizar qué pasó durante cada interacción y qué estrategia(s) usó cada participante para comunicarse bien.

B. El habla de presentación: Un discurso analítico

Antes de presentar

6-54 Hablar para analizar y evaluar. Vuelve a tu mini ensayo analítico de la sección anterior para presentarlo como discurso analítico en clase.

PASO 1 Vuelvan a reunirse con su compañero/a de tema de la sección anterior sobre la escritura analítica. Coordinen bien sus dos presentaciones sobre el mismo tema. Por ejemplo, ¿quién va a presentar primero? ¿Van a presentar de manera consecutiva o van a alternar sus partes? ¿Qué esperan conseguir con el formato que elijan?

PASO 2 Adapta tu mini ensayo analítico para tu discurso analítico, el cual debe ser breve y durar de tres a cinco minutos. Usa oraciones menos complejas, vocabulario sencillo, varias transiciones verbales y suficiente repetición de las ideas principales. Toma en cuenta lo siguiente:

- Una introducción breve que establezca tu perspectiva del tema y tu tesis.
- Dos o tres razones para tu tesis, cada una apoyada por evidencia y ejemplos; recuerda citar las fuentes de información.
- Una conclusión que resuma tus razones y ofrezca una evaluación o interpretación final.

Al presentar

IMPLEMENTATION OF 6-55. To facilitate viewing, create a list of student names along with their presentation topics, and ask students to jot down brief notes on each one as they watch.

6-55 Den su discurso analítico. Practiquen su discurso analítico como equipo antes de darlo en clase o grabarlo. Presten atención al uso efectivo de transiciones verbales y la repetición. Si su instructor/a prefiere que graben su discurso, háganlo en equipo después de practicar.

Después de presentar

IMPLEMENTATION OF 6-56. To facilitate voting, create a list of teams along with their presentation topic. Ask students to nominate the four to five teams that they found to be the most effective at synthesizing facts and presenting clear arguments. Then create small groups in class to discuss the virtues of each one. Ask each group to summarize their arguments, and then call for the vote by asking for a show of hands for each nomination. Alternatively, have a secret ballot, where students jot down the name of one of the nominations to hand in. Tally the votes on the board to reveal the winner!

6-56 ¡A votar! Después de escuchar la presentación de todos los equipos, la clase va a votar por el equipo que haya presentado, analizado e interpretado los hechos relacionados con su tema de manera más clara. ¿Qué equipo tiene el mayor número de votos?

El servicio comunitario

Las oportunidades para el voluntariado en las escuelas

 **6-57 El sistema educativo y el voluntariado.**

PASO 1 Hay muchas oportunidades para ayudar a los demás con su aprendizaje. Completen la siguiente oración con todas las ideas que se les ocurran.

Podemos ayudar a ________ [personas] en ________ [lugar] a ________ [infinitivo].

MODELO: *Podemos ayudar a los maestros en las escuelas a comunicarse mejor con los padres hispanohablantes. Podemos ayudar a los estudiantes internacionales en nuestra universidad a mejorar el inglés.*

PASO 2 De su lista del **Paso 1,** ¿qué oportunidades les permiten interactuar con hablantes de español? Con la ayuda de su profesor/a, pónganse en contacto con esas organizaciones para saber si quieren recibir a voluntarios.

 **6-58 Reflexionar.** Contesta las siguientes preguntas.

1. **¿Qué?** Identifica las oportunidades de trabajo voluntario de la actividad anterior que más te interesa y explica por qué. ¿Qué debe hacer el/la voluntario/a específicamente?
2. **¿Y qué?** Muchas personas que brindan tutoría dicen que ellas mismas son las que más aprenden. En tu opinión, ¿qué cosas puede aprender un/a tutor/a? Además, los tutores enseñan mucho más que una materia específica; son también modelos para los estudiantes. En tu opinión, ¿qué características deben ejemplificar los tutores?
3. **¿Ahora qué?** Piensa en las oportunidades para el aprendizaje que no existen en tu comunidad. ¿Qué clases deberían ofrecerse? ¿En qué lugares se debería ofrecer tutoría? ¿Qué oportunidades debería haber para los estudiantes? ¿Y para los adultos? ¿Qué clases podrías ofrecer usando tus conocimientos y habilidades?

IMPLEMENTATION OF 6-58. One of the pillars of service learning is to follow up service projects with structured reflection activities. The questions/prompts provided in this activity are structured to cycle students through various stages of critical thinking—from a simple reporting back of the facts, to analysis, and finally, to a stage where they use information to create or do something or draw conclusions. These reflection prompts can be assigned as written homework, or alternatively, students can reflect on them orally in small groups in class.

Resumen de vocabulario

Parte 1: El ámbito personal

Sustantivos	*Nouns*
la autoestima	*self-esteem*
el cinismo	*cynicism*
la empatía	*empathy*
el fracaso	*failure*
la meta	*goal*
el refrán	*saying, proverb*
Verbos	***Verbs***
animar	*to encourage*
cometer un error	*to make a mistake*
desarrollar	*to develop*
recuperar(se)	*to recover, retrieve*
sobresalir	*to stand out, excel*
trasnochar	*to pull an all-nighter, stay up all night*
Adjetivos	***Adjectives***
enriquecedor/a	*enriching*
principiante	*beginner*
sobresaliente	*outstanding, brilliant*

Parte 2: El ámbito profesional

Sustantivos	*Nouns*
el acoso (sexual)	*bullying, (sexual) harassment*
el/la entrenador/a	*coach, trainer*
la matrícula	*tuition*
Verbos	***Verbs***
calificar	*to grade*
corregir (i, i)	*to correct*
dictar/impartir clases	*to teach/give class(es)*
inscribir(se) (en), matricular(se) (en)	*to enroll (in), register / sign up (for)*
jubilarse	*to retire*
recopilar	*to gather, collect*
reembolsar	*to reimburse*
Adjetivos	***Adjectives***
didáctico/a	*didactic, teaching*

Appendix 1

VERB CHARTS

Regular Verbs: Simple Tenses

Infinitive Present Participle Past Participle	Indicative					Subjunctive		Imperative
	Present	Imperfect	Preterit	Future	Conditional	Present	Imperfect	Commands
hablar hablando hablado	hablo hablas habla hablamos habláis hablan	hablaba hablabas hablaba hablábamos hablabais hablaban	hablé hablaste habló hablamos hablasteis hablaron	hablaré hablarás hablará hablaremos hablaréis hablarán	hablaría hablarías hablaría hablaríamos hablaríais hablarían	hable hables hable hablemos habléis hablen	hablara hablaras hablara habláramos hablarais hablaran	habla (tú), no hables hable (usted) hablemos hablad (vosotros), no habléis hablen (ustedes)
comer comiendo comido	como comes come comemos coméis comen	comía comías comía comíamos comíais comían	comí comiste comió comimos comisteis comieron	comeré comerás comerá comeremos comeréis comerán	comería comerías comería comeríamos comeríais comerían	coma comas coma comamos comáis coman	comiera comieras comiera comiéramos comierais comieran	come (tú), no comas coma (usted) comamos comed (vosotros), no comáis coman (ustedes)
vivir viviendo vivido	vivo vives vive vivimos vivís viven	vivía vivías vivía vivíamos vivíais vivían	viví viviste vivió vivimos vivisteis vivieron	viviré vivirás vivirá viviremos viviréis vivirán	viviría vivirías viviría viviríamos viviríais vivirían	viva vivas viva vivamos viváis vivan	viviera vivieras viviera viviéramos vivierais vivieran	vive (tú), no vivas viva (usted) vivamos vivid (vosotros), no viváis vivan (ustedes)

Regular Verbs: Perfect Tenses

Indicative										Subjunctive			
Present Perfect		Past Perfect		Preterit Perfect		Future Perfect		Conditional Perfect		Present Perfect		Past Perfect	
he has ha hemos habéis han	hablado comido vivido	había habías había habíamos habíais habían	hablado comido vivido	hube hubiste hubo hubimos hubisteis hubieron	hablado comido vivido	habré habrás habrá habremos habréis habrán	hablado comido vivido	habría habrías habría habríamos habríais habrían	hablado comido vivido	haya hayas haya hayamos hayáis hayan	hablado comido vivido	hubiera hubieras hubiera hubiéramos hubierais hubieran	hablado comido vivido

Irregular Verbs

Infinitive Present Participle Past Participle	Indicative					Subjunctive		Imperative
	Present	Imperfect	Preterit	Future	Conditional	Present	Imperfect	Commands
andar andando andado	ando andas anda andamos andáis andan	andaba andabas andaba andábamos andabais andaban	anduve anduviste anduvo anduvimos anduvisteis anduvieron	andaré andarás andará andaremos andaréis andarán	andaría andarías andaría andaríamos andaríais andarían	ande andes ande andemos andéis anden	anduviera anduvieras anduviera anduviéramos anduvierais anduvieran	anda (tú), no andes ande (usted) andemos andad (vosotros), no andéis anden (ustedes)
caer cayendo caído	caigo caes cae caemos caéis caen	caía caías caía caíamos caíais caían	caí caíste cayó caímos caísteis cayeron	caeré caerás caerá caeremos caeréis caerán	caería caerías caería caeríamos caeríais caerían	caiga caigas caiga caigamos caigáis caigan	cayera cayeras cayera cayéramos cayerais cayeran	cae (tú), no caigas caiga (usted) caigamos caed (vosotros), no caigáis caigan (ustedes)
dar dando dado	doy das da damos dais dan	daba dabas daba dábamos dabais daban	di diste dio dimos disteis dieron	daré darás dará daremos daréis darán	daría darías daría daríamos daríais darían	dé des dé demos deis den	diera dieras diera diéramos dierais dieran	da (tú), no des dé (usted) demos dad (vosotros), no deis den (ustedes)
decir (i, i) diciendo dicho	digo dices dice decimos decís dicen	decía decías decía decíamos decíais decían	dije dijiste dijo dijimos dijisteis dijeron	diré dirás dirá diremos diréis dirán	diría dirías diría diríamos diríais dirían	diga digas diga digamos digáis digan	dijera dijeras dijera dijéramos dijerais dijeran	di (tú), no digas diga (usted) digamos decid (vosotros), no digáis digan (ustedes)
estar estando estado	estoy estás está estamos estáis están	estaba estabas estaba estábamos estabais estaban	estuve estuviste estuvo estuvimos estuvisteis estuvieron	estaré estarás estará estaremos estaréis estarán	estaría estarías estaría estaríamos estaríais estarían	esté estés esté estemos estéis estén	estuviera estuvieras estuviera estuviéramos estuvierais estuvieran	está (tú), no estés esté (usted) estemos estad (vosotros), no estéis estén (ustedes)
haber habiendo habido	he has ha hemos habéis han	había habías había habíamos habíais habían	hube hubiste hubo hubimos hubisteis hubieron	habré habrás habrá habremos habréis habrán	habría habrías habría habríamos habríais habrían	haya hayas haya hayamos hayáis hayan	hubiera hubieras hubiera hubiéramos hubierais hubieran	
hacer haciendo hecho	hago haces hace hacemos hacéis hacen	hacía hacías hacía hacíamos hacíais hacían	hice hiciste hizo hicimos hicisteis hicieron	haré harás hará haremos haréis harán	haría harías haría haríamos haríais harían	haga hagas haga hagamos hagáis hagan	hiciera hicieras hiciera hiciéramos hicierais hicieran	haz (tú), no hagas haga (usted) hagamos haced (vosotros), no hagáis hagan (ustedes)
ir yendo ido	voy vas va vamos vais van	iba ibas iba íbamos ibais iban	fui fuiste fue fuimos fuisteis fueron	iré irás irá iremos iréis irán	iría irías iría iríamos iríais irían	vaya vayas vaya vayamos vayáis vayan	fuera fueras fuera fuéramos fuerais fueran	ve (tú), no vayas vaya (usted) vamos, no vayamos id (vosotros), no vayáis vayan (ustedes)

Irregular Verbs (*continued*)

Infinitive Present Participle Past Participle	Indicative					Subjunctive		Imperative
	Present	Imperfect	Preterit	Future	Conditional	Present	Imperfect	Commands
oír oyendo oído	oigo oyes oye oímos oís oyen	oía oías oía oíamos oíais oían	oí oíste oyó oímos oísteis oyeron	oiré oirás oirá oiremos oiréis oirán	oiría oirías oiría oiríamos oiríais oirían	oiga oigas oiga oigamos oigáis oigan	oyera oyeras oyera oyéramos oyerais oyeran	oye (tú), no oigas oiga (usted) oigamos oíd (vosotros), no oigáis oigan (ustedes)
poder (ue) pudiendo podido	puedo puedes puede podemos podéis pueden	podía podías podía podíamos podíais podían	pude pudiste pudo pudimos pudisteis pudieron	podré podrás podrá podremos podréis podrán	podría podrías podría podríamos podríais podrían	pueda puedas pueda podamos podáis puedan	pudiera pudieras pudiera pudiéramos pudierais pudieran	
poner poniendo puesto	pongo pones pone ponemos ponéis ponen	ponía ponías ponía poníamos poníais ponían	puse pusiste puso pusimos pusisteis pusieron	pondré pondrás pondrá pondremos pondréis pondrán	pondría pondrías pondría pondríamos pondríais pondrían	ponga pongas ponga pongamos pongáis pongan	pusiera pusieras pusiera pusiéramos pusierais pusieran	pon (tú), no pongas ponga (usted) pongamos poned (vosotros), no pongáis pongan (ustedes)
querer (ie) queriendo querido	quiero quieres quiere queremos queréis quieren	quería querías quería queríamos queríais querían	quise quisiste quiso quisimos quisisteis quisieron	querré querrás querrá querremos querréis querrán	querría querrías querría querríamos querríais querrían	quiera quieras quiera queramos queráis quieran	quisiera quisieras quisiera quisiéramos quisierais quisieran	quiere (tú), no quieras quiera (usted) queramos quered (vosotros), no queráis quieran (ustedes)
saber sabiendo sabido	sé sabes sabe sabemos sabéis saben	sabía sabías sabía sabíamos sabíais sabían	supe supiste supo supimos supisteis supieron	sabré sabrás sabrá sabremos sabréis sabrán	sabría sabrías sabría sabríamos sabríais sabrían	sepa sepas sepa sepamos sepáis sepan	supiera supieras supiera supiéramos supierais supieran	sabe (tú), no sepas sepa (usted) sepamos sabed (vosotros), no sepáis sepan (ustedes)
salir saliendo salido	salgo sales sale salimos salís salen	salía salías salía salíamos salíais salían	salí saliste salió salimos salisteis salieron	saldré saldrás saldrá saldremos saldréis saldrán	saldría saldrías saldría saldríamos saldríais saldrían	salga salgas salga salgamos salgáis salgan	saliera salieras saliera saliéramos salierais salieran	sal (tú), no salgas salga (usted) salgamos salid (vosotros), no salgáis salgan (ustedes)
ser siendo sido	soy eres es somos sois son	era eras era éramos erais eran	fui fuiste fue fuimos fuisteis fueron	seré serás será seremos seréis serán	sería serías sería seríamos seríais serían	sea seas sea seamos seáis sean	fuera fueras fuera fuéramos fuerais fueran	sé (tú), no seas sea (usted) seamos sed (vosotros), no seáis sean (ustedes)
tener (ie) teniendo tenido	tengo tienes tiene tenemos tenéis tienen	tenía tenías tenía teníamos teníais tenían	tuve tuviste tuvo tuvimos tuvisteis tuvieron	tendré tendrás tendrá tendremos tendréis tendrán	tendría tendrías tendría tendríamos tendríais tendrían	tenga tengas tenga tengamos tengáis tengan	tuviera tuvieras tuviera tuviéramos tuvierais tuvieran	ten (tú), no tengas tenga (usted) tengamos tened (vosotros), no tengáis tengan (ustedes)

Irregular Verbs (*continued*)

Infinitive Present Participle Past Participle	Indicative					Subjunctive		Imperative
	Present	Imperfect	Preterit	Future	Conditional	Present	Imperfect	Commands
traer trayendo traído	traigo traes trae traemos traéis traen	traía traías traía traíamos traíais traían	traje trajiste trajo trajimos trajisteis trajeron	traeré traerás traerá traeremos traeréis traerán	traería traerías traería traeríamos traeríais traerían	traiga traigas traiga traigamos traigáis traigan	trajera trajeras trajera trajéramos trajerais trajeran	trae (tú), no traigas traiga (usted) traigamos traed (vosotros), no traigáis traigan (ustedes)
venir (ie) viniendo venido	vengo vienes viene venimos venís vienen	venía venías venía veníamos veníais venían	vine viniste vino vinimos vinisteis vinieron	vendré vendrás vendrá vendremos vendréis vendrán	vendría vendrías vendría vendríamos vendríais vendrían	venga vengas venga vengamos vengáis vengan	viniera vinieras viniera viniéramos vinierais vinieran	ven (tú), no vengas venga (usted) vengamos venid (vosotros), no vengáis vengan (ustedes)
ver viendo visto	veo ves ve vemos veis ven	veía veías veía veíamos veíais veían	vi viste vio vimos visteis vieron	veré verás verá veremos veréis verán	vería verías vería veríamos veríais verían	vea veas vea veamos veáis vean	viera vieras viera viéramos vierais vieran	ve (tú), no veas vea (usted) veamos ved (vosotros), no veáis vean (ustedes)

Stem-Changing and Orthographic-Changing Verbs

Infinitive Present Participle Past Participle	Indicative					Subjunctive		Imperative
	Present	Imperfect	Preterit	Future	Conditional	Present	Imperfect	Commands
almorzar (ue) (c) almorzando almorzado	almuerzo almuerzas almuerza almorzamos almorzáis almuerzan	almorzaba almorzabas almorzaba almorzábamos almorzabais almorzaban	almorcé almorzaste almorzó almorzamos almorzasteis almorzaron	almorzaré almorzarás almorzará almorzaremos almorzaréis almorzarán	almorzaría almorzarías almorzaría almorzaríamos almorzaríais almorzarían	almuerce almuerces almuerce almorcemos almorcéis almuercen	almorzara almorzaras almorzara almorzáramos almorzarais almorzaran	almuerza (tú), no almuerces almuerce (usted) almorcemos almorzad (vosotros), no almorcéis almuercen (ustedes)
buscar (qu) buscando buscado	busco buscas busca buscamos buscáis buscan	buscaba buscabas buscaba buscábamos buscabais buscaban	busqué buscaste buscó buscamos buscasteis buscaron	buscaré buscarás buscará buscaremos buscaréis buscarán	buscaría buscarías buscaría buscaríamos buscaríais buscarían	busque busques busque busquemos busquéis busquen	buscara buscaras buscara buscáramos buscarais buscaran	busca (tú), no busques busque (usted) busquemos buscad (vosotros), no busquéis busquen (ustedes)
corregir (i, i) (j) corrigiendo corregido	corrijo corriges corrige corregimos corregís corrigen	corregía corregías corregía corregíamos corregíais corregían	corregí corregiste corrigió corregimos corregisteis corrigieron	corregiré corregirás corregirá corregiremos corregiréis corregirán	corregiría corregirías corregiría corregiríamos corregiríais corregirían	corrija corrijas corrija corrijamos corrijáis corrijan	corrigiera corrigieras corrigiera corrigiéramos corrigierais corrigieran	corrige (tú), no corrijas corrija (usted) corrijamos corregid (vosotros), no corrijáis corrijan (ustedes)

Stem-Changing and Orthographic-Changing Verbs (*continued*)

Infinitive Present Participle Past Participle	Indicative					Subjunctive		Imperative
	Present	Imperfect	Preterit	Future	Conditional	Present	Imperfect	Commands
dormir (ue, u) durmiendo dormido	duermo duermes duerme dormimos dormís duermen	dormía dormías dormía dormíamos dormíais dormían	dormí dormiste durmió dormimos dormisteis durmieron	dormiré dormirás dormirá dormiremos dormiréis dormirán	dormiría dormirías dormiría dormiríamos dormiríais dormirían	duerma duermas duerma durmamos durmáis duerman	durmiera durmieras durmiera durmiéramos durmierais durmieran	duerme (tú), no duermas duerma (usted) durmamos dormid (vosotros), no durmáis duerman (ustedes)
incluir (y) incluyendo incluido	incluyo incluyes incluye incluimos incluís incluyen	incluía incluías incluía incluíamos incluíais incluían	incluí incluiste incluyó incluimos incluisteis incluyeron	incluiré incluirás incluirá incluiremos incluiréis incluirán	incluiría incluirías incluiría incluiríamos incluiríais incluirían	incluya incluyas incluya incluyamos incluyáis incluyan	incluyera incluyeras incluyera incluyéramos incluyerais incluyeran	incluye (tú), no incluyas incluya (usted) incluyamos incluid (vosotros), no incluyáis incluyan (ustedes)
llegar (gu) llegando llegado	llego llegas llega llegamos llegáis llegan	llegaba llegabas llegaba llegábamos llegabais llegaban	llegué llegaste llegó llegamos llegasteis llegaron	llegaré llegarás llegará llegaremos llegaréis llegarán	llegaría llegarías llegaría llegaríamos llegaríais llegarían	llegue llegues llegue lleguemos lleguéis lleguen	llegara llegaras llegara llegáramos llegarais llegaran	llega (tú), no llegues llegue (usted) lleguemos llegad (vosotros), no lleguéis lleguen (ustedes)
pedir (i, i) pidiendo pedido	pido pides pide pedimos pedís piden	pedía pedías pedía pedíamos pedíais pedían	pedí pediste pidió pedimos pedisteis pidieron	pediré pedirás pedirá pediremos pediréis pedirán	pediría pedirías pediría pediríamos pediríais pedirían	pida pidas pida pidamos pidáis pidan	pidiera pidieras pidiera pidiéramos pidierais pidieran	pide (tú), no pidas pida (usted) pidamos pedid (vosotros), no pidáis pidan (ustedes)
pensar (ie) pensando pensado	pienso piensas piensa pensamos pensáis piensan	pensaba pensabas pensaba pensábamos pensabais pensaban	pensé pensaste pensó pensamos pensasteis pensaron	pensaré pensarás pensará pensaremos pensaréis pensarán	pensaría pensarías pensaría pensaríamos pensaríais pensarían	piense pienses piense pensemos penséis piensen	pensara pensaras pensara pensáramos pensarais pensaran	piensa (tú), no pienses piense (usted) pensemos pensad (vosotros), no penséis piensen (ustedes)
producir (zc) (j) produciendo producido	produzco produces produce producimos producís producen	producía producías producía producíamos producíais producían	produje produjiste produjo produjimos produjisteis produjeron	produciré producirás producirá produciremos produciréis producirán	produciría producirías produciría produciríamos produciríais producirían	produzca produzcas produzca produzcamos produzcáis produzcan	produjera produjeras produjera produjéramos produjerais produjeran	produce (tú), no produzcas produzca (usted) produzcamos producid (vosotros), no produzcáis produzcan (ustedes)
reír (i, i) riendo reído	río ríes ríe reímos reís ríen	reía reías reía reíamos reíais reían	reí reíste rió/rio reímos reísteis rieron	reiré reirás reirá reiremos reiréis reirán	reiría reirías reiría reiríamos reiríais reirían	ría rías ría riamos riáis/riais rían	riera rieras riera riéramos rierais rieran	ríe (tú), no rías ría (usted) riamos reíd (vosotros), no riáis/riais rían (ustedes)

Stem-Changing and Orthographic-Changing Verbs (*continued*)

Infinitive Present Participle Past Participle	Indicative					Subjunctive		Imperative
	Present	Imperfect	Preterit	Future	Conditional	Present	Imperfect	Commands
seguir (i, i) (ga) siguiendo seguido	sigo sigues sigue seguimos seguís siguen	seguía seguías seguía seguíamos seguíais seguían	seguí seguiste siguió seguimos seguisteis siguieron	seguiré seguirás seguirá seguiremos seguiréis seguirán	seguiría seguirías seguiría seguiríamos seguiríais seguirían	siga sigas siga sigamos sigáis sigan	siguiera siguieras siguiera siguiéramos siguierais siguieran	sigue (tú), no sigas siga (usted) sigamos seguid (vosotros), no sigáis sigan (ustedes)
sentir (ie, i) sintiendo sentido	siento sientes siente sentimos sentís sienten	sentía sentías sentía sentíamos sentíais sentían	sentí sentiste sintió sentimos sentisteis sintieron	sentiré sentirás sentirá sentiremos sentiréis sentirán	sentiría sentirías sentiría sentiríamos sentiríais sentirían	sienta sientas sienta sintamos sintáis sientan	sintiera sintieras sintiera sintiéramos sintierais sintieran	siente (tú), no sientas sienta (usted) sintamos sentid (vosotros), no sintáis sientan (ustedes)
volver (ue) volviendo vuelto	vuelvo vuelves vuelve volvemos volvéis vuelven	volvía volvías volvía volvíamos volvíais volvían	volví volviste volvió volvimos volvisteis volvieron	volveré volverás volverá volveremos volveréis volverán	volvería volverías volvería volveríamos volveríais volverían	vuelva vuelvas vuelva volvamos volváis vuelvan	volviera volvieras volviera volviéramos volvierais volvieran	vuelve (tú), no vuelvas vuelva (usted) volvamos volved (vosotros), no volváis vuelvan (ustedes)

Appendix 2

SPANISH – ENGLISH GLOSSARY

The number following each entry in bold corresponds to the chapter in which the word is introduced for active mastery. Non-bold numbers correspond to the introduction of words for receptive use.

A

a condición de que on condition that, provided that 4
a fin de que so that, in order to/that 4
a lo mejor perhaps 5
a menos que unless 4
abandono infantil, el child abandonment 4
abdominales, los sit-ups 3
abogado/a, el/la lawyer 2
abogar (por) to advocate (for) **4**, 6; argue for 3
aburrir to bore 2
acabar to run out of 3
acercarse (a) to approach 2
acogedor/a cozy, welcoming **1**
acontecimiento, el event 1
acorralar to corner 3
acoso (sexual), el bullying, (sexual) harrassment **6**
acostarse (ue) to go to bed 2
acto caritativo, el charitable act **4**
actual current, present (-day) 6
actualización, la update 3
actualizar to update **3**
adecuado/a appropriate 5
adivinar to guess 1, 2, 3
adjunto/a attached **3**
adolescencia, la adolescence **2**
adquirir (ie) to get, obtain 1
adultez, la adulthood **2**
advenedizo/a, el/la newcomer, social climber 3
aeropuerto, el airport 1
afeitarse to shave 2
aficionado/a, el/la fan 5
afinar to fine-tune 3
afortunado/a fortunate, lucky 6
agarrado/a holding 3
agenda, la agenda, appointment book **3**
agobiado/a overwhelmed 2
agregar to add 1
aguaducho, el small outdoor café 3
aguas residuales, las wastewater 2
ahorrar to save (money) 3
ajeno/a belonging to another 1
ambiente, el atmosphere 1
albañil, el mason 4
albergar to house 3
aleatorio/a random 4
alegrarse (de) to be glad (about) 4
alejarse to stay away from 5
alfabetización, la literacy rate 4
alguna vez ever, at some time 6
alojamiento, el accommodations **1**
alojar(se) to lodge, house, stay **1**
alquiler, el rent 5
altorrelieve, el high relief 1
altura, la height 1
ambientarse to be set 3
ambiente laboral, el work environment 3
ambigüedad, la ambiguity **5**
amistad, la friendship **3**
amplio/a spacious, roomy **1**
añadir to add 3
anafre, el cooker 3
análisis, el analysis 1
ancho, el width 2
anchura, la width 1
anclar to anchor 1
andador, el walker 2
anémona de mar sea anemone 1
anexo, el (e-mail) attachment **3**
ángel, el angel 1
animado/a lively 1
animar to encourage **6**
ante todo first and foremost **3**
anteriormente previously 3
antes de (que) before 1, 2, 3, 4, 5, 6
anuario, el yearbook 5
apagar to go out, turn off 3
apariencia, la appearance 1
apático/a apathetic **4**
apodo, el nickname 2
aportar to contribute 2
apoyar to support (a cause) 4
apreciar to value, appreciate **3**
aprendizaje a través de servicio, el service learning **4**
aprovechar to take advantage of 1
apto/a suitable **1**
armar to put together 6
arreglarse to fix oneself up, get ready 2
arreglista, el/la composer 6
arreglo floral, el flower arrangement 2
arrimado/a leaning 5
arte callejero, el street art 5
asentir (ie, i) to nod 3
asequible affordable 1, **4**
aseverar affirm 1
asomarse a (la ventana) to peek into 5; to look out of (the window) 6
asustado/a scared 2
atraer to attract **1**
atrapado/a trapped 2
atrevido/a daring **4**
aula, el (España) classroom 6
aunque although, even though 4
auscultar listen to one another 1
autoestima, la self-esteem **6**
axioma, el truth 6
avanzado/a advanced 6
averiguar find out 1; figure out 6
ayuda humanitaria internacional, la international humanitarian aid **4**
ayudar to help 1

B

bachillerato, el high school 6
bacteriano/a bacterial 2
bajo, el bass 5
balafón, el African xylophone 4
baldío, el vacant lot 1
balinera, la ball bearing 5
barra de agarre, la grab bar 1
barrera, la barrier 1
barriga, la belly 1
bastar to be enough 2
batata, la yam 2
(bellas) artes, las (fine) arts 5
biblioteca, la library 1
billete (de avión/tren), el (España) plane/train ticket 1
bloguero/a, el/la blogger 1
boleto (de avión/tren), el plane/train ticket 1
borrador, el draft 1, 2, 3, 4, 5, 6
borrar to erase 3
brecha generacional, la generation gap **2**
brindar por to toast **2**
brindis, el toast 2
bucear to scuba dive 1
buscar to look for 4

C

caer to fall, drop, spill 3
caer bien/mal to like/dislike [a person] 2
cacerola, la pot, pan 1
cadena de televisión, la television station 1
café, el café; coffee 1
cafetería, la cafeteria 1
cajero/a, el/la cashier 4
calambre, el cramp 2
calidad, la quality, grade **1**
cálido/a warm 1, 4
calificación, la grade 6
calificar to grade **6**
camarógrafo/a, el/la cameraman/woman **5**
camiseta, la T-shirt 5
campaña, la campaign **3**
cántaro, el pitcher 3
capacitación, la training 3
caricaturista, el/la cartoonist **5**
cariño, el affection 2
carrera (profesional), la (professional) career 1, 2, 3, 4, 5, 6
carreta, la cart 1
cauchos, los rubber bands 5
caudal, el flow rate 1
causa, la cause **4**
cercano/a nearby 1
cerro, el hill **1**
césped, el lawn, grass 1

chisme, el piece of gossip 3
choque cultural, el culture shock **1**
ciego/a blind 1
cima, la peak 5
cineasta, el/la filmmaker **5**
cinismo, el cynicism **6**
circundante surrounding 3
cirujano/a, el/la surgeon 2, 6
cita, la quotation 5
ciudadanía, la citizenship 4
ciudadano/a, el/la citizen 2
clavar los ojos to stare 4
cliente/a, el/la client, customer 1, 2, **3**, 4, 5
clientela, la clientele **3**
coche, el car 1, 3, 4, 6
colega, el/la colleague **1**, 3
colegio, el elementary/ grade school 6
colgado/a hung 5
colibrí, el hummingbird 6
cometer un error to make a mistake **6**
cómo how(ever) 4
como si as if, as though 5
cómodo/a comfortable 1
compañeros/as de banco classmates who share desks 1
componer to compose **5**
comportarse to behave 5
comprar to buy 2
comprometerse (con) to commit (to), engage (in) **4**
compromiso cívico, el civic engagement **4**
comunicado de prensa, el press release **4**
con tal de que provided that 4
concienciar to raise awareness 4
concordancia, la agreement 1
confianza, la trust 3
confiar (en) to trust (in), count on **3**
conjetura, la conjecture, speculation 5
conocer to know, be familiar with 3, 4
consejero/a, el/la advisor 1
consejo, el (piece of) advice **3**, 5
conserje, el/la concierge **1**
conservador/a, el/la curator 6
contaminación, la pollution 4
convalidar to validate **1**
coro, el chorus 5
corregir (i, i) to correct **6**
correo electrónico, el e-mail (message) **3**
cosmopolita cosmopolitan **1**
cotilleo, el gossip 3
cotización, la price quote **3**
crear to create 5
creatividad, la creativity **5**
creativo/a creative **5**
crecer to grow up **2**
creer to believe 4
criadero, el hatchery 4
criarse to grow up **2**
crisis, la crisis 1
crucero, el cruise 1
cuadro, el picture, painting 5
cualidad, la quality **4**
cuando, cuándo when 1, 2, 3, 4, 5, 6
cuanto antes as soon as possible **3**
cubiertos, los (eating) utensils, silverware 1
cuenta, la bill 3; account 3
cuesta abajo downhill 5
cuesta arriba uphill 5
cumplido, el compliment, praise **2**

D

daño, el damage 3
dar to give 2
dar(le) clases particulares (a) to tutor **4**
dar pena to upset, make (one) sad 2
de manera que so that 4
de modo que so that 4
deberes, los homework 6
decir (i, i) to say, tell 2
declinación, la declension, inflection 6
dejadez, la negligence 1
delegar to delegate **4**
demorado/a delayed 6
denunciar to denounce 4
depilarse to remove one's body hair, wax 2
derechos (humanos), los (human) rights **4**
derrota, la defeat 5
derrumbar to collapse 2
desafiante challenging **3**, 6
desafío, el challenge 1, **3**, **4**
desamor, el heartbreak 6
desapercibido/a unnoticed 5
desarrollar to develop 1, 3, 4, 5, **6**
desastre natural, el natural disaster 4
descifrar to decipher 6
descomponer(se) to break (down) 3
desconocer to not know, to ignore 1
descuento, el discount 3
desembocadura, la mouth, estuary 1
desempeñar (un papel) to carry out, play (a role) **4**
desempleo, el unemployment 2
desfavorecido/a disadvantaged **4**
desorden, el disorder **1**
desordenado/a disorderly, untidy, messy **1**
desperdicio, el waste 2
desplazado/a displaced **4**
desplazar to move, scroll 6
despreciar to despise, look down on **3**
después de (que) after 1, 2, 3, 4, 5, 6
destacarse to stand out **1**, 3
detalle, el gesture 2
día, el day 1, 2, 3, 4, 5, 6
diagnosticar to diagnose **2**
diapositiva, la slide 3
dictar clase(s) to teach/give class(es) **6**
didáctico/a didactic, teaching **6**
difunto/a, el/la deceased 1
dilema, el dilemma 1
diligencias, las errands 3
director/a (de la escuela), el/la (school) principal 6
discurso hablado, el spoken discourse 4
discurso, el speech 1
diseñador/a, el/la designer **5**
diseño, el design **1**, 3
disfrazarse to wear a costume 4
disparidad, la disparity 3
disponible available **3**
dispositivo, el device 1
dispuesto/a (a) willing, ready (to) **3**, 4
distorsionado/a distorted 1
distraer to distract **1**
doctorado, el Ph.D. 5
doler (ue) to hurt **2**
dolor, el pain **2**
doloroso/a painful **2**
donar (sangre) to donate (blood) 4
donde, dónde where, wherever 4
dotes de mando, las leadership qualities **4**
drama, el drama 1
dramaturgo/a, el/la playwright **5**
dudar (de) to doubt 4
dueño/a, el/la owner 1
duradero/a long-lasting **3**
durar to last, go on for **1**

E

echar de menos to miss **1**
echarse para adelante to move ahead 4
edad adulta, la adulthood **2**
edificio, el building 1
efervescencia, la sparkle 5
eficaz effective 3
ejercer (de) to practice (a profession) (as) **2**
El Patito Feo The Ugly Duckling 5
elogiar to praise, compliment, flatter **2**
elogio, el compliment, praise **2**
e-mail, el e-mail **3**
empatía, la empathy **6**
empoderamiento, el empowerment **4**
emprendedor/a entrepreneurial **5**
emprendedor/a, el/la entrepreneur 3, **5**
emprender to undertake, embark (up)on **5**
emprendimiento, el entrepreneurship **5**
empresario/a, el/la entrepreneur 3, **5**
en apuros in danger, in a predicament 4
en caso de que in case 4
en cuanto as soon as 4
en el extranjero abroad 1, 3, 4, 6
en negrita boldface 1, 2
en última instancia ultimately 3
encajar to fit (in) 5
encantar to delight 2
encaprichado/a infatuated 3
enfermero/a, el/la nurse 2
enfermo/a ill, sick 2
enfermo/a, el/la ill person 2
enganchar to hook 4
enlace, el link **3**
enriquecedor/a enriching **6**
ensayar to rehearse **5**
ensayo, el essay 1
enseñar to teach 6
ente, el being 3, 5
entierro, el burial 1
entrenador/a, el/la coach, trainer **6**
entrenar to train 3
entretener (ie) to entertain 1, **5**
entretenimiento, el entertainment 1, 5
envase, el container 3
enviar (un mensaje de texto) to send (a text message) **2**
equilibrio, el balance 4
erguido/a erect 3
es: es aconsejable it's advisable; **es bueno** it's good; **es deseable** it's desirable; **es dudoso** it's

doubtful; **es importante** it's important; **es (im)posible** it's (im)possible; **es (im) probable** it's (im)probable; **es (in)cierto** it's (un) certain; **es indispensable** it's crucial; **es interesante** it's interesting; **es malo** it's bad; **es mejor** it's better; **es necesario** it's necessary; **es preciso** it's essential; **es preferible** it's preferable; **es raro** it's odd; **es recomendable** it's advisable; **es ridículo** it's ridiculous; **es seguro** it's certain; **es sorprendente** it's surprising; **es terrible** it's terrible; **es una lástima** it's a shame; **es urgente** it's urgent; **es verdad** it's true 4
esbozar to sketch, outline **5**
escarpines, los booties 5
esconderse to hide oneself 2
escuela de posgrado, la graduate school 2
escuela primaria, la elementary/grade school 6
escuela secundaria, la high school 6
esfera, la sphere 5
esforzarse (ue) por (+ INF) to strive to (+ INF) 2
especialidad (de estudios), la major (studies) **3**
especializarse (en) to major (in), specialize (in) **3**
esperado/a expected **2**
esperar to expect, hope 4
esquema, el outline 1, 2, 3, 4, 5, 6
estabilidad política, la political stability **4**
estacionamiento, el parking lot 1
estafador/a, el/la swindler 6
estar to be **estar dotado/a (de/para)** to be endowed, equipped (with) **3; estar encargado/a (de)** to be in charge (of) **3; estar seguro/a (de)** to be sure (of) 4
estimado/a dear 3
estrés, el stress **2**
estudiante, el/la student 1
etiqueta, la tag, label **3**
etiquetar to tag **3**
exactitud, la accuracy 6
examen de ingreso, el entrance exam 2
excursión, la hike, excursion, brief trip **1**
éxito, el success 6
extrañar to miss **1**
extranjero/a foreign 1, 6
extranjero/a, el/la foreigner 1, 5

F

factible feasible 3, 4
faringitis estreptocócica, la strep throat 2
fascinar to fascinate 2
fiable trustworthy 3; reliable 6
ficha, la index card 5
fiel faithful 4
fijo/a fixed 2
flexiones, las push-ups 3
filmar to film **5**
financiamiento colectivo, el crowdsourcing 4
finanzas, las finance **3**
fingido/a made-up 5
flojo/a weak 3
fomentar to encourage, foster, promote **3**, 4
fonética, la phonetics 6
forma, la form 1
foto(grafía), la photo(graph) 1, 4
fotógrafo/a, el/la photographer 4
fotoperiodista, el/la photojournalist 4
fracaso, el failure 5, **6**
frontera, la border 2
fuente, la source 1, 2, 5, 6
fundación, la foundation 4
futbolín, el foosball 3

G

gallardo/a gallant 3
ganancias, las profits **3**
ganarse la vida to earn a living 2
ganas, las desire 4
gato/a, el/la cat 1
gerencia, la management **3**
gerente, el/la manager 1, 3
gesto, el gesture 1, 4
gestor/a, el/la agent 1
gira, la tour, outing **1**
glosario, el glossary 6
grafitero/a, el/la graffiti artist 5
granjero/a, el/la farmer 1
grifo del lavabo, el sink faucet 5
guardería, la daycare facility 1
guerra, la war 4
guion gráfico, el storyboard 5

H

haber (+ participio pasado) to have (+ past participle) 6
habitación, la (bed)room 1
habla formulista, el formulaic speech 2
hacer (un) trabajo / servicio voluntario to do volunteer work / service, to volunteer **4**
hacerse daño to get hurt 2
halagar to praise, compliment, flatter **2**
halago, el compliment, praise **2**
hallar to discover 6
hambre, el hunger 4
hambruna, la famine **4**
hasta que until 4
hecho, el fact 6
hecho en casa homemade 4
herido/a hurt, wounded **2**
hermano/a, el/la brother; sister 1
herramienta, la tool 1, 3, 4
hinchazón, la swelling 2
hito, el milestone **2**, 6
hogar de acogida, el orphanage 4
hombre, el man 1
hotel de lujo, el luxury hotel 1
hotelero/a, el/la hotel manager 1

I

imagen, la image **3**
imaginación, la imagination **5**
imaginario/a imaginary **5**
imaginativo/a imaginative **5**
impartir clase(s) to teach/ give class(es) **6**
impreso/a printed 3
impresora, la printer 3
Indias, las America 3
indígena indigenous **1**
individuo, el individual 1
inesperado/a unexpected **2**
inestabilidad política, la political instability **4**
infatigable tireless 4
influir (en) to influence 1
informática, la computer science 4
informe, el report 1
innovación, la innovation **5**
innovar to innovate **5**
inolvidable unforgettable 3
inquilino/a, el/la boarder 5
inquina, la dislike 1
inscribir(se) (en) to enroll (in), register/sign up (for) **6**
inspiración, la inspiration **5**
inspirado/a inspired **5**
instituto, el high school 6
intercambio, el exchange 1, 2, 3, 4, 5, 6
intermedio/a intermediate 6
intervenir (ie) (en un momento de crisis) to intervene (in a moment of crisis) **4**
inventar to invent 5
invertir to invest 1
investigación, la research 1
involucrar to involve, entail 1, **3**, 4
IRM MRI 2
Islas de la Bahía, las Bay Islands 1
itinerario, el itinerary **1**

J

jardinería, la gardening 1
jefe/a, el/la boss 1
jerga, la slang 1
jubilarse to retire **6**
juiciosamente judiciously 2

L

La Sirenita The Little Mermaid 5
laguna generacional, la generation gap **2**
lamentar to regret 4
lanzar to launch **3**
lápiz, el pencil 1
largo plazo, el long term 2
lazo familiar, el family connection 3
le to you (for.), him, her, it 3
legar to leave, to bequeath 1
lema, el slogan 4
les to you all (for.), them 3
letra, la lyrics 3
léxico, el lexicon, vocabulary 6
ley, la law 4
liado/a busy 3
licenciatura, la bachelor's degree 5
liderazgo, el leadership 3, **4**
lidiar (con) to deal (with) **5**
lienzo, el canvas 5
limpieza, la cleanliness 1
llamado, el (Américas) appeal **4**
llamamiento, el (España) appeal **4**
llenar un formulario to fill out a form **4**
lluvia de ideas, la brainstorming 1

lograr to achieve 3
lona, la tarp 3
lonchera, la lunchbox 3
luchador/a, el/la wrestler 4
lucha libre, la wrestling 4

M

maestro/a, el/la grade/high school teacher 6
malandanza, la misfortune 5
malvivir to scrape by 4
mandar (un mensaje de texto) to send (a text message) **2;** to order 4
mano, la hand 1
maquillarse to put on makeup 2
marcas blancas, las generic brands 2
marginado/a marginalized **4**
mascota, la pet 2, 4
matrícula, la tuition **6**
matricular(se) (en) to enroll (in), register/sign up (for) **6**
matutino/a morning (adj.) 6
mayor older, larger, greater 1
mayoritario/a majority 1
me (to) me, myself 2, 3
médico/a, el/la (medical) doctor 2
medida, la measure **4**
medio/a hermano/a, el/la half brother/sister 1
medios de transporte, los means of transport(ation) **1**
medios sociales, los social media **3**
mejor better 1, 4
mejorar to improve, make better 4
menor younger, smaller 1
mensaje de texto, el text message **2**, 3
mercado, el market 5
mercadotecnia, la marketing **3**, 5
merecer la pena to be worth it 6
meta, la goal 1, 2, 3, 4, 5, **6**
mientras (que) as long as, while 4
mirar to look at 2
mirarse to look at oneself 2
mochila, la backpack 1
mochilear to backpack **1**
mochilero/a, el/la backpacker **1**
modo, el mood 4
molestar to bother, annoy 2
monje/ja, el/la monk/nun 5
moro/a, el/la Moor 3
morir (ue, u) to die, pass away 2
mostrador, el counter **1**
mostrar (ue) to show 2
moto(cicleta), la motorcycle 1
mudanza, la moving (from one place/house to another) **1**
mudarse to move, change residences **1**, 4
mudo/a silent (movie) 6
mujer, la woman 1
multa, la fine 6
mundo laboral, el the work world 6
mutar to change 5
mutuamente mutually 2

N

nacer to be born **2**
naturaleza, la nature 1
necesitar to need 4
negar (ie) to deny 4
negocios, los business **3**
niñez, la childhood **2**
niños/as desplazados, los/las displaced children **4**
noche, la night 1
nombre, el noun 1
nombre de pila, el first name 2
nos (to) us, ourselves 2, 3
nota, la grade 6
novato/a, el/la freshman **3**

O

obsequio, el gift 1
ocurrir to occur (to), come up with 3
ofender to offend 2
ofrecer clases de formación to offer training **4**
ojalá (que) I wish, if only 5
ojeras, las undereye circles 6
óleo, el oil painting 5
olvidar to forget, slip one's mind 3
orden aleatorio, el random order 2
orden, el order **1**
ordenado/a orderly, tidy, neat **1**
orfanato, el orphanage 4
organización (benéfica), la (charitable) organization **4**
Organización de las Naciones Unidas (ONU), la United Nations (UN) **4**
organización no gubernamental (ONG), la nongovernmental organization (NGO) **4**
organización sin fines de lucro, la nonprofit organization 1, **4**
os (to) you all, yourselves (familiar, Spain) 2, 3
osadía, la audacity, daring, boldness **5**
otorgar to award, grant **5**
oyente, el/la listener 4

P

paciente, el/la patient 2
país en vías de desarrollo, el developing country **4**
paisaje, el landscape **1**
palatal tongue placement at or near the hard palate 6
paliza, la beating 3
pantalla, la screen 5
pantimedias, las pantyhose 2
para nada at all 3
para que so that, in order to/that 4
parecer to seem 2
parecerse to look alike 1
pastel, el pie, cake 2
Patrimonio Cultural Inmaterial de la Humanidad, el Intangible Cultural Heritage of Humanity 6
Patrimonio de la Humanidad, el World Heritage Site **1**
patrocinar to sponsor 4
pauta, la guideline 1
peatón, el/la pedestrian (n.) 4
pedestre pedestrian (adj.) 1
pedido, el request **3**
pedir (i, i) to ask for 4
peligroso/a dangerous **4**
pensamiento, el thought **2**
pensar (ie) to think 4
peor worse 1
perder (ie) to lose, miss 3
perfil, el profile 1, **3**, 4
perforación corporal/en el cuerpo, la body piercing **2**
perforar(se) el cuerpo/las orejas to pierce one's body/ears **2**
pergamino, el parchment scroll 3
permitir to permit 4
perseverancia, la perserverance **5**
persona, la person 1; **persona mayor, la** elderly, senior citizen 4
personal, el personnel, staff 6
personas mayores, las the elderly, senior citizens 4
pesca, la fishing 1
pestaña, la tab 6
petición de asilo, la request for asylum **4**
petición, la request **3**
pez, el fish; **pez payaso** clown fish 1
piercing, el body piercing **2**
piloto, el/la pilot 1
pintor/a, el/la painter 5
pintura, la picture, painting 5
pista de atletismo, la (running) track 4
pista, la clue 1
placentero/a pleasant 4
pleno/a full 6
poblaciones vulnerables / desfavorecidas, las vulnerable / disadvantaged populations **4**
ponencia, la talk 4
ponerse (contento/a, furioso/a, triste) to become (content, angry, sad) 2
por: por ahora for now; **por ejemplo** for example; **por eso** for that reason; **por fin** finally, at last; **por lo general** in general; **por lo menos** at least; **por lo tanto** therefore; **por primera/última vez** for the first/last time; **por supuesto** of course 1
por casualidad by chance 3
portada, la cover 4
portátil, el laptop 4
posdata, la (P.D.) postscript (P.S.) 2
pozo de agua, el well 4
práctica, la internship 1
predecir (i, i) to predict **5**
pregonar to proclaim 3
prejuicio, el prejudice **3;** bias 6
prejuicio de género, el gender bias 5
preparar to prepare 2
presupuesto, el budget 1, 3, **5**, 6
primera infancia, la infancy **2**
principiante beginner **6**
procurar to strive to **3**
profesor/a, el/la professor 1
profundo/a deep 1
promocionar to promote **5**
propietario/a, el/la owner **3**
propina, la tip 5
proponer to propose 4
proporcionar to provide **4**
propuesta, la proposal **5**
protección del medio ambiente, la environmental protection **4**

proveer (de) to provide, supply (with) **4**
proyectar to project, plan **3**
pucho, el cigarette 1
pudor, el modesty 2
puesto (vacante), el job (opening), position **1**, 3
pulgada, la inch 2
pulir to polish (up) 3
puñal, el dagger 2

Q

¡Qué disparate! What nonsense! 3
quedar to leave behind 3
quedarse to stay **1**
quemado/a burnt 1
querer (ie) to want 4
quitar to take away 2
quizá(s) perhaps 5

R

radiografía, la X-ray **2**
rana, la frog 1
rateada, la ditching (n.) 1
razón, la reason 4
rebelde, el/la rebel 1
recado, el message 1
recaudar fondos to fundraise **4**
recetar to prescribe 2
rechazar to reject **4**
recibo, el receipt 1
reciclar (aluminio, plástico, vidrio) to recycle (aluminum, plastic, glass) 4
recomendar (ie) to recommend 4
reconocer to acknowledge 1
recopilar to gather, collect **6**
recorrido, el journey, route **1**
recuperar(se) to recover, retrieve **6**
recurso, el resource 1, 24, 6
recursos humanos, los human resources **3**
red (social), la (social) network **3**
redada, la roundup, raid 4
reducer to reduce **2**
reembolsar to reimburse **6**
refrán, el saying, proverb **6**
refugiado/a, el/la refugee 1, **4**
regalar to gift 2
relajarse to relax **1**
reñir (i, i) to scold 4
repartir to distribute, divide **3**, 4
reportajes de actualidad, los reports on current events 1
reprender to reprimand, chide 4
rescate, el rescue 2
resentido/a resentful 1
reseña, la (critical) review 1, 5
residencia estudiantil, la dorm 1
reto, el challenge 2, **3**, 4, 5
retrato, el portrait 5
reunión, la meeting 1
riesgo, el risk 1, 4, **5**
riesgoso/a risky 3
rincón, el corner 1
rodar (ue) to film **5**
romper to break, tear 3
roñoso/a stingy 3
rostro, el face 4
ruido, el noise 1, 5

S

saber to know 3
sabroso/a tasty 1
sal, la salt 1
sala de arte, la art gallery 1
salón de clase, el classroom 6
salud (física, mental), la (physical, mental) health **2**
sanar to heal **2**
sandez, la nonsense 3
sano/a healthy, wholesome 1, **2**
sastrería, la tailor (shop) 1
satisfacer to satisfy 1
se yourself (for.), himself, herself; yourselves (for.), themselves; to you (all) (for.), him, her, it, them 2, 3
secuela, la sequel 5
sede (de una organización), la headquarters (of an organization) **4**
sede (de una organización), la headquarters (of an organization) **4**
sedentario/a sedentary **3**
seguridad, la safety 1
sensible sensitive 5
sentimiento, el feeling **2**
sentir (ie, i) to regret, feel 4
sentirse (ie, i) aludido/a to take personally 5
sentirse (ie, i) (estresado/a, feliz, molesto/a) to feel (stressed, happy, annoyed) 2
ser to be 6
servicio, el tableware 6
servicios públicos, los utilities 1
servicios sociales, los social services **4**
servir (i, i) to serve 2
si if, whether 3, 5
SIDA, el AIDS 4
sierra, la saw 3
sigla, la acronym 4
significado, el meaning 3
significativo/a meaningful, significant **2**
simposio, el symposium 3
sin que without 4
sinceridad, la sincerity **2**
sindicato, el labor union **4**
sinergia, la synergy 3
sintagma, el syntagm (linguistic unit) 6
smoking, el tuxedo 2
sobresaliente outstanding, brilliant **6**
sobresalir to stand out, excel **6**
sobrevivir to survive 2
sol, el sun 1
solicitante, el/la applicant 5
solicitar to apply for 2, 3
solidario/a supportive **4**
sonda, la probe 2
sordo/a deaf 1
sorprendente surprising 1, 3
sostenibilidad, la sustainability 1
sucursal, la branch office 3
sueño, el sleep 2
superarse to outdo oneself 6
superficie, la surface 2

T

tal vez perhaps 5
tamaño, el size 1
tan pronto como as soon as 4
tarea, la homework 6
tarjeta, la card 2
tarjeta de crédito/débito, la credit/debit card 3
tasa, la rate 1
tatuaje, el tattoo **2**
tatuar(se) to (get a) tattoo **2**
te (to) you, yourself (familiar) 2, 3
tecnología, la technology **3**
tejer to knit 4
temer to fear 4
templado/a mild 1
temporada, la season 1
tener (ie) miedo (de) to be afraid (of) 4
terapia, la therapy **2**
términos de búsqueda, los search terms 6
tez, la complexion 2
tienda de buceo, la dive shop 1
tono, el mood 5
torero/a, el/la bullfighter 3
toro, el bull 1
trabajador/a autónomo/a, el/la independent worker/contractor 3
trabajador/a itinerante, el/la migrant worker **4**
tramitar to arrange, attend to 2
tranquilo/a tranquil, calm, quiet **1**
trasnochar to pull an all-nighter, to stay up all night **6**
trastos, los junk 4
traumático/a traumatic **2**
tren de cercanías, el commuter train 1
turismo, el tourism 1
turista, el/la tourist 1

U

ubicado/a located **1**
unirse (a) to join (an organization, a cause) **4**
usuario/a, el/la users 1, 5
útil useful 1

V

vaca, la cow 1
varón male 5
vecindad, la neighborhood 1, 3
vecindario, el neighborhood 2, 3, 4
vecino/a, el/la neighbor 3
vejez, la old age **2**
velero, el sailboat 1
vencer to expire 3
venidero/a upcoming 1
ventaja, la advantage 1
ventas, las sales **3**
vestirse (i, i) to get dressed 2
viajar to travel 1
viaje, el trip 1
víctima, la victim 1
vidriera, la store front 3
vivienda asequible, la affordable housing **4**
vocablo, el word 6
volar (ue) to fly 1
volante, el flyer 3
volunturismo, el voluntourism 1
vuelo, el flight 1
vulnerable vulnerable **4**

Y

ya already, now 6
yate, el yacht 1

Z

zaragozano/a, el/la a person from Zaragoza 4

Appendix 3

ENGLISH – SPANISH GLOSSARY

The number following each entry in bold corresponds to the chapter in which the word is introduced for active mastery. Non-bold numbers correspond to the introduction of words for receptive use.

A

abroad en el extranjero 1, 3, 4, 6
accommodation el alojamiento **1**
account la cuenta 3
accuracy la exactitud 6
achieve, to lograr 3
acknowledge, to reconocer 1
acronym la sigla 4
add, to agregar 1; añadir 3
adolescence la adolescencia **2**
adulthood la adultez **2**; la edad adulta **2**
advanced avanzado/a 6
advantage la ventaja 1
advice, (piece of) el consejo 3, 5
advisor el/la consejero/a 1
advocate (for), to abogar (por) 4, 6
affection el cariño 2
affirm, to aseverar 1
affordable (housing) asequible 1; (la vivienda) asequible **4**
after después de (que) 1, 2, 3, 4, 5, 6
agenda la agenda **3**
agent el/la gestor/a 1
agreement la concordancia 1
AIDS el SIDA 4
airport el aeropuerto 1
already ya 6
although aunque 4
ambiguity la ambigüedad **5**
America las Indias 3, las Américas
analysis el análisis 1
anchor, to anclar 1
angel el ángel 1
annoy, to molestar 2
apathetic apático/a **4**
appeal el llamado (Américas) **4**; el llamamiento (España) **4**
appearance la apariencia 1
applicant el/la solicitante 5
apply (for), to solicitar 2, 3
appointment book la agenda **3**
appreciate, to apreciar **3**
approach, to acercarse (a) 2
argue for, to abogar (por) 3
arrange, to tramitar 2
art gallery la sala de arte 1
as if como si 5
as long as mientras (que) 4
as soon as en cuanto, tan pronto como 4
as soon as possible cuanto antes **3**
as though como si 5
ask for, to pedir (i, i) 4
at all para nada 3
at some time alguna vez 6
atmosphere el ambiente 1
attached adjunto/a **3**
attend to, to tramitar 2
attract, to atraer **1**
audacity la osadía **5**
available disponible **3**
award, to otorgar **5**

B

bachelor's degree la licenciatura 5
backpack la mochila 1
backpack, to mochilear **1**
backpacker el/la mochilero/a **1**
bacterial bacteriano/a 2
balance el equilibrio 4
ball bearing la balinera 5
barrier la barrera 1
bass el bajo 5
Bay Islands las Islas de la Bahía 1
be afraid (of), to tener (ie) miedo (de) 4
be born, to nacer **2**
be endowed (with) estar dotado/a (de / para) **3**
be enough, to bastar 2
be glad (about), to alegrarse (de) 4
be in charge (of) estar encargado/a (de) **3**
be worth it, to merecer la pena 6
beating la paliza 3
become (content, angry, sad), to ponerse (contento/a, furioso/a, triste) 2
before antes de (que) 1, 2, 3, 4, 5, 6
beginner principiante **6**
behave, to comportarse 5
being el ente 3, 5
believe, to creer 4
belly la barriga 1
belonging to another ajeno 1
bequest, to legar 1
better mejor 1, 4
bias el prejuicio 6
bill la cuenta 3
blind ciego/a 1
blogger el/la bloguero/a 1
boarder el/la inquilino/a 5
body piercing la perforación corporal/en el cuerpo, el piercing **2**
boldface en negrita 1, 2
booties los escarpines 5
border la frontera 2
bore, to aburrir 2
boss el/la jefe/a 1
bother, to molestar 2
brainstorming la lluvia de ideas 1
branch office la sucursal 3
break (down), to descomponer(se) 3
break, to romper 3
brilliant sobresaliente **6**
brother el hermano 1
budget el presupuesto 1, 3, **5**, 6
building el edificio 1
bull el toro 1
bullfighter el/la torero/a 3
bullying el acoso (sexual) **6**
burial el entierro 1
burnt quemado/a 1
business los negocios **3**
busy liado/a 3
buy, to comprar 2
by chance por casualidad 3

C

café el café 1
cafeteria la cafetería 1
cake el pastel 2
cameraman/woman el/la camarógrafo/a **5**
campaign la campaña **3**
canvas el lienzo 5
car el coche 1, 3, 4, 6
career la carrera 1, 2, 3, 4, 5, 6
carry out, to desempeñar **4**
cart la carreta 1
cartoonist el/la caricaturista **5**
cashier el/la cajero/a 4
cat el/la gato/a 1
cause la causa **4**
challenge el desafío **3**, **4**; el reto 2, **3**, **4**, 5
challenging desafiante **3**, 6
change, to mutar 5
charitable act el acto caritativo **4**
charitable organization la organización benéfica **4**
chide, to reprender 4
child el/la niño/a **4**
child abandonment el abandono infantil 4
childhood la niñez **2**
chorus el coro 5
cigarette el pucho 1
citizen el/la ciudadano/a 2
citizenship la ciudadanía 4
civic engagement el compromiso cívico **4**
classmates who share desks ccompañeros/as de banco 1
classroom el aula (España), el salón de clase 6
cleanliness la limpieza 1
client el/la cliente/a **3**
clientele la clientela **3**
clue la pista 1
coach el/la entrenador/a **6**
coffee el café 1
collapse, to derrumbar 2
colleague el/la colega **1**, 3
collect, to recopilar **6**
come up with, to ocurrir 3
comfortable cómodo/a 1
commit (to), to comprometerse (con) **4**
commuter train el tren de cercanías 1
complexión la tez 2

compliment el cumplido, el elogio, el halago **2**
compliment, to elogiar, halagar 2
compose, to componer **5**
composer el/la arreglista 6
computer science la informática 4
concierge el/la conserje **1**
conjecture la conjetura 5
container el envase 3
contribute, to aportar 2
cooker el anafre 3
corner el rincón 1
corner, to acorralar 3
correct, to corregir (i, i) **6**
cosmopolitan cosmopolita **1**
count on, to confiar (en) **3**
counter el mostrador **1**
cover la portada 4
cow la vaca 1
cozy acogedor/a **1**
cramp el calambre 2
create, to crear 5
creative creativo/a **5**
creativity la creatividad **5**
credit/debit card la tarjeta de crédito/débito 3
crisis la crisis 1
(critical) review la reseña 1, 5
crowdsourcing el financiamiento colectivo 4
cruise el crucero 1
culture shock el choque cultural **1**
curator el/la conservador/a 6
current actual 6
customer el/la cliente/a 1, 2, 3, 4, 5
cynicism el cinismo **6**

D

dagger el puñal 2
dangerous peligroso/a **4**
daring atrevido/a **4**
daring la osadía **5**
day el día 1, 2, 3, 4, 5, 6
daycare facility la guardería 1
deaf sordo/a 1
deal (with), to lidiar (con) **5**
dear estimado/a 3
deceased el/la difunto/a 1
decipher, to descifrar 6
declension la declinación 6
deep profundo/a 1
delayed demorado/a 6
delegate, to delegar **4**
delight, to encantar 2
denounce abuses, to denunciar abusos 4
deny, to negar (ie) 4
design el diseño **1**, 3
designer el/la diseñador/a **5**
desire las ganas 4
despise, to despreciar **3**
develop, to desarrollar 1, 3, 4, 5, **6**
developing country el país en vías de desarrollo **4**
device el dispositivo 1
diagnose, to diagnosticar **2**
didactic didáctico/a **6**
die, to morir (ue, u) 2
dilemma el dilema 1
disadvantaged desfavorecido/a 4
discount el descuento 3
disorder el desorden **1**
disorderly desordenado/a 1
disparity la disparidad 3
displaced children los/las niños/as desplazados/as **4**
distorted distorsionado/a 1
distract, to distraer **1**
distribute, to repartir **3**, 4
ditching la rateada (n.) 1
dive shop la tienda de buceo 1
divide, to repartir **3**, 4
doctor el/la médico/a **2**
do volunteer work/service, to hacer (un) trabajo/servicio voluntario **4**
donate (blood), to donar (sangre) 4
dorm la residencia 1
doubt, to dudar (de) 4
down hill cuesta abajo 5
draft el borrador 1, 2, 3, 4, 5, 6
drama el drama 1
dressed, to get vestirse (i, i) 2
drop, to caer 3

E

earn a living, to ganarse la vida 2
effective eficaz 3
elderly, the las personas mayores 4
elementary/grade school el colegio 6; la escuela primaria 6
e-mail el e-mail **3**
e-mail (message) el correo electrónico **3**
(e-mail) attachment el anexo **3**
embark (up)on, to emprender 5
empathy la empatía **6**
empowerment el empoderamiento **4**
encourage, to fomentar **3**, 4; animar **6**
engage (in), to comprometerse (con) **4**
enriching enriquecedor/a **6**
enroll (in), to inscribir(se) (en) **6**; matricular(se) (en) **6**
entail, to involucrar 1, **3**, 4
entertain, to entretener (ie) 1, **5**
entertainment el entretenimiento 5
entrance exam el examen de ingreso 2
entrepreneur el/la emprendedor/a 3, **5**; el/la empresario/a 3, **5**
entrepreneurial emprendedor/a **5**
entrepreneurship el emprendimiento **5**
environmental protection la protección del medio ambiente **4**
erase, to borrar 3
erect erguido/a 3
errands las diligencias 3
essay el ensayo 1
even though aunque 4
event el acontecimiento 1
ever alguna vez 6
excel, to sobresalir **6**
exchange el intercambio 1, 2, 3, 4, 5, 6
expect, to esperar 4
expected esperado/a **2**
expire, to vencer 3

F

face el rostro 4
fact el hecho 6
failure el fracaso 5, **6**
faithful fiel 4
family connection el lazo familiar 3
famine la hambruna **4**
fan el/la aficionado/a 5
farmer el/la granjero/a 1
fascinate, to fascinar 2
fear, to temer 4
feasible factible 3, 4
feel (stressed, happy, annoyed), to sentirse (ie, i) (estresado/a, feliz, molesto/a) 2
feeling el sentimiento **2**
fill out a form, to llenar un formulario **4**
film, to filmar 5, rodar (ue) **5**
filmmaker el/la cineasta **5**
finance las finanzas **3**
fine la multa 6
fine tune, to afinar 3
(fine) arts las (bellas) artes 5
first and foremost ante todo **3**
first name el nombre de pila 2
fish el pez 1
fishing la pesca 1
fit in, to encajar 5
fix oneself up, to arreglarse 2
flatter, to elogiar 2; halagar 2
flight el vuelo 1
flow rate el caudal 1
flower arrangement el arreglo floral 2
fly, to volar (ue) 1
flyer el volante 3
foosball el futbolín 3
foreign extranjero/a 1, 6
foreigner el/la extranjero/a 1, 5
forget, to olvidar 3
form la forma 1
fortunate afortunado/a 6
foster, to fomentar **3**, 4
foundation la fundación 4
freshman el/la novato/a **3**
friendship la amistad **3**
frog la rana 1
full pleno/a 6
fundraise, to recaudar fondos **4**

G

gallant gallardo/a 3
gardening la jardinería 1
gather, to recopilar **6**
gender bias el prejuicio de género 5
generation gap la laguna generacional **2**; la brecha generacional **2**
generic brands las marcas blancas 2
gesture el gesto 1, 4; el detalle 2
get dressed vestirse (i, i) 2
gift el obsequio 1, el regalo
gift, to regalar 2
give class(es), to dictar/impartir clases **6**
give, to dar 2
glossary el glosario 6
goal la meta 1, 2, 3, 4, 5, **6**
gossip el cotilleo 3
go to bed, to acostarse (ue) 2
go out, to apagar 3
grab bar la barra de agarre 1
grade la calidad **1**; la calificación, la nota 6
grade, to calificar **6**
grade/high school teacher el/la maestro/a 6
graduate school la escuela de posgrado 2
graffiti artist el/la grafitero/a 5
grant, to otorgar **5**

greater mayor 1
grow up, to crecer **2**; criarse **2**
guess, to adivinar 1, 2, 3
guideline la pauta 1

H

half brother/sister el/la medio/a hermano/a 1
hand la mano 1
hatchery el criadero 4
have (+ past participle), to haber (+ participio pasado) 6
headquarters (of an organization) la sede (de una organización) **4**
heal, to sanar **2**
health la salud **2**
healthy sano/a 1, **2**
height la altura 1
help, to ayudar 1
herself se 2, 3
hide oneself, to esconderse 2
high relief el altorrelieve 1
high school el bachillerato 6; la escuela secundaria 6; el instituto 6
hike la excursión **1**
hill el cerro **1**
himself se 2, 3
homework los deberes, la tarea 6
hook, to enganchar 4
hope, to esperar 4
hotel manager el/la hotelero/a 1
house, to alojar(se) **1**
how(ever) como 4
human resources los recursos humanos **3**
(human) rights los derechos (humanos) **4**
hummingbird el colibrí 6
hung colgado/a 5
hunger el hambre 4
hurt herido/a **2**
hurt, to doler (ue) **2**
hurt, to get hacerse daño 2

I

if si 3, 5
if only ojalá (que) 5
ignore, to desconocer 1
ill enfermo/a 2
ill person el/la enfermo/a 2
image la imagen **3**
imaginary imaginario/a **5**
imagination la imaginación **5**
imaginative imaginativo/a **5**
improve, to mejorar 4
in case en caso de que 4
in danger en apuros 4
in a predicament en apuros 4
inch la pulgada 2
independent worker/ contractor el/la trabajador/a autónomo/a 3
index card la ficha 5
indigenous indígena **1**
individual el individuo 1
infancy la primera infancia **2**
infatuated encaprichado/a 3
influence, to influir (en) 1
innovate, to innovar **5**
innovation la innovación **5**
in order to/that a fin de que 4; para que 4
inspiration la inspiración **5**
inspired inspirado/a **5**
Intangible Cultural Heritage of Humanity el Patrimonio Cultural Inmaterial de la Humanidad 6
intermediate intermedio/a 6
international humanitarian aid la ayuda humanitaria internacional **4**
internship la práctica 1
intervene (in a moment of crisis), to intervenir (ie) (en un momento de crisis) **4**
invent, to inventar 5
involve, to involucrar 1, **3**, 4
itinerary el itinerario **1**
itself se 2, 3

J

job (opening) el puesto (vacante) **1**, 3
join (an organization, a cause), to unirse (a) **4**
journey el recorrido **1**
judiciously juiciosamente 2
junk los trastos 4

K

knit, to tejer 4
know, be familiar with, to conocer 3, 4

L

label la etiqueta **3**
labor union el sindicato 4
landscape el paisaje **1**
laptop el portátil 4
larger mayor 1
last, to durar **1**
launch, to lanzar **3**
law la ley 4
lawn el césped 1
lawyer el/la abogado/a 2
leadership el liderazgo 3, **4**
leadership qualities las dotes de mando **4**
leaning arrimado/a 5
leave behind, to quedar 3
lexicon el léxico 6
library la biblioteca 1
like/dislike [a person], to caer bien/mal 2
link el enlace **3**
listen to one another, to auscultar 1
listener el/la oyente 4
literacy rate la alfabetización 4
lively animado/a 1
located ubicado/a **1**
lodge, to alojar(se) **1**
lodging el alojamiento **1**
long-lasting duradero/a **3**
look alike, to parecerse 1
look at (oneself), to mirar(se) 2
look down on, to despreciar **3**
look for, to buscar 4
look out of (the window), to asomarse a (la ventana) 6
long term el largo plazo 2
lose, to perder (ie) 3
lucky afortunado/a 6
lunchbox la lonchera 3
luxury hotel el hotel de lujo 1
lyrics la letra 3

M

made-up fingido/a 5
major (in), to especializarse (en) **3**
major (studies) la especialidad (de estudios) **3**
majority mayoritario/a 1
make a mistake, to cometer un error **6**
make better, to mejorar 4
male varón 5
man el hombre 1
management la gerencia **3**
manager el/la gerente 1, 3
marginalized marginado/a **4**
market el mercado 5
marketing la mercadotecnia **3**, 5
mason el albañil 4
meaningful significativo/a **2**
means of transport(ation) los medios de transporte **1**
measure la medida 4
meeting la reunión 1
mental health la salud mental **2**
message el recado 1
migrant worker el/la trabajador/a itinerante **4**
mild templado/a 1
milestone el hito **2**, 6
misfortune la malandanza 5
miss, to echar de menos **1**; extrañar 1; perder (ie) 3
modesty el pudor 2
mood el modo 4; el tono 5
Moor el/la moro/a 3
morning matutino/a (adj.) 6
motorcycle la moto(cicleta) 1
mouth la desembocadura 1
move (one's place of residence), to mudarse **1**, 4
move ahead, to echarse para adelante 4
moving (from one place/ house to another) la mudanza **1**
MRI IRM 2
myself me 2, 3

N

natural disaster el desastre natural 4
nature la naturaleza 1
nearby cercano/a 1
need, to necesitar 4
negligence la dejadez 1
neighbor el/la vecino/a 3
neighborhood la vecindad, el vecindario 1, 2, 3, 4
newcomer el/la advenedizo/a 3
nickname el apodo 2
night la noche 1
nod, to asentir (ie, i) 3
noise el ruido 1, 5
nongovernmental organization (NGO) la organización no gubernamental (ONG) **4**
nonprofit organization la organización sin fines de lucro 1, **4**
nonsense la sandez 3
nurse el/la enfermero/a 2

O

offend, to ofender 2
offer training, to ofrecer clases de formación **4**
oil painting el óleo 5
old age la vejez **2**
older mayor 1
on condition that a condición de que 4
order el orden **1**
order, to mandar 4
orderly ordenado/a **1**
orphanage el hogar de acogida, el orfanato 4
ourselves nos 2, 3
outdo oneself, to superarse 6

outing la gira **1**
outline el esquema 1, 2, 3, 4, 5, 6
outline, to esbozar **5**
outstanding sobresaliente **6**
owner el/la dueño/a 1; el/la propietario/a **3**

P

pain el dolor **2**
painful doloroso/a **2**
painter el/la pintor/a 5
painting el cuadro 5; la pintura 5
pan la cacerola 1
pantyhose las pantimedias 2
parchment scroll el pergamino 3
parking lot el estacionamiento 1
pass away, to morir (ue, u) 2
patient el/la paciente 2
peak la cima 5
peek into, to asomarse a 5
pedestrian el/la peatón (n.) 4
pedestrian pedestre (adj.) 1
pencil el lápiz 1
people la gente, las personas 4
perhaps quizá(s) 5; tal vez 5; a lo mejor 5
permit, to permitir 4
perserverance la perseverancia **5**
person la persona 1
person from Zaragoza el/la zaragozano/a 4
personnel el personal 6
pet la mascota 2, 4
Ph.D. el doctorado 5
phonetics la fonética 6
photo(graph) la foto(grafía) 1, 4
photographer el/la fotógrafo/a 4
photojournalist el/la fotoperiodista 4
physical health la salud física **2**
picture el cuadro 5; la pintura 5
pie el pastel 2
(piece of) advice el consejo 3, 5
(piece of) gossip el chisme 3
pierce one's body/ears, to perforar(se) el cuerpo/las orejas **2**
pilot el/la piloto 1
pitcher el cántaro 3
plan, to proyectar **3**
plane/train ticket el billete (de avión/tren) (España) 1; el boleto (de avión/tren) 1
play (a role), to desempeñar (un papel) **4**
playwright el/la dramaturgo/a **5**
pleasant placentero/a 4
polish (up), to pulir 3
political (in)stability la (in) estabilidad política **4**
pollution la contaminación 4
population la población 4
portrait el retrato 5
poscript (P.S.) la posdata (P.D.) 2
position el puesto **1**, 3
pot la cacerola 1
practice (a profession) (as), to ejercer (de) **2**
praise el cumplido, el elogio, el halago **2**
praise, to elogiar 2; halagar **2**
predict, to predecir (i, i) **5**
prejudice el prejuicio **3**
prepare, to preparar 2
prescribe, to recetar 2
present (-day) actual 6
press release el comunicado de prensa **4**
previously anteriormente 3
price quote la cotización **3**
printed impreso/a 3
printer la impresora 3
probe la sonda 2
proclaim, to pregonar 3
(professional) career la carrera (profesional) 1, 2, 3, 4, 5, 6
professor el/la profesor/a 1
profile el perfil 1, **3**, 4
profits las ganancias **3**
project, to proyectar **3**
promote, to fomentar **3**, 4; promocionar **5**
proposal la propuesta **5**
propose, to proponer 4
proverb el refrán **6**
provide, to proporcionar **4**; proveer (de) **4**
provided that con tal de que 4; a condición de que 4; con tal de que 4
pull an all-nighter, to trasnochar **6**
push-ups las flexiones 3
put on a costume, to disfrazarse 4
put on makeup, to maquillarse 2
put together, to armar 6

Q

quality la calidad **1**; la cualidad **4**
quotation la cita 5

R

raid la redada 4
raise awareness, to concienciar 4
random aleatorio/a 4
rate la tasa 1
ready (to) dispuesto/a (a) 3, 4
ready, to get arreglarse 2
reason la razón 4
rebel el/la rebelde 1
receipt el recibo 1
recommend, to recomendar (ie) 4
recover, to recuperar(se) **6**
recycle (aluminum, plastic, glass), to reciclar (aluminio, plástico, vidrio) 4
reduce, to reducir **2**
refugee el/la refugiado/a 1, **4**
register/sign up (for), to inscribir(se) (en) **6**; matricular(se) (en) **6**
regret, to lamentar 4; sentir (ie, i) 4
rehearse, to ensayar **5**
reimburse, to reembolsar **6**
reject, to rechazar **4**
relax, to relajarse **1**
reliable fiable 6
remove one's body hair, to depilarse 2
reports on current events los reportajes de actualidad 1
reprimand, to reprender 4
request la petición **3**; el pedido **3**
request for asylum la petición de asilo **4**
rescue el rescate 2
research la investigación 1
resentful resentido/a 1
resource el recurso 1, 2, 4, 6
retire, to jubilarse **6**
retrieve, to recuperar **6**
risk el riesgo 1, 4, **5**
roomy amplio/a **1**
roundup la redada 4
rubber bands los cauchos 5
run out of, to acabar 3
(running) track la pista de atletismo 4

S

safety la seguridad 1
sailboat el velero 1
sales las ventas **3**
salt la sal 1
satisfy, to satisfacer 1
save (money), to ahorrar 3
saw la sierra 3
say, to decir (i, i) 2
saying el refrán **6**
scared asustado/a 2
(school) principal el/la director/a (de la escuela) 6
scold, to reñir (i, i) 4
scrape by, to malvivir 4
screen la pantalla 5
scroll, to desplazar 6
scuba dive, to bucear 1
sea anemone la anémona de mar 1
search terms los términos de búsqueda 6
season la temporada 1
sedentary sedentario/a **3**
seem, to parecer 2
self-esteem la autoestima **6**
send (a text message), to mandar (un mensaje de texto) **2**; enviar (un mensaje de texto) **2**
senior citizens las personas mayores 4
sensitive sensible 5
sequel la secuela 5
serve, to servir (i, i) 2
service learning el aprendizaje a través de servicio **4**
(sexual) harrassment el acoso (sexual) 6
shave, to afeitarse **2**
show, to mostrar (ue) 2
sick enfermo/a 2
significant significativo/a **2**
silent (movie) mudo/a 6
sincerity la sinceridad **2**
sink faucet el grifo del lavabo 5
sister la hermana 1
sit-ups los abdominales 3
size el tamaño 1
sketch, to esbozar **5**
slang la jerga 1
sleep el sueño 2
slide la diapositiva 3
slip one's mind, to olvidar 3
slogan el lema 4
small open air café el aguaducho 3
smaller menor 1
so that a fin de que 4; de manera que 4; de modo que 4; para que 4
social media los medios sociales **3**

social services los servicios sociales **4**
(social) network la red (social) **3**
source la fuente 1, 2, 5, 6
spacious amplio/a **1**
sparkle la efervescencia 5
specialize (in), to especializarse (en) **3**
speech el discurso 1
sphere la esfera 5
spill, to caer 3
spoken discourse el discurso hablado 4
sponsor, to patrocinar 4
staff el personal 6
stand out, to destacarse **1**; sobresalir **6**
stare, to clavar los ojos 4
stay away from, to alejarse 5
stay up all night, to trasnochar **6**
stay, to alojar(se) **1**; quedarse **1**
stingy roñoso/a 3
store front la vidriera 3
storyboard el guion gráfico 5
street art el arte callejero 5
strep throat la faringitis estreptocócica 2
stress el estrés **2**
strive to (+ INF), to esforzarse (ue) por (+ INF) 2; procurar **3**
student el/la estudiante 1
success el éxito 6
suitable apto/a **1**
sun el sol 1
supply (with), to proveer (de) **4**
support (a cause), to apoyar 4
supportive solidario/a **4**
surface la superficie 2
surgeon el/la cirujano/a 2, 6
surprising sorprendente 1, 3
surrounding circundante 3
survive, to sobrevivir 2
sustainability la sostenibilidad 1
swelling la hinchazón 2
swindler el/la estafador/a 6
symposium el simposio 3
synergy la sinergia 3
syntagm el sintagma 6

T

tab la pestaña 6
tableware el servicio 6
tag la etiqueta **3**
tag, to etiquetar **3**
tailor (shop) la sastrería 1
take advantage of, to aprovechar 1
take away, to quitar 2
take personally, to sentirse (ie, i) aludido/a 5
talk la ponencia 4
tarp la lona 3
tasty sabroso/a 1
tattoo el tatuaje **2**
tattoo, to get (a) tatuar(se) **2**
teach, to enseñar 6
tear, to romper 3
technology la tecnología **3**
television station la cadena de televisión 1
text message el mensaje de texto 2, 3
The Little Mermaid La Sirenita 5
The Ugly Duckling El Patito Feo 5
themselves se 2, 3
therapy la terapia **2**
think, to pensar (ie) 4
thought el pensamiento **2**
ticket (plane, train) el billete (España), el boleto (de avión, de tren) 1
tidy ordenado/a **1**
tireless infatigable 4
to her le 3
to him le 3
to it le 3
to me me 3
to them les 3
to you (for.) le 3
to you all (for.) les 3
to you (familiar) te 3
to you all (fam.; Spain) os 3
toast el brindis 2
toast, to brindar por **2**
tool la herramienta 1, 3, 4
tour la gira **1**
tourism el turismo 1
tourist el/la turista 1
train, to entrenar 3
trainer el/la entrenador/a **6**
training la capacitación 3
tranquil tranquilo/a **1**
trapped atrapado/a 2
traumatic traumático/a **2**
travel, to viajar 1
trip el viaje 1
trust la confianza 3
trust (in), to confiar (en) **3**
trustworthy fiable 3
truth el axioma 6
T-shirt la camiseta 5
tuition la matrícula **6**
turn off, to apagar 3
tutor, to dar(le) clases particulares (a) **4**
tuxedo el smoking 2

U

undereye circles las ojeras 6
undertake, to emprender **5**
unexpected inesperado/a **2**
unforgettable inolvidable 3
United Nations (UN) la Organización de las Naciones Unidas (ONU) **4**
unless a menos que 4
unnoticed desapercibido/a 5
untidy desordenado/a 1
until hasta que 4
upcoming venidero/a 1
update la actualización 3
update, to actualizar **3**
uphill cuesta arriba 5
upset, to dar pena 2
useful útil 1
user el/la usuario/a 5
utensils los cubiertos 1
utility el servicio público 1

V

vacant lot el baldío 1
validate, to convalidar **1**
value, to apreciar **3**
victim la víctima 1
volunteer, to hacer (un) trabajo/servicio voluntario **4**
voluntarism el volunturismo 1
vulnerable vulnerable **4**

W

walker el andador 2
war la guerra 4
warm cálido/a 1, 4
waste el despercicio 2
wastewater las aguas residuales 2
wax, to depilarse 2
weak flojo/a 3
wear a costume, to disfrazarse 4
welcoming acogedor/a **1**
well el pozo de agua 4
when cuando, cuándo 1, 2, 3, 4, 5, 6
where donde, dónde 4
wherever donde 4
while mientras (que) 4
wholesome sano/a 1, **2**
width la anchura 1; el ancho 2
willing dispuesto/a (a) **3**
without sin que 4
woman la mujer 1
word el vocablo 6
work environment el ambiente laboral 3
work world, the el mundo laboral 6
World Heritage Site el Patrimonio de la Humanidad **1**
worse peor 1
wounded herido/a **2**
wrestler el/la luchador/a 4
wrestling la lucha libre 4

X

X-ray la radiografía **2**

Y

yacht el yate 1
yam la batata 2
yearbook el anuario 5
younger menor 1
yourself (fam.) te 2, 3
yourself (for.) se 2, 3
yourselves (fam., Spain) os 2, 3
yourselves (for.) se 2, 3

Credits

TEXT CREDITS

Chapter 1

p. 16: Natalia Crespo. Quote regarding "el trueque"; **p. 18-19:** Natalia Crespo, excerpt from "El Trueque," Letras femeninas, vol. 35, no. 2, 2009, pp. 313-322. Used with permission from the publisher.

Chapter 2

p. 63: Sylvia Solé. Quote; **p. 64:** "Isabel" by Sylvia Solé from DIACRONÍA DEL MIEDO. Prensas Universitarias de Zaragoza, 2007. Used by permission of Prensas Universitarias de Zaragoza.

Chapter 3

p. 111-112: "Don Álvaro o la fuerza del sino" (1835) by Duque de Rivas.

Chapter 4

p. 155: Alain Lawo-Suikam, "Te quiero, pueblo africano," from Sueño con África. Dream of Africa. Rêve d'Afrique, p. 71. Viajera Editorial, 2013. Used with permission from the publisher; **p. 169-170:** "La fotografía puede ayudar a cambiar el mundo" by Paula Figols from www.heraldo.es/noticias/sociedad/2012/03/18/fotografia_puede_ayudar_cambiar_mundo_180415_310.html, 18 March 2012. Used by permission of Grupo Heraldo.

Chapter 5

p. 198-199: Miguel de Unamuno; **p. 215-216:** "La emisión de luz creativa" and two photos by Luis Bagatolli, from a personal communication with the author, Annie Abbott. Used by permission of Luis Bagatolli.

Chapter 6

p. 246: "Lección de gramática" by Santiago García-Castañón.

IMAGE CREDITS

Chapter 1

p. 1: TTstudio/Shutterstock; **p. 2:** Yakobchuk Viacheslav/Shutterstock; **p. 5:** Michaeljung/Fotolia; **p. 6 (t):** Mapics/Fotolia; **p. 6 (b):** Annette Schindler/Fotolia; **p. 7:** Bryan Busovicki/Fotolia; **p. 11 (t):** Stocksnapper/Fotolia; **p. 11 (m):** Rudy Balasko/Shutterstock; **p. 11 (b):** pointbreak/Shutterstock; **p. 13 (tr):** Jose Luis Stephens/Shutterstock; **p. 13 (bl):** Vansittart/Shutterstock; **p. 13 (br):** mrivserg/Shutterstock; **p. 14 (tl):** AlexandreNunes/Shutterstock; **p. 14 (tml):** Sergey Nivens/Shutterstock; **p. 14 (tmr):** Nejron Photo/Shutterstock; **p. 14 (tr):** Memo Angeles/Shutterstock; **p. 14 (bl):** Nikola Bilic/Shutterstock; **p. 14 (bml):** Stocksnapper/Shutterstock; **p. 14 (bmr):** Ariwasabi/Shutterstock; **p. 14 (br):** David Stuart Productions/Shutterstock; **p. 16 (t):** Elena Elisseeva/Shutterstock; **p. 16 (b):** Henrik Dolle/Shutterstock; **p. 17:** Syda Productions/Shutterstock; **p. 20:** Jacob Lund/Shutterstock; **p. 21:** Iakov Filimonov/Shutterstock; **p. 22:** Pearson Education.; **p. 24:** Agence Der/Fotolia; **p. 28:** Maridav/Shutterstock; **p. 29 (t):** Tono Balaguer/Shutterstock; **p. 29 (b):** Rich Carey/Shutterstock; **p. 31 (t):** J.T. Lewis/Shutterstock; **p. 31 (m):** Renata Sedmakova/Shutterstock; **p. 31 (b):** Aleh Mikalaichyk/Shutterstock; **p. 32:** Markus Sevcik/Shutterstock; **p. 33 (t):** rocharibeiro/Shutterstock; **p. 33 (b):** sunsinger/Shutterstock; **p. 35:** MinDof/Fotolia; **p. 38:** Fotos593/Shutterstock; **p. 39:** Maridav/Shutterstock; **p. 40:** lzf/Shutterstock; **p. 46:** Rgbspace/Fotolia.

Chapter 2

p. 49: Monkey Business Images/Shutterstock; **p. 50:** Bst2012/Fotolia; **p. 52:** syrotkin/Shutterstock; **p. 53 (t):** Kenzo/Fotolia; **p. 53 (m):** Franck Boston/Fotolia; **p. 53 (b):** Cassiohabib/Shutterstock; **p. 55:** Monkey Business Images/Fotolia; **p. 57:** Gelpi/Shutterstock; **p. 58 (br, bl):** spass/Fotolia; **p. 58 (tr):** Valua Vitaly/Shutterstock; **p. 58 (tl):** ESB Professional/Shutterstock; **p. 59 (tl):** Shooterg03/Fotolia; **p. 59 (tml):** luckybusiness/Fotolia; **p. 59 (bl):** Tyler Olson/Fotolia; **p. 59 (br):** Viktor Pravdica/Fotolia; **p. 59 (tmr):** AlonaPhoto/Shutterstock; **p. 59 (tr):** ARENA Creative/Shutterstock; **p. 59 (bml):** Anurak Pongpatimet/Shutterstock; **p. 59 (bmr):** Josep Suria/Shutterstock; **p. 60 (tr):** Nejron Photo/Fotolia; **p. 60 (ml):** Paultarasenko/Fotolia; **p. 60 (mr):** Africa Studio/Fotolia; **p. 60 (bl):** GWImages/Shutterstock; **p. 60 (br):** GWImages/Shutterstock; **p. 60 (tl):** Jaroslav Francisko/Shutterstock; **p. 63 (mr):** Full image/Fotolia; **p. 63 (ml):** Stephane Benito/Fotolia; **p. 63 (r):** Bourbon Numérik/Fotolia; **p. 63 (l):** Eric Crama/Shutterstock; **p. 66:** Cultura Motion/Shutterstock; **p. 67:** Monkey Business Images/Shutterstock; **p. 68:** alexskopje/Fotolia; **p. 70 (t):** Tyler Olson/Fotolia; **p. 70 (b):** Yakobchuk Viacheslav/Shutterstock; **p. 75:** Tyler Olson/Fotolia; **p. 76:** Gelpi/Fotolia; **p. 79:** Robert Kneschke/Fotolia; **p. 80:** Romaset/Shutterstock; **p. 82:** ESB Professional/Shutterstock; **p. 84:** AshTproductions/Shutterstock; **p. 85:** Brian Eichhorn/Shutterstock; **p. 89:** FXEGS Javier Espuny/Shutterstock; **p. 92:** Christy B/Shutterstock; **p. 93:** ESB Professional/Shutterstock.

Chapter 3

p. 95: Rawpixel.com/Shutterstock; **p. 96 (r):** Andreshka/Fotolia; **p. 96 (l):** Barbara Sauder/Shutterstock; **p. 96 (m):** littleny/Fotolia; **p. 99 (m):** WavebreakmediaMicro/Fotolia; **p. 99 (b):** MinDof/Fotolia; **p. 99 (t):** Michaeljung/Fotolia; **p. 102:** InnerVisionPRO/Shutterstock; **p. 103:** Mirko/Fotolia; **p. 105:** Diego Cervo/Fotolia; **p. 107:** Monkey Business Images/Shutterstock; **p. 114:** Leonid Andronov/Shutterstock; **p. 115:** ElOjoTorpe/Moment Open/Getty Images; **p. 118:** Serge_Nouchi/Fotolia; **p. 119 (b):** Michaeljung/Fotolia; **p. 119 (t):** Bst2012/Fotolia; **p. 121:** OPOLJA/Shutterstock; **p. 125:** Luba V Nel/Fotolia; **p. 130:** Federico Igea/Fotolia; **p. 131:** GaudiLab/Shutterstock; **p. 139:** Pingebat/Shutterstock.

Chapter 4

p. 141: Rawpixel.com/Shutterstock; **p. 142 (l):** Kurhan/Fotolia; **p. 142 (m):** Dundanim/Fotolia; **p. 142 (r):** ESB Professional/Shutterstock; **p. 146 (t):** Gosphotodesign/Fotolia; **p. 146 (m):** Kzenon/Fotolia; **p. 146 (b):** MAD_Production/Shutterstock; **p. 150 (m):** George Wada/Fotolia; **p. 150 (b):** Robert Kneschke/Fotolia; **p. 150 (t):** Rudo film/Shutterstock; **p. 152:** Andres Rodriguez/Fotolia; **p. 153:** Fmarsicano/Fotolia; **p. 156:** Ann Christine Mocchi/Shutterstock; **p. 157:** Jan Csernoch / Alamy Stock Photo; **p. 161 (b):** Andres Rodriguez/Fotolia; **p. 161 (t):** Bst2012/Fotolia; **p. 161 (m):** Gnohz/Fotolia; **p. 168 (m):** GCRO Images/Fotolia; **p. 168 (t):** Rob/Fotolia; **p. 168 (b):** Andy Dean/Fotolia; **p. 169:** Hiroshiteshigawara/Fotolia; **p. 172:** Kamira/Shutterstock; **p. 173:** Ted Foxx/Alamy Stock Photo; **p. 177:** X-vectors/Shutterstock; **p. 181 (r):** Paul Moore/Fotolia; **p. 181 (l):** Arvind Singh Negi/Red Reef Design Studio. Pearson India Education Services Pvt. Ltd.

Chapter 5

p. 183: Olha Tsiplyar/Shutterstock; **p. 184:** Margaret.W/Shutterstock; **p. 187:** GuruXOX/Shutterstock; **p. 190:** 88studio/Shutterstock; **p. 191:** Sergii Mostovyi/Fotolia; **p. 195:** Galyna Andrushko/Shutterstock; **p. 196:** KaYann/Fotolia; **p. 200:** Blackday/Shutterstock; **p. 201:** Ruslana Iurchenko/Shutterstock; **p. 202:** Pearson Education; **p. 204:** Nejron Photo/Shutterstock; **p. 208:** FrameStockFootages/Shutterstock; **p. 209:** ollyia/Fotolia; **p. 212:** Eric Raptosh Photography/Blend Images/Brand X Pictures/Getty Images; **p. 216:** Bagatolli, Luis; **p. 217:** Nanalia Trus/Shutterstock; **p. 218:** Dmytro Zinkevych/Shutterstock; **p. 219:** Fizkes/Shutterstock; **p. 220 (l):** Crystal Eye Studio/Shutterstock; **p. 220 (ml):** Blend Images/Shutterstock; **p. 220 (m):** James Phelps/123RF; **p. 220 (mrt):** Cherkas/Shutterstock; **p. 220 (mrb):** Neveshkin Nikolay/Shutterstock; **p. 220 (r):** Aquariagirl1970/Shutterstock.

Chapter 6

p. 229: iordani/Shutterstock; **p. 230:** contrastwerkstatt/Fotolia; **p. 234:** Implementer films/Fotolia; **p. 235:** Andres Rodriguez/Fotolia; **p. 239 (b):** Graham Mulrooney/Alamy Stock Photo; **p. 239 (t):** Stefano Politi Markovina/Alamy Stock Photo; **p. 242:** Paolo Costa; **p. 243:** Corrado Baratta/Shutterstock; **p. 249:** imagine/Fotolia; **p. 252:** micromonkey/Fotolia; **p. 253 (t):** Roland Spiegler/Fotolia; **p. 253 (b):** Don Perucho/Fotolia; **p. 256:** Alexander Image/Shutterstock; **p. 260 (t):** Kseniya Ragozina/Alamy Stock Photo; **p. 260 (b):** merydolla/Fotolia; **p. 262 (tl):** graphicbee/123RF; **p. 262 (tml):** Inspiring/Shutterstock; **p. 262 (tmr):** Visual Generation/Shutterstock; **p. 262 (tr):** brgfx/Shutterstock; **p. 262 (m):** Pressmaster/Shutterstock; **p. 262 (b):** dvarg/123RF; **p. 264:** Rawpixel.com/Shutterstock; **p. 265:** Monkey Business Images/Shutterstock.

RICH MEDIA CREDITS

Chapter 1

p. 42: Abad, Luciana. "De la noche a la mañana." Hasta30Minutos. Used by permission.

Chapter 2

p. 87: "Mi quinceañera", historia oral de Ana Piquinela (Uruguay) - Podcast. Courtesy of Ana Piquinela ©2018.; **p. 88:** "Pelucas." Creta Producciones S.L. Used by permission.

Chapter 3

p. 132: "Los adolescentes latinos son más felices y saludables si sus familias adoptan ambas culturas" (Latino teens happier, healthier). Centers for Disease Control and Prevention (CDC).; **p. 134:** Recursos Humanos, directed by Joan Alvarez Lladós. Used with permission from Joan Alvarez Lladós.

Chapter 4

p. 174-175: Del magacín de radio "Solidaridades" de Sonia Martín (emitido el 15/09/2013); **p. 176:** La Boda, directed by Marina Seresesky. Used with permission from Teatro Meridional S.L.

Chapter 5

p. 220: Nivel Escondido 252, https://nivelescondido.com/2018/01/09/nivel-escondido-episodio-252/. Used with permission.; **p. 222:** Cuesta Abajo, directed by Luisa Orozco. Used with permission from Laborartorios Black Velvet LTDA.

Chapter 6

p. 266: "El sistema educativo," https://www.notesinspanish.com/2007/09/28/advanced-spanishpodcast-80-el-sistemaeducativo/. © Notes in Spanish/Ben Curtis and Marina Diez. Used with permission of Notes from Spain SL.; **p. 268:** Abad, Luciana. "Vida Nueva" and "De la noche a la mañana." Hasta30Minutos. Used by permission.

Index

N

O

P

Q

R

S

T

U

V

W

Y